主办单位：中国储备棉管理总公司

承办单位：中储棉花信息中心

协办单位：中纺棉花进出口公司
中棉工业有限责任公司
北京全国棉花交易市场有限责任公司
合肥国家棉花交易中心有限责任公司

支持单位：拜耳作物科学FiberMax®公司
克罗马克公司（CropMark Direct）
路易达孚（北京）贸易有限责任公司
来宝资源（上海）有限公司
达利文北京代表处（DUNAVANT ENTERPRISES,INC.）
美国（棉花）市场服务公司
安徽省棉麻有限责任公司
江苏省棉麻（集团）有限公司
山东省鲁棉集团有限公司
浙江特产集团有限公司
江阴市协丰棉麻有限公司
常州武供棉麻有限公司
广东省广业纺织物流产业（集团）有限公司
河北省沧州市棉麻有限公司
张家港保税区纺织原料市场有限公司

2007/2008

中国棉花年鉴

CHINA COTTON ALMANAC

中储棉花信息中心 编

Edited By China National Cotton Information Center

（京）新登字041号

图书在版编目（CIP）数据

中国棉花年鉴. 2007～2008 / 中储棉花信息中心编
—北京：中国统计出版社. 2009. 4
ISBN 978-7-5037-5686-3

I. 中...
II. 中...
III. 棉花－经济作物－中国－2007～2008－年鉴
IV. F326. 12-54
中国版本图书馆CIP数据核字（2009）第049448号

中国棉花年鉴 2007 / 2008

作　　者 / 中储棉花信息中心
责任编辑 / 陈悟朝　张　赏
装帧设计 / 魏　倩
出版发行 / 中国统计出版社
通信地址 / 北京市西城区月坛南街57号　邮政编码/100826
办公地址 / 北京市丰台区西三环南路甲6号
网　　址/ www.stats.gov.cn/tjshujia
电　　话 / 邮购（010）63376907　书店（010）68783172
印　　刷 / 河北天普润印刷厂
经　　销 / 新华书店
开　　本 / 880×1230mm　1 / 16
字　　数 / 570千字
印　　张 / 21.75　40彩页
版　　别 / 2009年5月第1版
版　　次 / 2009年5月第1次印刷
书　　号 / ISBN 978-7-5037-5686-3/F. 2830
定　　价 / 480. 00元

CNCRC
诚信 高效 团结 进取

中国储备棉管理总公司
CHINA NATIONAL COTTON RESERVES CORPORATION

中国储备棉管理总公司（简称中储棉公司）于2003年3月成立。受国务院委托，具体负责中央储备棉的经营管理。中储棉公司为国务院国有资产监督管理委员会直接监管的国有独资企业，实行自主经营、统一核算、自负盈亏，注册资金10亿元。中储棉公司对中央储备棉经营管理系统的人、财、物实行垂直管理，各直属储备库分布于全国主要棉花产销区，初步形成了布局合理、设施先进、管理规范的棉花仓储体系。

成立5年多以来，中储棉公司用科学发展观统领工作全局，在有关部门的指导和支持下，艰苦创业、锐意进取，充分利用国内、国际两个市场、两种资源，努力完成国家下达的棉花市场调控任务，成为政府调控棉花市场的重要载体。中储棉公司改革发展取得了长足进步，企业管理趋于规范，规模逐步扩大，核心竞争力不断增强，成为国内外棉花市场具有较强影响力的企业之一。

China National Cotton Reserves Corporation (CNCRC) with a registered capital of RMB 1 billion is a wholly state-owned enterprise, established in March, 2003 under approval of the State Council of China. CNCRC is assumed with overall responsibility for the management of state cotton reserves. There are Cotton warehouses in growing numbers affiliated to CNCRC located in major cotton production and consumption areas all over China. After more than 5 years' development, CNCRC has been known as one of the most influential cotton buyer and supplier in the world.

诚信 高效 团结 进取

经营范围
MAJOR BUSINESS

国家储备棉的购销、储存、运输、加工业务；仓储设施的租赁、服务业务；棉花储备库的建设、维修、管理；相关的信息咨询服务；自营和代理各类商品和技术的进出口；棉花国营贸易进出口。

经营宗旨
GUIDELINES

遵守国家法律法规，执行国家棉花政策，强化管理，搞活经营，不断提高企业经营管理水平和经济效益，确保国家储备棉存储安全，质量良好，调运通畅，促进国有资产的保值增值，完成国家宏观调控任务。

北京西城区华远街17号
电　　话：010-58519398
传　　真：010-58519397
邮　　编：100032
网　　址：www.cncrc.com.cn
电子邮箱：cncrc@cncrc.com.cn

仓储体系
LOCATION OF WAREHOUSES

九江直属库	0792-8733508
阜阳直属库	0558-2377276
徐州直属库	0516-83508188
天津直属库	022-84988091
武汉直属库	027-81946586
兰州直属库	0931-6273808
漯河直属库	0395-3394666
泾阳直属库	029-36381355
盐城直属库	0515-86013006
绍兴直属库	0575-8324987
青岛直属库	0532-84821930
岳阳直属库	0730-8571813
广州分公司	020-82060988

中纺棉花进出口公司

CHINATEX COTTON IMP.& EXP.CORP.

中纺棉花进出口公司是大型国有企业中国中纺集团公司的全资子公司，是一家集棉花进出口贸易和国内棉花经营于一体的大型棉花企业，也是全国棉花交易市场的第二大股东。公司拥有一支享誉业界的优秀管理团队和年轻的专业化队伍，自成立以来在中国棉花进出口贸易行业中一直保持着排头兵的地位。

公司业务范围包括：棉花进出口、代理棉花进口、棉花国内销售、棉花收购和加工、仓储业务和境内外期货套期保值业务。公司自成立以来，作为执行国家大宗棉花采购和出口业务的代理企业，长期发挥着棉花进出口的主渠道作用，承担并出色完成了国家棉花进出口统一经营的任务。

为顺应国内棉花经营体制改革和履行我国入世承诺，公司在保持原有进出口优势的同时，不断开拓国内业务，并逐渐完善经营管理机制和市场网络体系。公司在济南、南京、河北、宁波等国内棉花主产、主销区均设立有办事处，下辖控股企业有连云港中纺东耘棉花有限公司、东营河口中纺银星棉花有限公司、滨州中纺银泰实业有限公司，实现了从货源到最终销售的供应链控制。公司积极发展海外市场，并在澳洲投资农场参与棉花种植经营。凭借日益成熟的供应链控制模式，中纺棉花已形成了较为完善的市场网络体系。

作为中国入世承诺中指定的国家国有贸易代理商之一，中纺棉花将继续秉承锐意创新的经营理念，与棉花和纺织业的朋友携手共进，为中国棉花产业的发展做出更大贡献。

LTD.

中国棉机的摇篮— 邯郸金狮棉机有限公司

Main Subsidiaries:
主要下属单位:

中国最大的专业打包机生产企业— 南通棉花机械有限公司

More Value On Cotton

创造更多价值

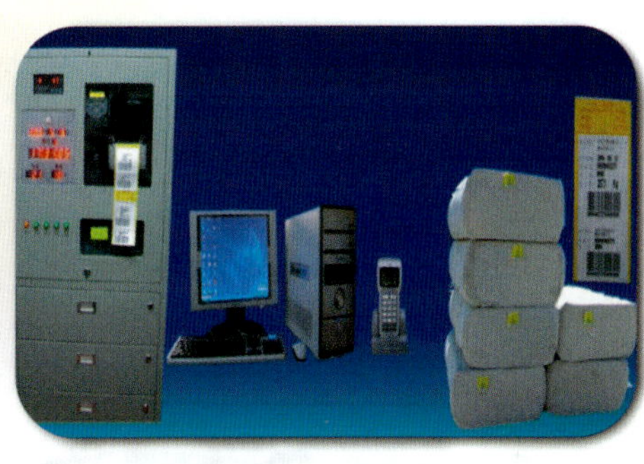

中国棉花加工行业科技开发先锋队 — 北京中棉机械成套设备有限公司

营模式
司
限公司

中国规模最大的棉籽蛋白加工成套设备生产企业
— 北京中棉紫光生物科技有限公司

国家棉花交易中心

STATE COTTON EXCHANG

Company Profile

公司简介

合肥国家棉花交易中心有限责任公司由深圳市农产品股份有限公司（股票代码：000061）、中国储备棉管理总公司全资子公司中储棉花信息中心和安徽省棉麻有限责任公司等共同出资设立，以独立运作国家棉花交易中心项目。

国家棉花交易中心是经有关部门批准设立的、以“网上交易、现货交收”为主要特点的电子化棉花批发市场，运营和结算中心设在安徽省合肥市，交易和交收业务辐射国内各棉花主产区和主销区。

国家棉花交易中心以国家棉花产业政策为导向，以网上交易为手段，以现货交收为目的，充分发挥投资各方在棉花行业和电子商务领域的优势，搭建设施完善、功能齐全、服务高效的棉花交易平台，面向全国涉棉企业组织棉花的即期及中远期现货交易，促进国内棉花资源的合理配置和有序流通。

Trading Mode

交易模式

●撮合交易

是指在交易中心组织下，会员通过交易中心交易平台订立商品棉电子交易合同，交易系统按“价格优先、时间优先”的原则自动对交易指令撮合成交的交易方式。

●拍卖交易

是指在交易中心组织下，卖方会员通过交易中心交易平台将棉花销售信息预先公告后挂牌报价，买方会员自主加价，交易系统按“价格优先、时间优先”原则，以最高买价成交并进行实物交收的交易方式。

●招标交易

是指在交易中心组织下，买方会员通过交易中心交易平台将棉花需求信息预先公告后挂牌报价，卖方会员自主减价，交易系统按“价格优先、时间优先”原则，以最低卖价成交并进行实物交收的交易方式。

●即期交易

是指在交易中心组织下，通过交易中心交易平台，卖方会员挂牌销售棉花或买方会员挂牌买入棉花时，买卖双方会员自主报价，在约定的交易时间内以“价格优先”原则成交的交易方式。

Matching System

配套体系

客服电话:0551-2117788
传　　真:0551-2117799
公司网址:www.chinacotton.com
公司邮箱:sce@chinacotton.com
邮　　编:230011
公司地址:合肥市新站区胜利路光大国际广场B座15层

全国棉花交易市场1999年成立，是经国务院批准设立的不以盈利为目的的服务组织，国家发改委等13个部委是交易市场的领导小组成员。北京全国棉花交易市场有限责任公司是全国棉花交易市场的承办主体，总部设在北京金融街。

交易市场作为国家棉花宏观调控的载体和商品棉交易平台，成立以来共组织国家政策性棉花交易700多万吨，成交金额900多亿元;组织商品棉交易1500多万吨，交割逾60万吨。

目前，交易市场的交易商数量超过1700家，涉及棉花生产、收购、加工、贸易、纺织用棉企业以及外商独资企业。

经过不断努力，交易市场已建成拥有四个服务平台的综合服务体系。

交易平台：为买卖双方提供竞买竞卖、撮合、超市和协商四种交易方式，满足交易商不同的贸易方式需要。

资金服务平台：为客户提供仓单质押和贸易融资等多种资金服务方式，为买卖双方提供融资渠道。

物流配送平台：为客户提供棉花专业化运输、配送和全流程监管服务。遍布全国主要棉花产、销区的110多家监管仓库初步构建了交易市场棉花监管配送服务体系，实现了棉花商流、物流、资金流、信息流的分离。

信息平台：全国棉花交易市场1999年创建中国棉花信息网，目前已成为国内外倍受关注的棉花专业网站，为广大涉棉企业、政府机构、研究机构提供棉花交易信息、国内外棉花市场行情及中外企业的棉花资讯等。由中国棉花信息网发布的中国棉花价格指数（CC Index），已经成为反映中国棉花现货市场价格总体水平的综合性指标，被广泛认可和采用。

我们拥有从田间
到织物的丰富经验
来宝棉花从物料来源、处理、营销、运输到贸易融资，助您拓展您的棉花业务。
来宝棉花是专门管理农业、工业和能源产品供应链的市场领先者 — 来宝集团（Noble Group 新加坡股票交易所股票编号 SGX: NOBL）旗下的成员之一。来宝集团经营大量的地球天然资源及原材料，如棉花、谷物、咖啡、煤炭、钢、铝、清洁燃料等。
来宝棉花与来宝集团的协力及其建立强劲客户关系享有盛誉，对为您提供高质量获得保证。
在全球42个国家设有80多个办事处，我们驾驭全局。
来宝棉花
来 宝 集 团 附 属 机 构
来宝棉花
港务集团大厦#26-06, 新加坡119963邮区
电话 +65 6305 4888 传真 +65 6305 4889
电邮 cotton@noblecotton.com
www.thisisnoble.com
上海浦东陆家嘴东路161号
招商局大厦2601室 200120
电话 +86 21 68879888 传真 +86 21 68879888

CropMark
Direct

广东省广业纺织物流产业（集团）有限公司

广东省广业纺织物流产业有限公司于2001年在广东省纺织工业总公司基础上重组成立，长期担任广东省纺织协会、广东省纺织工程学会的会长、副会长单位，主要从事棉花、棉纱、化纤等纺织原料的生产、贸易和仓储配送业务，已形成了“原料收购—生产加工—流通贸易—物流配送—科研支援”完整的纺织产业链条。棉花、化纤等纺织原料的贸易流通量位居广东省前列，2008年营业规模超18亿元。

下属企业、事业单位

1. 广东省纺织供销有限公司
2. 鹤山市美业棉纺织企业有限公司
3. 广东新联粤棉花有限责任公司
4. 广东迪泰纺织有限公司
5. 广东省岭南工业总公司
6. 广东省化纤工程有限公司
7. 广东省华升包装有限公司
8. 广东省东轻实业有限公司
9. 广东嘉东实业有限公司
10. 广东省化学纤维研究所
11. 中国交通物资华南公司等

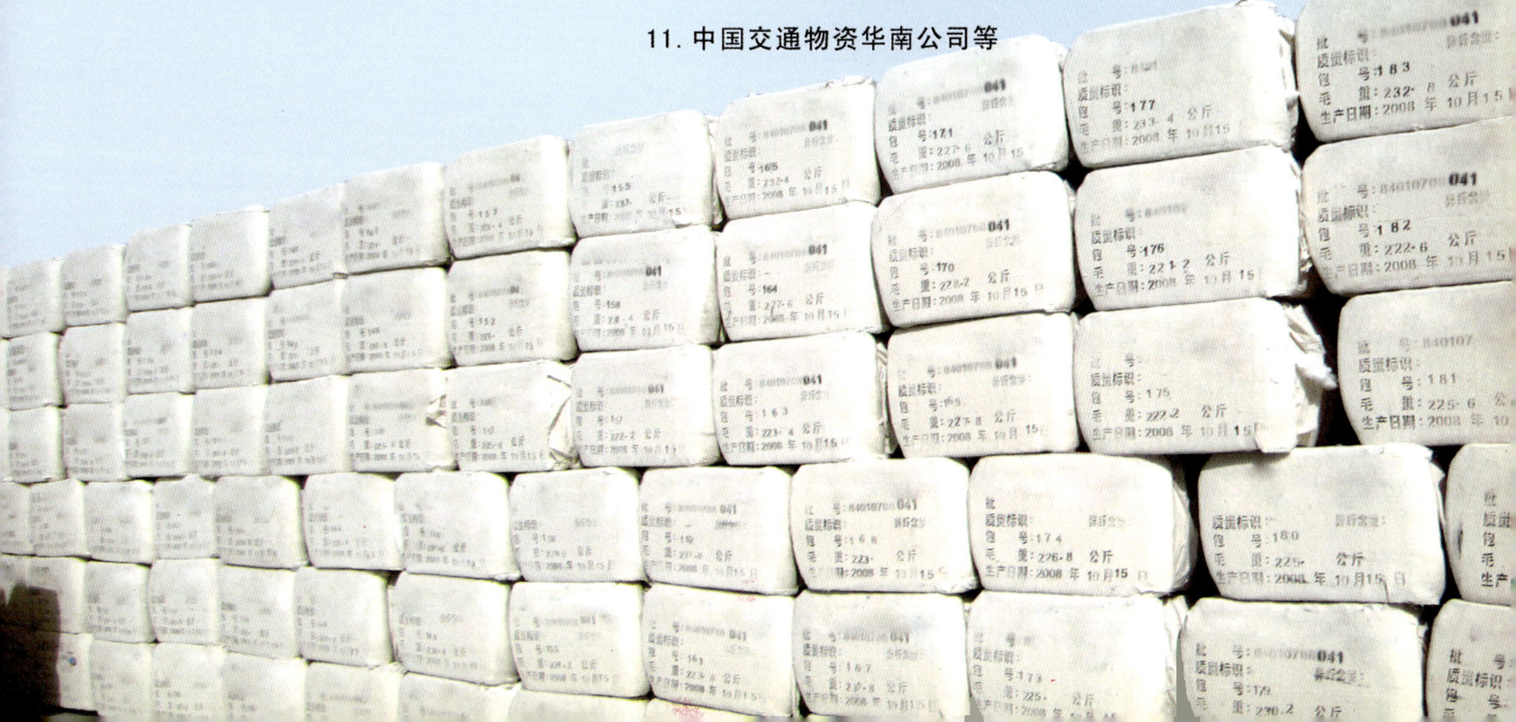

江苏省棉麻（集团）有限公司

始建于1958年……

50余年 我们伴您一路走来……

江苏省棉麻（集团）有限公司成立于1958年，为原江苏省棉麻（集团）公司改制企业。公司注册资金3000万元，主要从事棉花、麻类、茶叶的收购、加工和销售以及仓储运输业务等。公司拥有5家参股企业，9家独资、控股企业，注册资金累计3732万元；拥有5个专业棉花仓库，占地350多亩，室内仓库面积4万平方米，室外仓储面积6万平方米，可存放棉花10万多吨；公司拥有棉花收购加工企业3个，加工设备15台套，年加工能力2万多吨。公司通过资产重组，棉花经营业务初具规模，把以销定购、加快周转、规模经营、市场化服务作为公司发展的经营策略。我们将以江苏省棉花交易市场为平台更好地为省内外客户提供棉花、化纤、羊毛等各种棉纺织原料的存放、销售等服务，使公司的效益和运作水平再上一个新台阶。

“全国棉花质量管理先进集体一等奖”

“江苏省打假先进单位”

“江苏省重合同守信用企业”

“AAA信用企业”

热忱欢迎广大客户朋友前来公司指导、洽谈业务。

董事长：许多

总经理：曹润生

电　话：025-86632246

传　真：025-83327396

地　址：南京市中山北路28号10-12层

浙江特产集团有限公司简介

浙江特产集团有限公司的前身是浙江省特产公司，成立于1959年。1999年，公司整体改制组建企业集团，公司更名为浙江特产集团有限公司。

公司现有注册资本1.78亿元，年经营规模50亿元以上，进出口额1.3亿美元，拥有14家控股成员企业，经营范围涉及棉花、化纤、PVC、钢材、煤炭、铬锰镍铜矿石及外贸业务，同时经营服装批发市场、货柜仓储、物业租赁等行业。多次被省有关部门评为“重合同，守信用”企业及浙江省大型流通企业，2004年被评为“全国供销社系统农业产业化龙头企业”，2008年公司被评为“全国供销社百强企业”第12名。

西湖-雷峰塔独家供应全部钢材

浙江特产集团下属的兴合男装大厦

公司不断拓宽经营思路，开拓经营领域，经济实力不断增强。在保持传统棉花经营省内流通龙头地位的同时，其他业务也得到了较快发展。塑化、钢材和煤炭业务，通过多年培育，已逐渐成为集团主业；坐落于杭州市中心的兴合男装大厦在华东男装批发行业享有较高的知名度，获浙江省“四星级”市场、浙江省首批“信用管理示范企业”、“杭州市著名商号”等称号。

新阶段，新起点，公司按照“企业集团化，经营专业化、管理一体化”的战略定位和“稳中求进、好字优先”的发展理念，着力推进创业创新，正向着成为以大宗贸易为主体，集贸易、金融、投资、仓储物流、批发市场及关联产业的综合经营于一体的大、中型企业集团的目标不断迈进，开创浙江特产集团更为辉煌的未来。

棉纱、化纤

浙江特产集团控股的北仑兴合货柜有限公司

浙江特产集团的煤炭集配场地

安徽省棉麻有限责任公司

安徽省棉麻有限责任公司由原安徽省棉麻公司改制后于2004年9月注册成立，是安徽省供销商业总公司控股企业。公司注册资本1800万，实际拥有资产1.8亿元，现有员工240人。公司是安徽省农业产业化龙头企业，也是安徽省规模最大、实力最强的产、购、销一体化的大型综合型企业。

近年来，公司牢固树立“为农服务”的宗旨，不断拓展业务范围，延伸产业链，大力实施“农工贸一体、内外贸并举”战略，积极参与和推动棉花产业化经营，在大力发展棉花基地、巩固棉花资源、探索与棉农结成利益共同体的同时，努力发展战略合作伙伴，努力向棉花生产及纺织业延伸。

公司业务覆盖安徽全省主要产棉区，以所属的轧花厂为依托，以棉花专业合作社为纽带，以“公司+农户”的形式先后在当涂、宿松、东至、含山、肥西、全椒等地建立了12个棉花产业基地，实行棉花收购、加工、经营“一条龙”服务；在新疆、甘肃、山东等棉花主产省区也开辟了棉花收购、加工网点，积极发展同中央涉棉单位及其他产棉省相关单位之间的联系。公司经营客户遍及全国300多家企业，购销网络遍布全国各棉花主产和主销区，棉花进口代理的范围拓展到美国、印度、澳大利亚、巴西、乌兹别克斯坦、巴基斯坦、斯里兰卡、乌干达等多个国家，年销售额为10亿元左右，公司拥有的“皖棉”牌棉花品牌在省内外拥有较高的信誉。公司拥有合肥、蚌埠、巢湖、宿州、无为、东至、安庆7个直属棉花库和分库，总仓储量达20万吨棉花。2004年公司荣获“全国供销社重点龙头企业”称号，2005年被评审为“安徽省农业产业化龙头企业”，并被授予“全省供销社先进企业”荣誉称号。

质量第一　信誉至上

“质量第一，信誉至上”，这是公司多年来一直信奉的经营理念。随着社会主义市场经济的发展，公司坚持“以效益为中心，以经营为主轴，强化总部，带动直属；现代管理、规范运营，分级负责、各司其职；协调外部，理顺关系，信誉第一，形象至上；以人为本，以企为家，荣辱共存，共同发展。”的管理理念，不断增强企业活力和市场竞争能力，在市场竞争中公司总是以良好信誉在合作伙伴中树立良好的形象。公司大力加强精神文明建设和企业文化建设，大力倡导“质量第一，信誉至上；团结奋进，求真务实，开拓创新，发展强大；以效益为中心，以经营为主轴，以人为本，协调发展”的企业精神，从而在职工中形成凝聚力，促进企业不断走上良好发展轨道，使得企业以崭新的形象，昂首阔步迈向未来！

以效益为中心，
以经营为主轴，
以人为本，协调发展

地址：安徽省合肥市徽州大道1603号
邮编：230051
电话：0551-3431122
传真：0551-3431122

山东省鲁棉集团有限公司

山东省鲁棉集团有限公司成立于2006年9月，注册资本1亿元人民币。主要从事棉花收购、加工和购销经营及仓储运输业务。集团现拥有独资、控股企业24家，其中棉花储备库5座，拥有货场面积36万平方米，库房面积12万平方米，铁路专运线5条；省内棉花加工厂7处，拥有大型棉花加工设备22台套，年加工能力5万吨。公司还拥有中型棉纺企业一处，棉花检测中心一处。公司资产总值40余亿元。2008年度被省政府确定为“山东省流通企业30强”企业，被省经贸委、省商会评为“山东省流通改革发展三十年功勋企业”，被供销总社评为“全国供销合作总社荣誉企业”。

集团公司成立后，通过有计划的资产重组，棉花经营的业务构架已初具规模。所属七个大型棉花加工基地分布在省内各棉花产区，承担着地产棉的收购、加工任务。以济南库为中心，以青岛、高密库和聊城、平原库为两翼的棉花储运网络，发挥棉花储存中转等仓储物流功能。公司的棉花采购和销售网络，在新疆合作经营和省内外重点棉纺企业服务和进口棉经营方面上都起到了越来越重要的作用。2008年度，在遭遇国际金融危机冲击、棉花市场环境复杂的形势下，公司经营工作仍取得了积极的成效，经营棉花25万吨，实现商品销售收入32.5亿元。

热忱欢迎广大客户朋友前来公司指导、洽谈业务。

公司董事长、总经理：郭明泉

地址：济南市历城区辛祝路2号

电话：0531-82599769

传真：0531-82599762

LUMIAN
山东省鲁棉集团有限公司
Shandong Lumian Group Limited

江阴市协丰棉麻有限公司

企业简介

江阴市协丰棉麻有限公司是“天下第一村”——华西村的直属企业，位于南京至上海的高速中段的华西出口处，江阴市华西村物流园区内。为充分发挥利用好苏南地区纺织行业的优势，为棉商、纺织企业提供更好的商务交易平台。华西集团筹资建造面积300余亩，一次性存放10万余吨的专业棉花库房。本库是目前长三角地区最具规模，最具安全设施的专业棉花仓储库，地理位置优越，在江浙沪地区的中心区域，交通运输方便，贯通京沪、沿江、沪宁高速路网。

主营业务

公司主要从事皮棉代储、质押、保税仓储、国际贸易等业务，依托华西集团雄厚的资金和信誉，常年经营新疆棉、内地棉、进口棉，规格齐全，在操作上具有较强的灵活性。能为纺织企业特别是中小型企业在特殊时期提供特殊服务。

服务宗旨

公司以“诚信”为宗旨，遵循优势互补，互惠互利的经营理念，不断努力，开拓创新，规范管理，为棉商及纺织企业提供良好的服务、营造更好的交易环境。

常州武供棉麻有限公司

常州武供棉麻有限公司是供销社2000年改制组建的一家从事棉麻经营的专业公司。主要经营棉花、纺织原料、针纺织品、麻、自营和代理各类商品及技术的进出口业务等，在常州新区拥有三万平方米的大型现代化仓储，年储备棉花可达5万吨。公司长期以来坚持以诚为本的服务宗旨，先后在新疆阿克苏地区、喀什地区、建设兵团等地及全国众多纺织企业建立了稳固的优质细绒棉、长绒棉资源和销售网络。年组织销售棉花三万余吨，在江、浙、沪、皖享有较高的声誉，已成为江苏具有相当规模的棉麻经营企业。近几年，先后被政府、工商部门授予诚信、守约、重合同单位、AAA级资信企业及商贸流通先进企业、农发行AAA企业、常州市信贷诚信企业。

公司本着质量第一、服务第一、信誉第一的服务宗旨。竭诚欢迎各地客户光顾，我们将与您紧密合作，同舟共济，共铸辉煌。

地址：常州市延陵中路506-1号3楼
邮编：213003
电话：0519-88150898
传真：0519-88136779

沧州市棉麻有限公司简介

一、基本情况：

沧州市棉麻有限公司占地面积800亩，下属5个直属储备仓库，分布在棉花主产区，储存能力达30万吨。一座集商贸、餐饮、住宿为一体的综合性商厦，一座400型的棉花收购加工厂——沧州市棉麻有限公司盐山分公司。我公司生产的银狮牌皮棉多次获得行业优质产品称号。公司年经营、加工皮棉10万吨以上，资产近亿元，是一家集棉花收购、加工、经营、管理、储存于一体的棉花龙头企业。

二、 地理位置优越 交通便利

我公司所处的沧州市位于冀东平原，黑龙港流域，总面积14201平方公里，人口660万，是个农业大市，总耕地面积1167万亩，棉花种植面积常年稳定在200万亩以上。皮棉常量18万亩左右，是华北棉花主产区。黑龙港流域植棉历史悠久，土质为沙质，日照充足，年降水量适中，所产棉花颜色洁白光泽，质地优良。沧州区内已建成河北省计委资格认定的棉花收购、加工企业265家，我公司建成一座400型现代化的棉花收购加工厂。年加工籽棉能力4万吨，生产皮棉1.5万。

沧州区内拥有纺织厂10家，现有纱锭106万锭，每年消费量在20万吨以上。公司每年销售皮棉达10万吨以上。沧州所产的棉花品质优良，除供应周边厂家使用外，深受东北、江浙一带纺织企业的欢迎和青睐。

三、 棉花生产与销售

我公司所处位置：紧邻京沪铁路，京福高速，104国道，朔黄铁路和石黄高速在区内聚会相交，纵贯四方。北倚京津，距天津120公里，距北京240公里。毗邻山东，距山东滨州工业园区130公里。辐射东北，是距东北三省距离最近的棉花主产区。

四、企业经营思想与经营策略

经营思想：团结协作，创新发展，坚韧不拔，勇攀高峰。

经营策略：广交朋友，诚信待人，多元发展，联合协作，互惠双赢。

董事长：王建华

总经理：王四新　电话：0317-3042849

业务电话：0317-3046085/3584361/3043830

传真电话：0317-3042756/5528898

地　　址：河北省沧州市解放东路57号

邮　　编：061000

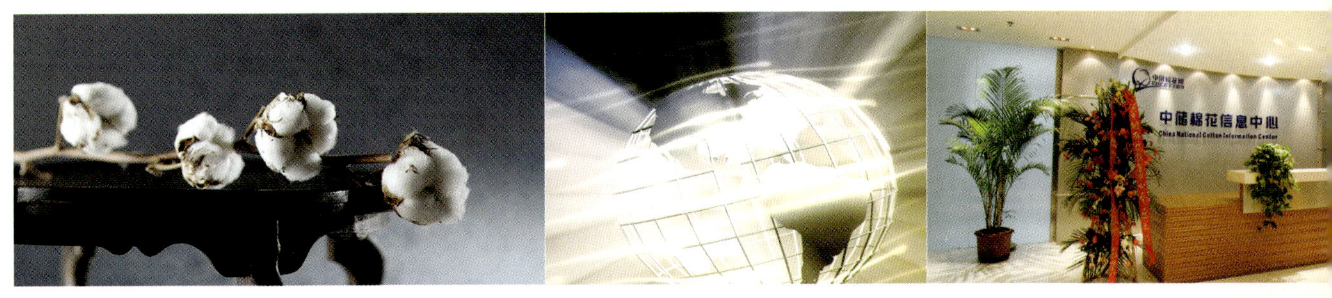

2009年，中国棉花网悄然迎来了十周年！过去3000多个日日夜夜，您的相伴，是我们前行的动力！

我们庆幸，是互联网赋予这个时代不同凡响的意义，改变了我们的工作和生活；我们更加庆幸，能够运用互联网这个工具，把高速变化的信息快速传导到棉花人手中，为棉花行业注入了更多的生机和活力。

我们感恩，感谢所有给予我们关怀、给予我们支持，给予我们力量的伙伴。来自棉花人的长期瞩目是我们前行的必须动力。

我们承诺，我们的脚步与不断发展的互联网保持同步，比持续开放的市场走得更快。

2009年已向我们展开了画卷，新的一年，让中国棉花网与您同行！

编 写 说 明

《中国棉花年鉴》由中储棉花信息中心编辑整理，是我国唯一一部集中反映棉花行业市场年度发展与趋势的研究报告，是集权威性、史实性、研究性、收藏性为一体的专业年鉴，也是全面实用、图文并茂的综合性年刊。年鉴自公开出版发行以来，得到了广大涉棉人士的好评，取得了较好的社会效益。

《中国棉花年鉴》主要面向国内外棉花加工流通企业、纺织企业以及相关涉棉机构、国内外金融与投资、贸易与咨询、科研与教育机构以及各级政府综合管理部门和行业社团组织。为全面客观地了解中国棉花产业发展状况与趋势提供权威性指南，为棉纺等相关企业、部门机构科学决策和国家宏观经济调控提供可靠依据，极具研究和收藏价值。

《中国棉花年鉴2007/2008》全面系统地记录了2007/2008年度中国棉花市场的发展情况。全书分为行业发展概况、主要产棉省区概况、年度报告、统计资料、大事记、政策法规和附录等七个部分。

本书涉及大量统计数据和史实资料，基本上按照棉花年度计算。除国家棉花市场监测系统统计数据外，主要来源于国家统计局、棉花主产省（区）统计局、中国海关总署、美国农业部（USDA）、国际棉花咨询委员会（ICAC）、美国洲际交易所（ICE，原纽约期货交易所）、郑州商品交易所和中国纺织品进出口商会等相关涉棉机构。

为增加可读性，我们在编写过程中对部分数据进行了二次整理，相应部分的原始数据以原出版单位为准，年度报告中所涉及的数据、资料、观点均由文章作者提供，政策法规部分均采用相关部门的政策原文，不代表本书编委会的倾向。未标明作者的文章均由《中国棉花年鉴》编辑部编撰和整理。

在年鉴的编写过程中，国家发展改革委等主管部门给予我们大力支持，各相关单位、地方有关机构也给予了热情的帮助，我们在此表示诚挚的感谢！

由于编写时间较紧和编辑人员水平有限，书中难免有不足之处，望各位读者不吝赐教，我们将认真改进，把《中国棉花年鉴》做得更好，为中国棉花行业发展贡献应有的力量！

《中国棉花年鉴》编委会

2009年2月

目录

第一部分 行业发展概况

第二部分 主要产棉省区概况

第三部分　年度报告

第四部分　统计资料

第五部分　大事记

第六部分　政策文件

第七部分　附录

第一部分

行业发展概况

行业运行概况

2007/2008棉花年度(2007年9月1日—2008年8月31日),我国棉花行业呈现出棉花产量创历史新高、进口量同比增加、销售进度前快后慢、消费需求萎缩、价格运行基本平稳、棉农收入明显增加和质检体制改革进展顺利的特点。

棉花产量创历史新高 据国家统计局统计,2007/2008年度全国棉花播种面积8889万亩,棉花产量762万吨,为历史最高产量。根据新疆棉铁路运输实际发运情况看,新疆棉花实际产量比原公布产量多出40万吨左右,国家有关部门据此测算全国棉花实际产量约为800万吨。

棉花进口量同比增加 据中国海关总署统计,2007/2008年度我国累计进口棉花244万吨,同比增加近16万吨,增幅7.0%。国家有关部门把握进口配额发放节奏,2008年3—7月进口棉数量基本保持在20万吨/月左右。

棉花销售进度前快后慢 据国家棉花市场监测系统统计,2007/2008年度上半年度我国棉花销售进度同比提高5—11个百分点,2008年3月下旬以后,受下游纺织消费不振的影响棉花销售进度开始放慢,年度末期销售进度仅为93%。

棉花需求出现萎缩 受国内外市场环境和政策变化等多重因素影响,2007/2008年度我国纺织生产、出口增速明显放缓。据国家棉花市场监测系统的产销存预测,2007/2008年度棉花消费量为1111.6万吨,同比下降4.7%,这是连续增长8年以来首次出现萎缩。2007/2008年度库存消费比为32.0%,同比增加2.7个百分点。

棉花价格运行基本平稳 国家发展改革委等有关部门高度重视棉花工作,宏观调控效果良好。在国际市场棉价上涨幅度高达23%的情况下,国内市场棉价保持了基本稳定,国家棉花价格B指数年度均价约为13700元/吨,仅同比上涨3%。

棉农收入明显增加 2007/2008年度棉花收购价格高于上年,棉农收入明显增加。据全国物价系统成本调查统计,2007/2008年度棉农皮棉出售均价655元/担,同比增长8%;棉花现金收益945元/亩,同比增长13.5%。

棉花质检体制改革进展顺利 按照国务院批准的《棉花质量检验体制改革方案》要求,截至2008年9月,已有1094家棉花加工企业完成了技术改造,比上年度增加563家,形成大包棉花加工能力590万吨左右。开展仪器化公证检验服务的公证检验承检机构81家,形成仪器化检验能力430万吨左右。2007/2008年度全国经仪器化公证检验的大包棉花166万吨,超过上年度检验量的2倍。

行业存在的问题和不足 2007/2008年度棉花市场运行还存在以下问题需要重视:一是棉花加工能力严重过剩,部分加工企业对棉花质检改革存在观望心理,改革地区间进展不平衡;二是棉花质量仍存在隐患,混等混级收购加工棉花的现象普遍,棉花中混入异性纤维问题尚未得到根本解决;三是纺织发展面临较大困难,纺织企业亏损面进一步扩大。

棉　花　生　产

棉花种植面积稳中有增　据国家统计局统计，2007/2008年度全国棉花种植面积为8889.50万亩，比上年度增加776.10万亩，增幅为9.57%。其中黄河流域棉区为3709.63万亩，占全国种植面积的41.73%，比上年度减少110.40万亩，减幅为2.89%；长江流域棉区为2269.14万亩，占全国种植面积的25.53%，比上年度增加128万亩，增幅为5.98%；西北内陆棉区种植面积为2793.00万亩，占全国种植面积的31.40%，比上年度增加775.90万亩，增幅为38.74%；北部特早熟地区种植面积为102.84万亩，比上年度减少18.20万亩，减幅为15.04%。2007/2008年度，西北内陆棉区是面积增加最多、增幅最大的棉区，其次为长江流域棉区。

总产创历史最高水平　据国家统计局统计，2007/2008年度我国棉花总产量达到762.40万吨，比上年度增加87.80万吨，增幅为13.01%。其中长江流域棉区棉花总产量为169.57万吨，比上年度增加7.29万吨，增幅达4.49%；黄河流域棉区总产量为268.05万吨，比上年度减少0.54万吨，减幅为0.20%；西北内陆棉区总产量为314.21万吨，比上年度增加82.58万吨，增幅为35.65%，北部特早熟棉区总产量为9.52万吨，比上年度减少1.56万吨，减幅为14.08%。总体来看，三大棉区棉花产量均随种植面积的增长而增加，其中西北内陆棉区棉花产量的增幅最大，其次为长江流域棉区。

棉花单产大幅度提高　按照国家统计局有关数据，2007/2008年度，全国棉花平均单产为85.80公斤/亩，比上年度同期增加2.62公斤/亩，增幅为3.20%。三大棉区平均单产最高的仍然是西北内陆棉区为121.73公斤/亩，比上年度增加8.30公斤/亩，增幅为7.30%；其次为长江流域棉区平均单产为82.68公斤/亩，比上年度增加1.16公斤/亩，增幅为1.42%。2007/2008年度，我国主要产棉省区棉花单产高于全国平均产量的省区依次为新疆(120.00公斤/亩)、甘肃(123.50公斤/亩)、湖南(92.70公斤/亩)和天津(92.70公斤/亩)。

棉　花　收　购

籽棉收购价格先低后高，收购成本显著高于上年　据国家棉花市场监测系统发布的数据，2007/2008年度，中国籽棉收购价格在2007年9月底前有所波动，之后开始走稳。新棉上市初期籽棉开秤价格较高，内地3级籽棉收购均价为3.10元/斤，新疆为2.85元/斤，同比分别上涨0.30元/斤和0.25元/斤。之后，受国内棉花丰收期望影响，籽棉收购价格逐步走低，内地3级籽棉收购均价最低跌至2.86元/斤，新疆跌至2.76元/斤。受“十一”期间持续阴雨天气影响，10月份，籽棉收购价格开始快速上涨，11月以后趋于平稳。2007/2008年度，中国棉花收购价格指数基本维持在12500元/吨以上。

2007/2008年度籽棉收购价格明显高于2006/2007年度，据国家棉花市场监测系统发布的数据，3级籽棉均价为3.03元/斤，比上年度高出0.38元/斤。2007/2008年度中国棉花收购价格指数均值为12838元/吨，比上年度高出459元/吨。

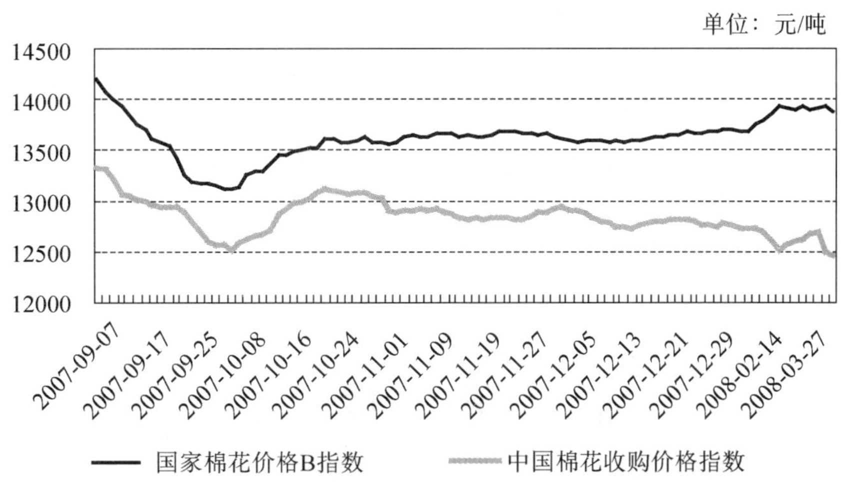

图 1－1　2007/2008 年度国家棉花价格 B 指数、中国棉花收购价格指数走势对比

棉花收购进度呈现前慢后快的特点　2007 年 9 月下旬，华东及华北部分地区遭遇低温阴雨天气，对棉花采摘和收购都有一定影响，加上受到收购资金供应较迟、农民惜售等因素的影响，全国新棉采摘和收购进度均慢于上年同期。据国家棉花市场监测系统发布的数据，截至 9 月 26 日，收购进度为 24.7%，同比下降 9.9 个百分点；10 月以后籽棉收购价格不断攀升，棉农惜售情绪缓解，收购进度也随之加快。

表 1－1　2007/2008 和 2006/2007 年度中国棉花收购价格指数比较

单位：元/吨、元/斤

棉花年度	中国棉花收购价格指数	国内 3 级籽棉均价
2007/2008	12838	3.03
2006/2007	12379	2.65

数据来源：国家棉花市场监测系统。

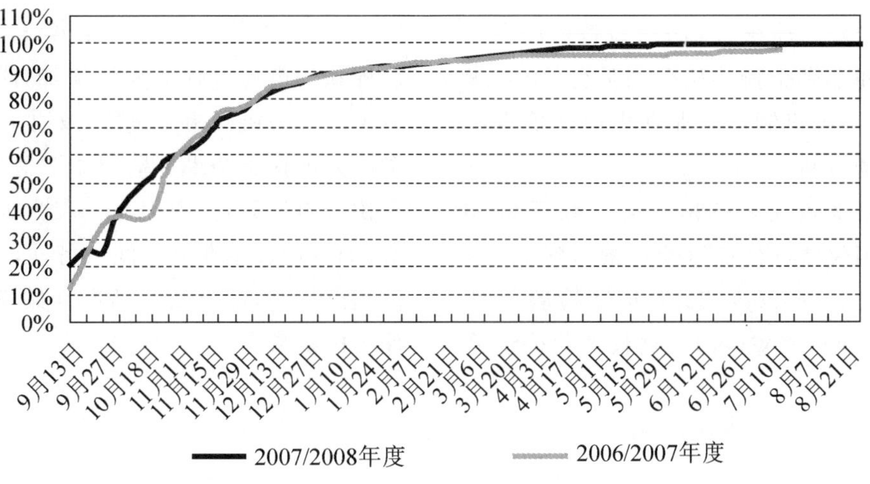

图 1－2　2007/2008 年度与 2006/2007 年度国产棉收购进度对比

中国农业发展银行资金仍是主力收购资金　2007/2008 年度，中国农业发展银行共投放棉花收购贷款 557 亿元，同比增发 102 亿元，增幅为 22%，支持企业收购皮棉 8915 万担，比上年度增加 1057 万担，占国家统计局公布的全国棉花产量的 58.6%。农发行按照国家收储 30 万吨新疆棉计划及相关政策要求，投放国家储备棉贷款 8.34 亿元；投放棉花调销贷款 148 亿元，支持企业调入皮棉 2257 万担；投放棉花预购贷款 17.43 亿元，棉花良种贷款 1.94 亿元；投放龙头企业短期贷款 186.89 亿元，中长期贷款 17.07 亿元。2007/2008 年度棉花收购贷款投放量和支持棉花收购量均创 1999 年棉花流通体制改革以来的历史新高。

棉　花　加　工

棉花加工企业产业调整步伐加快　在国内大的宏观经济环境下，劳动力、原料成本上升等因素使所有的棉花加工企业生产成本增加，受纺织市场疲软的影响，皮棉销售价格一路下滑，棉花加工企业大面积亏损，有的甚至关门停业。在传统经营方式下，大量棉花加工企业市场竞争能力和获利能力非常弱，也无法和国外棉商进行抗衡。棉花加工企业的破产、兼并和重组将促进产业调整步伐进一步加快。

棉机制造企业稳步发展　2007 年，几家经过市场洗礼的棉机制造企业在传统棉机市场上仍占据着上一年度的市场份额。棉花加工成套设备市场主要被山东天鹅棉机和邯郸金狮棉机公司瓜分，山东华棉、盐城银都等中小棉机制造企业在内地产棉省区也占有一定的市场份额。

仪器化公证检验数量及范围扩大　截至 2008 年 6 月 15 日，全国仪器化公证检验总量达到 734.8 万包(165.52 万吨)，是 2006/2007 年度检验量的 2.15 倍。已有 14 个产棉省(区)开展仪器化公证检验工作，承担仪器化公证检验工作的实验室达到 69 家(181 台 HVI)，同比增加 16 家(74 台 HVI)，占已建成实验室数量的 83.1%，同比增加 12.4 个百分点，占 HVI 安装数量的 85%，同比增加 13.2 个百分点。

新体制棉花加工企业送检率增加　截至 2008 年 6 月 15 日，按照新体制要求参与仪器化公证检验的棉花加工企业达到 720 家、783 条生产线，是 2006 年度新体制企业数量的 1.68 倍，占完成更新改造企业数量的 85%，同比增加 20 个百分点。

新体制棉花市场占有率提高　2007/2008 年度，全国仪器化公证检验证书效力继续增强。新体制棉花的市场占有率逐渐增加，越来越多的加工企业关注纤检机构检验进度，及时下载公证检验数据，关注公证检验结果。棉花加工企业按照公证检验结果挑包组批后，批内棉花一致性加强，不但促进了销售，而且增加了获利空间。另外，纺织企业对改革关注程度提高，部分企业已经开始使用公证检验结果作为配棉参考。

棉　花　质　量

2007/2008 年度，我国棉花质量总体情况与上年度基本持平，各主产棉省部分棉花质量指标有所升降。其中，平均品级 3.2 级，平均长度 28.7mm，马克隆值级为 A 的棉花所占比重为 27.95%，长度整齐度指数平均值 82.6%，断裂比强度平均值 28.6cN/tex。

棉花平均品级与上年度持平，高等级棉花所占比重继续下降　2007/2008 年度全国棉花平均品级 3.2 级，与上年度相同。品级主要集中在 2 级至 4 级，以 3 级为主，3 级棉比率为 51.33%。2 级及以上的高等级棉花比率为 16.47%，同比下降 1.14 个百分点；4 级及以下棉花的比率为 32.2%，同比上升 3.37 个百分点。

棉花长度同比持平　2007/2008 年度全国棉花平均长度 28.7mm，与上年度持平。长度级主要集中在 28 毫米和 29 毫米上，29 毫米棉花的比率为 60.62%，28 毫米棉花的比率为 24.22%。30 毫米及以上长度棉花的比率为 9.67%，同比增加 4.27 个百分点；27 毫米及以下长度棉花的比率为 5.48%，同比下降 0.74 个百分点。

棉花马克隆值同比有所下降　2007/2008 年度全国马克隆值为 A 级的棉花比率为 27.95%，同比下降 6.08 个百分点；B 级棉花最多，所占比率略有增长，达 56.47%，同比增加 3.88 个百分点；C 级棉花最少，比率为 15.58%，同比增加 2.2 个百分点。

棉花长度均匀性与上年度持平　2007/2008 年度全国棉花长度整齐度指数平均值 82.6%，与上年度持平，其中最大值为 90.0%，最小值为 71.5%。长度整齐度指数等级主要为中等级和高级，其中中等级最多，比率为 56.30%，高级比率为 40.70%；长度均匀性较好的棉花比率为 41.04%，同比增加 8.03 个百分点，长度均匀性较差的棉花比率为 2.66%，同比降低 0.65 个百分点。

棉花断裂比强度以中等级和强级为主　2007/2008 年度全国棉花断裂比强度平均值为 28.6cN/tex，最大值为 45.0cN/tex，最小值为 17.7cN/tex。断裂比强度等级主要为中等级、强级，其中中等级比率最多，达 54.41%，强级比率为 31.35%；纤维断裂比强度较好的棉花所占比重为 39.79%，同比减少 0.59 个百分点，纤维断裂比强度较差的棉花所占比重为 5.8%，同比增加 3.42 个百分点。

棉　花　消　费

棉花消费出现萎缩　2007/2008 年度，我国纺纱产量的增长速度继续放缓，与此同时，棉花消费出现下降态势。据国家统计局统计，全国纱产量 2114.62 万吨，同比增长 11.24%，增速连续两年下滑。经测算，2007/2008 年度我国纺纱用棉量为 1111.6 万吨，同比下降 4.7%，这是连续增长 8 年以来首次出次下滑。

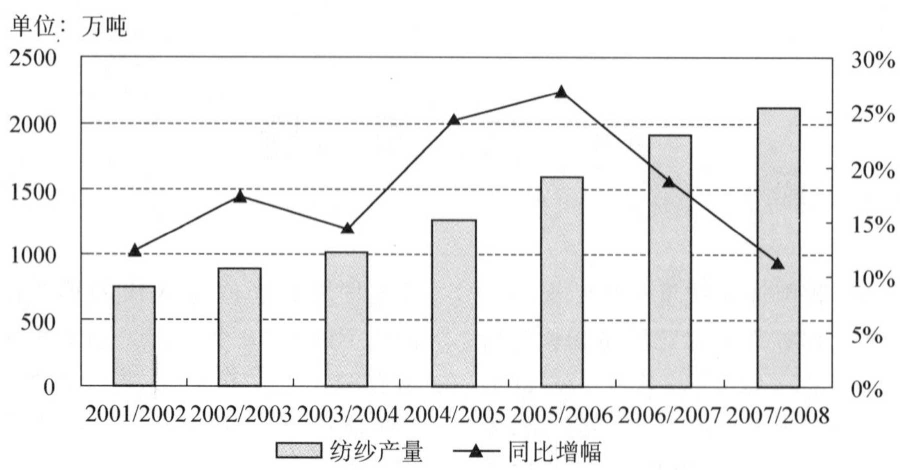

图 1—3　2001/2002—2007/2008 年度我国纺纱产量及同比增幅水平情况

纺纱产量在时间结构上继续呈现季节性特征　从国家统计局数据看，近年来我国纺纱产量季度波动较为明显，2007/2008 年度仍表现为 1、2 月份产量较低，6 月份达到年度最高峰，见图 1—4。

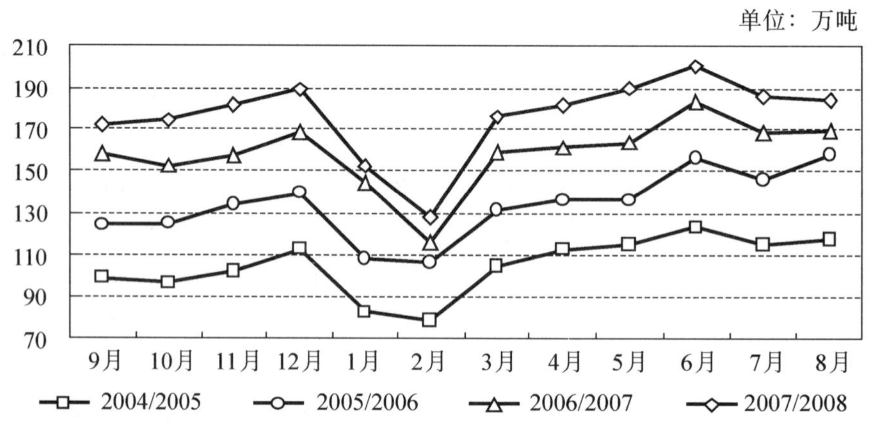

图 1—4　2004/2005—2007/2008 年度我国纺纱产量分月对比

棉花消费在 2008 年 3 月出现明显下降信号　国家棉花市场监测系统数据显示，2007/2008 年度上半年度国内棉花销售进度基本高于上年度同期，但自 2008 年 3 月下旬以后，销售进度始终慢于上年度同期，且下降幅度逐步扩大，这种趋势一直延续到年度末，见图 1—5。

棉花消费在空间分布上表现出较高的集中度　2007/2008 年度，我国纺纱生产主要集中在山东、江苏、河南三省，其产量总和占全国的比重为 61%，这体现出纺纱生产在地域分布上具有较高的集中度。在占比超过 5% 的省份中，纺纱生产同比增幅较高的省份有山东、江苏、河南、浙江、湖北和福建六省，四个是东部省份，两个是中部省份，其中河南省纺纱产量同比增幅最高，达 36%。

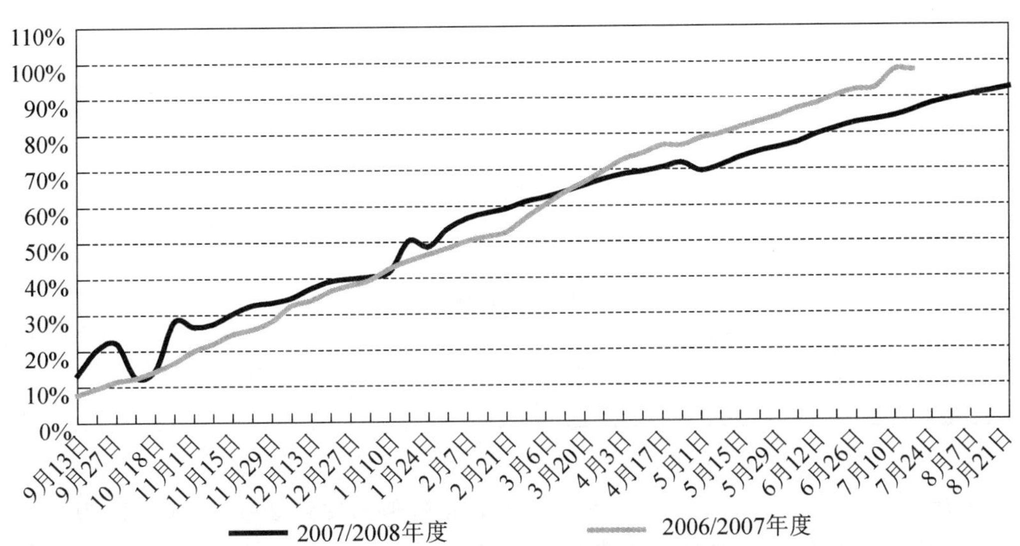

图 1－5　2006/2007－2007/2008 年度国产棉销售进度

表 1－2　2007/2008 年度分省纺织产量及占比数据

单位：万吨

地　区	纱产量	同比(%)	各省区占比(%)	地　区	纱产量	同比(%)	各省区占比(%)
全　国	**2115**	**11**	**100**	安　徽	41	－4	2
山　东	614	14	29	江　西	40	20	2
江　苏	381	1	18	新　疆	39	3	2
河　南	291	36	14	广　东	38	－1	2
浙　江	159	7	8	四　川	35	16	2
湖　北	124	8	6	陕　西	21	5	1
福　建	118	9	6	辽　宁	17	5	1
河　北	91	2	4	广　西	10	－5	0
湖　南	52	26	2	其　他	44	－12	2

数据来源：国家统计局。

棉　花　进　出　口

2007/2008 年度，我国棉花进口量同比增长 7.00%，棉花出口量同比减少 20.14%。

一、棉花进口量同比增长 7.00%

1. 按贸易方式统计

2007/2008 年度，我国棉花进口量为 244 万吨，同比增加近 16 万吨，增幅 7.00%。

表 1—3　2007/2008 年度中国棉花进口分贸易方式统计

单位：吨

项目 \ 年度	2007/2008	2006/2007	同比(±)	同比(%)
合　计	**2437079**	**2277572**	**159507**	**7.00**
一般贸易	1011835	974944	36891	3.78
保税仓库进出境货物	316179	314839	1340	0.43
保税区仓储转口货物	580387	504783	75605	14.98
来料加工装配贸易	6601	7334	－733	－9.99
进料加工贸易	522076	475666	46410	9.76
其　他	0	6	－5	－97.35

数据来源：中国海关总署。

2. 按时段统计

2007/2008 年度下半年度棉花进口较为平稳。进口量最少出现在 2007 年 11 月，为 10.2 万吨；进口量峰值出现在 2007 年 12 月，为 32.3 万吨；2008 年 3—7 月，单月棉花进口量均在 20 万吨以上。

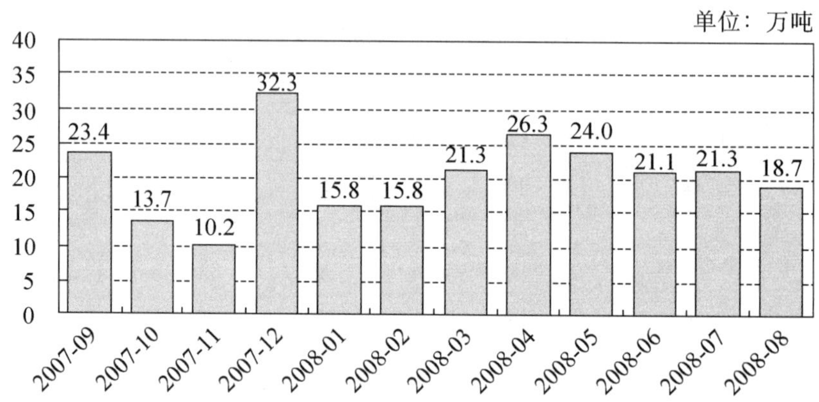

图 1—6　2007/2008 年度我国棉花进口量变化情况

3. 按港别统计

2007/2008 年度，我国棉花进口总量达 244 万吨，其中青岛、上海、南京和天津为进口棉花的主要港口，分别累计进口棉花 108 万吨、65 万吨、25 万吨和 18 万吨，共占全年度我国棉花进口总量的 89%。

表 1—4　2007/2008 年度我国棉花进口分港别统计

单位：吨

港　别	数　量	港　别	数　量	港　别	数　量
合　　计	**2436532**	大连海关	25975	深圳海关	7293
青岛海关	1081282	武汉海关	25730	郑州海关	6653
上海海关	647359	合肥海关	13280	西安海关	6060
南京海关	253370	杭州海关	11840	福州海关	2624
天津海关	175620	江门海关	10774	拱北海关	2491
黄埔海关	65753	厦门海关	9355	乌鲁木齐海关	791
湛江海关	37425	广州海关	7820	石家庄海关	489
宁波海关	36819	汕头海关	7727		

数据来源：中国海关总署(不含已梳的棉花)。

4. 按国别统计

2007/2008 年度，美国、印度、乌兹别克斯坦、澳大利亚和布基纳法索为主要棉花进口来源，分别向我国累计出口 97.2 万吨、80.3 万吨、19.3 万吨、9.5 万吨和 6.5 万吨棉花，共占全年度我国棉花进口总量的 87%。其中，美棉进口量小幅增加，由上年度的 95.5 万吨增加至 97.2 万吨。值得注意的是，印度棉在中国市场所占份额持续扩大，由 2005/2006 年度的 10%增长到 2006/2007 年度的 23%，再增长到 2007/2008 年度的 33%。

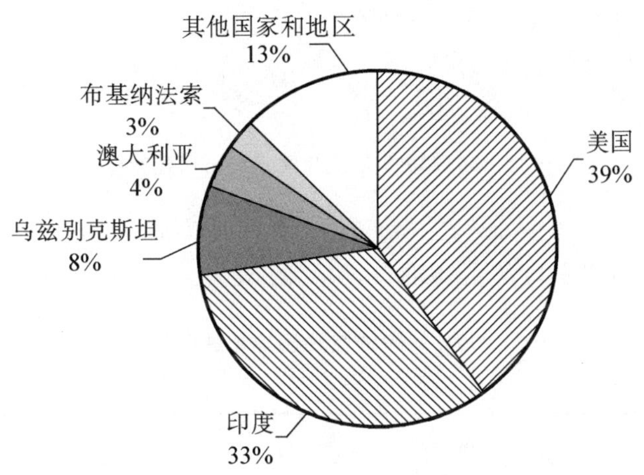

图 1—7 2007/2008 年度我国棉花进口分国别统计

二、棉花出口量同比减少 20.14%

2007/2008 年度，我国棉花出口量为 14844 吨，同比减少 3743 吨，减幅 20.14%。

1. 按贸易方式统计

表 1—5 2007/2008 年度我国棉花出口按贸易方式统计

单位：吨

项目 \ 年度	2007/2008	2006/2007	同比(±)	同比(%)
合　计	**14844**	**18587**	**−3743**	**−20.14**
一般贸易	5444	1129	4315	382.16
保税区仓储转口货物	6600	10623	−4023	−37.87
保税仓库进出境货物	1632	6249	−4617	−73.88
边境小额贸易	1168	587	581	99.06

数据来源：中国海关总署。

2. 按时段统计

2007/2008 年度，棉花出口集中在 2007 年 10—12 月和 2008 年 8 月。这 4 个月我国棉花出口量共计 9247 吨，占全年度总出口量的 62%。

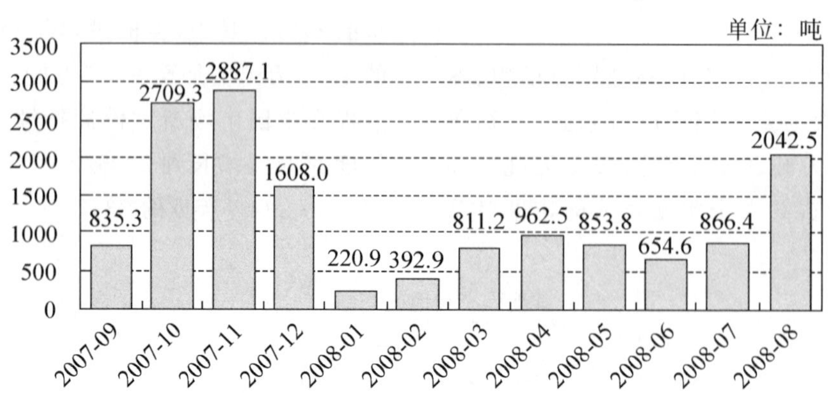

图 1—8　2007/2008 年度我国棉花出口量变化情况

3. 按港别统计

天津是 2007/2008 年度棉花出口的主要港口，累计出口棉花 5665 吨，占全年度我国棉花出口总量的 38%。

表 1—6　2007/2008 年度中国棉花进口分港别统计

单位：吨

港　别	数　量	港　别	数　量	港　别	数　量
合　　计	**14754**	青岛海关	1862	南京海关	1209
天津海关	5665	上海海关	1487	大连海关	1078
黄埔海关	1986	宁波海关	1468		

数据来源：中国海关总署(不含已梳的棉花)。

4. 按国别统计

2007/2008 年度，中国台湾、日本、印度、越南和泰国为我国棉花出口的主要目的地，分别对其出口棉花 2904 吨、2734 吨、2415 吨、1849 吨和 1394 吨，共占全年度我国棉花出口总量的 77%。

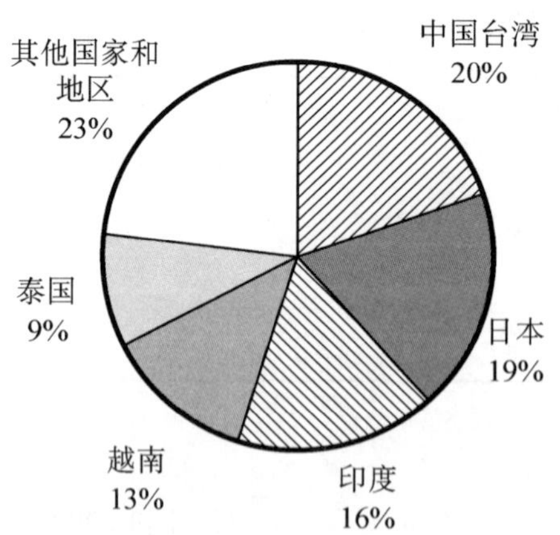

图 1—9　2007/2008 年度我国棉花出口分国别统计

棉 花 库 存

期初库存减少，期末库存增加 根据2009年1月国家棉花市场监测系统对中国棉花产销存的预测，2007/2008年度我国棉花期初库存为338万吨，同比下降27.9%。2007/2008年度我国纺纱用棉量1111.6万吨，同比下降4.7%；2007/2008年度期末库存为352万吨，同比增长4.2%；库存消费比为32%，同比增长2.7个百分点。

纺织企业棉花库存持续下降 2007/2008年度，受国内外经济环境恶化、人民币升值、出口退税率下调等因素的影响，纺织企业面临产品销售困难、资金紧张等问题，大部分企业压缩原料库存以降低风险。据国家棉花市场监测系统统计，2007/2008年度，国内纺织企业棉花库存先增后减，年度后期随着棉价走弱，棉花库存逐月下降。截至2008年8月底，全国棉花工业库存为110.7万吨。

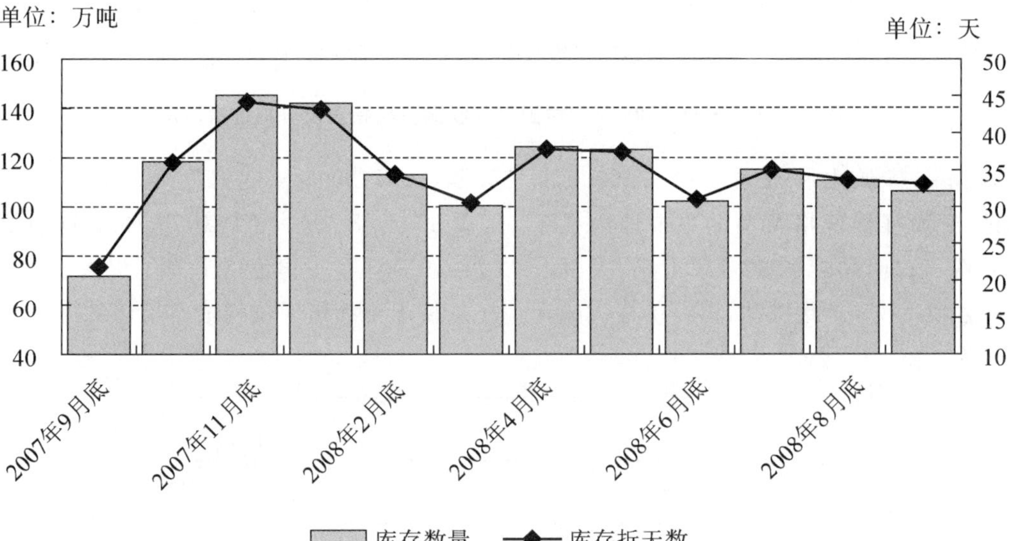

图1—10 2007/2008年度国内纺织企业棉花库存变化情况

棉 花 价 格

收购初期籽棉收购价格探底反弹 2007/2008年度，国内棉花市场演绎了一拨探底反弹的行情。新棉上市初期，收购资金尚未到位，籽棉价格高开低走，2007年8月中旬之前，籽棉收购价格基本维持在 3.10—3.30 元/斤之间。进入 2007/2008 年度以后，受国内新棉丰收预期的影响，9 月底籽棉收购价格跌至 2.90 元/斤左右，之后农发行加大收购贷款的发放力度，加之“十一”期间内地主要棉区经历了一场连阴雨，籽棉价格急速反弹，价格在短短两周时间内攀升至 3.10 元/斤，部分地区突破 3.30 元/公斤，此后籽棉价格基本在 3.00—3.15 元/斤的区间内运行。

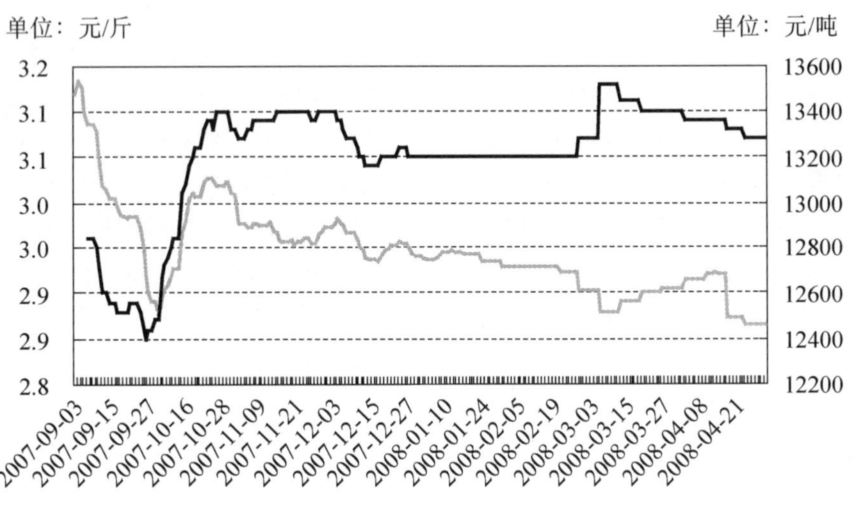

图 1—11　2007/2008 年度中国棉花收购价格指数及籽棉价格对比

棉籽价格高涨压低皮棉成本　2007/2008 年度，导致皮棉价格和籽棉价格背离的主要原因在于棉籽价格的走高。农产品能源化导致玉米、大豆及油料作物价格大幅上涨，受此拉动，棉籽价格大幅上涨，2007/2008 年度棉籽价格从 0.88 元/斤上探至 1.35 元/斤，最大涨幅达 53.4%，这使得棉花企业和纺织企业在皮棉价格上有了更大的议价空间，棉籽价格上涨缓解了皮棉成本上涨的压力。

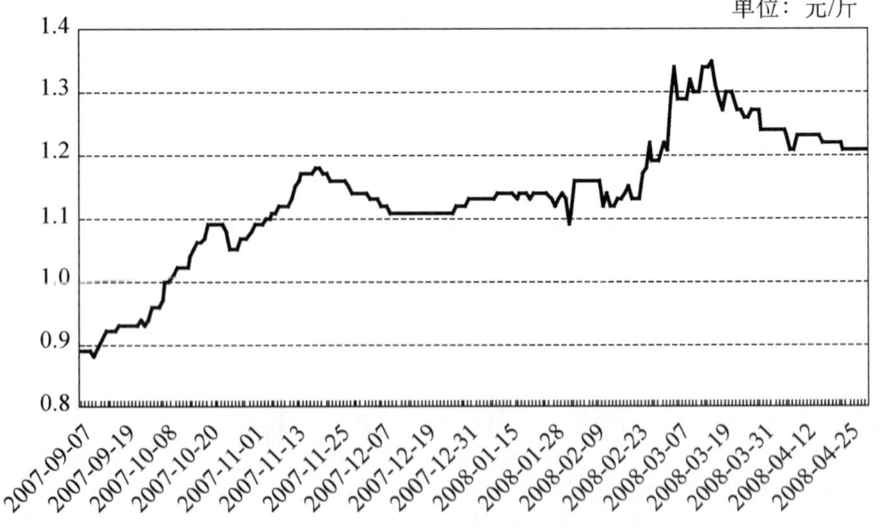

图 1—12　2007/2008 年度全国棉籽价格走势

皮棉销售价格呈倒L型排列　2007/2008年度初期，棉花丰收在望，国内市场棉花现货价格不断下跌，国家棉花市场监测系统的数据显示，国家棉花价格B指数由2007年9月3日的14360元/吨跌至9月30日的13109元/吨，跌幅超过1200元/吨。“十一”之后，受低温阴雨天气以及农发行资金陆续到位的影响，国内皮棉销售价格开始反弹，国家棉花价格B指数快速攀升至13500元/吨以上。自10月下旬起，国内棉花市场价格进入盘整阶段，平稳缓慢上行，形成新的价格平台，国家棉花价格B指数从10月23日的13616元/吨缓慢震荡上行至2008年6月底的13982元/吨，历时8个月，仅上涨366元/吨，涨幅为2.69%。自7月份新疆棉补贴政策的出台到2008年8月底国内棉花现货价格一直走下坡路。新疆棉收储政策的出台对国内棉花价格支撑有限。

进口棉折人民币成本高于国棉　2007/2008年度国际棉花指数(M)按征收滑准税关税折成人民币成本平均为14337元/吨，国家棉花价格B指数平均为13754元/吨，进口棉年度均价高于国棉均价583元/吨。2007/2008年度，美元汇率加速下跌，国际商品市场，特别是原油以及农产品市场整体走强，受其推动，纽约棉花期货价格以及国际现货价格均大幅上涨，外棉折人民币价格几乎始终高于国棉价格，其直接后果就是进口棉丧失了价格优势，进口棉配额沦为“鸡肋”。

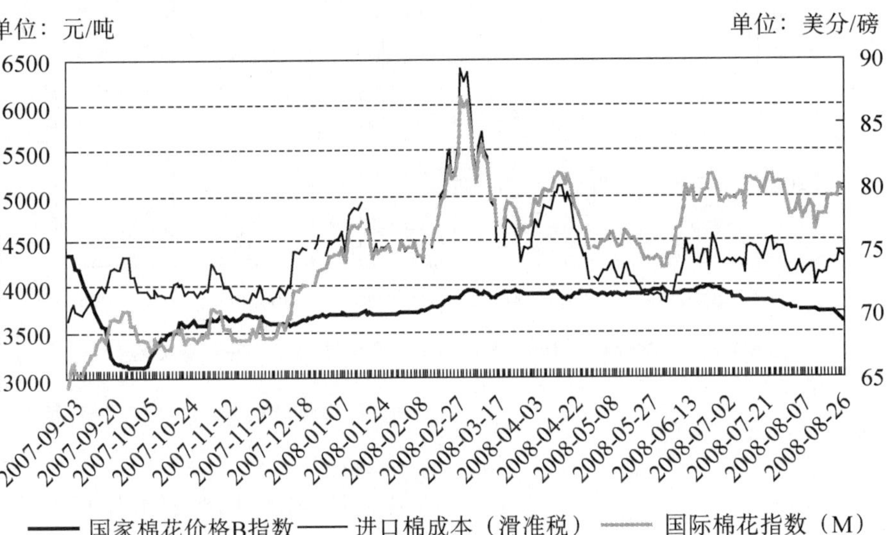

图1—13　2007/2008年度国内外棉花现货价格走势对比

国　际　市　场

一、概述

与2006/2007年度相比，2007/2008年度全球棉花产需对比变化不大，值得注意的是，受全球金融危机的影响，全球棉花消费量较2006/2007年度有所下降，终结了2003/2004年度以来逐年递增的趋势。

此外，受美国生物能源法案及美元贬值影响，2007/2008年度国际棉价大幅上涨。ICE棉花期货近月合约平均价为67.22美分/磅，较2006/2007年度上涨了14.44美分/磅，涨幅为27%；国际棉花指数(M)平均价为73.63美分/磅，较2006/2007年度上涨了15.19美分/磅，涨幅为26%。2008年3月5日，ICE棉花期货价格主力合约(5月合约)最高价达到了92.86美分/磅，创下12年以来新高。

表1—7 2007/2008年度全球产销存预测

单位：万吨

年 度	期初库存	产 量	进口量	消费量	出口量	期末库存
2007/2008	1368.0	2624.5	828.3	2686.2	842.5	1336.9
2006/2007	1355.6	2656.0	815.6	2688.4	808.3	1368.0
同比(±)	+12.4	−31.5	+12.7	−2.2	+34.2	−31.1

数据来源：美国农业部。

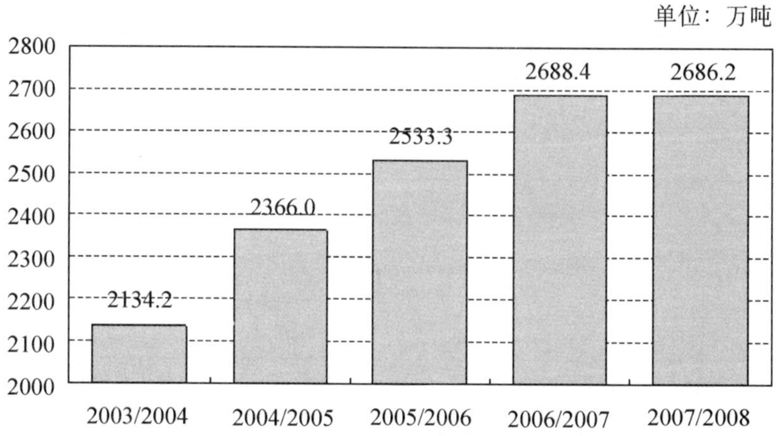

图1—14 2003/2004—2007/2008年度全球棉花消费量变化趋势

二、产需状况

1. 产量

2007/2008年度，印度和中国的棉花产量较上年度分别增加了61.0万吨和32.7万吨；美国、西非、巴基斯坦、澳大利亚和土耳其分别减少了51.8万吨、24.9万吨、21.8万吨、15.9万吨和15.2万吨；相比之下，巴西和土耳其的产量变化不大，分别增加了7.8万吨和3.3万吨。

表1—8 2007/2008年度主要国家棉花产量变化对比

单位：万吨

年 度	中 国	印 度	美 国	巴基斯坦	乌兹别克斯坦	巴 西	土耳其	澳大利亚	西 非
2007/2008	805.6	535.6	418.2	193.8	119.8	160.2	67.5	13.5	57.0
2006/2007	772.9	474.6	470.0	215.6	116.5	152.4	82.7	29.4	81.9
同比(±)	+32.7	+61.0	−51.8	−21.8	+3.3	+7.8	−15.2	−15.9	−24.9

数据来源：美国农业部。

2. 消费量

2007/2008年度，中国和土耳其的消费量变化较大，其中中国较上年度增加了43.6万吨，土耳其减少了23.9万吨；其它国家变化不大。

表 1—9　2007/2008 年度主要国家棉花消费量变化对比

单位：万吨

年　度	中　国	印　度	巴基斯坦	土耳其	美　国	巴　西
2007/2008	1132.2	398.4	270.0	135.0	100.4	100.2
2006/2007	1088.6	394.1	272.2	158.9	107.4	99.6
同比(±)	+43.6	+4.3	−2.2	−23.9	−7.0	+0.6

数据来源：美国农业部。

3. 进口量

2007/2008 年度，巴基斯坦、中国和土耳其进口量变化较大，其中巴基斯坦和中国较上年度分别增加了 32.5 万吨和 20.5 万吨，土耳其减少了 16.0 万吨；其它国家变化不大。

表 1—10　2007/2008 年度主要国家棉花进口量变化对比

单位：万吨

年　度	中　国	土耳其	巴基斯坦	孟加拉国	印度尼西亚	泰　国	墨西哥
2007/2008	251.0	71.1	82.7	61.0	50.1	42.0	33.3
2006/2007	230.5	87.1	50.2	54.0	47.9	41.5	29.5
同比(±)	+20.5	−16.0	+32.5	+7.0	+2.2	+0.5	+3.8

数据来源：美国农业部。

4. 出口量

2007/2008 年度，印度、巴西和美国的出口量较上年度分别增加了 61.7 万吨、20.3 万吨和 14.0 万吨；西非、澳大利亚和乌兹别克斯坦分别减少了 25.8 万吨、19.9 万吨和 1.1 万吨。

表 1—11　2007/2008 年度主要国家棉花出口量变化对比

单位：万吨

年　度	美　国	印　度	乌兹别克斯坦	西　非	澳大利亚	巴　西
2007/2008	297.3	161.1	96.9	53.1	26.5	48.6
2006/2007	283.3	99.4	98.0	78.9	46.4	28.3
同比(±)	+14.0	+61.7	−1.1	−25.8	−19.9	+20.3

数据来源：美国农业部。

5. 期末库存

2007/2008 年度，中国、印度、巴西和美国的期末库存变化较大，其中中国和印度较上年度分别减少了 22.4 万吨和 14.2 万吨；巴西和美国分别增加了 18.4 万吨和 12.3 万吨。

表 1—12 2007/2008 年度主要国家棉花期末库存变化对比

单位：万吨

年　　度	中　　国	印　　度	美　　国	巴　　西
2007/2008	424.7	152.7	218.7	136.1
2006/2007	447.1	166.9	206.4	117.7
同比(±)	－22.4	－14.2	＋12.3	＋18.4

数据来源：美国农业部。

三、价格走势

2007/2008 年度上半年度，国际棉价总体呈上涨态势，其中 2008 年 2 月中旬至 3 月初出现快速上涨。3 月初至 3 月下旬，国际棉价快速回落，之后便进入盘整状态。相比之下，国际现货价格的回落幅度明显小于期货价格跌幅。

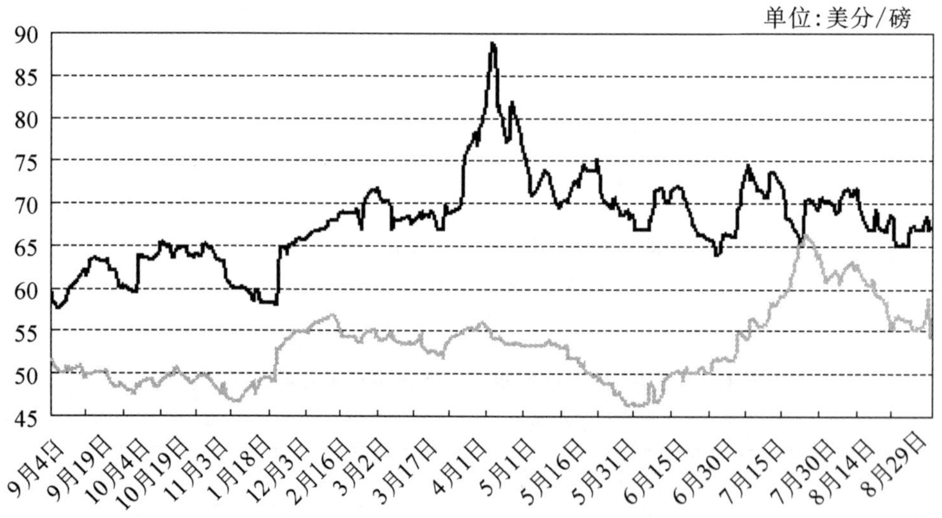

图 1—15 2007/2008 年度 ICE 棉花期货近月合约价格走势同比对比

图 1－16　2007/2008 年度国际棉花指数(M)走势同比对比

主要产棉省区概况

第二部分

新疆维吾尔自治区

一、生产情况

1. 播种面积、单产和总产

2007/2008年度，随着国家棉花良种推广补贴、棉花政策性保险等扶持政策的相继出台，新疆维吾尔自治区棉农的植棉积极性进一步提高。据国家统计局数据，2007/2008年度，全区棉花种植面积2673.9万亩，同比增加770.4万亩，增幅40.5%；棉花总产量301.3万吨，同比增加82.3万吨，增幅37.6%；棉花单产为112.7公斤/亩，同比减少2.3公斤/亩，减幅2%。

据新疆统计年鉴的数据，2007/2008年度，新疆维吾尔自治区长绒棉种植面积达213.80万亩，同比增加53.39万亩，增幅33.3%；长绒棉总产量25.02万吨，同比增加6.43万吨，增幅34.60%；长绒棉单产117.03公斤/亩，同比增加1.13公斤/亩，增幅0.98%。其中，新疆维吾尔自治区地方长绒棉的种植面积达137.90万亩，同比增加49.10万亩，增幅55.30%；地方长绒棉产量为14.08万吨，同比增加5.21万吨，增幅58.63%；单产为102.09公斤/亩，同比每亩增加2.15公斤，增幅2.10%。

2. 种植成本

据新疆维吾尔自治区发展改革委统计，2007/2008年度，新疆地方棉花产值达1616.43元/亩，同比增加210.69元，增幅14.99%，其中，主产品产值为1356.04元/亩，同比增加115.42元/亩，增幅9.3%。成本为1122.81元/亩，同比增加104.98元/亩，增幅10.31%，其中，物质与服务费用459.52元/亩，同比增加32.57元/亩，增幅7.63%；人工成本435.03元/亩，同比增加58.53元/亩，增幅15.56%，其中，每亩雇工费用增长26.64%；土地成本228.31元/亩，同比增加13.88元/亩，增幅6.47%。净利润为493.62元/亩，同比增加105.71元/亩，增长27.25%。现金收益为929.40元/亩，同比增加139.48元，增幅17.66%。

2007/2008年度，新疆长绒棉产值为1763.04元/亩，同比减少109.49元/亩，减幅18.34%，其中，主产品产值1385.84元/亩，同比减少311.22元/亩，减幅18.34%。总成本为1199.32元/亩，同比减少90.65元/亩，减幅7.03%，其中，物质与服务费用为560.07元/亩，同比减少34.25元/亩，减幅5.76%；人工成本368.3元/亩，同比减少4.57元/亩，减幅1.23%；土地成本263.67元/亩，同比减少59.11元/亩，减幅18.31%。净利润563.72元/亩，同比减少18.84元/亩，减幅3.23%。现金收益为849.91元/亩，同比减少42.92元/亩，减幅4.81%。

3. 种植品种

“十一五”以来，为了满足国内市场原棉质量要求，新疆通过优质棉基地建设，狠抓品种优化工程，棉花的整体品质普遍得到提高。在巩固纤维长度、细度、色泽、马克隆值等原有优势的情况下，强力平均提高了0.5－1cN/tex。棉花引、育种工作的较大突破和棉花品种结构的优化调整，大大改善了新疆棉花品种“多、乱、杂”的状况。

2007/2008年度，新疆棉花主栽品种为新陆早、新陆中、中棉、新海等系列品种。其中北疆以新陆早12、13、17、19、21、24、26、31、33、36号为主栽品种；南疆以中棉35、36、41、43、49号；中长绒棉以新陆中21、22、26、28、33、35号等为主栽品种，长绒棉以新海21号和25号为主栽品种。

4. 生产特点

2007/2008年度，根据国家棉花产业安全和新疆农村经济发展的需求，新疆自治区重点推广了以

"高密度栽培十滴灌节水技术"为核心,优良品种、测土配方施肥、科学化控、科学灌水、病虫害综合防治等各项技术集成配套技术,开展了大面积亩产皮棉150—180公斤高产攻关等工作。2007/2008年度,全区地方高密度栽培面积达1080万亩,占全区总播种面积40.4%;新增高效灌溉面积102万亩,累计建成高效节水面积近400万亩,其中推广膜下节水滴灌面积183万亩,占全区总播种面积的6.84%;棉花良种推广面积达1235万亩,占总面积的96%。各项棉花高产栽培技术的大面积推广应用,为新疆棉花生产水平的进一步提高和农民植棉收益的稳步增加提供了基本保障。

新疆兵团高度重视提高棉花生产的科技含量,在职工群众中开展了以高产、高效、优质、低成本为主要内容的丰产攻关活动,大力推广应用以六项精准农业技术、高密度高产栽培技术为主的新科学新技术,全面提升了农业科技含量和生产水平。2007/2008年度,棉花超额完成第二攻关指标,高产面积比例显著扩大,单产在180—200公斤和200公斤以上的棉田比上年度增加了上万亩;棉花良种包衣面积748.55万亩,同比增加45.46万亩,增幅6.47%;棉花精量播种面积651.66万亩,同比增加231.68万亩,增幅55.16%。

二、棉花购销情况

1. 新棉收购量大幅增加

2007/2008年度,新疆棉花收购工作进展顺利。据新疆维吾尔自治区发展改革委联合供销社、农发行发布的数据,全区累计加工皮棉329万吨,同比增长46.9%。其中,兵团累计收购皮棉112.5万吨,超额完成了收购110万吨的计划,同比增加8.3万吨,增幅7.97%。

2. 收购价格较高

2007/2008年度,新疆标准级皮棉的收购信息参考价为600元/担,折标准级籽棉收购价为5.13元/公斤。从实际执行情况看,全区籽棉实际平均收购价格为630元/担,折皮棉约5.77元/公斤,均高于信息参考价。

3. 皮棉销售率下降

2007/2008年度,受人民币升值、纺织品出口退税下调和市场需求萎缩等多种因素的影响,新疆棉销售率仅为89.7%,同比下降10.3%,中国农业发展银行新疆分行的新棉购销比仅为84.3%。其中,兵团累计销售102.8万吨,同比增加5.1万吨,增幅5.2%。长绒棉库存9.7万吨,同比增加3.2万吨,增幅49.2%。2007/2008年度,新疆长绒棉出口量为8033吨。

4. 籽棉质量与上年基本持平

2007/2008年度,新疆维吾尔自治区收购的籽棉平均品级为1.96,平均长度29.03毫米,与上年基本持平。

5. 中国农业发展银行积极发挥收购资金供应主渠道作用

2007/2008年度,中国农业发展银行新疆分行贷款投放量和收购量均创历史新高,有力地支持了新疆棉花产业的发展。截至2008年8月31日,农发行新疆分行累计发放棉花收购贷款283.78亿元,同比增长25%;支持企业收购皮棉217.5万吨,同比增长25%,占全区收购总量的66%。其中,向兵团发放棉花收购贷款112亿元,同比增加3.76亿元,增幅3.5%。

6. 铁路调运力度加大

2007/2008年度,在铁道部等部委的大力支持下,出疆棉调运速度加快,超过上年同期水平。截至2007年8月31日,乌鲁木齐铁路局累计发运新疆棉65784车,共计296万吨,同比增长9.1%。

三、质检体制改革

2007/2008年度,按照国家棉花质量检验体制改革的要求,新疆维吾尔自治区纳入更新改造规划并进行棉花加工生产设备更新改造的棉花加工企业已有515条生产线,较上年度增加166条生产线,其中,地方已有313条生产线,较上年度增加100条生产线。全区按照新体制要求完成更新改造任务并参与仪器化公证检验的棉花加工企业共有421条生产线,占全国比重为58.4%,公检棉花达126.4万吨,占全国比重为76.3%，其中，地方有294家企业参与仪器化公证检验，占全国比重为40.8%，公检棉花达84.2万吨，占全国比重为50.8%。2007/2008年度，新疆已在全区10个地州（市）17个棉花主产县（市）建成了17个仪器化公证检验实验室，配备HVI测试仪77台，公证检验能力达到134万吨。

四、棉花消费与纺织经济运行

据新疆维吾尔自治区纺织工业行业管理办公室统计，全区拥有环锭纺350万枚，气流纺8.16万头，棉织机7607台。2007年，全区规模以上棉纺企业累计生产棉纱40.89万吨，占全国的比重为1.94%。其中，精梳纱、无接头纱所占比重分别达32%和60%。2007年，新疆自治区棉纺织生产能力位居西北十二省区之首，位居全国第九位，全区规模以上棉纺织业企业累计生产棉布1.6亿米，占全国比重为0.25%，消费棉花45万吨。2007年，新疆自治区棉纺织行业实现工业总产值108.98亿元，工业增加值16.33亿元，利润总额1亿元。

（新疆维吾尔自治区发展改革委经济贸易处、新疆兵团发展改革委商贸处）

山东省

一、棉花生产概况

1. 播种面积、总产和单产

按国家统计局统计，2007/2008年度全省棉花播种面积为1350万亩，同比减少45万亩，减幅3.2%；棉花总产量为100.1万吨，同比减少1.9万吨，减幅1.9%；棉花平均单产为74.1公斤/亩，同比增加0.8公斤/亩，增幅1.1%。山东省各棉区的具体情况是：鲁西南济宁、菏泽棉区单产较高、效益较好，鲁北东营、滨州棉区单产较低、效益较差。

2. 种植成本及收益

山东省农业厅2008年1月对全省8市27县2170个植棉户的调查显示，2007年所售籽棉的平均价格为6.41元/公斤，同比上涨0.96元/公斤，植棉收入（含棉籽）为1365元/亩，植棉成本663元/亩，其中物化成本360元/亩，劳动成本303元/亩（日工时费15元/亩），植棉纯收益为702元/亩，同比增加81元/亩，增幅13.0%。

山东省农业厅定点调查显示，按棉花总产量为100.1万吨测算，全省共增加收入23.5亿元，剔除减产因素，全省植棉收入增加10亿元左右，棉农人均增收约70元/亩。

3. 棉花主要品种

2007/2008年度，山东省棉花种植品种主要为鲁棉研系列的15号到25号以及GK－12、晋棉38、中45等其它品种，全部是转基因抗虫棉。全省抗虫杂交棉的种植面积约300万亩，占棉田总面积的20%以上。

二、棉花生产特点

1. 棉花单产普遍下降

2007/2008年度，山东省棉花品级以3－4级为主，比上年度低1个等级，衣分率平均在38%－39%之间。

2. 良种棉播种面积大

良种棉补贴对棉花生产是一个积极信号，良种补贴降低了农户的生产成本。2007/2008年度，山东省对630万亩棉花实行良种补贴政策，采取棉花统一供种。

3. 棉花种植科技含量高

山东省主要普及了杂交抗虫棉配套栽培技术、地膜覆盖与营养钵育苗移栽种植技术、配方施肥技术、全程化控技术以及高效立体种植技术等。棉花地膜覆盖栽培和营养钵育苗移栽种植两项技术覆盖面积合计达1362万亩，占全省棉花种植总面积的90%以上。

三、棉花收购加工

1. 棉花收购价格总体稳定，市场运行基本平稳

2007/2008年度，山东省棉花收购总量约为97万吨，其中，供销社系统收购24万吨，占收购总量的1/4。农发行认定有购销贷款资格的企业共150家，核批限额贷款达51.61亿元；累计向全省用棉企业发放调销贷款31.7亿元，发放棉花收购贷款22.7亿元，支持118家收购企业收购皮棉16.9万吨，平均收购价格12680元/吨。

2007/2008年度，山东省棉花价格运行平稳，籽棉全年平均价格在3.2－3.3元/斤之间，同比上涨0.3元/斤左右。2007/2008年度，山东省籽棉开秤收购价格在3.0－3.2元/斤之间，之后降至2.9－3.0元/斤。受国庆节期间持续阴雨天气的影响，市场预计棉花减产，籽棉和皮棉价格有所上涨，10月中下旬籽棉价格涨至3.2－3.5元/斤，自10月末起开始趋稳，之后一直维持在3.2－3.3元/斤之间。

2007/2008年度，山东省棉花市场未出现其他农产品市场持续的“牛市”格局，棉花价格除在收购初期上涨较快，总体上比较平稳，全年度皮棉销售价格在12700－14000元/吨之间波动，销售均价13600元/吨左右，同比上涨300元/吨。受大量新疆棉移库内地、进口棉数量有所增长的影响，山东省全年度棉花资源相对充裕。受人民币升值、出口减弱、资金紧缺、停产限电的影响，纺织企业需求偏弱，原料采购随用随买的情况较为普遍。

2. 棉花质检体制改革进展顺利，新体制基本建立

2007/2008年度，山东省棉花质量检验体制改革进展顺利，呈现出“政府积极引导，部门密切配合，企业主体自愿，改造计划稳妥，政策扶持倾斜”的特点。山东作为棉花生产和消费大省，推进质检体制改革的工作目标是：力争用五年时间过度到新体制，培育一批在国内外市场具有竞争力的棉花产业龙头企业和一批名牌产品。随着改革推动力度的加大，山东省棉花加工业设备改造、配合公证检验的积极性明显提高，仪器化公检棉花量逐年增加，加工业技术设备水平提高，质量保障能力加强，棉花资源和金融资本向优势加工企业集中，市场竞争力提高，经济和社会效益较好，棉花质检新体制基本建立。

由于全省棉花加工企业数量多、省内棉花缺口大，小包棉存有市场空间，加上部分企业实行收购加工、纺织一体化经营，棉花自用率高，在质检体制改革的推进中存在以下问题：

一是加工业设备更新改造总体进度较慢。有的棉花企业只申请计划但迟迟不见改造行动，纳入全省改造计划企业仅完成计划的42%。主要原因如下：(1)棉花加工企业对更新改造的必要性、紧迫性认识不足，等待观望情绪浓厚；(2)以罚代管，无证加工屡禁不止，棉花资源难以保障；(3)近几年棉花企业竞争激烈，行情难以把握，效益不好，缺乏改造实力；(4)公检大包棉花的优势尚未得到充分体现；政策性贷款倾斜力度不够。

二是质检体制改革进展不平衡。德州、东营等市改造步伐较快，参加公检企业和公检棉花量占全省70%。菏泽、滨州等主产棉市的改造进展较慢，相当一批企业申请列入年度计划却未按期完成改造。

三是完成改造企业示范带动作用不够强。棉花加工企业主要分布于山东省中西部经济欠发达市县，更新改造一次性投入较大，既面临改革的困难和阻力，也承担着投资回报的市场风险，有的改造企业陷入经营困境。

四是棉花加工企业布局不尽合理。由于实行企业自愿自主申报，申请改造计划企业数达不到规划数量，难以做到主动、科学、合理布局。

四、纺织行业运行

1. 纺织生产基本情况

纺织工业是山东省重要的传统支柱产业，也是全国纺织工业重要的生产和出口基地之一。山东省

纺织行业门类齐全，优势行业比较突出，已经形成包括化学纤维、棉纺织、色织、印染、毛纺织、针织复制、麻纺织、服装、纺织机械、纺织器材等在内的链式结构工业体系。据山东省纺织协会提供数据，截至2007年末，全省规模以上纺织工业企业达到4703户，职工151万余人，全年实现销售收入4669亿元，利税439亿元，其中利润267亿元，出口创汇138亿美元。山东省的纺织生产能力和年产出总量均居全国同行业前列，综合经济实力在江苏、浙江之后，列全国第三位。

2. 纺织行业经济运行特点

2007/2008年度，纺织企业遭遇了生产要素成本上升、人民币升值加快、出口退税率降低、资金紧张及限电停产减产等困难，尤其是棉纺织企业，受到了较大影响。具体表现在以下几个方面：

一是生产增速持续放缓。据省纺织协会提供数据，2007年以来，山东省纺织行业生产呈现出持续放缓的态势。2007/2008年度山东省纱产量617.68万吨，同比增加89.62万吨，增幅16.97%；布产量131.57亿米，同比增加18.28亿米，增幅16.15%。2008年1—8月，2162户规模以上棉纺织企业实现工业增加值达493.37亿元，同比增长17.56%，增幅同比下降6.97个百分点。

二是投资增速显著回落。在行业发展面临较大压力、企业盈利大幅下滑的情况下，纺织企业对后期发展信心明显不足，固定资产投资增速快速回落。据山东省纺织协会提供数据，2008年1—8月，全省500万元以上纺织固定资产投资项目实际完成投资318.81亿元，同比下降10.29%，增幅同比下滑19.16个百分点，新开工项目为538个，同比减少323个。

三是出口增速继续下降。受国际需求减缓、人民币对美元持续升值、综合要素成本不断上涨、加工贸易门槛提高、企业融资环境趋紧等因素的影响，山东省纺织品服装出口增长继续放缓。据省纺织协会提供数据，2007/2008年度纺织品服装累计出口额达152.29亿美元，同比增加18.52亿美元，增幅13.84%。其中，纺织品出口额达78.17亿美元，同比增加12.21亿美元，增幅18.51%。

四是行业效益持续下滑。据省纺织协会提供数据，2007/2008年度，山东省2162户规模以上棉纺织企业完成工业增加值703.41亿元，同比增加142.3亿元，增幅25.36%；产销率达98.83%，同比下降0.21%；实现销售收入2695.31亿元，同比增加51.98亿元，增幅23.39%；实现利税251.93亿元，同比增加49.88亿元，增幅24.69%，其中利润达158.66亿元，同比增加33.21亿元，增幅26.47%。

五是行业困难进一步加剧。据省纺织协会提供数据，2007/2008年度，山东省亏损面扩大，亏损额进一步增加，就业出现萎缩，全省纺织行业亏损面达6.15%，同比增加0.34%；亏损额累计达2.94亿元，同比增加1.32亿元，增幅81.48%。

3. 当前纺织经济运行中存在的主要困难和问题

一是企业资金紧张，纺织企业贷款十分困难。由于纺织行业属于产能过剩行业，被银监会列入“不予支持”的行业，贷款难是中小纺织服装企业反映比较普遍的问题，即使能够贷到资金也多是高于公布的利率标准，由此企业财务成本增加。纺织企业流动资金紧张造成企业间相互拖欠货款，有的企业甚至全部依靠拖欠占用货款来周转。相互拖欠货款不仅使社会债务链问题更加严重，也导致了企业竞争环境和信用状况的恶化。

二是人民币升值和出口退税率降低成为当年纺织服装企业减利的主要因素，企业经营压力增大。由于纺织出口企业大部分采用美元结算，并且议价能力较弱，汇兑损失的上升很难通过提高产品的出口价格来进行消化。此外，人民币升值的不确定性导致出口型企业海外接单风险加剧，加上我国纺织品贸易的透明度较高，企业间无序竞争普遍，议价能力普遍较低，产品涨价难以如愿。上述两个因素也加大了外商订货的成本风险，因此导致订单明显减少，部分订单流向东南亚地区。

三是各种生产要素价格全面上涨，企业面临多重成本压力，利润空间遭受进一步挤压。除棉花、化纤等主要原料外的其他生产资料涨价，如水、电、煤、运及土地使用税费，使企业面临多重成本压力。据测算，2008年全省规模以上纺织企业因能源动力等价格上涨增加了约60亿元的成本。另外，节能减排形势严峻，而这也需要一定的资金和技术支持，在很大程度上也增加了纺织企业的运行成本。

四是新《劳动合同法》的实施增加了企业的用工成本。新《劳动合同法》的实施使企业成本普遍提高，企业因参保欠账不同人工成本普遍上涨10%—40%不等，且短期内多数企业难以通过产品提价转移成本；新《劳动合同法》的实施也使劳资矛盾的潜在风险暴露出来，企业用工短缺现象日益严重，工人流动性增大。由于外来用工数量较多，跨区难以将保险带走。按照新《劳动合同法》，纺织企业若实施带薪休假，本已用工短缺的企业受到更大影响，3倍的补偿金将会对企业造成很大的经济压力。同时新《劳动合同法》的实施也潜在地形成了职工与企业法人的对立矛盾，双方的责权利难以协调，使得企业面临生存危机。

（山东省棉麻有限公司　张共伟）

河　南　省

一、棉花生产

1. 播种面积、总产和单产

根据国家统计局发布的数据，2007/2008年度全省棉花种植面积达1050万亩，同比减少12.6%；棉花总产量达75万吨，同比减少9.6%；棉花单产为71.4公斤/亩，同比增加3.3%。

导致河南省棉花产量减少的主要原因如下：一是农村劳动力向沿海城市转移；二是玉米、小麦等粮食作物与棉花争地；三是持续阴雨天气和局部地区病虫害多发造成棉花减产，其中新野、太康两县单产分别较上年下降13.50公斤/亩、13.20公斤/亩。

2. 种植成本

从国家发展改革委价格司获悉，2007/2008年度河南省棉花种植成本小幅上升，平均总成本为772.00元/亩，同比增加66.23元，增幅10.1%，其中生产成本为638.26元/亩，同比增加40.29元，增幅6.74%；土地成本为83.74元/亩，同比增加25.94元，增幅44.88%；现金成本为215.46元/亩，同比增加14.74元，增幅6.40%。

3. 种植收益

国家发展改革委价格司发布的数据显示，2007/2008年度，河南省棉花种植收益小幅提高，净利润为369.41元/亩，同比增加3.16元，增幅0.86%；现金收益为875.95元/亩，同比增加84.13元，增幅10.62%；棉花总产值为1091.41元/亩，同比增加69.39元/亩，增幅6.79%。同时，棉籽价格大幅上涨，棉副产品年平均产值达260.14元/亩，同比增加118.45元/亩，增幅83.60%。

4. 种植品种

国家棉花市场监测系统对各地市监测站以及棉农的调查结果显示，2007/2008年度河南省棉花种植品种主要有奥瑞金、豫杂35、抗虫棉、麻叶棉、矮早等。近年来，河南省棉花品种数量增长过快，呈现严重过剩状态，种植品种数量多、布局乱、种植杂，栽培技术推广跟不上，棉农无所适从，棉花品质一致性差，收购价格不高，棉农收益低。

二、棉花购销

根据国家统计局河南调查总队发布的数据，2007/2008年度，河南省棉花每50公斤主产品平均出售价格为665.02元，同比增加14.85元，增长2.28%。主要原因是棉花品质较好，种植成本上升，且小麦、玉米等粮食作物价格持续上涨。据国家棉花市场监测系统对河南省14个县市的统计，2007/2008年度河南省籽棉收购均价3.10元/斤，折皮棉

651元/担，比全国均价高出0.07元/斤。

三、棉花消费和经济运行

从中国纺织业协会获知，2007年1—11月，河南省纺织工业主要经济指标连创历史新高，其中销售收入、利税、利润、工业总产值及纱、布、服装产量7项指标增幅均高于全国平均水平。全省共完成工业总产值931.29亿元，同比增长38.83%；完成销售收入840.69亿元，同比增长36.75%；实现利税104.38亿元，同比增长73.74%，高出全国平均水平42.21个百分点；实现利润66.73亿元，同比增长92.04%，高出全国平均水平55.05个百分点；出口交货值52.78亿元，同比增长9.07%。截至2008年11月，河南省主要纺织产品的产销率达97.88%，高出全国平均水平0.51个百分点。

中华纺织网提供的数据显示，2008年1—7月，河南省纺织服装出口额达6亿美元，同比增长18.4%，主要呈现出以下特点：

一是一般贸易占主要地位，加工贸易大幅增长。1—7月，河南省纺织品一般贸易出口额达5.5亿美元，同比增长15.4%，占河南省纺织品出口总额的92.1%；加工贸易出口额达0.5亿美元，同比增长68.6%。

二是欧盟、美国、东盟和阿联酋是主要的出口市场。1—7月，河南省纺织品对其出口额分别达到2亿美元、0.44亿美元、0.34亿美元和0.34亿美元，同比分别增长18.2%、36.5%、40%和52.6%。

三是国有企业出口占据半壁江山。1—7月，河南省国有企业的纺织品出口额达3亿美元，同比增长11.2%，占河南省纺织品出口总额的50%。另外，私营企业出口额为1.4亿美元，同比增长46.1%；集体企业出口额为1.2亿美元，同比增长4.9%；外商投资企业出口额为0.33亿美元，同比增长51.1%。

受棉花、羊毛、石油等纺织原材料价格上涨、人民币持续升值、出口退税率下调、劳动力价格上涨等因素的影响，纺织行业利润增幅下滑，部分企业生产经营困难加大。同时，优势企业之间出现资本重组的新机遇，以民营和省外资本为主体的投资格局在河南省已初步形成，许多企业积极承接沿海企业向中西部转移，投资增幅逐年攀升，企业规模迅速扩张。

（国家棉花市场监测系统河南办事处　姚学义）

河　北　省

一、棉花生产概况

1. 播种面积、总产和单产

据国家统计局统计，2007/2008年度河北省棉花播种面积有了较快增长，皮棉单产创历史最好水平。其中，棉花播种面积达1020万亩，同比增加85.5万亩，增幅9.1%；平均单产为71.07公斤/亩，同比增加3.9公斤/亩，增幅5.8%；总产量72.47万吨，同比增加9.5万吨，增幅15.1%。2007/2008年度，棉田虽然受到从2007年9月26日开始连续十多天阴雨天气的不利影响，但整体来讲，生育期内天气条件比较有利，种植基础好，田间管理及时，河北省棉花生产总体好于往年。

2. 种植成本及收益

据河北省农业厅统计，2007/2008年度，河北省棉花亩平均产值1366.03元，其中主产品产值1032.37元，副产品产值333.66元；亩平均生产总成本898.12元，其中生产成本704.98元（包括：物质及服务费用338.82元，人工成本366.16元），土地成本193.14元（包括：流转地租金1.74元，自营地折租191.4元）；亩平均净利润为467.91元。

3. 种植品种

据河北省农业厅统计，2007/2008年度，河北省春棉脱绒包衣的种植面积占88.1%，同比增加1.4%。河北省主要种植品种为国欣棉3号(SGK3)、邯368、冀丰197、邯4849、邯333、冀棉26号、冀668、丰抗棉1号、银硕116、冀棉298等共计58个优良品种，占全省棉花总播种面积的87.5%，同比减少15个，减幅21%。其中，380万亩良补项目区共落实补贴品种25个，大大减少了主产区棉花品种数量，提高了主推品种的覆盖率。

二、棉花生产特点

1. 棉田种植基础较好

据河北省农业厅统计，2007/2008年度，河北省平均每亩施粗肥2.78方，同比增加0.35方/亩；亩均施用氮肥44.51公斤、磷肥52.01公斤、钾肥17.8公斤和复合肥31.39公斤，分别较上年增加1.67公斤、2.56公斤、0.37公斤和3.78公斤。2007/2008年度，河北省全部实现造墒播种，机播面积占总面积的比重为85.6%，同比增加约10%。

2. 关键技术措施到位率高

2007/2008年度，河北省地膜棉面积占棉田总面积的比重为96%，抗虫棉面积覆盖率达99.5%。国产抗虫棉发展迅速，成为河北省的主栽品种。

3. 棉田间套种面积继续扩大

河北省以建设18个棉田间套示范县为重点，进一步推广棉花与小麦、洋葱、西瓜、大蒜、马铃薯以及甘蓝等农作物套种的栽培模式，2007/2008年度全省棉田间套种面积达234.62万亩，占棉田总面积的比重为23%。

4. 布局更加优化

随着农业种植结构的不断调整，棉花进一步向优势区域集中，基本上形成了以黑龙港流域棉区为主的优势棉花主产区。据河北省农业厅统计，2007/2008年度，河北省有四个市(邯郸、邢台、沧州、衡水)的棉花种植面积在100万亩以上，其面积总和占全省的比重超过81.6%；全国省有43个县的种植面积在10万亩以上，其面积总和占全省的比重为82%；全省万亩以上的大方有153个，面积总计达201.7万亩；千亩大方有931个，面积达147.79万亩。

三、棉花良种推广补贴工作成效显著

2007/2008年度，国家在继续对小麦、玉米实行良种补贴的同时，扩大范围开始对棉花进行良种补贴，共安排河北省良补面积380万亩，补贴资金5700万元，河北省主产棉区19个植棉大县的94万多农户直接受益。经过全省各级农业部门的共同努力，圆满完成了良补的各项工作任务，得到了受补贴棉农的广泛赞扬和拥护。良种补贴工作产生了以下几方面的积极作用：

1. 明显降低了棉种价格

招标前河北省常规棉种的市场供应价格大体在25—35元/公斤之间，通过招标采购棉种价格降至15—20元/公斤，杂交棉种市场价格也从100元/公斤以上降至70元/公斤以下。棉种招标采购的降价空间主要是企业让利和中间环节的费用。

2. 明显减少了棉花品种数量

招标以前，每个县种植的棉花品种一般都在几十个以上，多的上百个，品种“多、乱、杂”现象十分严重，通过招标，每个项目县实际中标的品种7—8个，大大减少了品种数量，部分地区实现了“一村一种”甚至“一乡一种”，为实现棉花统一供种、提高一致性奠定了良好基础。2007/2008年度，河北省棉花主栽品种同比减少15个，有效解决了棉花品种“多、乱、杂”的问题。

3. 优秀企业中标率高

河北省棉花良种招标的19家企业、25个品种绝大部分是省内乃至国内的优秀种业，既提升了这些企业的知名度，也使棉农用上了价廉质优的种子。

4. 棉农得到了实惠

由于2007年所招品种的中标价格较低，再加上国家每亩15元的补贴，许多地方常规棉种实现了免费供种，部分地区只需要交5元以内的种子差价款。良种补贴工作体现了国家对棉花产业的重视，既促进了棉花生产的持续稳定发展，也鼓舞了棉花生产管理队伍的士气，极大的提高了棉农的植棉积极性。

5. 有力地促进了良补县的棉花生产

据河北省统计局数据，2007/2008 年度，河北省执行棉花良种补贴的 19 个县棉花面积合计达 579.54 万亩、皮棉单产达 75.30 公斤/亩、总产达 43.64 万吨，分别同比增长 1.48%、1.32% 和 2.82%，增产幅度明显高于全省平均水平。

四、纺织经济运行

1. 纺织企业基本情况

据河北省发展改革委的数据，截至 2007 年底，河北省拥有纱锭 800 万枚，纺织服装企业 5000 余家，其中规模以上纺织服装企业 980 家。该省已形成化学纤维、纺纱、织造、染整、服装服饰、家用纺织品、产业用纺织品、纺织机械等门类齐全的产业体系。

2. 行业经济运行情况及特点

2008 年，河北省的纺织企业面临着前所未有的严峻形势，生产经营遇到了极大困难。纺织行业通过开发新产品，提高产品质量，强化产品销售，大力开展节能降耗，努力挖潜增效，保持了生产经营的平稳运行，但增速明显放缓。

据河北省发展改革委的数据，2008 年 1－11 月，规模以上纺织企业完成工业增加值 162.91 亿元，同比增长 13.7%；实现销售收入 526 亿元，同比增长 15.9%。规模以上纺织企业 704 家，其中亏损企业 88 家，亏损面为 12.5%；亏损企业亏损额达 3.55 亿元，同比增长 41.79%。主要产品产量纱 86.23 万吨，同比增长 8.65%；布 29.8 亿米，同比增长 13.05%。2008 年 1－10 月实现利税 34.73 亿元，同比增长 15.53%。

（王彦章　邓祥顺　王利）

江　苏　省

一、棉花生产

1. 播种面积、总产和单产

据国家统计局统计，2007/2008 年度全省棉花播种面积 490.35 万亩，比上年度减少 42.1 万亩，同比减少 7.9%；皮棉总产量达 34.8 万吨，比上年度减少 3.2 万吨，同比减少 8.4%；皮棉平均单产 71 公斤/亩，比上年度减少 0.8 公斤/亩，同比减少 1.1%。

表 2－1　2007/2008 年度江苏省棉花播种面积与产量统计

单位：万亩、公斤/亩、吨

区　域	面　积			单　产			总　产　量		
	2006 年	2007 年	同比(%)	2006 年	2007 年	同比(%)	2006 年	2007 年	同比(%)
全省总计	532.28	490.35	－7.9	72	71	－1.4	381375	347533	－8.9
南京市	5.07	2.66	－47.5	109	88	－19.3	5536	2325	－58.0
徐州市	69.29	41.15	－40.6	71	67	－5.6	49176	27565	－43.9
常州市	0.60	0.53	－11.7	53	54	1.9	320	283	－11.6
苏州市	5.33	3.59	－32.6	71	69	－2.8	3757	2459	－34.5

续表

区　域	面　积			单　产			总产量		
	2006年	2007年	同比(%)	2006年	2007年	同比(%)	2006年	2007年	同比(%)
南通市	63.71	87.30	37.0	86	90	4.7	54846	78399	42.9
连云港市	24.45	14.28	−41.6	84	82	−2.4	20546	11686	−43.1
淮安市	2.88	1.34	−53.5	82	73	−11.0	2354	973	−58.7
盐城市	259.98	283.32	9.0	74	71	−4.1	192348	201144	4.6
扬州市	7.86	7.29	−7.3	107	85	−20.6	8372	6225	−25.6
镇江市	2.70	3.47	28.5	64	68	6.3	1726	2358	36.6
泰州市	23.04	20.06	−12.9	91	82	−9.9	20893	16351	−21.7
宿迁市	7.82	2.94	−62.4	64	63	−1.6	5021	1858	−63.0

数据来源：江苏农业网。

2. 种植成本及收益

2007/2008年度，江苏省棉花单产出现下降，成本有所提高，但由于棉花价格尤其是副产品价格上涨较多，最终单位净利润和成本利润率比上年度有较大幅度提高，其中净利润增长50%，现金收益增长11%。

表2—2　2007年江苏棉花产品成本及收益统计

项　目	单　位	2006年	2007年	同比(%)
每亩				
主产品产量	公斤	73.60	68.30	−7.20
产值合计	元	1051.14	1165.52	10.88
主产品产值	元	892.25	913.75	2.41
副产品产值	元	158.89	251.77	58.46
总成本	元	893.55	927.99	3.85
生产成本	元	823.11	848.94	3.14
物质与服务费用	元	260.03	278.30	7.03
人工成本	元	563.08	570.64	1.34
家庭用工折价	元	552.60	560.81	1.49
雇工费用	元	10.48	9.83	−6.20
土地成本	元	70.44	79.05	12.22
流转地租金	元	4.18	4.56	9.09
自营地折租	元	66.26	74.49	12.42
净利润	元	157.59	237.53	50.73
现金成本	元	274.69	292.69	6.55
现金收益	元	776.45	872.83	12.41
成本利润率	%	17.64	25.60	45.12
每50公斤主产品				
平均出售价格	元	606.15	668.92	10.36
总成本	元	515.27	532.60	3.36
生产成本	元	474.65	487.23	2.65
净利润	元	90.88	136.32	50.00
现金成本	元	158.40	167.98	6.05
现金收益	元	447.75	500.94	11.88

数据来源：2008年《全国农产品成本收益资料汇编》。

3. 棉花生产特点

2007/2008 年度，江苏省棉花生长季节前期和后期天气较好，但 6 月份天气不甚理想，出现低温阴雨天气，给棉花生长带来较大的不利影响，江苏省整体棉花单产略有下滑，棉花品质有所下降。

2006/2007 年度棉花和棉副产品价格出现上扬，但相对于其他农产品而言，价格比较优势并不强，所以江苏省的棉花种植面积继续萎缩，2007/2008 年度全省棉花播种面积为 490.35 万亩，同比减少 7.9%。

二、棉花收购和加工

1. 价格前低后高

2007/2008 年度，江苏省籽棉收购价格前高后低，9 月份的开秤价格在 2.6－2.85 元/斤之间，10 月份以后快速走高，11 月以后价格基本维持在 3.15－3.25 元/斤之间，资源的争夺非常明显。

2. 棉花质检体制改革稳步推进

据中国纤维检检局公布的数据，截至 2008 年 7 月，江苏省共有 38 家企业进行了 400 型的改造，送检棉花达 49912 吨。

三、纺织经济运行

2008年，在全球金融危机步步加深、全球消费持续低迷、人民币持续升值、上半年金融环境趋紧等不利因素的影响下，江苏省纺织业出现了前所未有的困难局面。

据国家统计局公布的数据，2008 年江苏省规模以上企业的纱、棉布产量同比下降 0.57%和增长 3.72%，低于全国平均同比数；而布、服装和梭织服装分别增长 8.35%、8.14%和 6.55%，较全国平均同比数略高。

表 2－3　2008 年江苏省纱、布和服装生产情况（规模以上企业）

名　称	单 位	2008 年	同比（%）	全国同比（%）
纱	吨	3788735	－0.57	8.10
布	万米	745541	8.35	5.34
棉布	万米	431746	3.72	5.61
服装	万件	363847	8.14	4.80
梭织服装	万件	225616	6.55	2.07

数据来源：国家统计局。

从规模以上企业的运行情况来看，2008 年江苏省的纺织运行情况也出现滑坡，虽然主营业务收入、应缴增值税和工业总产值都出现增加，但利润总额出现负增长，亏损总额猛增 67%。

表 2－4　2008 年江苏省纺织行业（规模以上企业）运行情况

单位：万元

项　目	全　国		江　苏	
	绝对值	同比（%）	绝对值	同比（%）
亏损面（%）	20.4	—	17.5	—
主营业务收入	302073363.0	13.80	71331134.4	9.88
利润总额	10422542.1	－1.77	2271418.9	－0.81
亏损企业亏损总额	2275020.3	99.85	377260.0	67.35
应交增值税	6871418.9	14.25	1658975.9	15.53
工业总产值（当年价）	316235204.0	14.33	73155982.5	10.09
出口交货值	71761191.9	5.85	15067498.0	5.37
内销交货值	236794063.1	17.59	56804681.0	11.70

数据来源：国家统计局。

安　徽　省

一、棉花生产概况

1. 播种面积、总产和单产

据国家统计局数据，2007/2008 年度全省植棉面积 562.5 万亩，同比减少 4.6%。总产量 37.4 万吨，同比减少 8.8%；皮棉单产 66.4 公斤/亩，同比减少 4.2%。

2. 种植成本及收益

据安徽省物价局统计，2007/2008 年度全省棉花每亩总成本为 921.53 元，较上年度增加 93.85 元，涨幅达 11.34%；每亩现金成本 360.01 元，与上年基本持平；每 50 公斤主产品平均销售价格为 690.95 元，明显高于上年度的 638.99 元，增幅 8.13%；每亩净利润为 415.44 元，减幅达 6.77%；每亩现金收益为 976.96 元，增幅达 6.87%。

3. 种植品种

安徽省主要种植品种有：中棉 29、皖杂 40、美国棉铃棉、鄂杂棉 9、10 号、南抗 3 号、国抗棉 1 号、湘杂棉 3 号等，棉花品种更新速度较快，其中纤维长度、强度和细度协调一致的优质高产品种占主体地位，前 4 个品种的播种面积占全省总种植面积的 40%以上。

二、棉花生产特点

1. 雨水偏多，品级下降

受雨水偏多的影响，2007/2008 年度安徽省棉花品级普遍下降，单产受到一定影响。部分地区的棉花在生长初期大面积发生枯萎病，采摘后期棉桃难以正常吐絮，易形成僵瓣棉，且水分较大，棉花品级严重下降。总体来看，南方沿江棉区以 3 级棉为主，淮北棉区以 4 级为主，全省平均品级较上年下降 1 个等级。

2. 虫害较重，物化投入加大

2007 年，安徽省高温天气出现较早且持续时间较长，棉田虫害偏重，以棉铃虫及斜纹夜蛾为主，即将成熟的棉桃出现早脱现象。雨水偏多导致农药药效作用时间缩短，棉农需多次喷洒农药，尤其在棉花生长中后期，同时也不得不加大肥料投入。

3. 总面积维持稳定，棉区逐渐由淮北向沿江转移

2007/2008 年度，淮北棉区很多棉田改为玉米地，植棉面积减少 10 万多亩，主要原因是大量农民工外出务工，而改种省时省力的玉米。近几年，沿江棉区植棉收益不断增加，植棉面积缓慢增长，安徽棉花种植重心由淮北逐渐向沿江棉区转移。

4. 推广先进技术，实施科技兴棉

在发展棉花生产上，安徽省以科技入户为契机，通过示范带动开展培训普及物化技术与有效形式，大力推广育苗移栽、地膜覆盖、化学调控、脱绒包衣、抗虫杂交棉等先进适用的技术，大大提高了棉花生产的科技含量。2007/2008 年度全省抗虫杂交棉和杂交棉推广面积分别达到 85%和 68%以上，地膜覆盖率达 22.4%，营养钵培育苗移栽占 63%，无土育苗移栽示范面积达 8000 亩，棉田高效多熟栽培面积占 19%。

三、棉花购销

2007/2008 年度安徽省经资格认证的棉花加工企业达 360 家，具备加工能力 60 万吨，未经资格认证的棉花企业预计有 400 多家，加工能力 70 万吨，全省共拥有棉花加工能力达 130 万吨，是全省棉花正常总产量的 4 倍左右。经安徽省发展改革委批准，2007 年全省参与棉花质量检验体制改革、棉花加工生产设备更新改造的企业有 27 家，2005－2008 年共批准了 71 家，全省参与棉花质量检验体制改革、棉花加工生产设备更新改造的企业按规划是 106 家，截至 2008 年 6 月 30 日，已有 37 家完成改造并投入生产。

2007 年 8 月下旬安徽省无为县有籽棉开始上市，收购价格为 6.0 元/公斤，该省 2007/2008 年度

的棉花收购由此拉开序幕。由于各轧花厂纷纷入市收购，籽棉收购价格快速上涨，部分地区甚至一度出现6.3元/公斤。受皮棉销售疲软、销售资金回笼较慢及收购资金短缺的影响，籽棉收购价格缓慢回落，“十一”长假期间稳定在5.6元/公斤。之后在棉副产品价格、尤其是棉籽和短绒价格走强的支撑下，收购价格回升至6.2元/公斤左右，其中棉籽价格从1.5元/公斤上涨至2.5元/公斤、短绒从3000元/吨上涨到6000元/吨。总的来看，2007/2008年度籽棉收购均价为6.1元/公斤，棉籽为2.15元/公斤，折皮棉成本13100元/吨。2007/2008年度皮棉销售价格一路下滑，329级皮棉年度初期的销售价格在14300元/吨左右，之后一路震荡走低，年度末期跌至13500元/吨左右。受资金紧张、纱布滞销且价格下滑的影响，纺织企业的采购方式多为随用随买，平均原料库存不足20天。

近几年棉花价格大起大落，棉花市场经历了优胜劣汰的过程，部分中小企业因亏损较大而退出。尚存的棉花企业增强风险意识，谨慎收购，秉持“看准市场，把握趋势，快收快调，顺价销售”的基本原则，充分利用现货、撮合、期货三个市场，灵活操作，从中套利。2007/2008年度安徽省绝大多数棉花企业均有盈利，只有部分存棉赌后市的企业亏本严重。

四、纺织经济运行

1. 纺织企业基本情况

据安徽省统计局数据，2007年全省规模以上纺织企业拥有棉纺锭280万，气流纺锭6.7万头，棉织布机2.4万台。纺织行业年生产纱42.3万吨，同比增长8%；布6.2亿米，增长10.8%，其中棉布4.4亿米；服装2亿件，增长37.2%，其中梭织服装1.3亿件，针织服装0.7亿件；丝5995吨，增长34.2%；化纤11.3万吨，减少1.3%。安徽省的棉纺能力在全国排第8位，经济总量在全国排12位，出口交货值排第13位。

2. 行业经济运行情况及特点

一是行业经济效益继续增长。据安徽省发展改革委数据，2007年全省规模以上纺织企业累计完成工业总产值330.4亿元，同比增长26.8%；实现销售收入312.2亿元，增长26.6%；实现利润3.66亿元，增长1.5%。在全行业841家规模以上纺织企业中，有283家亏损，亏损面33.7%，同比下降0.6个百分点。

二是服装出口增速加快。据安徽省发展改革委数据，2007年全行业出口交货值达66.8亿元，同比增长17.3%，增速较上年同期上升10.3个百分点。其中，服装行业出口交货值28.9亿元，占服装行业销售总值的45%，外销成为安徽省服装工业企业销售的主要方式。

三是固定资产投资快速增长。2007年以来，安徽省纺织行业积极承接沿海梯度转移，投资规模及增幅明显扩大。据安徽省发展改革委数据，2007年纺织行业完成固定资产投资109亿元，同比增长76.7%，增幅同比上升6.5个百分点。

（安徽省棉花协会　陶劲春）

湖　北　省

一、棉花生产

1. 播种面积、总产和单产

据国家统计局数据，2007/2008年度，全省棉花种植面积为771.3万亩，同比增加165.3万亩，增幅27.3%；棉花总产量为55.7万吨，同比增加10.7万吨，增幅23.8%；单产为72.3公斤/亩，同比减少1.8公斤/亩，减幅2.4%。

2. 种植成本及收益

据湖北省农业厅统计，2007/2008年度湖北省籽棉平均收购价格较上年大幅上涨，年度均价约为2.9元/斤，同比增长11.5%，每亩平均售棉收入达1446.23元，较上年略有增加。据湖北省统计局数据，2007/2008年度全省每亩种植成本较上年有所增加，每亩平均总成本为852.2元，同比增加71.9元，增幅9.2%。其中，物资与服务费用347.9元，同比增加45.7元，增幅15.1%；人工成本461.4元，同比增加27.1元，增幅6.24%；土地成本43元，同比减少0.8元，减幅1.9%。

3. 种植品种

湖北省棉花品种主要是鄂杂棉系列，2007/2008年度全省加快棉花优良新品种选育、示范、推广工作，扩大优良品种种植范围，杂交品种占种植棉总面积的90%以上。在鄂杂棉系列品种中，棉农主选鄂杂棉5号、6号和8号F1等优良品种，这些品种的种植面积所占比重高达80%。

二、棉花加工

2007/2008年度，湖北省具有棉花加工资格的企业有1000多家，加工能力达100万吨。其中，全省纳入400型棉花加工更新改造规划的企业有130家，完成了国家下达湖北省的棉花加工工业生产设备更新改造计划的最终控制指标。截至2008年8月底，共有92家棉花加工企业完成更新改造项目并通过验收，累计占国家计划指标的70.77%。

三、棉花消费

2007/2008年度，湖北省棉花消费呈下滑态势。据省农发行统计，截止到2008年7月底，湖北省还有10万吨存棉，若考虑到上年9月份收购至今的贷款利息、仓储等费用，这部分存棉售价必须达到14000元/吨才能保本。

据湖北省纺织工业协会数据，2008年湖北省拥有纺织纱锭近1000万锭，同比增长约10%。然而棉花消费下滑严重，2008年，湖北省纺织企业本增利减，产量增幅有所回落，用棉量减少。2008年1—5月，全省尚有盈利的纺织企业盈利额同比增长31%，亏损企业的亏损额则翻了一番，由16876万元增加到33890万元。2008年上半年，湖北省纱产量达61.06万吨，较上年同期增长22.6%，同比增幅回落78.5%。

（中国储备棉管理总公司武汉直属库　李之汉）

甘　肃　省

一、棉花生产

1. 棉花面积、总产和单产

据国家统计局数据，2007/2008年度全省棉花种植面积达118.9万亩，较上年度减少4.3%。其中，民勤县27.4万亩、金塔县27.0万亩、敦煌市22.3万亩、瓜州县21.6万亩、玉门市6.7万亩、高台县5万亩、临泽县0.4万亩、肃州区0.3万亩。

2007/2008年度，甘肃省棉花产量达12.94万吨，较上年度减少0.8%。其中，金塔县3.46万吨、民勤县2.60万吨、敦煌市2.53万吨、瓜州县2.03万吨、高台县0.73万吨、玉门市0.59万吨、临泽县0.09万吨、肃州区0.04万吨。

2007/2008年度，甘肃省棉花每亩产量为108.84公斤，同比下降2.7%。主产市县受低温阴雨天气影响，单产有所下降，但因霜期相对推迟，棉花生产总体稳定。

2. 棉花生产特点

近年来，甘肃各产棉县区把做大做强棉花产业作为农业增效、农民增收、财力增强的主导产业来抓，通过结构调整、示范引导、科技助推、龙头带动，推动全省棉花产业健康稳步发展。2007/2008年度，甘肃省棉花播种面积居全国第12位，棉花产量居全国第9位，棉花单产居全国第4位，人均棉花占有量为4.96千克/人，居全国第8位。2007/2008年度，甘肃省棉花平均等级仅为3.34级，比全国平均值低0.17级，其中一、二级高等级棉所占比重仅为13.44%，比全国平均值低4.17个百分点，较上年度下降6.11个百分点。

3. 种植成本及收益

受农业生产资料价格大幅上涨、人工费用提高等因素的影响，棉花种植成本增加较快。据甘肃省各主产县市的农业部门对棉农种棉所需主要生产资料（种子、化肥、农膜、农药、机耕费、水电费）以及雇工采摘等费用支出情况调查显示，2007年敦煌市棉花生产成本达到每亩1140元左右，较2004年上涨了65%；瓜州县棉花种植平均成本为1050元/亩，增幅也在50%左右，其中农资成本增幅在35%左右；民勤县棉花种植平均成本高达800元/亩，其中籽棉采摘中雇工费用高达1.2元/公斤，均创近年来的新高。

二、棉花购销

2007/2008年度，甘肃省棉花收购秩序良好，棉花收购价格平稳，全省籽棉实际收购价格在5.2—5.5元/公斤之间。棉花企业质量意识普遍增强，棉花水分、一致性严格把关，棉花整体质量好于往年。

受全球经济增长减缓、通胀压力增大、生产要素价格上涨以及国内棉纺织品出口受阻、产能大幅压缩等因素的影响，棉花需求减弱，甘肃省的棉花销售形势非常严峻。2007/2008年度，甘肃省生产加工皮棉15.1万吨，籽棉平均销售价格在5.2元/公斤左右。但受销售不畅和铁路运输制约的影响，截至2008年9月底，全省销售皮棉共11.6万吨，占产量的75%，库存积压3.5万吨，主要集中在民勤、金塔、敦煌等县市的棉花加工企业中，其中民勤县1.12万吨，金塔县1.3万吨，敦煌市1.08万吨。新棉大量上市后，旧棉销售更加困难，企业亏损严重，每吨棉花亏损1500—2000元。棉花企业经营面临较大困难，导致银行贷款不能及时归还，并对新年度的棉花收购产生较大影响。

三、棉花加工

1. 棉花收购加工制度规范情况

为加强棉花质量监督与管理，提高棉花及棉纺织品的质量和竞争力，根据国家《棉花加工资格认定和市场管理暂行办法》的规定，相关部门对甘肃棉花收购加工进行明确和规范。一是彻底放开棉花收购。对棉花收购原则上不再实行资格认定。明确棉花收购者要承担明码标价、按国家标准和技术规范收购棉花等义务。二是提高市场生产加工准入门槛。适应棉花质检体制改革的要求，提高了市场准入标准和加工资格认定审批条件，有利于抑制棉花加工能力的盲目扩大。三是统一资格认定标准和棉花加工资格审核认定程序。有利于搞活棉花流通，打破地区封锁，加强市场和质量监管，提高棉花品质，促进全省棉花产业健康发展。

2. 棉花质量检验体制改革情况

在国家的统一部署下，按照国务院批准的《棉花质量检验体制改革方案》，甘肃省的棉花质量检验体制改革从2005年开始全面推开，经过三年多的实践，取得积极成效，2007/2008年度甘肃省的棉花质量检验体制改革工作继续稳步推进。

截至2009年，甘肃省纳入改造规划的棉花企业共55家。其中，2005—2007年纳入改造规划的企业有40家，已按国家要求完成改造并通过正式验收的企业有38家，2008年纳入改造规划并进行改造的企业有7家。各产棉区对改造进度滞后的企业加大管理力度并限期改造，确保在2008年底前达到正式验收的标准。同时，对2009年纳入改造规划的8家企业已经开展棉花生产设备更新改造的前期工作。

四、棉花消费

2007年，甘肃省棉花生产实现总产值

204017.52万元，同比增长3.6%。其中，皮棉总产值达178216.27万元，棉籽为24614.52万元，分别同比增长3.5%和4.6%，棉花秆为1186.73万元，同比下降1%。

2007年甘肃省纺织生产有所下滑，其中纱产量1.13万吨，同比下降16.9%；布产量0.03亿米，同比下降68.2%。全省纺织行业规模以上工业企业共33个，实现工业总产值122285万元，工业增加值43511万元，工业销售产值119036万元，其中，出口交货值9587万元，年产品销售收入107558万元，实现利润总额2663万元。

2007年甘肃纺织行业规模以上工业企业实现工业增加值率（工业增加值除以工业总产值）为35.58%，总资产贡献率为5.12%，全员劳动生产率（GDP除以劳动力总人数）为45801元/人，产品销售率为97.34%。

注：文中数据主要来自《甘肃农村年鉴》和甘肃省发展改革委。

（国家统计局甘肃调查总队　黄秉信）

湖　南　省

一、棉花生产

1. 播种面积、单产和总产

据国家统计局统计，2007/2008年度全省棉花种植面积258万亩，较上年度增加9万亩，增幅3.6%。受2007年8—9月（扬花期）湘北主产棉区普降暴雨的影响，湖南省棉花减产2.4%，总产约24万吨，平均单产为94.7公斤/亩。

2. 种植成本

据湖南省农业厅统计，受棉花质量下降、收购价格下跌的影响，2007/2008年度棉花主副产品产值仅为1000元/亩，较上年度减少600元亩左右，降幅近四成。2007/2008年度湖南省植棉成本有所上升，达到450元/亩（不包括劳动力成本），较上年度增加120—130元/亩，增幅在四成左右。

3. 主要品种

2007/2008年度，湖南省棉花品种基本实现杂交化。据省农业厅统计，全省转基因杂交棉的种植面积占到棉花总种植面积的95%左右，并以湘杂、农杂、中杂、楚杂等四个系列、湘杂3、5、7、8、10、12五个品种为主，其中这四个系列棉花品种的种植面积共达220万亩，占全省棉花总面积的85%。2007/2008年度，湖南省继续开展高支纱原棉基地建设，由于雨量充沛，气温较高，棉纤维发育良好，纤维长度、成熟度、断裂比强度均高于全国平均水平。

4. 加工情况

2007/2008年度湖南省全面启动400型打包机改造工程，据省发展改革委统计，全省计划改造50家，已经验收37家并投入使用。

二、棉花消费

1. 纺织生产规模

据湖南省纺织行业管理办公室统计，2007/2008年度全省纺织规模达到纱锭300万锭，布机3万台，纱产量28万吨，较上年度略有增加。

2. 经济指标概况

据湖南省纺织工业协会数据，2007年1—8月，全省规模以上纺织企业460户，完成工业总产值244.7亿元，同比增长25.32%，实现销售产值239.2亿元，同比增长24.38%，出口交货值13.99亿元，同比增长21.88%，实现利润5.06亿元，同比增长25.57%。

（湖南省银华棉麻产业集团股份公司）

陕　西　省

一、棉花生产

1. 播种面积、总产和单产

据国家统计局统计，2007/2008 年度全省棉花种植面积 133.7 万亩，同比增加 6.1%；总产量达到 9 万吨，同比基本持平；单产为 67.1 公斤/亩，同比下降 2.7%。

2. 种植成本及收益

据陕西省物价局成本调查队调查数据显示，2007/2008 年度棉花种植总成本 819 元/亩，比上年度增加 58 元/亩。其中，土地费用 86 元/亩，与上年度持平；生产费用 733 元/亩，比上年度增加 58 元/亩。在生产费用中，人工费用(包括采摘、剥皮、晾晒、田间管理)为 383 元/亩，比上年度增加 109 元/亩；种子费用 53 元/亩，比上年度增加 12 元/亩；化肥费用 113 元/亩，比上年度增加 18 元/亩；农家肥料 2.1 元/亩，比上年度减少 2 元/亩；农药费用 37 元/亩，比上年度增加 7 元/亩；农膜 37 元/亩，比上年度增加 5 元/亩；租赁费 104 元/亩，比上年度增加 8 元/亩，其中，机械费用 48 元/亩，比上年度增加 7 元/亩；排灌费 54 元/亩，比上年度增加 1 元/亩。

2007/2008 年度，棉农收益为 166 元/亩，比上年度减少 79 元/亩。

3. 种植品种

2007/2008 年度陕西省棉花种植的主要品种是：中棉所 41 号占 35%左右；中棉所 41 号提高品种约占 35%；鑫秋系列约占 10%；鲁棉 21 号和鲁棉 28 号占 15%左右；其他品种如晋棉 24 和陕棉 2365 约占 3%左右，中棉所 49、中棉所 48、中棉所 44 等品种也各占一定比例。

4. 生产特点

2007/2008 年度，陕西省棉花生产前期干旱少雨，中期发生不同程度的病虫害，成熟采摘时期又遭连阴雨，导致棉花单产下降。此外，农资价格和工价上涨导致棉花种植成本逐年增高，由于棉花种植投资大且费工费时、技术要求又高，再加之自然灾害多、销售渠道不畅、农户现金收益逐年减少，因此 2008/2009 年度陕西省棉花种植面积有可能呈现大幅度下降趋势。

二、棉花加工和购销

2007/2008 年度，陕西省棉花收购工作平稳进行，贷款投放量及收购量同比小幅下降。其中，累计发放棉花收购贷款 9.7 亿元，收购皮棉 185 万担，实现收购值 9.34 亿元，收购货币资金增加 0.36 亿元；累计发放调销贷款 7.3 亿元，调入皮棉 125.7 万担，实现调入值 7.8 亿元。

1. 棉花收购加工企业构成及变化情况

2007/2008 年度，陕西省棉花收购形成了以 18 户大型棉花收购企业为龙头，个体点(流动点)进行收购，个体、私营企业进行加工的网络体系，棉花收购贷款主要对象是 18 户大型棉花收购龙头企业。陕西省约 90%的棉农把棉花出售给小商贩，10%的棉农直接销售给棉绒加工企业。

2. 棉花收购、加工和销售成本及利润情况

据国家统计局大荔县调查队调查数据，2007/2008 年度棉花收购企业的毛利润在 0.20 元/公斤左右，棉花加工企业收取 0.40－0.50 元/公斤的加工费。棉籽价格 1.8 元/公斤，出售棉籽的利润在 300 元/吨左右。

3. 棉花收购和加工

2007/2008 年度，陕西省给 18 户大型棉花收购

企业共发放棉花收购贷款8.66亿元，收购新棉149.5万担，同比少发放1.17亿元，少收购棉花24.2万担。收购量值减少的主要原因是：一方面收购节奏放缓；另一方面是棉花价格低于上年度。

陕西省棉花收购加工的特点是规模小、以家庭小作坊为主。经营者随行就市，市场风险相对较小，利润空间不大。2008年受世界金融危机的影响，棉花收购企业注重质量，谨慎收购，按客商订单收购、加工、出售，没有存货。棉农存棉相对较多，棉花收购、加工呈现明显的买方市场。2008年个体收购加工企业（个体户）无证经营情况已基本没有，所有企业都在工商部门注册登记。

三、棉花消费和纺织经济运行

1. 纺织企业构成及变化情况

近年来，陕西民营纺织企业异军突起，据陕西省纺织协会资料显示，截至2007年末，全省共有民营棉纺织企业193家，占全省棉纺织企业的86%以上，拥有纱锭85万多枚、布机1.76万台，年销售额约24.5亿元，民营企业已成为陕西纺织业发展的主力军，尤其是区域性纺织服装产业集群已显雏形。民营棉纺业在西安、咸阳、渭南和宝鸡一线的县、镇聚集发展，形成了一批初具规模的棉纺织产业集群。

2. 纺织生产及销售情况

据陕西省统计局统计，2007年1—12月，全省纺织工业主要产品生产量及增减情况为：化纤用浆粕3.01万吨，同比增长1.1倍；纱20.43吨，同比下降1.4%；布7.8亿米，同比减少5.3%，其中棉布6.51亿米，同比减少0.5%，混纺交织布0.8亿米，同比下降40.1%，纯化纤布0.56亿米，同比增长29.8%；印染布0.73亿米，同比增长2.8%。

3. 纺织行业经济运行

棉纺织行业是陕西省纺织工业的主力军，凭借历史上积累的基础优势，继续充当着安置社会就业、拉动陕西经济增长的主要角色，纺纱、织布年生产能力约20万吨（把布折成纱）。据陕西省纺织协会资料，全省拥有织布机4万多台，其中无梭织机5500余台，陕西国有及国有控股大型棉纺织企业现拥有具备20世纪90年代国际先进水平的精梳机677台，自动络筒机244台，这些关键装备所占比重在全国处于较高水平，为陕西省棉纺行业调整产品结构、提升产品档次奠定了较好的基础。

2008年，陕西省纺织行业面临的形势严峻，利润同比增速大幅下降。据陕西省统计局数据，全省纺织业主营业务收入71.97亿元，同比增长6.1%，其中棉、化纤纺织及印染精加工58.78亿元，同比增长4.2%；全省规模以上纺织业企业实现利税总额0.41亿元，同比下降幅度超过50%，其中棉、化纤纺织及印染精加工0.53亿元，减少近6成。据咸阳市纺织协会统计，咸阳市33家规模以上纺织企业有7家亏损，与上年同期相比亏损企业亏损额增加1.14亿元，盈利企业利润比上年减少2.23亿元。

受人民币升值和世界金融危机的影响，陕西省70%以上的出口型纺织企业陷入困境。纺布关键设备喷气织机进口免税取消，对全省纺织行业技术改造以及发展后劲的提升非常不利。在外部环境无法改变的情况下，企业只有从内部管理抓起，苦练内功，找准市场，寻找发展空间，充分利用陕西省原材料资源、交通运输优势、充足的劳动力、电力和煤炭资源，不断开拓市场，不断延伸纺织产业链，为陕西省的棉纺工业发展和经济腾飞做贡献。

（陈兴峰）

山　西　省

一、棉花生产

1. 播种面积、总产和单产

国家统计局发布的数据显示，2007/2008年度全省棉花种植面积达156万亩，较上年度减少4.6%；棉花总产量11.5万吨，较上年度减少4.2%；棉花单产为73.8公斤/亩，较上年度增加2.5%。受早期霜冻、干旱、虫害以及9月底连续阴雨天气的影响，棉花单产有所下降。

2. 种植品种

2007/2008年度，山西省棉花种植品种主要为晋棉21、24、25、26、31号等。

二、棉花购销

据国家棉花市场监测系统对山西省临汾和运城两个主要产棉县市的统计，2007/2008年度，山西省籽棉收购均价2.79元/斤(折皮棉596元/担)，比全国均价低0.24元/斤，同比上涨0.40元/斤(折皮棉上涨43元/担)，涨幅16.49%。

三、棉花消费和经济运行

1. 纺织生产

据国家统计局公布的数据，2008年1—11月山西省纺纱产量达4.75万吨，同比下降33.66%；棉纱产量达4.52万吨，同比下降30.97%；布产量达0.80亿米，同比下降43.46%；棉布产量达0.76万米，同比下降39.92%。

2. 纺织品服装出口

据中国海关总署统计，2008年1—8月，山西省纺织品服装进出口总额为5573万美元，同比下降18.20%，其中出口额为5327万美元，同比下降17.00%；进口额为246万美元，同比下降37.65%。全省纺织品进出口总额为3390万美元，同比下降19.79%，其中出口额为3225万美元，同比下降19.43%；进口额为165万美元，同比下降26.24%。全省服装进出口总额为2183万美元，同比下降15.60%，其中出口额为2102万美元，同比下降12.98%；进口额为81万美元，同比下降52.52%。

3. 纺织经济运行

据纺织工业协会统计，2008年1—8月，山西省规模以上纺织服装企业共80家，其中亏损企业45家，亏损面达56.25%。规模以上企业工业总产值为33.61亿元，同比下降21.78%；工业销售产值为32.90亿元，同比下降19.07%；出口交货值为4.39亿元，同比下降13.82%；主营业务收入为32.73亿元，同比下降19.11%；利润总额为—0.96万元，同比减少2.09亿元；亏损企业亏损总额为1.50亿元，同比增加0.93亿元。

江 西 省

一、棉花生产

1. 播种面积、总产和单产

据国家统计局数据，2007/2008 年度全省棉花种植面积为 122.55 万亩，同比增长 23.8%；棉花总产量达 12.8 万吨，同比增长 28%；棉花单产为 104.2 公斤/亩，同比增加 8.1%。

2. 棉花种植成本及收益

按照国家统一部署，江西省价格成本调查队对全省棉花主产区高安、彭泽等 10 个县(市)90 个农户针对棉花成本收益情况进行了调查分析，结果显示，2007/2008 年度，江西省棉花单产略有下降，植棉成本大幅上升，皮棉出售价格上升，棉农植棉收益略增。具体情况如下：

一是棉花单产略有下降。2007/2008 年度全省棉花平均单产为 100.6 公斤/亩，同比下降 8.2 公斤/亩，降幅 7.54%；平均亩产值为 1529.76 元，同比增加 48.18 元/亩，增幅 3.25%。

二是植棉成本大幅增加。2007/2008 年度全省棉花平均生产成本 839.92 元/亩，同比增加 62.37 元/亩，增幅 8.02%。经分析，生产成本大幅增加的主要原因是人工成本增加，2007/2008 年度全省平均人工成本为 443.88 元/亩，同比增加 18.67 元，增幅 4.39%。

三是皮棉出售价格上涨。2007/2008 年度全省皮棉平均出售价格为 584.30 元/担，同比增加 49.50 元/担，增幅 9.26%。

四是植棉收益略有增加。2007/2008 年度全省棉花平均现金收益 1127.04 元/亩，同比增加 4.91 元，增幅 0.44%；平均现金成本为 402.72 元/亩，同比增加 43.27 元/亩，增幅 12.04%；平均净利润 629.26 元/亩，同比减少 6.93 元，降幅 1.09%；成本利润率为 69.88%，同比下降 5.37%。

3. 种植品种

为了顺应抗虫棉种植面积不断扩大的趋势、加快抗虫棉配套栽培技术的推广步伐，江西省有关部门开展了基层技术流动培训，把良种良法配套技术直接传授给棉农，并严格规范种子市场，严厉打击种子不法经营行为，加大对抗虫棉和杂交棉种子的监管力度。2007/2008 年度，江西省有关部门结合新品种示范、主栽品种表现、主产区棉花品种安排打算、棉种生产加工现状及棉农种植习惯等实际情况，确定了赣棉杂 1 号、鄂杂棉 10 号(太 D5)、湘杂棉 8 号为棉花的 3 个主栽、主推品种，并确定了中棉所 62、赣杂棉 3 号、红鹤 3 号、金农棉 2 号、中棉所 55、鄂杂棉 24 号为示范品种。

4. 生产目标

为了保持棉花生产稳定的发展势头，2007/2008 年度，江西省确定的棉花生产目标是：稳定面积，主攻品质，节本增效，规范市场，搞活流通，全力打造区域化布局、专业化生产、产业化经营、系列化加工的产业格局，推动全省棉花生产全面、协调、可持续发展。

二、棉花行业发展情况

2007/2008 年度是江西省棉花质量检验体制改革工作取得重大突破和发展的一年，由仅有两家新体制棉花加工企业、加工皮棉 3000 吨发展至 16 家新体制棉花加工企业、皮棉加工能力达 30000 吨。为了顺应这一大好形势，江西省纤检局在已有 1 台 HVI 的基础上再购进了 1 台，按照“三班倒”的形式加紧新人员的培训，以保证全省仪器化检验工作按质按量圆满完成。

三、纺织生产与棉花消费

近些年，在产业梯度转移的大潮中，江西省积极承接东部沿海发达省份纺织服装产业转移，纺织服装行业一直保持着稳步快速的发展势头，形成了南昌青山湖区、九江共青城、赣州南康市、宜春奉新县工业园四大产业基地。其中，南昌青山湖区以针织服装出口为主，聚集了500多家针织企业；宜春奉新工业园则是以棉纺企业为主的产业基地，拥有先进设备的棉纺企业越聚越多。随着2007年6月南昌青山湖区顺利晋级为国家级纺织服装特色产业基地后，江西省四大纺织服装产业基地中已经有了两个国家级基地。

据江西省统计局数据，2007年全省拥有纺织纱锭近200万锭，年用棉量达60万吨，而当前省内生产量不足40万吨，棉花种植发展空间大。2007年江西省棉纺织行业年主营业务收入突破了百亿大关达101亿元，同比增长48.43%，同比增幅居全国同行业第二位。2007年江西省纱产量达39万吨，同比增长46.5%；布产量4.6亿米，同比增长25.8%。

表2－5　2007年江西省规模以上工业纺织类主要产品产量

产品名称	单　位	产　量	同比(%)
纱	万吨	39.0	46.5
布	亿米	4.6	25.8
化学纤维	万吨	27.6	33.4
服装	亿件	7.3	39.3

数据来源：江西省统计局。

2007年，江西省纺织服装行业有效化解了人民币升值、出口退税率降低等不利因素的影响，全行业实现了又好又快增长，实现工业增加值100亿元，同比增长50.2%；实现主营业务收入380亿元，同比增长49.53%；实现利税总额24亿元，同比增长79.91%。以上三大指标均创历史新高。据纺织行业快报显示，2007年，江西省服装行业主营业务收入首次突破百亿大关达115亿元，同比增速位居全国同行业前三位。

（中国储备棉管理总公司九江直属库　张建德）

天　津　市

一、棉花生产

1. 播种面积、总产和单产

据天津市统计局数据，2007/2008年度，全市棉花种植面积达84263公顷，同比增加5368公顷，增幅6.8%；棉花总产量10.75万吨，同比增加0.58万吨，增幅5.7%；棉花单产为1276公斤/公顷，同比减少13公斤/公顷，减幅1%。

2. 棉花种植成本和收益

据国家统计局发布的2008年《全国农产品成本收益资料汇编》显示，2007/2008年度天津市棉花种植总成本为894.88元/亩，低于全国平均水平；棉花平均单产为90.7公斤/亩，收入为1496元/亩，均高于全国水平。虽然成本有所增加，但棉农收益依然出现较大幅度上扬，2007/2008年度天津市的平均现金收益为494元/亩，成本利润率为67%。

3. 种植品种

2007/2008年度，天津棉花种植的主要品种有冀668、冀丰197、冀棉669、国欣3号等。

表 2—6　2007/2008 年度天津市棉花播种面积与产量统计

单位：吨、公顷、公斤/公顷

区　域	总　产			面　积			单　产		
	2006 年	2007 年	同比(%)	2006 年	2007 年	同比(%)	2006 年	2007 年	同比(%)
全市合计	101688	107525	5.7	78895	84263	6.8	1289	1276	－1.0
塘沽区	1207	1191	－1.3	1907	1800	－5.6	633	662	4.6
汉沽区	850	1118	31.5	804	912	13.4	1057	1226	16.0
大港区	764	653	－14.5	1019	630	－38.2	750	1037	38.3
东丽区	5974	5151	－13.8	5524	4677	－15.3	1081	1101	1.9
西青区	3258	3915	20.2	3102	3433	10.7	1050	1140	8.6
津南区	4424	4585	3.6	4468	4351	－2.6	990	1054	6.5
北辰区	3554	3908	10.0	3827	3876	1.3	929	1008	8.5
武清区	11616	11524	－0.8	9896	9134	－7.7	1174	1262	7.5
宝坻区	24347	17642	－27.5	10833	9402	－13.2	2247	1876	－16.5
宁河县	23358	30248	29.5	20116	24689	22.7	1161	1225	5.5
静海县	21168	26756	26.4	16652	20884	25.4	1271	1281	0.8
蓟　县	1168	834	－28.6	747	475	－36.4	1564	1756	12.3

数据来源：国家统计局。

表 2—7　2007/2008 年度天津市棉花成本及收益统计

项　目	单位	天　津	全　国
每亩			
主产品产量	公斤	90.70	82.20
产值合计	元	1496.10	1353.48
主产品产值	元	1224.29	1077.17
副产品产值	元	271.81	276.31
总成本	元	894.88	965.56
生产成本	元	710.16	836.89
物质与服务费用	元	317.10	346.19
人工成本	元	393.06	490.70
家庭用工折价	元	347.45	434.59
雇工费用	元	45.61	56.11
土地成本	元	184.72	128.67
流转地租金	元	37.48	6.58
自营地折租	元	147.24	122.09
净利润	元	601.22	387.92
现金成本	元	400.19	408.88
现金收益	元	1095.91	944.60
成本利润率	%	67.18	40.18
每 50 公斤主产品			
平均出售价格	元	674.91	655.21
总成本	元	403.69	467.42
生产成本	元	320.36	405.13
净利润	元	271.22	187.79
现金成本	元	180.53	197.94
现金收益	元	494.38	457.27

数据来源：2008 年《全国农产品成本收益资料汇编》。

二、棉花收购和加工

1. 收购概况

2007/2008 年度天津棉花收购市场各路诸侯竞争十分激烈。由于后期价格走势不明朗，2007 年 10 月中旬以前，多数收购企业比较谨慎，棉农也持观望态度，收购价格基本维持在 3.0 元/斤以下，棉贩是当时收购的主体；10 月中旬以后，市场逐渐明朗，价格快速上扬，在 2007 年 11 月上旬攀升至 3.2 元/斤以上，并保持此价格到春节后收购结束。较高的收购价格虽然提高了农民收入，但同时也加大了加工企业的收购成本，多数企业维持微利，销售不畅的企业出现亏损，但整体来说，2007/2008 年度天津市棉花收购企业后期的棉花存量不大，因此，受棉价暴跌的冲击也较为有限。

2. 棉检体制改革概况

2007/2008 年度天津棉花体制改革继续推进。多数棉花企业心存疑虑，担心资源不够，成本较高，所以 400 型改造依然不多，送检也不积极。据中国纤维检验局网站公布的信息，截止到 2007 年 7 月底，天津市仅有两家企业送检了棉花。而实际上，天津市共有 6 家 400 型加工企业，7 条 400 吨大型加工生产线，其中，2007 年新批 2 家 400 型加工企业，新建 3 条 400 吨大型棉花加工生产线。

三、纺织经济运行

据国家统计局公布数据，2008 年天津市纱产量达 59298 吨，同比下降 6.25%；布、棉布和服装的产量分别为 24994 万米、21427 万米和 16537 万件，同比增长 5.58%、7.25%和 11.25%，均高于全国平均水平。

从 2008 年纺织企业的运行情况来看，天津市的纺织品企业同样遇到了寒冬。截至 2008 年 11 月底，全市纺织企业亏损面达 35.6%，超过全国平均水平，亏损企业亏损总额达到 1.6 亿元，同比增长 19.4%；而全市纺织企业的利润总额不到 2.3 亿元，同比下降 6.4%。值得一提的是，2007/2008 年度天津市的纺织品出口交货值同比增长 9.1%，内销交货值同比增长 30.5%。

表 2—8　2008 年天津市纱、布和服装生产情况（规模以上企业）

名　称	单 位	2008 年	同比（%）	全国同比（%）
纱	吨	59298	－6.25	8.10
布	万米	24994	5.58	5.34
棉布	万米	21427	7.25	5.61
服装	万件	16537	11.25	4.80
梭织服装	万件	11226	6.10	2.07

数据来源：国家统计局。

表 2—9　2008 年 1—11 月天津市纺织行业（规模以上企业）运行情况

单位：万元

项　目	全　国		天　津	
	绝对额	同比（%）	绝对额	同比（%）
亏损面（%）	20.4	—	35.6	—
主营业务收入	302073363.0	13.8	1333241.2	1.0
利润总额	10422542.1	－1.8	22693.1	－6.4
亏损企业亏损总额	2275020.3	99.9	15927.8	19.4
应交增值税	6871418.9	14.3	31842.5	16.4
工业总产值（当年价）	316235204.0	14.3	1414928.0	11.1
出口交货值	71761191.9	5.9	652566.0	9.1
内销交货值	236794063.1	17.6	876039.0	30.5

数据来源：国家统计局。

浙　江　省

一、棉花生产概况

1. 播种面积和总产

据浙江省统计公报数据，2007/2008 年度，浙江省棉花生产有所回升，棉花种植面积达 28.5 万亩，同比增长 8%；总产量达 2.57 万吨，同比增长 8%。2007/2008 年度浙江省部分地区棉花播种面积有所减少，但杭州湾滩涂新增的围垦土地播种面积有所增加，总的来看，浙江省棉花播种面积整体有所增长。

2. 种植品种

2007/2008年度，浙江省主要种植品种为湘杂3号和杂抗1号。其中，东南沿海地区以本省农业部门研发的品种为主，西部丘陵地区以湘杂2号为主。从单产与抗病能力来看，杂抗1号和湘杂3号具有较大的优势。

二、生产特点

1. 气候适宜棉花生长

2007/2008年度，浙江省棉区气候良好，日照充分、雨量适宜，特别是7、8月份的高温晴好天气非常适宜棉花生长，晚到的“罗莎”台风几乎未给棉花生产带来损失。

2. 病虫害少于往年

2007/2008年度，浙江省棉区病虫害少于正常年份，棉花长势喜人，单产较往年有所提高，但由于高温期比较长，当年棉花纤维略粗。2007/2008年度，该省棉花上市期比往年提前约10天，于9月中旬进入旺季。

3. 棉花品级优良

2007/2008年度，浙江省棉花品级、长度普遍较好，东南沿海地区一般等级达到3级以上，长度28毫米左右，衣分率38%左右；西部黄土丘陵地区平均等级达到2级以上，长度29毫米左右，衣分率接近42%。

三、棉花收购和加工

1. 籽棉收购价格走势呈U型

从8月下旬开始，浙江省棉区新棉陆续上市，籽棉收购价格在3.00－3.15元/斤之间，之后价格走势呈浅浅的U字形，在经历了短暂下滑之后，11月份价格回升到2.90－3.00元/斤。受上年度籽棉收购价格偏高的影响，棉农对2007/2008年度籽棉收购价格的期望值较高。棉农普遍认为，农资、化肥与其他农产品的价格都有所提高，棉花价格也应该同步提高，在行情不明朗的情况下不愿意大量交售。

2. 收购资金以自筹和农发行贷款相结合

浙江省供销社系统内的棉花企业于2007年10月1日前后陆续开秤，收购资金以自筹和农发行贷款相结合。据不完全统计，农发行贷款约占全省供销社棉花企业所投入收购资金的40%左右。在吸取前几年经验之后，各棉花企业2007年度表现更为稳健，这体现在对行情的分析和把握更为准确上。2007/2008年度初期，多数棉花企业在综合衡量了资金实力与行情变化之后，决定推迟开秤日期，同时采用快收购、快加工和快销售的办法锁定经营利润，尽可能地降低经营风险。

四、棉花消费

1. 纱、布产量稳步增长

2007年浙江省棉花消费需求在上年基础上稳定增长，据浙江省统计局统计，2007年全省纱产量146.71万吨，同比增长17.3%；布产量114.88亿米，同比增长13.8%；化纤产量1367.68万吨，同比增长65.3%。

2. 纺织品、服装出口增长，但占全省出口总额的比重下降

据浙江省对外贸易经济合作厅统计，纺织品、服装出口稳定增长，但占全省出口商品比重继续回落。据统计，2007年纺织品、服装出口额达356.12亿美元，同比增长19.82%，在广东省之后位居全国第二位，但占全省出口总额的比重由上年29.47%下降到27.75%。其中，纺织制品出口额为170.09亿美元，同比增长23.13%，占全国纺织品出口总额的30.32%，居全国第一位；服装出口额为186.03亿美元，同比增长16.76%，居全国第二位。与此同时，浙江省纺织品结构逐渐得到改善，品牌建设得到有效加强和提升。

（浙江特产集团有限公司　徐平波）

辽 宁 省

一、棉花生产

近年来，辽宁省棉花种植面积不断下降。根据国家统计局辽宁调查总队对全省23个国家调查县、195个调查村的1950户农民家庭种植意向调查结果显示，粮食作物播种面积稳定，农民偏爱种植水稻、玉米等粮食作物以及蔬菜、药材等非粮食作物，而油料、棉花和烟叶等非粮作物种植面积继续下降。据国家统计局数据，2007/2008年度全省棉花种植面积为1.65万亩，较上年度减少1.35万亩，降幅达45%；总产量为0.21万吨，较上年度增加0.01万吨，增幅为5%；单产为127公斤/亩，较上年度提高38公斤/亩，增幅为45.7%。

二、纺织经济运行

1. 纺织生产

据国家统计局公布的数据，2007/2008年度辽宁省棉纱产量达17.33万吨，同比增长4.59%；棉布产量达2.82亿米，同比增长8.88%；化纤产量达19.43万吨，同比下降1.77%。

2. 纺织品服装出口

据中国海关总署统计，2007/2008年度，辽宁省纺织品服装进出口总额为459277万美元，同比增长10.36%，其中出口额为374241万美元，同比增长11.66%；进口额为84987万美元，同比增长5%。全省纺织品进出口总额为141796万美元，同比增长10.51%，其中出口额为69242万美元，同比增长19.28%；进口额为72552万美元，同比增长3.25%。全省服装进出口总额为317431万美元，同比增长8.04%，其中出口额为304998万美元，同比增长10.27%；进口额为12433万美元，同比下降27.75%。

3. 纺织经济运行

2007年以来，辽宁省纺织行业积极调整产业结构和产品结构，转变经济增长方式，形成了以服装为龙头，以棉纺织为基础，全行业科学合理发展的格局，经济平稳增长。据纺织工业协会统计，2007年1—11月，全省规模以上纺织企业1086户，完成工业产值507.7亿元，同比增长36.35%；实现销售收入456.2亿元，同比增长30.65%；实现出口交货值175.1亿元，同比增长27.47%；实现利税14.94亿元，同比增加2.39亿元；实现利润4.22亿元。2008年1—6月，全省规模以上1088户纺织企业实现主营业务销售收入223.5亿元，同比增长27.2%；出口交货值102亿元，同比增长21.7%；利税5.1亿元，同比下降30%。

2007年以来，辽宁服装行业发展势头迅猛，成为支撑全省纺织经济平稳增长的重要力量。据统计，1—11月规模以上服装企业566户，完成产值235.6亿元，同比增长43.9%；实现主营业务销售收入195.3亿元，同比增长45.8%；完成出口交货值119.8亿元，同比增长33%；实现利税10.86亿元，同比增长60%；实现利润7.34亿元，同比增长69%。2008年1—6月，辽宁省服装行业实现销售收入132.75亿元，同比增长35.6%；出口交货值73.83亿元，同比增长36.18%；利润3.6亿元，同比增加0.33亿元；利税5.55亿元，同比增加0.56亿元。服装行业特别是大连、沈阳、葫芦岛、丹东等市服装行业的积极发展，拉动了全省纺织经济的增长。

辽宁纺织经济的平稳增长主要得益于近几年的产业结构调整。针对辽宁省棉花资源少的特点，很多企业调整产品结构，多采用其他原料，开发出很多新产品。在经营方式方面，许多生产加工型出口企业从单纯为国外客商做加工，逐步转向自主设计、自主采购和自主出口。

在强势企业的带动以及各级政府部门和行业协会的扶植帮助下，2007/2008 年度，辽宁省纺织业在面临诸多考验的情况下仍取得了适度的发展。在发展过程中，大型骨干企业的带动作用十分明显。大杨创世股份有限公司、大连桑扶兰时装有限公司、思凡服装服饰有限公司以及雅威、瑞光、天马、鑫峰、东立、熊印等一批著名品牌企业，不断进行技术创新、品牌创新，以过硬的产品占领国内外市场，创造了可观的经济效益，带动全行业各项经济指标不断增长。国家和地方政府的一系列扶持政策有力地推动了辽宁纺织工业健康发展，特别是国家"纺织行业加快结构调整转变增长方式专项资金"，加速了行业结构调整步伐，推动了行业技术升级和品牌创新。

年度报告

第三部分

2007/2008年度国内棉花行业运行分析报告

在2007/2008棉花年度(2007年9月1日—2008年8月31日),我国棉花行业呈现出棉花产量增加、需求增速明显放缓、产需存在缺口、总量基本平衡、质检体制改革推进、棉花市场运行平稳的局面。

一、2007/2008年度我国棉花行业的主要特点

1. 棉花产量创历史新高

据国家统计局统计,2007/2008年度全国棉花播种面积8880万亩,棉花产量762万吨,为历史最高产量。根据新疆棉铁路运输实际发运情况看,新疆棉花实际产量比原公布产量多出40万吨左右,据此测算,全国棉花实际产量800万吨,比上年度增加27万吨。

2. 棉花需求增速放缓

受国内外市场环境和政策变化等多重因素影响,2007/2008年度我国纺织生产、出口增速明显放缓。据国家统计局统计,2007/2008年度全国纱产量2115万吨,同比增长11%,增速同比下降7个百分点。据中国海关总署统计,纺织品服装出口1812亿美元,同比增长12.1%,增速同比下降9.3个百分点。在纺织生产和出口增长的带动下,棉花需求比上年度有所增加,但增长势头减弱。

3. 棉花销售后期放慢

受银根紧缩等政策的影响,2007/2008年度纺织企业流动资金紧张,普遍压缩原料库存,采购方式大多是随用随买。棉花企业商业库存增加,销售压力加大,国产棉销售慢于去年,加上2008年南方雨雪冰冻灾害和汶川地震对铁路运输的影响,新疆棉一度出现运销困难。2007/2008年度累计进口棉花244万吨,比上年度增加16万吨。

4. 棉花市场运行平稳

各地政府和有关单位高度重视棉花收购工作,引导棉花企业积极入市、理性经营。工商、质监等部门严格加强市场监管和质量监督,严格查处棉花经营中的违法行为,棉花流通秩序较好,棉花质量基本稳定。农发行积极发放棉花收购贷款,保障棉花收购资金需要。有关部门把握进口配额发放节奏,进口棉数量每月基本保持在20万吨左右。在2007/2008年度国际市场棉价整体上涨、波动幅度加大的情况下,国内市场棉价保持了基本稳定。年度国内市场标准级棉花销售价格平均约为13700元/吨,同比上涨3%,而同期国际市场棉价上涨23%。

5. 棉农收入明显增加

2007/2008年度棉花收购价格高于上年,棉农收入明显增加。据全国物价系统成本调查统计,2007/2008年度皮棉出售均价655元/担,同比增长8%;棉花现金收益945元/亩,同比增长13.5%。

6. 加快新疆棉调运,缓解新疆棉运销难

为此,2008年6月起国家增加新疆棉花铁路运力,对新疆棉出疆移库给予400元/吨的补贴,促进新疆棉移库到内地。据铁路部门统计,2007/2008年度共发运新疆棉293万吨,比上年度多运23.6万吨,除疆内纺织自用外,当年度新疆棉基本上都运了出来。为加快新疆棉销售,8月下旬到9月下旬,国家在全国棉花交易市场公开竞价收储2007/2008年度经仪器化公证检验的新疆棉(共成交8万吨),促进了新疆棉的销售。新疆自治区政府有关部门和农业发展银行也加大力度,督促棉花企业加强市场营销,积极移库销售。

7. 棉花流通体制改革进一步深化

各地各有关部门继续贯彻国务院确定的"一放(放开收购)、二分(储备与经营分开、社企分开)、三加强(加强宏观调控、加强市场管理、加强质量监督)、走产业化经营路子"的改革方针,进一步深化棉

花流通体制改革。棉花市场化程度不断提高，市场体系逐步完善，期货和现货交易市场发展良好。棉花企业加快改革步伐，在竞争中优化组合，棉花产业化经营在探索中发展，一批产业化龙头企业逐步壮大。

8. 棉花质检体制改革进展顺利

按照国务院批准的《棉花质量检验体制改革方案》要求，截至 2008 年 9 月底，全国已有 1094 家棉花加工企业完成了技术改造，比上年度增加 563 家，形成大包棉花加工能力 590 万吨左右。开展仪器化公证检验服务的公证检验承检机构 81 家，形成仪器化检验能力 430 万吨左右。2007/2008 年度全国经仪器化公证检验的大包棉花 166 万吨，超过上年度检验量的 2 倍。

9. 行业存在的问题和不足

2007/2008 年度棉花市场运行还存在以下问题需要重视：一是棉花加工能力严重过剩，部分加工企业对棉花质检改革存在观望心理，改革地区间进展不平衡；二是棉花质量仍存在隐患，混等混级收购加工棉花的现象普遍，棉花中混入异性纤维问题尚未得到根本解决；三是纺织发展面临较大困难，三分之二的纺织企业处于亏损或亏损边缘。受此影响，国产棉花销售进度慢于上年，年度末期国内棉价呈现出下跌趋势。

二、我国棉花市场面临的挑战和应对措施

正确分析市场形势是做好新年度棉花工作的关键。国家发展改革委会同有关单位对新年度产销形势进行了多次分析和研究，并组织联合调查组到各棉花主产省区进行调研。总的来看，2008/2009 年度我国棉花产量与上年基本持平，纺织生产出口增速将进一步放缓，棉花产需之间仍有较大缺口。国际市场棉花资源趋紧，受国际经济形势不确定影响，预计国际棉价波动将进一步加剧。具体情况如下：

1. 国内棉花需求量增速放缓

受诸多不利因素的影响，2007 年以来我国纺织生产和出口由快速增长进入一个新的调整期，增速明显放缓。预计 2008/2009 年度纺织业仍将面临人民币升值、资金紧张和成本上升压力等问题，纺织生产和出口增速可能会放缓，对棉花需求量的增长减弱，棉花产需之间缺口不会再大幅度扩大。

2. 国际市场棉花资源趋紧

据国际棉花咨询委员会(ICAC)2008 年 9 月的预测，2008/2009 年度全球棉花产量 2491 万吨，同比减少 137 万吨；消费量 2635 万吨，同比减少 32 万吨；期初库存 1210 万吨，同比减少 31 万吨；国际市场棉花供求趋紧，国际棉价总体上将在高位运行，但受国际经济形势不明朗和其它商品市场价格波动影响，国际棉价波动将进一步加剧，给国内纺织用棉企业利用国际资源带来较大困难。

3. 矛盾和问题

在正确认识新年度棉花供求总体形势的基础上，我们还要清醒地看到 2008/2009 年度棉花工作中将面临的突出矛盾和问题：一是棉花收购资金趋紧。受从紧货币政策及棉花市场低迷等因素影响，投入到棉花收购的商业银行贷款、企业自筹资金及纺织企业预付款可能大幅减少。二是收购初期可能出现观望、僵持局面。受粮食等农产品价格上涨、棉花种植成本增加等因素的影响，棉农对 2008/2009 年度棉花收购价格的期望值较高；纺织企业资金紧张、经营困难，消化高价棉难度较大；近两年棉花企业经营效益不佳，收购会比较谨慎。可能在棉花收购初期出现棉农惜售、企业观望的局面。三是稳定棉花生产的压力较大。受纺织行业困难影响，2008 年 7—9 月，棉花价格持续走低，截止到 9 月底国内市场棉价比 7 月下旬每吨已经下跌了近千元。由于棉花生产成本增加，而新棉收购价格难以达到农民的期望值会挫伤棉农生产的积极性，不利于稳定棉花生产。

当前棉花工作所面临的形势严峻，国内市场棉价仍在下行，各地各有关单位要把稳定棉花市场、保护棉农利益作为新年度棉花工作的首要任务来抓。2008/2009 年度棉花工作的总体要求是：抓好新棉收购，确保资金供应；稳定棉花市场，保护棉农利益；加强宏观调控，满足市场需要；加快质检改革，确保棉花质量。具体要做好以下六项工作：

1. 引导企业积极入市收购新棉

要加强政策引导，客观宣传我国棉花产销形势，要看到我国棉花产需总体上存在较大缺口，国产棉花销售市场广阔。要引导棉花企业积极入市收购，棉农积极交售棉花，购销双方合理确定棉花收购价格，既要保护各方利益，又要规避市场风险。纺织企业要加速资金周转，积极采购新棉，保持合理的棉花库存。中国棉花协会、纺织工业协会要加强相关的信息服务和宣传引导工作。

2. 确保收购资金供应

各级农业发展银行要认真研究新年度棉花收购中面临的新形势、新问题，采取针对性强的措施，发挥棉花收购资金供应主渠道作用，全力做好棉花收购资金供应工作。在严格执行贷款上限和贷款风险控制线、切实防范贷款风险的前提下，提前制定棉花收购资金供应预案。统筹考虑各地棉花产量和贷款企业加工能力，合理布局收购资金供应点，防止出现区域性收购资金供应上的空白点。对于个别地区可能出现的收购主体缺失的情况，通过组织有实力的企业直接设点或委托收购解决当地棉农卖棉问题。要足额安排信贷规模，加强与人民银行沟通，确保现金供应，支持贷款企业及时足额兑付棉农售棉款。鼓励商业银行、农村信用社等金融机构开展棉花收购信贷业务，增加棉花收购资金供应渠道。在主要产棉区，各商业银行应保持一定的棉花收购贷款规模，贷款规模在年度之间要保持相对稳定。各级政府及有关部门要密切关注棉花收购资金供应问题，千方百计督促和帮助收购企业筹措资金，防止出现“打白条”。

3. 加强棉花宏观调控

要充分运用好储备、进出口等手段，加强宏观调控，维护棉花市场的基本稳定和供需基本平衡。一是充分发挥储备调控作用。要进一步完善棉花储备制度，适当增加储备规模，建立更加灵活的储备棉吞吐机制。有关部门已经商定，新棉大量上市后，如棉价出现过度下跌，要适时入市收储部分棉花，使新棉收购价格保持在相对合理的水平，保护农民种棉积极性。如年度后期棉价出现过度上涨，将安排一定数量的储备棉在市场抛售，保证市场运行基本平稳。二是调控好棉花进口。进口棉花既是解决我国棉花资源短缺的需要，也是调控棉花市场的有效手段，要在准确分析我国棉花产需形势和国际棉花市场变化的基础上，统筹考虑国内棉花销售进展情况、纺织企业用棉配比需要等因素，合理确定进口的时机和数量，把握好进口节奏，从而保证国产棉花销售，维护国内棉花市场价格稳定，保护棉农利益。三是组织协调好新疆棉运销。要引导新疆棉花企业强化市场和竞争意识，充分利用出疆棉移库补贴政策，加快棉花销售和向内地移库的进度。铁路等部门要组织好新疆棉外运，增加棉花出疆运力，满足销售和移库需要。四是完善棉花产需统计。要改进和完善棉花生产统计，提高棉花消费统计的质量，建立信息会商机制，规范信息发布，为宏观调控和生产经营服务。

4. 加强棉花市场和质量监管

各地要严把市场主体准入关，进一步完善棉花加工准入和退出机制，取缔未经批准的棉花交易市场和地下市场，防止加工能力的盲目扩张。坚决取缔小轧花机、土打包机等非法加工设备，严厉打击无证无照加工行为。要认真实行棉花收购加工主体信用分类监管制度，规范棉花交易行为，对销售、购买非法加工棉花的企业，要按照有关规定严肃查处，促使无证加工企业真正退出市场。要依法加强棉花质量检查，加强收购加工环节质量监督管理，打击棉花掺杂使假等质量违法行为。引导棉农继续对棉花实行“四分”（分摘、分晒、分存、分售）等行之有效的做法，避免混等混级。广大棉农及收购加工企业要进一步提高棉花中混入异性纤维危害性的认识，在采摘和收购环节使用棉布袋，在棉花加工前做好排除异性纤维工作，保证棉花质量。

5. 稳定棉花生产

稳定棉花种植面积，防止生产出现大起大落，对我国棉花产业健康发展具有十分重要的意义。对此，产棉区各级政府及有关部门应有清醒认识，及早采取相应措施，确保我国棉花种植面积保持基本稳定。要在稳步扩大优势区域棉花种植面积的基础上，着力提高棉花单产和品质。继续改善棉花生产条件，加强优质棉生产基地建设，支持新疆发展棉花生产，提高我国棉花综合生产能力。要深入研究支持棉花生产稳定发展的政策措施，继续实行棉花良种补贴政策，加快棉花优良新品种选育、示范、推广工作，扩大优质棉花种植规模。

6. 鼓励棉花企业做大做强

从 2001 年开始，棉花流通体制改革已经走过了七年，棉花企业初步建立起与市场经济相适应的经营机制。随着棉花企业兼并重组步伐加快，涌现了一批经营规模较大、管理较规范、具有一定市场影响力的棉花企业。但从总体上看，我国棉花企业"小而分散"的现状尚未得到根本性改变，我们的棉花企业无论在规模、数量上，还是在管理、效益上，与国际先进企业相比均存在较大差距。随着外资进入中国农产品经营领域步伐的加快，国内棉花企业必须强化危机意识，变压力为动力，在充分发挥自身优势的基础上，学习和借鉴国际企业先进的经营模式和管理经验，探索多种形式的棉花产业化发展路子，快速提升自身的核心竞争力，努力把企业做强做大。

2007/2008 年度中国棉花生产形势分析

杜　珉

【作者简介】杜珉，1982 年毕业于西安交通大学，1993 年调入农业部农村经济研究中心，现任农研中心农村发展研究室主任，国家现代棉花产业技术体系产业经济研究室主任、研究员。自 1995 年以来，一直从事农业市场政策研究，特别是棉花市场政策研究。先后主持和参与国家、部委以及国内外有关机构项目和课题 20 余项，发表学术论文百余篇，出版专著 3 部。2002—2007 年，负责农业部中国棉花市场预警月度分析报告分析。2003 年兼任中国棉花协会高级顾问，2005 年任国家棉花市场监测系统专家委员会委员、农业部棉花专家顾问组专家等，2007 年分别担任"农业部、财政部现代棉花产业技术体系之产业经济研究项目"、"棉花简化种植节本增效——棉花产业链政策项目"负责人，2008 年任中国棉麻流通研究会副会长，2008 年任国务院关税税则专家咨询委员会专家委员。

2007/2008 年度我国棉花生产尽管遇到低温、干旱以及台风等自然灾害，但由于棉花市场价格相对较稳，特别是国家对主要产棉省区进行棉花良种补贴政策等惠农政策的出台，较大程度地调动了农户生产积极性，棉农田间投入较足，棉花总产稳定在历史最高水平。

一、2007/2008 年度棉花生产稳定发展

1. 棉花种植面积稳中有增

据各地农业部门和统计部门不完全统计，2007/2008 年度全国棉花种植面积为 8889.5 万亩，同比增加 776.1 万亩，增幅为 9.57%。其中黄河流域棉区为 3709.63 万亩，占全国种植面积的 41.73%，同比减少 110.4 万亩，减幅为 2.89%；长江流域棉区为 2269.14 万亩，占全国种植面积的 25.53%，同比增加 128 万亩，增幅为 5.98%；西北内陆棉区种植面积为 2793 万亩，占全国种植面积的 31.4%，同比增加 775.9 万亩，增幅为 38.74%；北部特早熟地区种植面积为 102.84 万亩，同比减少 18.2 万亩，减幅为 15.04%。2007/2008 年度，西北内陆棉区仍然是

面积增加最多、增幅最大的棉区，其次为长江流域棉区。

2. 总产稳定在历史最高水平

2007/2008年度，全国棉花总产量在上年度创历史最高水平的基础上再创新高。据国家统计局数据，当年棉花总产量达到762.4万吨，同比增加87.8万吨，增幅为13.01%。其中长江流域棉区棉花总产量为169.57万吨，同比增加7.29万吨，增幅达4.49%；黄河流域棉区总产量为268.05万吨，同比减少0.54万吨，减幅为0.2%；西北内陆棉区总产量为314.21万吨，同比增加82.58万吨，增幅为35.65%，北部特早熟棉区总产量为9.52万吨，同比减少1.56万吨，减幅为14.08%。总体分析，三大棉区棉花产量随种植面积的增长而增加，其中西北内陆棉区棉花产量的增幅最大，其次为长江流域棉区。

从国家统计部门公布的2007/2008年度全国棉花产量分析，如果按照2006年国家统计局统计口径2007/2008年度棉花产量比上年度增长13.01%，但如果按照2007年8月国家发展和改革委员会等部门公布的2006年棉花实际产量数据(即新疆棉区实际棉花产量比国家统计局统计数据多101万吨，实际产量为775.5万吨)比较，2007/2008年度棉花总产量比上年度减少13.22万吨，减幅为1.71%。

3. 棉花单产大幅度提高

按照各地农业部门和统计部门有关数据，2007/2008年度，我国棉花种植面积同比增长9.56%，同期棉花产量的增长幅度达到了13.01%，产量增幅比面积增幅略高3.5%说明2007/2008年度棉花单位面积产量继续提高。2007/2008年度，全国棉花平均单产为85.8公斤/亩，比上年度同期增加2.62公斤/亩，增幅为3.2%。三大棉区平均单产最高的仍然是西北内陆棉区，为121.73公斤/亩，比上年度增加8.3公斤/亩，增幅为7.3%；其次为长江流域棉区，平均单产为82.68公斤/亩，比上年度增加1.16公斤/亩，增幅为1.42%；黄河流域棉区和西北特早熟棉区单产与上年基本持平。2007/2008年度全国主要产棉省区棉花单产高于全国平均产量的省区依次为新疆的120公斤/亩、甘肃的123.5公斤/亩、湖南的92.7公斤/亩和天津的92.7公斤/亩。

二、2007/2008年度棉花生产的特点

1. 棉花品种多乱杂的问题逐步解决

近几年，我国棉花生产存在的最大问题仍然是品种多、乱、杂。所谓多是指种子生产经营的企业多、各省审定的品种多。每年国审、省审棉花品种不少于100个，加上每年累计市场上合法品种不下1000个，众多品种进入棉花生产严重影响棉花品质的一致性和棉纺织业的发展；所谓乱主要是指价格混乱，不仅不同品种的价格差异较大，而且同一个品种不同的厂家或销售商的价格也不一样，给农户种植带来困惑；所谓杂是指各省审定的品种良莠不齐、各厂家加工的种子质量参差不齐，严重影响老百姓的购种选择。为了改变棉花品种多、乱、杂的局面，降低农户的植棉购种成本，调动农户的植棉积极性，国务院决定从2007年棉花播种前开始实施棉花良种补贴，中央财政安排5亿元专项资金用于棉花良种补贴，按照每亩补贴15元的标准，对棉花主产省份的193个市县、3333.3万亩棉田实施补贴。2007/2008年度，全国中标品种161个，其中常规种97个，杂交种64个，中标种子公司131家(不含新疆地方)。

2. 棉花种植向优势区域和大农户集中

棉花种植进一步向优势区域集中。2007/2008年度三大棉花优势区域的种植面积为8302.34万亩，占全国棉花种植总面积的98.47%。

农户的种植规模逐渐加大。据农业部农村经济研究中心全国农村固定观察点办公室在2007/2008年度农户农产品生产意向调查分析，当年度被调查农户种植面积达1537万亩，比上年度增长了3.53%，但是棉花种植户数比上年度下降了2.64%，种植户数减少而种植面积增加说明了棉花种植向大农户集中。

西北内陆棉区、特别是新疆棉区，在全国棉区的面积、产量中所占比重进一步加大。2007/2008年度，西北内陆棉区面积产量分别占全国的26.51%

和36.16%，比上年度分别提高了6.54和5.17个百分点。

3. 价格仍然是影响棉花生产的主要因素

棉农对下一年种多少棉花的决策主要依据当年棉花的价格，棉花价格的波动无疑是影响棉花收益最直接的因素。具体原因如下：一是上年棉花收购价格较高，特别是在棉花收购淡季价格还有所上涨，提高了农民种植棉花的积极性。据山东、河南等省调查，增加种植面积的农户绝大部分是因为看好2007/2008年度的棉花价格；二是棉花比较效益提高。据山东省农户反映，2006/2007年度植棉每亩净收入比种植小麦、玉米略高，因而提高了棉农植棉的积极性。另外，纺织工业高速发展对棉花需求日益增长，广大农民普遍认识到棉花产不足需的现状，不愁棉花销路，对棉花价格的预期较高。

2007/2008年度棉花收获季节，农业部农村经济研究中心对河南与江苏的6个棉花生产大县约60户棉农典型调查显示，90%的被调查农户认为，棉花收购合理价格应该在2.8－3.0元/斤之间，在棉花生产后期棉花市场收购价格接近农户价格预期，因而对农户的田间后期管理和投入也有较大的促进作用。

4. 棉花生产中的科技含量进一步加大

首先，优良品种的普及率进一步提高。据农业部种植业司有关资料，2007/2008年度，全国棉花种植的良种覆盖率达到了85%，其中黄河流域基本普及抗虫棉品种，长江流域抗虫棉品种也占到了80%以上，杂交棉种植面积进一步增加。

其次，20世纪后期发展形成的苗移栽技术、地膜覆盖和化学调控三大创新技术，“小壮高”和“矮密早”两大高产栽培途径在2007/2008年度的棉花种植中有力地促进了棉花生产的发展。

第三，采用新品种和新技术成为2007/2008年度农户提高农业生产效益、增加收入的主要措施。2007/2008年度农业部农村经济研究中心在河南、江苏60余户棉农典型调查中发现，为了提高农业生产效益、增加收入，有80%以上的农户把选用优良品种、采用新技术作为首选措施。

三、2007/2008年度影响棉花生产因素分析

2007/2008年度农户棉花生产积极性较高，经总结分析，主要原因是国家棉花政策向好，具体如下：

一是中央财政出巨资继续用于棉花良种补贴，从2007年开始，国家投资5亿元人民币对棉花主产省的4000万亩棉花进行良种补贴，通过统一供种或低价供种，鼓励农户采用优良品种，加快新品种和新技术的推广，提高棉花单产水平，改善棉花内在品质。在各主产棉区调查发现，绝大多数农民对2007年度的良种棉补贴政策非常满意，尽管每亩棉花仅有15元，但是体现了党和政府对植棉农民的关怀，这对稳定农户种植结构产生积极影响。

二是国家明确了棉花种植进一步优化区域布局，农业部在总结2003－2007年《棉花优势区域发展规划》实施经验的基础上，在2007年底组织编制出台了2008－2015年的《棉花优势区域发展规划》，这对下一步优化棉花区域布局、发展优势区域的棉花生产产生了积极的影响。

三是国家对棉花生产科技投入进一步加大，为棉花增产提供科技支持。2007年底，国家财政投资正式启动“棉花简化种植节本增效生产技术研究与应用”和“现代棉花产业技术体系建设”等公益性科技项目。以上项目集中全国棉花科研力量，在棉花遗传育种、栽培植保等方面建设创新。该项目的建设必将加快我国棉花产业技术体系建设步伐，提升国家、区域创新能力和棉花科技自主创新能力，也将推动2008年棉花生产持续发展。

四是棉花需求继续旺盛，棉花供给存在缺口给国内棉花生产提供了上升空间。据国家发展改革委、农业部、中国棉花协会等部门分析，截止到2007年12月，全国平均每月纺纱量达到150万吨左右，月均折合用棉量保持在95万吨上下，预计全年纺纱量1800万吨，棉花需求量巨大。

加快培育我国棉花企业的核心竞争力

雷香菊

【作者简介】雷香菊，中国储备棉管理总公司总经理。自 1982 年以来一直从事棉花行业管理工作，历任中华全国供销合作总社棉麻局市场平衡处处长、副局长、华棉储备管理中心主任，2003 年起任现职并兼任中国棉花协会副会长。具有较丰富的棉花行业管理经验，在棉花市场研究、企业经营管理方面有较深的理论研究。

近年来，我国棉花企业发展面临国内外的竞争压力，经营出现较大困难，特别是 2007/2008 年度，棉花企业更是举步维艰，关停并转、兼并重组步伐日益加快，很多棉花企业经过近 4 年来的市场洗礼，已经逐步退出棉花经营领域。在当前国际经济增长放缓、经济发展存在很大不确定性的宏观背景下，研究棉花企业竞争、规划我国棉花产业发展显得十分必要。

一、我国棉花企业生存现状

1. 加入 WTO 后我国棉花企业面临的压力明显增加

加入 WTO 后，棉花资源配置的全球化趋势给中国棉花企业带来了极大冲击，加剧了国内外棉花企业对市场的争夺，上下游之间的竞争更为残酷。

(1)棉花进口大幅增加改变国内市场竞争格局。2001/2002 棉花年度以来外棉进口量持续保持较高水平，最近 5 年的年平均进口量近 250 万吨，最近 3 年的年平均进口量则近 300 万吨。国内市场对外棉依赖程度的提高，一方面大大提高了外商在国内市场的占有率，另一方面也极大地增加了国内棉花企业生存的压力，见表 3－1。

表 3－1　2001/2002 年度以来进口棉占国内市场比重变化

单位：万吨

年度	资源合计	国内产量	国外进口	进口棉比重(%)
2007/2008	1024	780	244	23.82
2006/2007	978	750	228	23.31
2005/2006	981	570	411	41.90
2004/2005	798	632	166	20.80
2003/2004	686	487	199	29.01
2002/2003	564	492	72	12.77
2001/2002	544	532	12	2.21

数据来源：国家棉花市场监测系统、国家统计局、中国海关总署。

(2)国际市场供给增加对我国棉花企业形成压力。随着美国国内市场用棉需求的大幅度减少和印度、乌兹别克斯坦、巴西等棉花主产国产量的大幅度提高，世界棉花资源持续增加，尽管同期棉花需求也有所上升，但在供给旺盛的国际环境下，世界棉花价格长期在低谷徘徊，给国内棉花企业经营带来了持续的竞争压力，见表 3－2。

(3)外商直接介入国棉经营加剧了国内市场竞争。根据相关国际贸易协议，自 2003 年 1 月 1 日开始，外国公司可以申请在中国国内经营棉花业务。截至 10 月上旬，至少有 4 家国外棉商已经取得了国棉经营许可证，至少有 3 家实质上直接参与了国内棉花的收购经营活动，展开了与国内棉花企业短兵相接的竞争。由于这些企业资金充裕，经营方式灵活，在短短的 2－3 年时间内已经取得了较大的国棉经营规模，且经营方式灵活多变。这一发展趋势明显加剧了国内棉花市场的竞争局面。

表3－2　2003/2004－2007/2008年度世界主产棉国棉花出口及当年ICE期货均价

单位：万吨、美分/磅

	2003/2004	2004/2005	2005/2006	2006/2007	2007/2008
美　国	259.1	314.3	382.1	283.3	297.3
印　度	74.0	14.4	75.1	99.4	156.8
乌兹别克斯坦	1.2	86.0	104.5	98.0	96.9
巴　西	10.6	33.9	42.9	28.3	48.6
全　球	660.2	761.9	970.5	808.2	844.3
当年ICE期货均价	63.89	48.72	52.05	52.78	67.22

数据来源：ICE期货交易所、美国农业部2008年9月产销存预测数据。

2. 中国棉花企业的生存现状

以上仅从国内市场受国际竞争压力的影响出现的变化作了简要分析。2008年8—9月，国家棉花市场监测系统组织开展了国内棉花企业的生存状况调查活动，结果显示：

（1）收购销售仍以传统经营模式为主。多数棉花企业的购销行为仍以传统方式为主。这一传统模式主要表现在通过收购、加工籽棉，完全根据市场经验进行销售，既没有参与和利用期货、网上棉花电子交易进行风险规避，也没有开展积极有效的现代营销活动，只有部分企业能适量采取一些新的经营手段规避风险。从原料采购上看，在被调查的企业中，48％的企业仍然全部是自己加工籽棉；27％的企业以籽棉加工为主，辅以皮棉采购；22％的企业籽棉加工和皮棉采购并重，仅有3％的棉花企业没有籽棉加工业务。

（2）技改效果不甚理想。调查特别关注了安装400型打包机的企业，但从调查结果来看，认为大包型企业的前景并不乐观。大包型并未使企业降低成本，在安装400型打包机的企业中，32％的企业认为与小包型相比，成本大幅增加；36％的企业认为大包型棉花的加工成本略有增加；27％的企业认为略有减少，只有5％的企业认为成本没有变化。其主要原因，一是我国（除新疆外）棉花种植分散，没有形成规模；二是棉花收购加工企业过多，收购、加工数量少，单位成本高。

（3）棉花企业经营收益较差。在被调查企业中，有49％的企业2007/2008年度毛利率为0－5％；24％的企业为5－10％；8％的企业毛利率超过10％。另外，有11％的企业亏损5％以下，4％的亏损5－10％；还有4％的企业亏损超过10％，甚至严重亏损。43％的被调查企业认为棉花加工企业亏损的远多于盈利的，34％的企业认为亏损的较多，只有14％的企业认为盈利的较多。

（4）行业内部竞争激烈。大多数棉花企业认为行业内外竞争过于激烈，且行业本身不成熟。调查中有20％的被调查企业认为行业内的竞争对当前棉花企业影响较大；20％认为行业间竞争影响较大；53％的企业认为两者影响都很大。关于近三年棉花加工行业结构调整方面，被调查企业中42％的企业认为过去的三年中情况变差，好企业没有发展起来，差企业没有被淘汰；36％的企业认为总体变化不大，只是结构上有些调整；22％的企业认为情况变好，优秀企业在增多，不好的企业逐渐被淘汰。

需要说明的是，上述调查主要是在国家棉花市场监测系统范围内开展的，部分被调查企业虽然不在监测系统范围内，但也是经营规模相对较大或经营状况尚可的企业，很多已经倒闭或者转产、转行的棉花企业并没有在调查范围内出现，如果考虑这些因素，棉花企业的生存状况还要再打折扣。

二、我国棉花企业竞争力水平分析

从对我国棉花企业现状分析来看，我国大部分棉花经营企业生存状况堪忧，面对新的国际竞争局面，缺乏发展的空间和潜力。具体情况如下：

1. 企业规模偏小，难以形成竞争优势

我国棉花企业竞争水平低的首要表现是经营规模普遍较小，缺乏竞争优势。据中国棉花协会统计，截至10月上旬，我国棉花收购加工企业数量在19000余家，按2007/2008年度国内棉花产量780万吨测算，平均每家企业仅可加工皮棉410吨；而美国常年棉花产量约400万吨，只有100余家轧花企业，平均每个企业加工规模近4万吨，是我国同类企业加工规模的100倍左右。截至10月上旬，我国最大棉商年皮棉经营量在20万吨左右，而据了解，世界最大国际棉商年度棉花经营规模超过160万吨，是国内棉商的8倍以上。

棉花企业规模较小、数量过多导致我国棉花加工企业在收购时抬价争抢资源，而在销售时又低价倾销，这种低层次的竞争方式使竞争局面恶化。过度恶化的竞争又使行业利润水平急剧下降，企业投入的资本难以收回，效益无法体现，更谈不上形成有效的资金积累和可持续发展。

从近几年实际情况看，我国棉花企业竞争实力也普遍下降，自有资金严重不足，对外部信贷环境的依存度极高，在这样一种市场格局下，难以形成与国际棉花企业竞争水平相当的优势企业。

2. 企业业务模式单一，抗风险能力严重不足

国际棉花企业经过市场化环境的长期磨炼和资本积累，业务模式日益复杂，风险控制手段多样，风险规避能力极强。除了收购加工和普通的购销业务外，绝大多数外商都能够熟练运用期货、期权市场进行风险管理。与国际棉花企业相比，国内大部分棉花企业的业务简单，模式单一，缺少对市场风险管理手段。截至10月上旬，我国棉花企业的业务主要集中在收购加工和在现货市场调销皮棉，在加工和调销两个环节赚取低廉的差价。虽然我国网上棉花电子交易市场和期货交易市场已设立多年，但受资金、人才等因素限制，实际参与电子交易和期货市场进行套期保值业务的企业数量少之又少。

由于缺少风险管理手段，国内棉花企业只有在收购加工或购进皮棉后，等待价格出现上涨来赚取差价，否则只能面临亏损。这种现象近年来不断出现。在刚刚过去的2007年度，虽然国家出台了收储政策，但仍有许多棉花企业在新棉上市后，手中还存有大量陈棉，截至2008年10月上旬，市场价格较库存棉成本低了近每吨2000元，对于当时仍手握数万吨陈棉的企业，亏损在所难免。由此可见，国内棉花企业如不采用应对市场价格波动的风险管理工具，只能被动面对市场风险。

3. 企业参与农业合作尝试不足，产业化发展程度低

在国外，由于棉农集约化程度比较高，部分棉商容易与棉农建立起合作组织。据了解，很多国家农业合作组织非常发达，美国农业合作组织数量达到47000多个，墨西哥的合作社也有1000多个，巴西有3000多个。在美国，甚至有棉农直接入股棉商发起的合作组织，将生产的棉花交由合作组织经营，最后根据合作组织的经营成果分红。这样，棉农的收益通过合作组织直接实现，棉商也获得了更多的流通环节利润，增强了竞争力。

在我国，棉农数量多，种植面积小，还缺少行业协会的积极引导，棉花企业很难与千家万户棉农签订产销合同，实行“订单”生产。截至10月上旬，我国仅有少数棉花企业与棉农建立了紧密型的合作组织。在实际操作中，由于流通环节过多而且零散，棉花企业取得资源的成本较高而且质量难以保证。在我国各主产棉区，规模庞大的棉贩子队伍（经纪人）成为连结棉农和棉商的纽带。棉农和收购企业从中获得了方便，但同时也为此付出了代价，据国家棉花市场监测系统调查，内地的棉贩一般可以从每斤籽棉的收购中赚取1毛钱的差价，粗略测算，棉花企业和棉农每年要为此付出约40亿元的利润。

4. 企业机制不灵活，人才流失严重

由于国家信贷政策及历史原因，供销社棉花流通企业在市场放开多年后，仍是国内棉花购销的主

体，但由于改制工作进展缓慢，企业机制相对落后，加之企业普遍缺乏整体战略，经营效益不理想，待遇水平低，大量高端人才流向国外棉企，同时带走大量优质客户，在很大程度上削弱了企业竞争力。

三、培育我国棉花企业竞争力的几点意见

企业所在行业或产业的状况与企业竞争力密切相关。由于棉花行业在资金、技术及管理等方面进入壁垒相对较低，在“僧多粥少”的行业现状下，今年棉花产业运行环境及棉花产业下游纺织行业都面临多年来少有的困境，需要企业、政府和社会各界的共同努力，携手加快培育我国棉花企业竞争力，以促进我国棉花产业健康发展。借此机会，我想从政府、企业两个层面，就如何培育我国棉花企业竞争力谈几点意见：

1. 国家宏观政策是培育我国棉花企业竞争力的基石

(1)充分利用 WTO 规则，加大对我国棉花生产、流通领域的补贴。在 WTO 规则中，农产品国内支持可以达到 8.5%的微量，我国完全可以利用此规则，在一定范围内加大棉花产业的扶持力度。例如，加大农发行在棉花采购中的贷款力度；进一步完善棉花产业化服务体系的建设；出台棉花最低收购价制度，确保农民植棉的最低收益；建立棉花专项资金，用于棉花生产和行业管理技术的基础研究以及重大科技成果的转化；加强对棉田保险的投入力度等。

(2)增强棉花的进口配额对国内棉花产需的调节作用，加大国家储备棉的市场调控力度。在 2008 年 9 月 25 日举行的全国棉花电视电话会议上，国家发展改革委副主任张晓强着重强调了储备棉及进口配额在国家棉花宏观调控中的作用。按照我国加入 WTO 的承诺，在满足进口 89.4 万吨外棉这一条件的基础上，进口配额的发放要在准确分析我国棉花产需形势和国际棉花市场变化的基础上，统筹考虑国内棉花销售进展情况、纺织企业用棉配比需要等因素，合理确定进口的时机和数量，把握好进口节奏。

按照此次会议精神，2008/2009 年度我国棉花储备的调控方向也已经明确，即在新棉大量上市后，如棉价出现过度下跌，要适时入市收储部分棉花，使新棉收购价格保持在相对合理的水平，保护农民种棉积极性。如年度后期棉价出现过度上涨，将安排一定数量的储备棉在市场抛售，保证市场运行基本平稳。这一调控措施应成为今后储备调控的常态，使国内棉花市场价格始终能够保持在一个合理的范围内波动，以便有效防范国际市场的剧烈波动给国内市场带来的影响和冲击。

(3)建立规范的与国际接轨的棉花标准体系。建立规范的与国际接轨的棉花标准体系，就是要有统一的种子标准，完善的栽培技术规程和统一的原棉质量标准，并对不同种子的棉花种植规模和间隔做出严格的要求。这是稳定我国棉花单产，提高我国棉花质量及保障棉农和棉花企业收益的前提，也是提高我国棉花产业竞争力的必要措施。

(4)推进质检体制改革，鼓励并扶持企业做大做强。质检体制改革不仅有利于提高我国的棉花质量，而且有助于棉花企业形成规模效益，有利于改变我国棉花产业“小而分散”的局面，国家应稳定相关政策，加大对参加质检改革企业的扶持力度。国家有关部门应该进一步关心国内棉花企业的生存状况，在现有政策基础上，抓紧研究制定推动企业兼并重组的政策措施，鼓励并扶持一批优势企业做大做强。

(5)完善市场信息的搜集和发布机制。能否及时、准确、全面地把握市场的供求及价格变化趋势，是企业经营成败的决定性因素。国家有关部门应充分发挥现有信息监测系统的作用，进一步支持完善棉花市场信息的搜集和分析工作，帮助企业及时把握市场变化，做到正确决策，减少经营风险。

(6)为棉花企业提供更为完善的风险控制工具。为更好地发挥期货市场及网上电子交易市场发现价格、规避风险等作用，国家有关部门应加大市场开放力度，进一步扶持并着力打造基于电子交易的区域性市场网络交易体系，打破市场垄断，构建有利于提高网上电子交易市场竞争力、有利于吸引全体棉花经营企业充分参与电子交易以实现风险规避、降低交易成本的政策基础和环境氛围，为广大涉棉企业规避市场风险创造更为广泛、便利、快捷的条件。

(7)采取措施鼓励企业走出去。在国内资源和要素成本逐渐升高的大环境下，我国的棉花企业需要放眼世界，积极探索国际化的发展道路。“走出去”不仅要生产优质的棉花出口到世界各地，而且要到成本更低廉的地方去发展生产、建立基地。充分利用国内外资源，积极在全球范围配置资源。国家应该在政策和资金方面向实施全球战略的企业给予积极的引导和支持。

2. 培育具有国际竞争力的棉花企业

除了政策层面的扶持与鼓励措施外，棉花企业自身要充分借鉴国外先进企业的经营模式和管理经验，提升自身的核心竞争力，立足自身情况，在现有条件下努力探索符合自身实际情况的发展道路。

(1)有序扩张，走产业化经营之路。根据我国棉农数量多、规模小的特点，有条件的棉花企业应参照现代流通组织要求，逐步延伸经营链条，发展成为集棉花生产、收购、加工、销售于一体的农工贸组织，依靠产业化经营，降低棉花生产成本，提高市场竞争力。全球最大的农产品贸易商嘉吉的粮食业务范围涵盖了“从田间到餐桌”整个环节，棉花业务涵盖了“从田间到棉纺厂之前”的所有环节。国内也有类似的优势企业，如湖北银丰集团以棉花为主线，将业务拓展至整条棉花产业链，从棉种、仓储物流、市场交易到棉纺企业均有所涉及。在建立专业合作社方面，银丰集团做了有益探索，他们依托自有的轧花厂收购站，组建棉花专业合作社，鼓励棉农入社，统一供应棉种，统一缴纳生产保险，优先收购合作社成员的棉花，2008 年该集团已经依托省内十多个收购加工企业，吸引了 5 万多农户加入合作社，基本上实现集良种、棉花产供销、贸工农一体化的现代企业经营运作方式。

(2)多业并举，走现代化经营之路。多种经营手段并举，整合资源规模，走现代化经营之路。棉花企业除了传统的现货交易外，利用期货、网上电子交易市场进行套期保值，应对市场风险。有的棉花企业要修正“期货市场是一种销售渠道”的错误认识，而是应该把期货交易作为一种投资和规避风险的主要渠道。利用期货市场进行套期保值，管理风险，这一经营手段是国外先进棉花企业长盛不衰的法宝，我国棉花企业亟待补上这一课。湖北银丰集团不但积极参与郑棉期货和网上电子交易，而且还建立了长江区域棉花交易市场，通过现代棉花电子商务平台为客户提供融资服务、棉花仓储第三方监管等业务，在 2007 年行业利润普遍不佳的情况下，取得较好的经营成果。

(3)以信取胜，走品牌化经营之路。如果提起海尔，大家的印象是优秀的服务品质，“真诚到永远”企业文化；如果提起通用汽车，让大家称道的是其倡导的六西格玛管理方法；说到丰田，大家首先想到的是他的精益生产，引领了全球制造业；如果谈到德国，大家首先赞叹的是他们高品质的机械制造……为什么大家会产生这样的印象呢？因为这就是特色，就是个性，是企业的核心竞争力，是其他同行无法复制，无法取代的品牌。在企业的众多资源里，先进的厂房、设备、人才等硬件都能被模仿复制，唯独企业的管理、文化、品牌等软件难以效仿，这样的竞争壁垒也是最有效的，企业具备了这样的核心竞争力，就能成为常青树。面对国外强大的竞争对手，我国棉花企业亟待创出知名的品牌，提高企业竞争力以迎接挑战。

品牌是在激烈的市场竞争中形成的，离不开长期以来所打造的产品质量、技术创新、企业文化等方面的优势。我国棉花企业竞争的核心是棉花质量与信誉的竞争，要通过品牌化经营，提升产品质量和企业信誉度，要由“以量取胜”、“以廉取胜”转向“以质取胜”、“以信取胜”，提高市场核心竞争能力。

2007/2008 年度棉花质量情况分析

中国纤维检验局　王丹涛　邵佳蕊

【作者单位简介】中国纤维检验局始建于 1950 年，是实行公务员管理的全额预算事业单位，隶属于国家质量监督检验检疫总局。2001 年国务院颁布的《棉花质量监督管理条例》以法规的形式确立了中国纤维检验局及各级专业纤维检验机关行政执法的主体资格，明确了中国纤维检验局棉花质量监督的行政执法权以及负责组织实施全国棉花质量监督工作，包括组织实施全国棉花公证检验、全国棉花质量监督检查和依法查处棉花质量违法行为。

一、全国各产棉省棉花公证检验量份额分布情况

2007/2008 年度，中国棉花质量报告对 405.42 万吨棉花的品级、长度、马克隆值 3 个指标进行了统计分析，棉花产地包括新疆、河北、山东、湖北、安徽、湖南、江苏、河南、甘肃、江西、山西、陕西、天津、内蒙古、四川、浙江共 16 个省(市、区)，其中 10 个主产省产棉的公证检验量占数据总量的 97.1%；对其中 165.6 万吨棉花的长度整齐度、断裂比强度两项指标进行了统计分析，棉花产地包括新疆、河北、山东、湖北、安徽、湖南、江苏、河南、甘肃、江西、天津、山西、陕西 13 个省(市、区)。

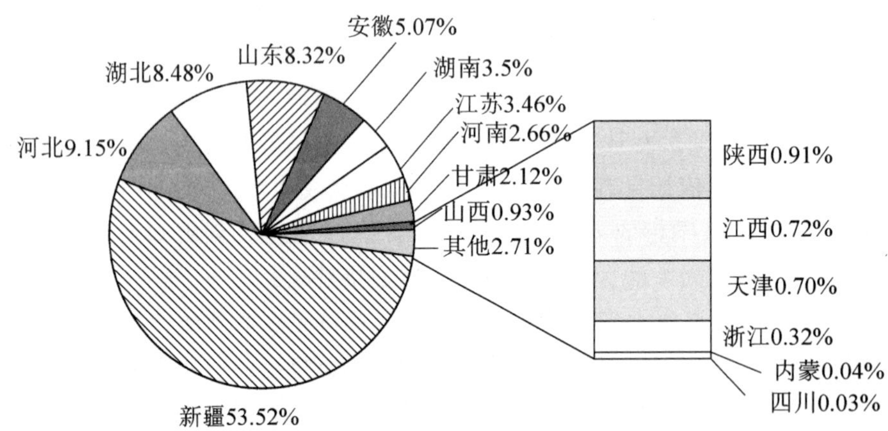

图 3—1　2007/2008 年度各产棉省产棉公证检验量份额分布

二、全国棉花质量总体情况

2007/2008 年度全国棉花质量总体情况是：平均品级 3.2 级，平均长度 28.7mm，马克隆值为 A 级的棉花比率为 27.95%，长度整齐度指数平均值 82.6%；断裂比强度平均值 28.6cN/tex。全国棉花质量与上年度基本持平，各产棉省部分棉花质量指标有所升降。

1. 棉花平均品级与上年度持平，高等级棉花比重继续下降

棉花品级是棉花外观和内在质量的综合反映，是评价棉花质量的主要指标。根据棉花成熟度、色

泽特征、轧工质量，棉花品级分为7个级，即1至7级。其中1级和2级棉为高等级棉，3级为品级标准级。

2007/2008年度全国棉花品级指标总体情况是：平均品级3.2级，与上年度相同。品级主要集中在2级至4级，以3级为主，3级棉所占比重为51.33%。其中，2级及以上的高等级棉花比重为16.47%，同比下降1.14个百分点；4级及以下棉花的比重为32.2%，同比上升3.37个百分点。

2007/2008年度各主产棉省的情况是：新疆棉品级仍是全国最好，平均品级比全国平均品级高出0.3个级，新疆棉2级及以上棉花占全区产棉的比率达到30.88%，新疆棉2级及以上棉花占全国2级及以上棉花总量的90.87%，全国高等级棉主要产自新疆，但是新疆2级及以上棉花比重同比上升0.1个百分点，而4级及以下棉花的比重为18.98%，同比上升4.35个百分点，说明新疆棉品级与上个年度相比略有下降。

河南棉平均品级为3.3级，居全国第二，也是内地各省中平均品级最高的，从等级结构来看，河南棉高等级棉比率低，仅有1.91%，但是4级及以下的棉花比率也较低，为28.46%，是内地棉中最低的，说明河南棉品级较为集中，以3级棉为主。

安徽棉、湖北棉平均品级仅次于河南棉，为3.4级，其中安徽棉高等级棉比率是内地各省中最高的，为6.77%，而湖北棉高等级棉比率较低，只有2.36%，但是湖北棉4级及以下棉花比率也低，只有39.11%，因此对棉花平均品级下拉幅度小。

河北、山东、江苏产棉平均品级3.5级，其中河北、山东产棉受天气影响，平均品级同比略有下降，江苏棉同比持平。

甘肃和江西棉品级较低，平均品级分别为3.6级和3.8级，其中江西棉品级同比下降幅度是全国最大的，平均品级降幅0.8级，2级及以上棉比率下降18.27个百分点，3级及以上棉比率下降35.21个百分点。

湖南棉平均品级4.1级，是全国唯一平均品级低于4级的，平均品级同比下降0.3个级，其中2级及以上棉比率为0.18%，同比下降2.1个百分点，4级及以下棉比率达到83.43%，同比上升16.73个百分点，说明湖南棉本年度品级指标下降非常明显。

表3—3　2007/2008年度全国及主产省细绒棉品级状况统计

单位：级

产　地	年　　度	平均品级	各品级比率(%)						
			1级	2级	3级	4级	5级	6级	7级
全　国	2007/2008	3.2	0.78	15.69	51.33	26.73	4.53	0.76	0.18
	2006/2007	3.2	0.70	16.91	53.56	23.65	3.98	0.94	0.26
新　疆	2007/2008	2.9	1.60	29.28	50.15	15.77	2.70	0.43	0.07
	2006/2007	2.9	1.45	29.33	54.59	12.18	1.73	0.59	0.13
河　北	2007/2008	3.5	0.00	2.68	53.73	37.35	5.12	0.97	0.15
	2006/2007	3.4	0.01	3.88	58.33	33.79	3.01	0.55	0.43
湖　北	2007/2008	3.4	0.00	2.36	58.53	33.64	4.38	0.84	0.25
	2006/2007	3.5	0.01	4.37	51.32	36.13	6.53	1.35	0.29
山　东	2007/2008	3.5	0.03	2.57	55.93	34.92	5.42	0.83	0.30
	2006/2007	3.3	0.00	4.70	62.91	27.46	3.21	1.20	0.52

续表

产　地	年　　度	平均品级	各品级比率(%)						
			1 级	2 级	3 级	4 级	5 级	6 级	7 级
湖　南	2007/2008	4.1	0.00	0.18	16.39	59.33	20.46	3.19	0.45
	2006/2007	3.8	0.01	2.27	30.95	54.63	10.24	1.30	0.60
江　苏	2007/2008	3.5	0.00	2.68	54.97	35.81	4.56	1.33	0.65
	2006/2007	3.5	0.01	4.53	53.52	30.47	6.77	4.04	0.66
河　南	2007/2008	3.3	0.00	1.91	69.63	25.99	2.14	0.22	0.11
	2006/2007	3.5	0.00	2.40	51.56	38.07	6.97	0.75	0.25
甘　肃	2007/2008	3.6	0.00	5.46	46.59	36.60	9.90	1.44	0.01
	2006/2007	3.3	1.26	12.18	47.72	30.34	7.63	0.73	0.14
江　西	2007/2008	3.8	0.00	4.89	36.49	41.99	11.10	3.49	2.04
	2006/2007	3.0	0.00	23.16	53.43	17.86	4.05	1.23	0.27

数据来源：中国纤维检验局。

2. 棉花长度指标同比上升

长度是反映棉花内在质量的重要指标之一，棉花长度越长，可纺纱线等级越高。棉花长度以 1mm 为级距，从 25 毫米至 32 毫米分为 8 个长度级，其中 28 毫米为长度标准级。

2007/2008 年度全国棉花长度指标总体情况是：平均长度 28.7mm，与上年度持平。长度级主要集中在 29 毫米、28 毫米，29 毫米棉花的比率为 60.62%，28 毫米棉花的比率为 24.22%。30 毫米及以上长度棉花的比率为 9.67%，同比上升 4.27 个百分点；27 毫米及以下长度棉花的比率为 5.48%，同比下降 0.74 个百分点。

2007/2008 年度各产棉省情况是：新疆棉平均长度 28.9mm，同比上升 0.1mm，其中 30 毫米及以上长度的棉花占新疆棉产量的比率是 15.1%，同比上升 6.28 个百分点，占全国同等级棉花的 63.95%，全国 30 毫米及以上长度棉花主要产于新疆，27 毫米及以下长度棉花的比率为 3.27%，同比下降 1.27 个百分点。内地棉中以江苏棉长度指标为最好，其中平均长度 29.2mm，比新疆棉长 0.3mm，30 毫米及以上长度棉花占产量的比率也高于新疆，达到 30.83%，但因江苏棉产量较小，30 毫米及以上棉花在全国同等级棉花中所占比率只有 8.41%，27 毫米及以下长度棉花比率为 2.78%，低于新疆棉 0.49 个百分点。河北棉长度指标较好，平均长度为 29.0mm，仅次于江苏棉，比新疆棉长 0.1mm，27 毫米及以下长度棉花的比率全国最低，为 1.56%。山东、河南、安徽、湖南棉长度指标接近，其中山东和河南棉长度指标相对较好，略高于全国平均值，安徽和湖南棉长度指标略低于全国平均值。甘肃棉 27 毫米及以下长度棉花比率为 12%，同比下降幅度较大，达 15.99 个百分点。江西棉 27 毫米及以下棉花的比率最高，为 15.46%。湖北棉花受成熟期连阴雨的影响，长度指标同比下降，平均长度全国最短，为 28.2mm，30 毫米及以上的棉花比率也最低，仅为 0.28%，27 毫米及以下长度比率为 12.29%，相对较高。

表 3－4　2007/2008 年度全国及 10 个主产省细绒棉长度状况

单位:mm

产　地	年　　度	平均长度	各长度级比率(%)						
			31	30	29	28	27	26	25
全　国	2007/2008	28.70	1.48	8.19	60.63	24.22	4.33	0.59	0.56
	2006/2007	28.70	1.12	4.28	74.02	14.36	4.28	0.84	1.10
新　疆	2007/2008	28.90	2.69	12.41	60.58	21.07	2.90	0.23	0.14
	2006/2007	28.80	2.32	6.50	70.43	16.21	3.50	0.35	0.69
河　北	2007/2008	29.00	0.52	8.18	85.17	4.57	0.56	0.15	0.85
	2006/2007	28.90	0.29	5.32	85.48	5.68	2.06	0.28	0.89
湖　北	2007/2008	28.20	0.01	0.27	38.40	49.03	9.83	1.47	0.99
	2006/2007	28.60	0.01	0.32	75.00	17.34	4.76	1.13	1.44
山　东	2007/2008	28.90	0.11	9.64	75.89	12.26	1.15	0.21	0.74
	2006/2007	28.80	0.02	1.88	88.00	5.93	2.17	0.56	1.44
安　徽	2007/2008	28.70	0.00	0.78	74.88	20.41	2.69	0.45	0.79
	2006/2007	28.90	0.00	0.86	87.38	10.17	0.92	0.27	0.40
湖　南	2007/2008	28.60	0.49	4.06	62.90	24.53	5.17	1.37	1.48
	2006/2007	28.60	0.00	0.90	75.23	14.57	6.24	1.41	1.65
江　苏	2007/2008	29.20	3.41	27.42	60.99	5.40	0.97	0.34	1.47
	2006/2007	28.80	1.61	13.43	69.06	5.74	3.09	2.72	4.35
河　南	2007/2008	28.80	0.13	2.58	76.82	16.48	3.21	0.52	0.26
	2006/2007	28.70	0.02	3.08	76.17	13.68	5.34	0.93	0.78
甘　肃	2007/2008	28.30	0.04	0.96	41.13	45.87	10.32	1.27	0.41
	2006/2007	28.00	0.00	0.23	33.68	38.10	20.61	6.51	0.87
江　西	2007/2008	28.30	0.00	0.51	55.16	28.87	8.03	2.47	4.96
	2006/2007	28.80	0.00	0.26	87.89	6.93	2.56	0.97	1.10

数据来源:中国纤维检验局。

注:为与 2006/2007 年度进行对比,2007/2008 年度中 31 毫米和 32 毫米比率合并表示为 31 毫米比率。

3. 棉花马克隆指标同比有所下降

马克隆值是棉花细度和成熟程度的综合反映。马克隆值过高或过低的棉花对纺纱均有不利影响,马克隆值适中的棉花可纺性能最好。马克隆值在 3.7—4.2 范围内的棉花定为 A 级,为马克隆指标较好的棉花,马克隆值在 3.5—3.6 和 4.3—4.9 的棉花为 B 级,马克隆值在 3.4 及以下和 5.0 及以上的定为 C 级。马克隆值达到 A 级和 B 级的棉花为马克隆指标正常的棉花。

2007/2008 年度全国棉花马克隆指标总体情况是:马克隆值 A 级棉花下降较多,比率为 27.95%,同比下降 6.08 个百分点;B 级棉花最多,比重略有增长,比率为 56.47%,同比上升 3.88 个百分点;C 级棉花最少,比率为 15.58%,同比上升 2.2 个百分点。

2007/2008 年度各主产棉省情况是:新疆棉马克隆指标略有下降,其中 A 级比率为 41.9%,同比下降 3.12 个百分点;B 级比率 46.25%,与上年度基本持平;C 级比率 11.85%,同比上升 4.04 个百分点。甘肃棉马克隆指标全国最好,A 级的比率为 59.04%,同比上升幅度为 18.58 个百分点,高于新疆 A 级比率 17.14 个百分点。

河南棉和江苏棉马克隆指标仅次于甘肃棉及新疆棉,A 级比率分别为 31.42% 和 27.16%,B 级比率均在 60%。山东棉和河北棉马克隆指标比较接近,均以 B 级为主,本年度山东棉略好于河北棉,山东棉 B 级比率 77.39%,A 级比率为 17.81%;河北棉B级比率81.47%，但是A级比率只有10.47%。与上年度相比，河北棉A级比率下降幅度为36.62个百分点，是全国各产棉省中降幅最大的。

湖北棉和安徽棉马克隆指标相对低于上述产棉省，虽然仍以B级为主，但C级棉比率也较高，其中湖北棉C级比率29.1%，安徽棉C级比率26.71%。湖南棉和江西棉马克隆指标全国最低，其中湖南棉以B、C级为主，B级比率略高，为55.36%；江西棉以B、C级为主，但C级比率略高，为53.27%。

表3—5 2007/2008年度全国及主产省产棉马克隆值级比率情况

产地	年 度	马克隆值级比率(%)		
		A级	B级	C级
全国	2007/2008	27.95	56.47	15.58
	2006/2007	34.03	52.59	13.38
新疆	2007/2008	41.90	46.25	11.85
	2006/2007	45.02	47.17	7.81
河北	2007/2008	10.47	81.47	8.06
	2006/2007	47.09	50.36	2.55
湖北	2007/2008	7.37	63.53	29.10
	2006/2007	6.45	69.78	23.77
山东	2007/2008	17.81	77.39	4.80
	2006/2007	44.78	52.86	2.36
安徽	2007/2008	5.43	67.86	26.71
	2006/2007	7.24	61.09	31.67
湖南	2007/2008	8.20	55.36	36.44
	2006/2007	2.44	51.87	45.69
江苏	2007/2008	27.16	60.89	11.95
	2006/2007	24.77	59.64	15.59
河南	2007/2008	31.42	60.34	8.24
	2006/2007	46.41	43.15	10.44
甘肃	2007/2008	59.04	28.00	12.96
	2006/2007	40.46	19.80	39.74
江西	2007/2008	2.32	44.41	53.27
	2006/2007	1.03	32.22	66.75

数据来源：中国纤维检验局。

4. 棉花长度均匀性同比略有提高

长度整齐度是反映棉花长度均匀性的重要指标，直接关系企业生产成本和产品质量。长度整齐度指数从很低到很高分为5个级，各级别长度整齐度指数范围参见表3—6，其中长度整齐度指数等级高及很高的棉花为长度均匀性较好的棉花，长度整齐度指数等级低及很低的棉花为长度均匀性较差的棉花。

2007/2008年度全国棉花长度整齐度指数总体情况是：长度整齐度指数平均值82.6%，与上年度持平。最大值90.0%，最小值71.5%。长度整齐度指数等级主要为中等级和高级，其中中等级最多，比率为56.30%，高级比率为40.70%；长度均匀性较好的棉花比率为41.04%，同比增加8.03个百分点，长度均匀性较差的棉花比率为2.66%，同比降低0.65个百分点。

2007/2008年度各主产省情况是：新疆棉长度均匀性较好，长度整齐度平均值为82.7%，略高于全国平均水平0.1个百分点，长度均匀性较好的棉花比率达到42.47%，高于全国1.43个百分点。江苏棉长度均匀性最好，其中长度整齐度指数平均值、长度均匀性好的棉花比率两项指标均为全国最高，分别为83.2%、59.09%，比新疆棉高0.5、16.62个百分点。

河北棉、天津棉、河南棉长度均匀性仅次于江苏棉，略高于新疆棉，其中河北棉、天津棉与江苏棉接近，长度整齐度指数平均值达到83.1%，长度均匀性好的棉花比率超过56%；河南棉与新疆棉接近长度整齐度指数平均值为82.8%，高于新疆棉0.1个百分点，长度均匀性好的棉花比率45.04%，超过新疆棉2.57个百分点。

安徽棉、山东棉长度均匀性略低于新疆棉，但高于全国平均水平，其中安徽棉长度整齐度指数平均值为82.7%，长度均匀性好的棉花比率44.76%；山东棉长度整齐度指数平均值为82.6%，长度均匀性好的棉花比率41.98%。

甘肃棉、山西棉、湖北棉、陕西棉、湖南棉、江西棉长度均匀性相对较低，其中甘肃棉、湖北棉略好，长度整齐度指数平均值分别为 82.3%、81.7%，长度均匀性好的棉花比率超过 15%，其余各产棉省长度整齐度指数平均值低于 82%，长度均匀性好的棉花比率低于 10%，最低的江西棉长度整齐度指数平均值只有 81.0%，长度均匀性好的棉花比率只有 1.04%。

表 3－6　2007/2008 年度公证检验棉花长度整齐度指数情况

产　地	长度整齐度指数平均值(%)	很　高(≥86.0)	高(83.0～85.9)	中　等(80.0～82.9)	低(77.0～79.9)	很　低(<77.0)
全　国	82.6	0.3	40.7	56.3	2.6	0.0
新　疆	82.7	0.4	42.1	55.1	2.5	0.0
河　北	83.1	0.6	55.8	42.5	1.0	0.0
湖　北	81.7	0.0	15.5	78.2	6.3	0.0
山　东	82.6	0.1	41.9	57.1	0.9	0.0
安　徽	82.7	0.0	44.7	53.4	1.8	0.1
湖　南	81.4	0.0	9.1	79.1	11.5	0.4
江　苏	83.2	0.6	58.5	40.1	0.8	0.1
河　南	82.8	0.2	44.8	54.4	0.5	0.0
甘　肃	82.3	0.0	26.8	71.2	2.0	0.0
山　西	81.8	0.0	7.4	91.1	1.5	0.0
陕　西	81.7	0.0	7.8	89.7	2.5	0.0
江　西	81.0	0.0	1.0	85.5	13.4	0.1
天　津	83.1	0.0	56.1	43.9	0.0	0.0

数据来源：中国纤维检验局。

5. 棉花断裂比强度以中等级和强级为主

断裂比强度是反映棉纤维拉伸强力的指标，对棉纱质量有重要影响。棉花断裂比强度越高，强力越好，可纺纱线等级越高。断裂比强度从很差到很强分为 5 个级别，各级别断裂比强度范围见表 3－7，其中断裂比强度等级强级、很强级的棉花为纤维强度较好的棉花，断裂比强度等级差级、很差级的棉花为纤维强度较差的棉花。

2007/2008 年度全国棉花断裂比强度总体情况是：断裂比强度平均值为 28.6cN/tex，最大值为 45.0cN/tex，最小值为 17.7cN/tex。断裂比强度等级主要为中等级、强级，其中中等级比率最多，为 54.41%，强级比率为 31.35%；纤维断裂比强度较好的棉花比率 39.79%，同比减少 0.59 个百分点，纤维断裂比强度较差的棉花比率 5.8%，同比增加 3.42 个百分点。

2007/2008 年度各产棉省情况是：新疆棉纤维强度略低于全国平均水平，其中断裂比强度平均值低于全国平均值 0.1 个单位，断裂比强度较好的棉花比率为 37.97%，比全国低 1.82 个百分点，断裂比强度较差的棉花比率为 6.02%，比全国高 0.22 个百分点。江苏棉纤维强度全国最高，断裂比强度平均值、纤维强力好的棉花比率分别是 30.0cN/tex、73.74%，高于全国平均水平 1.4 个单位、33.95 个百分点。

陕西棉、河南棉、江西棉、安徽棉、山西棉纤维强度高于全国平均水平，其中陕西棉断裂比强度较差的棉花比率为 0，断裂比强度级都在中等级及以上。山东棉、河北棉断裂比强度平均值与全国平均值持平，但是断裂比强度较好的棉花比率比全国平均水

表 3—7 2007/2008 年度公证检验棉花断裂比强度情况

单位:cN/tex

产 地	断裂比强度平均值	很强(%)	强(%)	中等(%)	差(%)	很差(%)
		(≥31.0)	(29.0～30.9)	(26.0～28.9)	(24.0～25.9)	(≤23.9)
全 国	28.6	8.44	31.35	54.41	5.14	0.66
新 疆	28.5	7.99	29.98	56.01	5.36	0.66
河 北	28.6	5.35	37.47	53.14	3.65	0.39
湖 北	28.2	2.06	26.07	66.17	5.00	0.70
山 东	28.6	12.06	46.42	39.54	1.78	0.20
安 徽	28.8	10.54	38.11	45.48	5.30	0.57
湖 南	28.3	5.75	31.64	53.25	7.72	1.64
江 苏	30.0	32.54	41.20	23.37	2.38	0.51
河 南	29.4	13.19	49.65	36.18	0.96	0.02
甘 肃	27.3	0.75	13.16	68.45	15.48	2.16
山 西	28.7	2.91	37.89	59.11	0.09	0.00
陕 西	29.5	4.82	68.80	26.38	0.00	0.00
江 西	29.0	6.80	46.47	43.96	2.29	0.48
天 津	27.8	0.42	15.45	81.13	2.95	0.05

数据来源:中国纤维检验局。

平高,分别超过全国 18.69、3.03 个百分点。

湖南棉、湖北棉、天津棉、甘肃棉纤维强度低于全国平均水平和新疆棉水平,其中湖南棉、湖北棉纤维强度相对强一些,天津棉、甘肃棉纤维强度最弱。

2007/2008 年度棉花质检体制改革回顾与展望

中国纤维检验局 王丹涛 邵佳蕊

2007/2008 年度是棉花质检体制改革进入全面推行阶段的第三年,也是承上启下的一年,棉花质检体制改革工作继续取得重大进展。

一、2007/2008 年度质检体制改革情况回顾

1. 棉花加工企业更新改造比重继续提高

2007/2008 年度,全国规划内棉花加工企业完成更新改造的数量为 323 家,338 条生产线,占当年更新改造规划生产线总数的 84%,同比增加 19 个百分点,其中,新疆、甘肃、江苏、湖北四省规划内企业全部按期完成更新改造。2005—2007 年全国棉花加工企业完成更新改造数量为 848 家,918 条生产线,占更新改造规划生产线总数的 73%。

2. 仪器化公证检验覆盖范围进一步扩大

2007/2008年度，全国已有14个产棉省（市、自治区）开展仪器化公证检验工作，承担仪器化公证检验工作的实验室达到69家，同比增加16家，占已建成实验室数量的83.1%。其中，天津、山西、安徽、江西、山东、湖北、湖南、陕西、甘肃、新疆10个产棉省（市、自治区）的所有实验室都已开展工作，天津、山西、江西、陕西四省（市）首次开展工作。

3. 新体制棉花加工企业送检率增加

2007/2008年度，按照新体制的要求，全国参与仪器化公证检验的棉花加工企业达到720家，783条生产线，是上年度新体制企业数量的1.68倍，占完成更新改造企业数量的85%，同比增加20个百分点。其中，生产的新体制棉花全部送检的加工企业占送检企业数量的66%，新体制棉花检验量占大包棉加工量的71%，平均送检量2293吨，同比增加482吨。送检量在5000吨以上的企业达到70家，占送检企业总量的9.7%，同比增加4.5个百分点，70家企业总送检量47.4万吨，占总检验量的28.8%，同比增加9.1个百分点；送检量在5000吨以下2500吨以上的企业为197家，占送检企业总量的27.4%，同比增加4.7个百分点，197家企业总送检量66.86万吨，占总检验量的40.5%，同比下降1.7个百分点；送检量在2500吨以下500吨以上的企业为337家，占送检企业总量的46.8%，同比下降0.7个百分点，337家企业总送检量48.28万吨，占总检验量的29.1%，同比下降5.8个百分点。送检量低于500吨的企业116家，占送检企业总量的16.1%，同比下降8.5个百分点，116家企业总送检量2.59万吨，占总检验量的1.6%，同比下降1.6个百分点。

4. 仪器化公证检验数量成倍增长

2007/2008年度，全国仪器化公证检验总量达到733万包、165.13万吨，是2006/2007年度检验量的2.15倍。

5. 新体制棉花市场占有率提高

根据对纳入免费享受国家棉花公证检验的纺织用棉企业的调查，截至2008年3月31日，购买和使用新体制棉花的纺织企业数量为310家，占公证检验受检企业总量的46%，购买和使用新体制棉花总量约为40.47万吨。

6. 仪器化公证检验证书效力继续增强

2007/2008年度，加工企业按照仪器化公证检验结果挑包组批后，同批棉花一致性增强，参与期货交割时能成功交割的比率大幅增加，可达95%以上。越来越多的棉花加工企业关注纤检机构检验进度，及时下载仪器化公证检验数据，关注仪器化公证检验结果。纺织企业对改革关注程度增加，开始使用仪器化公证检验结果作为配棉参考，2007/2008年度首次有纺织企业对HVI检验的长度、断裂比强度指标提出复检申请。在2007/2008年度的两次数据核查工作中，239家购买新体制棉花的纺织企业通过仪器化公证检验证书申请国家相关奖励政策，涉及仪器化公证检验棉花57.68万吨。

二、面临的形势和存在的问题

棉花质检体制改革进入全面推行阶段已近三年，棉花质检体制改革取得很大进展，新体制棉花占国棉流通总量的25.7%。2007年9月全国棉花工作电视电话会上明确了新的改革配套政策，对推进改革起到很好作用，棉花质检体制改革前景日渐明朗，但是棉花质检体制改革仍面临着诸多困难和问题。不同地区改革进程有很大差异，新疆改革仍在稳步推进，内地进程较慢。2007/2008年度，棉花质检体制改革在山东、湖北、江苏、湖南四省取得较大突破，在河南、安徽、山西、陕西、甘肃、江西、天津七省（市）的推行仍然困难重重，而在河北改革出现停滞现象。当年棉花质检改革出现的主要情况和问题如下：

1. 加工企业布局规划总体合理，局部地区过于集中，加工能力分布不均衡

各地加工企业布局规划的确定方式主要是：由省级发展改革委确定棉花加工企业生产设备更新改造规划总量，根据省内棉花资源分布情况，分配到下级发展改革委，市、县级发展改革委对符合申报条件、自愿申请的加工企业进行审核后，在规划数量范

围内确定每个棉花年度辖区内规划企业名单，并逐级上报，经国家发展改革委审批后形成各省加工企业年度更新改造贴息计划名单。其中，新疆加工企业布局规划较为合理；内地情况则相对复杂。在改革推行初期，各地确定更新改造规划的原则普遍较为简单，主要依据棉花产量和加工企业自行申报的改造意愿，因此出现了局部地区加工能力过于集中，分散产区没有规划加工企业，纳入规划的企业不进行改造等问题。2007/2008 年度，湖北省发展改革委结合近年籽棉流动情况和棉花产量变动情况对原有布局规划进行调整，取消部分已备案但未按要求完成更新改造的企业的加工资格，对完善加工企业布局规划产生了有利影响。山东、河南、甘肃三省的棉花企业布局规划也较为合理，但在湖北孝感、山东滨州等地区依然存在已改造加工企业布局集中的问题。内地棉花主产省的加工企业布局规划仍然无法解决加工能力过剩、布局不合理的问题，河北、河南、山东、安徽等省均不同程度地存在加工企业占用规划名额、保留加工资格的现象。

2. 加工企业更新改造进度区域间差异较大，部分地区改造进度放缓

我国推行棉花质检体制改革以来，各年度棉花加工企业进行更新改造动机不一。2004/2005 年度参与试点改造的企业普遍要抢占发展先机，2005/2006 年度主要是新建企业为取得加工资格而进行改造，2006/2007 年度则是受国家优惠扶持政策的鼓励，棉花加工企业更新改造数量大幅增长。2007/2008 年度，不同地区的棉花加工企业更新改造积极性明显分化。江苏、湖北、甘肃、新疆四省(区)的棉花加工企业参与更新改造的积极性显著提高，列入当年度更新改造规划的加工企业均已按期完成改造，2005－2007 年累计更新改造企业数量占更新改造规划数量的比率也在 90%以上。其余产棉省的棉花加工企业更新改造进度较慢，其中，河南省五年累计改造加工企业数量仅占规划数量的 35%，该比重在各主产省中是最低的。究其原因：一是棉花加工企业参与更新改造需要投入大笔资金，而当前棉花加工行业市场风险大、竞争激烈、利润微薄甚至亏损，企业为追求利润最大化，不愿进行改造，特别是部分已改造企业改造后缺乏流动资金，不能维持正常的收购加工运转，甚至还要承受企业破产所带来的负面效应，这让打算参与改造的企业处于观望、迟疑之中；二是棉花加工企业对改革能否实现预期目标持怀疑态度，尤其是对 2009 年之后国家能否完全淘汰小包棉、彻底取消 200 型棉花加工企业的加工资格等直接影响自身经营的关键问题没有信心；三是棉花加工企业自身经营性质的问题，如企业改制、债权转让、法人变更，或股份制公司中股东意见无法统一，都可能造成企业无法按期完成改造或不再进行改造。

3. 加工企业送检积极性整体提高，但部分企业对检验结果仍存异议

2007/2008 年度，新体制棉花加工企业大包棉送检率提高，检验量占大包棉加工量的 71%，其中新疆新体制棉花加工企业送检率为 69%，天津、河北、山西、江苏、江西、山东、河南等省(市)棉花企业的送检率均在 90%以上。导致棉花加工企业送检积极性提高的因素主要有两个：一是棉花加工企业自身经营的需要。企业按照仪器化公证检验结果进行组批，棉花批次内一致性提高，促进了销售并在进入期货市场时满足期货交割条件的比率可大幅上升，增加获利空间；二是纺织企业需求拉动的结果。棉花质检体制改革自推行以来，纺织企业对新体制棉花的了解程度逐渐加深。一些纺织企业，特别是生产高端棉纱产品的企业，开始产生对新体制棉花的需求，激发了加工企业的送检需求。但是仍有部分新体制企业对仪器化公证检验结果存有异议，其中，公证检验结果与企业自检结果的差异是棉花加工企业不愿送检的核心原因。例如在新疆，这一差异主要表现在品级指标上，棉花加工企业依然虚高等级销售棉花，认为参加仪器化公证检验本身增加了企业生产成本，棉花品质结果下降还会继续影响企业效益；在内地，企业对公证检验品级较为认可，2007/2008 年度的突出问题是安徽、湖北等省棉花受气候影响，棉花长度在 28.0mm 上下波动，HVI 检验结果长度值为 27.8、27.9mm 的棉样，长度级为27毫米，而感官检验结果一般视为28毫米级，棉花加工企业认为相同棉花HVI检验和感官检验结果相差一个长度级，从而影响了企业送检积极性。

4. 新体制棉花市场占有率提高，但重量和样品公信力问题逐渐成为关注问题

新体制棉花公证检验数量占棉花产量的比重逐年上升，新体制棉花加工企业直接销售到纺织企业的棉花，绝大多数都能货证（公证检验证书）同行，条码卡完整，但仍存在一些问题，即通过棉花经营企业销售的新体制棉花，纺织企业难以拿到公证检验证书，棉包条码卡缺失的比率也较大。由于新体制棉花公证检验样品是棉花企业自行取样，尚缺乏有效监管措施，随着新体制棉花市场份额的增加，样品的公信力逐渐引起各方关注。此外，新体制棉花公证检验的项目主要为棉花品质指标，棉花重量结果虽然体现在公证检验证书上，当前却是企业自检结果，因此，在新体制棉花品质检验结果得到普遍认可的同时，因棉花重量引发的纠纷时有发生，重量问题逐渐成为新体制棉花贸易中的焦点问题。如何有效监督约束企业，保证检验样品真实、重量结果可靠是一个亟待研究解决的问题。

5. 新体制加工企业对送检棉花进入专业仓储的看法不一

棉花质检体制改革推行至今，新体制棉花进入专业仓储进展缓慢，绝大多数加工企业接触专业仓储的机会仅限于以参加期货交易或电子撮合为目的的入库，对于专业仓储的定位、运行模式、功能作用都没有明确认识，只是简单地认为专业仓储会增加企业经营成本费用，也不便于企业棉花现货的销售管理。特别是现阶段棉花行业利润微薄，加工企业为加速资金流转，普遍采取快收快加快售的模式，棉花企业几乎没有皮棉库存压力，也就没有对专业仓储的需求。与之相反，在新疆奎屯，棉花加工企业收购加工量大而皮棉货场有限，皮棉库存已对加工速度产生影响；在安徽，少数棉花加工企业认为专业仓储有助于企业减少经营环节，有利于企业经营管理；在山东泰安，棉花加工企业的皮棉置于专业仓库监管下，更容易得到农发行贷款，解决企业资金问题，这些加工企业迫切希望国家尽快解决专业仓储的问题，并在专业仓储方面给予有力的政策支持。

6. 纺织企业对新体制棉花的认知程度增强，但公证检验品质结果还没有参与贸易结算

随着纺织企业使用新体制棉花的比重增加，新体制棉花质量优于旧体制棉花，品质检验指标多、结果准确逐渐成为纺织企业的共识。但是纺织企业使用大包棉也需要对生产设备进行更新改造，以中低端产品为主的纺织企业对新体制棉花还没有需求。由于我国尚未建立围绕仪器化检验指标的结算体系，纺织企业采购时仍习惯以品级、棉包净重或公定重量进行结算，公证检验品质结果仍然没有参与贸易结算。纺织企业购入新体制棉花后，依然以企业内质检部门的检验结果为主进行配棉，存在的主要问题还是没有建立HVI检验结果与传统配棉指标之间的关系，纺织企业技术人员不会使用HVI检验结果进行配棉。可喜的是，部分纺织企业已将纤检机构HVI检验结果作为配棉的参考依据，特别是在部分企业中，通过应用电子配棉系统，借助计算机技术，HVI检验结果开始发挥指导配棉的作用。从纺织企业反馈的情况看，纺织企业迫切希望纤检机构提供短纤维指数、断裂伸长、棉结、异性纤维含量等纺织企业关注的原棉指标。中国纤维检验局已经注意到纺织企业的这一需求，并正在协调相关单位展开可以快速、准确检验相关指标的仪器的研发工作。

三、2008/2009年度工作展望

1. 加强质检体制改革政策研究制定工作

一是研究制定取消未纳入规划和纳入规划但未进行更新改造企业的棉花加工资格实施办法；二是研究新体制棉花入储的具体操作办法。在总结2007/2008年度初期新体制棉花入储经验的基础上，研制相应的手持条码读取设备，职能部门共同制定新体制棉花入储实施方案；三是研究新体制棉花的结算体系。依据细绒棉国家标准（GB1103－2007）调研新体制棉花组批和结算方式，制定办法并征求涉棉企业意见；四是研究专业仓储具体实施办

法和国家扶持政策；五是做好2008/2009年度新体制加工企业设备维护服务工作；六是加强改革宣传力度，通过多种方式扩大质检改革影响，有针对性地指导纺织企业使用HVI指标配棉，拉动仪器化检验棉花的市场需求。

2. 规范新体制加工企业

针对新体制棉花加工企业在设备更新改造、配合公证检验等方面存在的问题，要在全面汇总2007/2008年度新体制加工企业存在问题的基础上，由纤检机构做好质量保证能力审查和复查工作，加强对新体制企业的监管，继续提高新体制企业包包送检比重。具体如下：一是按照《棉花加工企业质量保证能力审查和复查工作实施办法》的要求，做好对新体制棉花加工企业的质量保证能力审查和复查工作；二是按照《棉花加工企业质量信用分类监督管理办法（试行）》的要求，根据新体制企业履行质量义务的情况，评定企业质量信用，实行相应的分类监管和服务措施；三是依据《棉花质量监督检查工作实施细则》加强对棉花加工企业进行监督检查，为新体制加工企业营造良好的市场环境。

3. 加强技术基础工作

进一步修订GB1103《棉花　细绒棉》国家标准，抓紧调整完善我国棉花色特征图，制作国棉色特征实物标准，开展感官检验色特征级的实验验证工作。继续研究HVI检验校准物质的国产化。研究仪器化检验指标合理分级分档、棉花回潮率测试技术、含杂率设限等问题。研究如何解决新体制棉花样品、重量公信力问题。

2007/2008年度中国棉花加工行业回顾与展望

王新龙

【作者简介】王新龙，1996年毕业于安徽财经大学棉花加工与检验专业，2007年毕业于西安交通大学管理学院MBA专业。2006年至今就职于中棉工业有限责任公司，现任总经理助理、中国棉花工业网运营总监。

2007/2008年度，中国棉花产业从棉花种植、加工、流通到纺织遇到了非常大的困难和困惑。棉花加工行业面临成本上升、资金紧张、企业经营风险增加、利润空间越来越薄的困难境地，行业在艰难中前行。

一、2007/2008年度棉花质量检验体制改革取得重大进展

2007/2008年度，棉花质检改革工作取得重大进展。具体表现在以下几个方面：

1. 政策刺激棉花加工企业技术更新改造，棉花加工企业参与质量检验体制改革意愿增强，质检改革步伐加快

2007年9月28日，国家发展改革委副主任毕井泉在七部门联合召开的全国棉花工作电视电话会议上指出，2007/2008年度要求各地要切实抓好已批准项目的改造工作，引导企业克服等待观望的思想，认真落实各项政策措施，及早做好后两年的项目改造准备工作，确保按时完成加工企业更新改造目标。一是合理布局棉花加工企业；二是提高棉花送检率；三是加快棉花检验能力建设；四是加强对纺织企业的培训；五是发展棉花第三方仓储服务。加强对公证检验大包棉花监管，促进现代物流发展，减轻企业负担。

为了确保上述各项任务的完成，国务院批准了以下几项政策措施以推进棉花质量检验体制改革。(1)从2007/2008年度起，国家只收储经仪器化公证

检验的大包棉花；(2)经公证检验的大包棉花，铁路部门优先安排运输；(3)农业发展银行积极支持棉花加工企业设备更新改造，对完成改造企业的棉花购销活动优先贷款；(4)从2010年9月开始，国家停止对加工企业设备更新改造的贷款贴息，停止小包棉花进入期货和电子撮合交易，铁路部门停止小包棉花运输，农业发展银行只对按规划完成更新改造并积极送检的棉花加工企业提供贷款，一律取消未纳入规划和纳入规划但未进行更新改造企业的棉花加工资格。

受政策影响，全国棉花加工企业更新改造比重继续提高。2007年规划内加工企业完成更新改造数量为323家、338条生产线，占当年更新改造规划生产线总数的84%，同比增加19个百分点。其中，新疆、甘肃、江苏、湖北四省(区)2007年规划内企业全部按期完成更新改造。2005－2007年加工企业完成更新改造数量为848家，918条生产线，占规划生产线总数的73%。

2. 仪器化公证检验数量成倍增长

截至2008年6月15日，全国仪器化公证检验总量达到734.8万包、165.52万吨，是2006/2007年度检验量的2.15倍。

3. 仪器化公证检验覆盖范围进一步扩大

截至2008年6月15日，全国已有14个产棉省(区)开展仪器化公证检验工作，承担仪器化公证检验工作的实验室达到69家(181台HVI)，同比增加16家(74台HVI)，占已建成实验室数量的83.1%，同比增加12.4个百分点，占HVI安装数量的85%，同比增加13.2个百分点。

4. 新体制棉花加工企业送检率增加

截至2008年6月15日，按照新体制要求参与仪器化公证检验的棉花加工企业达到720家，783条生产线，是2006/2007年度新体制企业数量的1.68倍，占完成更新改造企业数量的85%，同比增加20个百分点。

5. 新体制棉花市场占有率提高，仪器化公证检验证书效力继续增强

2007/2008年度，新体制棉花的市场占有率逐渐增加，越来越多的加工企业关注纤检机构检验进度，及时下载公证检验数据，关注公证检验结果。棉花加工企业按照公证检验结果挑包组批后，批内棉花一致性加强，促进了销售，增加了获利空间。纺织企业对改革关注程度也有所增加，部分企业开始使用公证检验结果作为配棉参考。

二、棉花加工企业在煎熬中生存，产业调整步伐加快

在国内大的宏观经济环境下，劳动力成本、原料成本上升等因素使所有的棉花加工企业生产成本增加。受纺织市场疲软的影响，皮棉销售价格一路下滑，棉花加工企业大面积亏损，有的企业甚至关门停业。

在新旧棉花质量检验体制并存的时期，未参与质量检验体制改革的棉花加工企业原来的特有优势逐渐减弱。在传统经营方式下，大量棉花加工企业市场竞争能力和获利能力非常弱，也无法和国外棉商进行抗衡。棉花加工企业的破产、兼并和重组等产业调整步伐加快。

三、棉机制造企业稳步发展，企业转型步伐加快

2007年是棉花质量检验体制改革推行的第3年，也是关键之年，几家经过市场洗礼的棉机制造企业在传统棉机市场上基本占据着上一年的市场份额。棉花加工成套设备市场主要被山东天鹅棉机和邯郸金狮棉机两家公司瓜分，山东华棉、盐城银都等中小棉机制造企业在内地产棉省区也有一定的市场份额。

由于质检体制改革已到中后期，国内棉花加工设备市场将逐渐趋于饱和，棉机制造企业都在思索质量检验体制改革完成后企业的出路在哪里？邯郸金狮棉机公司响应邯郸市“退城进郊、打造邯郸市工业走廊”的号召，启动了退城进郊战略，2008年11月11日，邯郸金狮棉机有限公司“国际棉机研发制造基地奠基仪式”在邯郸市马头生态工业园区隆重举行，标志着国际棉机研发制造基地建设工作全面启动；南通棉花机械有限公司为了顺利渡过质检改革完成后的难关，正在实施企业的二次创业，主攻再

生资源设备研发和制造；山东天鹅棉机在提升国内市场服务水平的同时，向国际市场发力，力争将棉机主业继续做大做强。

四、2008/2009年度中国棉花加工行业展望

1. 受国家政策刺激，质检体制改革步伐进一步加快

受国家近300万吨质量检验体制改革大包棉花收储计划实施的影响，未参加棉花质量检验体制改革规划和已纳入规划、还没有进行改造的棉花加工企业已经非常清楚政府及相关部门对于推进质量检验体制改革的决心，在一系列配套措施的支持下，参与质量检验体制改革的大包棉企业的优势将越来越明显。因此，2008/2009年度，质检体制改革的步伐将进一步加快。

2. 棉花加工企业“洗牌”在所难免

当前，国际巨头优势十分明显，他们结合中国实际情况，实施本土化经营战略，对中国棉商形成巨大挑战。在国际棉商成熟、先进运作模式的冲击下，大量弱小的中国棉花加工企业将面临被淘汰和整合的危险，个别能幸存下来的棉商也将凭借摸索出来的成功经验快速做大做强。

2007/2008年度棉花信贷资金的发放和管理

吴米加

【作者简介】吴米加，经济师，现任中国农业发展银行客户二部一处业务经理，2002年毕业于中国人民大学财政金融学院金融专业，2002年至今在中国农业发展银行客户二部一处工作，一直从事棉花信贷业务的研究和管理工作，参与中国农业发展银行有关棉花信贷政策、管理办法的制定和组织实施。

一、2007/2008年度中国农业发展银行贷款支持棉花收购情况

2007/2008年度，中国农业发展银行坚持从服务“三农”和建设社会主义新农村的大局出发，准确把握棉花购销市场的复杂形势，严格执行信贷政策，及时调整并完善管理措施，进一步发挥农发行作为收购资金主渠道的作用，棉花收购贷款投放量和支持棉花收购量再创1999年棉花流通体制改革以来的历史新高。

2007/2008年度，中国农业发展银行共计投放棉花收购贷款557亿元，较上年度增加102亿元，增幅22%，支持企业收购皮棉445.75万吨，较上年度增加52.85万吨，占全国棉花产量（国家统计局公布的760万吨）的58.6%，为我国棉花生产流通提供了有效的资金支持。

二、2007/2008年度中国农业发展银行贷款支持棉花产业情况

2007/2008年度，中国农业发展银行积极配合国家宏观调控，大力支持棉花产业的有效发展。贷款支持进一步向棉花产业链条两头延伸，除棉花收购外，加大了对国家棉花储备、棉花质检体制改革以及棉花产业化龙头企业等的支持力度，对于促进棉花产业健康发展起到了积极作用。具体如下：

一是为解决新疆棉花销售问题，按照国家收储30万吨新疆棉的计划及相关政策要求，积极投放国家储备棉贷款8.34亿元予以支持。

二是配合国家质检体制改革，投放棉花企业技术改造贷款2.19亿元，支持企业进行技术设备改造。

三是投放棉花调销贷款148亿元，支持企业调入皮棉2257万担，有效支持棉花流通环节及满足用棉企业的资金需求。

四是加大对棉花生产性资金需求以及棉花良种生产、经营资金需求的支持力度，共计投放棉花预购贷款17.43亿元，棉花良种贷款1.94亿元，积极扶持棉花生产。

五是进一步发挥棉花产业化龙头企业的带动辐射作用，2007/2008年度积极投放龙头企业短期贷款219.58亿元，中长期贷款12.92亿元，大力促进产业化发展。

三、2007/2008年度中国农业发展银行棉花收购信贷政策

为了做好2007/2008年度棉花收购信贷工作，中国农业发展银行准确把握棉花市场形势，区别对待，科学制定信贷政策及管理措施，妥善处理支持收购与防控风险的关系，更好地发挥了农业政策性银行在棉花收购中的突出作用。

2007/2008年度棉花收购贷款发放和管理主要执行以下“四项政策、五项措施”。

“四项政策”包括以下内容：

一是坚持“区别对待、优胜劣汰”的原则，保证资金供应，支持多渠道收购确保农民售棉。中国农业发展银行把棉花收购贷款列入准政策性贷款，在资金和贷款计划上优先给予保证，支持并鼓励符合农发行贷款条件、抗风险能力强的产业化龙头企业或纺织企业进入棉花收购市场，把农民种植的棉花顺利收上来，确保农民的植棉收益得以实现。

二是对收购实行“双线”控制，即执行收购贷款上限和贷款支持价格警戒线政策。收购企业贷款收购棉花，其收购价格必须在价格警戒线以内，中国农业发展银行按照贷款上限规定的贷款支持额度发放贷款，其余所需资金由企业自筹解决。“双线”政策对企业提高经营水平、树立稳健的经营理念，从而稳定和引导国内市场棉价起到了积极作用，受到国家宏观部门的肯定。

三是坚持收购贷款本息年度“双结零”政策。为配合国家实施宏观调控政策，同时防控信贷风险，中国农业发展银行规定棉花收购贷款必须实现年度收回，即一个棉花年度发放的棉花收购贷款，企业原则上要在棉花年度结束前偿还全部贷款本息。

四是不断发展和完善棉花产业链大封闭管理的政策。中国农业发展银行立足全国产区与销区的客户群体，积极支持流通企业与用棉企业之间实现产销对接、供需衔接，建立稳定购销合作关系，同时延伸封闭管理产业链条和信贷支持区域范围，有重点地向棉花生产领域和深加工领域延伸，实现全国范围内的整个棉花产业链上的贷款封闭运行管理。

“五项措施”包括以下内容：

一是在收购前做好贷款客户资格认定工作，严把客户准入关，对于做好收购资金供应点的布局、解决农民卖棉问题以及防控信贷风险起到关键作用。2007/2008年度，中国农业发展银行规定对于发生挤占挪用贷款的企业和列入中国棉花协会行业警示目录的企业，不得认定贷款资格，新建立信贷关系的收购企业必须以纳入国家棉花质检体制改革5年规划为前提。

二是对棉花企业实施“三金”管理，即自筹资金、风险准备金和经营者风险担保金。为督促企业改善经营条件、提高管理水平、提升信用品质、增强经营压力以及不断提高企业自身的抗风险能力，中国农业发展银行要求企业筹措“三金”。“三金”必须在棉花收购开始前筹集到位，贷款本息未全额偿还前不得抽回。企业每年要按照经营成果的一定比例补充自有流动资金，以实现自我积累和自我发展。

三是积极推行棉花库存第三方监管。棉花库存第三方监管是中国农业发展银行近两年大力开展的一项库存管理措施，也是利用全国棉花交易市场这个平台，借鉴国外库存管理经验，实现棉花库存管理的创新。2007/2008年度，在信用等级A级(含)以下企业中全面实行，对积极实行第三方监管的企业，在落实有效资产抵押的基础上，适当放大贷款投放额度，支持企业扩大收购量。

四是坚持封闭管理有效措施，严格贷款发放、贷款使用、货款回笼和收贷收息四个关键环节的监管。

收购环节，企业必须出示真实的收购凭证，按照收购棉花数量和价格发放贷款；库存环节，坚持定期查库制度，参与企业实物盘点；销售环节，企业必须执行出库通报制度，棉花出库前要告知贷款行，原则上企业需执行钱货两清的结算方式；货款回笼后，及时足额收回贷款，企业不得坐支销货款。

五是密切关注棉花市场动态，准确把握贷款投放节奏。中国农业发展银行组织专门力量开展对棉花行业和市场的分析研究，根据市场变化情况适时调整信贷政策。为引导企业理性收购，同时促进棉花收购市场平稳运行，中国农业发展银行科学把握贷款投放的时机和数量。在收购价格上涨迅猛时适当控制贷款投放数量，放缓投放节奏；在收购价格过低、影响农民植棉收益时，扩大贷款投放，积极支持企业开展收购。

四、2007/2008 年度中国农业发展银行棉花收购贷款运行中存在的问题

从 2007/2008 年度棉花收购贷款运行的实际情况看，中国农业发展银行信贷政策符合客观实际，也得到了较好落实，银行和企业配合比较和谐。但是，在收购贷款运行中也存在一些问题，具体如下：一是 2007/2008 年度后期，纺织用棉需求减少，年度末剩余库存增加，市场价格持续下跌，给收购贷款管理提出严峻考验；二是部分企业缺乏均衡销售、稳健经营的理念，利用银行信贷资金赌后市；三是部分企业没有资金积累，缺乏自有资金，生产经营严重依靠银行贷款；四是部分企业无法参与或主观不想参与质检体制改革，面临被政策淘汰的风险；五是个别省份棉花企业改制仍然矛盾突出，改革进度缓慢。

2008 年我国纺织经济运行分析及 2009 年形势展望

龚进礼

【作者简介】龚进礼，中国纺织工程学会秘书处处长，高级经济师。1986 年毕业于厦门大学数学系，曾任中国纺织信息中心统计信息部主任，主要从事计量经济、纺织经济方向的研发。

一、2008 年我国纺织运行的基本情况

在中国的发展史上，2008 年可谓大事频发、悲喜交加，值得记忆。南方雪灾、汶川大地震、成功举办奥运会、"神七"上天以及席卷全球的金融海啸，不仅让国人深刻体验了天堂地狱的大喜大悲，同时也使中国经济走势跌宕起伏、扑朔迷离。在宏观调控上，政策制定由年初的减顺差、压高长的全面缩紧转变为下半年的保增长、扩内需、促就业的全面扩张。在这种背景下，纺织工业也经历了由重点限制增长到重点扶持发展的这一戏剧性变化过程。这些变化也对 2008 年纺织行业的经济运行产生了深刻影响，主要表现出以下几个方面的运行特征：

1. 生产和投资增长，但增幅出现大幅下滑

2008 年，我国纺织主要大类产品增速出现明显的下滑。化纤、纱、布、印染布、服装等主要纺织品产量均低于两位数增长，增长幅度与 2007 年相比，呈现出大幅下降的趋势。

在固定资产投资方面，2008 年我国纺织固定资产投资为 2724.39 亿元，同比增长 6.75%，增幅比上年同期下降了 18.99 个百分点。从投资增长分行业的情况看，终端产品和下游行业的投资增长率明显高于上游和原料行业；从增幅变化情况看，与上年相比，2008 年几大主要行业的增长率均出现明显的

表 3—8　2008 年我国纺织主要产品生产数量

单位：万吨、亿米、亿件

年　度	化纤	纱	布	印染布	服装
2008 年	2404.61	2148.92	527.73	494.34	206.52
同比(%)	2.30	8.10	5.34	3.03	4.80
与上年同比增幅比较(%)	—15.74	—8.59	—6.74	—5.27	—9.56

数据来源：国家统计局。

下滑，其中，化纤和针织下降幅度最大，降幅分别为 21.12%和 37.63%。

表 3—9　2008 年我国纺织固定资产投资情况

单位：亿元

行　业	固定资产投资	同比(%)	增幅同比(%)
纺织工业	2724.39	6.75	—18.99
纺织业	1503.95	0.33	—19.07
制成品	295.27	11.61	—8.35
针织业	233.67	0.71	—37.63
化　纤	287.10	5.77	—21.12
服　装	828.18	20.75	—18.84

数据来源：国家统计局。

2. 内销需求增长显著，纺织出口增势锐减

据国家统计局统计，2008 年 1—11 月，我国纺织规模以上企业内销产值已达 23679.41 亿元，同比增长 17.59%，比同期纺织销售产值增幅 14.64%高出 2.95 个百分点，内销占全部销售产值的比重也由 2007 年的 74.81%提高到 2008 年的 76.74%，上升了 1.92 个百分点。从进口市场看，2008 年我国纺织服装进口 186.46 美元，同比下降 0.49%。其中一般贸易进口同比增长 25.40%，而加工贸易进口下降了 6.68%。以上数据表明，2008 年我国进口纺织品下降的主要原因是国际需求下降(加工贸易下降)，而内销对国际纺织品的需求依然强劲(一般贸易增长)。近两年来，随着国内外经济和贸易环境的变化，内销对纺织经济的拉动作用日益显著，并已经成为推动纺织经济快速增长的第一引擎。

据中国海关总署统计，2008 年，我国纺织品服装出口额为 1896.24 亿美元，同比增长 7.98%，同比下降了 11.13 个百分点；纺织服装出口占我国商品出口的比重也由 2007 年的 14.42%下降为 2008 年的 13.27%。在出口态势上呈现以下几个方面的特征：

一是纺织品出口保持增速，服装增速明显下滑。2008 年我国纺织品出口额为 698.34 亿美元，同比增长 15.35%，其增速基本与 2007 年 15.86%持平；服装出口额为 1197.90 亿美元，同比增长 4.10%，增幅与 2007 年相比回落了 16.79 个百分点；

二是对美出口增长大幅下降，对欧出口快速增长。2008 年我国对美出口额为 269.12 亿美元，同比增长 1.04%，与 2007 年比下降了 13.38 个百分点；同期我国对欧出口 399.26 亿美元，增长 36.66%，比 2007 年的—0.67%提高了 37.33 个百分点；

三是出口增速下降的全球化特征明显。2008 年我国对东盟、非洲的出口增速均出现大幅下降。2008 年我国对东盟、非洲纺织品服装出口仅增长了 2.9%和 0.07%，与 2007 年相比增速下降 50.26 个百分点和 34.42 个百分点；而同期对北美贸易区的加拿大、墨西哥的出口出现负增长，增速分别为—17.06%和—18.69%。

3. 经济增长减速，盈利能力下降

2008 年 1—11 月，我国规模以上纺织企业销售收入 30207.34 亿元，同比增长 13.80%，增速比上年同期下降 8.67 个百分点；规模以上企业就业人数达 1081.61 万人，同比下降 1.24%；企业实现利润总额 1042.25 亿元，同比下降 1.17%。从产销状况看，2008 年 1—11 月，我国规模以上纺织企业产销率为 97.51%，略好于 2007 年 97.31%的水平；产成品资金占用率为 16.90%，比上年同期下降 0.18 个百分点。这些数据反映出纺织企业在不利的市场条件下，通过减少生产、加大库存销售，增强了抵御市场风险的能力。在盈利能力方面，2008 年 1—11 月我国规模以上纺织企业毛利率、利润率分别为 10.98%和 3.45%，与上年同期相比，分别下降了

0.16 和 0.54 个百分点。

4. 企业分化重组态势加剧

2008 年 1—11 月，我国规模以上纺织企业 4.72 万家，其中亏损企业 0.9654 万家，同比增长 32.37%，亏损面为 20.44%，比上年同期增长了 3.47 个百分点；亏损企业亏损额 227.50 亿元，同比增长 99.85%，增速比上年同期增长了 85.51 个百分点。若按照单位盈利企业和单位亏损企业盈利和亏损状况分析，2008 年 1—11 月，我国规模以上纺织盈利企业 3.75 万家，实现盈利 1269.76 亿元，单位盈利企业盈利 338.36 万元；亏损企业 0.9654 万家，亏损额 227.50 亿元，单位亏损企业亏损 235.65 万元；而 2007 年 1—11 月，单位盈利企业实现盈利 321.16 万元，单位亏损企业亏损额 154.63 万元。以上数据说明，2008 年盈利企业的平均盈利能力显著提高，而亏损企业的增亏状况更加严重，我国纺织企业两极分化的态势日益明显，优胜劣汰的市场法则进一步显现。

二、主要影响因素分析

1. 受金融危机和国内突发事件的影响，经济运行环境的不稳定因素增加，对纺织企业正常的生产经营带来极为不利的影响

2008 年初，迫于中国入世后连续 8 年经济高增长带来的资源承载压力，巨额贸易顺差带来的国际收支平衡和引发出的贸易争端等问题，国家出台了一系列缩紧的调控政策，如提高货币的存贷利率、严格控制固定资产高增长、降低部分产品的出口退税率等政策。毫无疑问的是，这些政策的实施对 2008 年纺织经济的运行带来了直接的影响。作为传统的劳动密集型产业，纺织行业经历了一系列的难题，要素价格快速上涨、人民币升值、出口退税率进一步下调、资金环境趋紧等问题，最终导致企业资金短缺、成本压力的矛盾日益突出，尤其是中小纺织企业面临的形势更加严峻。根据中国纺织工业协会的调查，2008 年上半年全国已有 2/3 纺织中小企业处于停产和破产的边缘；从 2008 年 1—11 月规模以上纺织企业统计数据分析，销售收入、销售产值、出口交货值等各主要经济指标增速与 2007 年相比，均出现明显下降，而纺织从业人数出现了负增长，同比下降了 1.24%。第三季度后，基于国内经济趋冷和金融危机全球蔓延的不利形势，国家先后出台了一系列积极的财政和货币政策，如扩大内需的十大政策，对轻纺扶植的 6 项措施等。但从经济运行的周期性及目前的市场状况看，这些政策并未能从根本上扭转 2008 年纺织行业不利的局面。

2. 美国次贷危机引发的全球性金融危机导致全球经济增长减速，衣着类纺织品需求下降态势明显

美国次贷危机引发了全球性的金融风暴，作为中国主要的出口大国，美、日、欧盟的经济在 2008 年均出现衰退，且经济衰退的情况正逐步向其他经济体蔓延。由于纺织品具有相对较高的收入需求弹性，因此，经济的放缓和收入水平的下降带来的必然是衣着类纺织品需求的减少。从 2008 年的出口数据可以明显看出，由于国际需求下降，我国纺织品服装出口也出现了自加入 WTO 后首次低于两位数的增长。其中，服装出口的下降幅度最为显著。2008 年我国服装出口 1179.90 亿美元，同比仅增长 4.10%，比上年增速下降了 16.79 个百分点，2008 年服装增速下降对同期纺织品服装增速下降的影响系数为 98.42%。由于出口市场约占整个我国纺织消费品生产的 1/3 左右，2008 年出口的大幅度下降对纺织经济运行产生了极为不利的影响。

三、2009 年展望及政策建议

2009 年，我国纺织形势的总体判断是宏观环境较为宽松，市场形势更加严峻。从国际市场贸易环境来看，目前世界各国的经济学家普遍认为金融危机仍未见谷底，2009 年的世界经济仍将经历一场凄风苦雨的洗礼，金融危机对全球经济的影响将进一步加深蔓延。从货币领域向实体经济扩展的影响，必然会通过生产和消费两个方面对 2009 年世界经济的发展产生深刻的影响。世界银行 2008 年 12 月 9 日发布的《2009 年全球经济前景》报告预测，2009 年全球经济濒临衰退，金融危机来势迅猛无国能逃，情况严重程度堪称数十年来之最。报告预计 2009

年全球经济的增长将会进一步减缓，全年预计增速为1%，其中美、日、欧的经济均有可能进入全面衰退期，与2008年相比，经济增长率将为－0.1%。经济状况的恶化将直接带来失业率的提高和消费需求的下降。因此，2009年中国纺织企业面临的国际市场环境不容乐观，贸易壁垒和国际需求下降都直接对纺织出口产生不利影响。

从国内市场看，为规避金融危机对中国经济的不利影响，扩大内需成为2009年中国经济政策的主旋律。但应该看到，中国经济增长中资源约束性等结构性矛盾依然突出，扩大内需投入的资金在短期内难以对服用类纺织品需求产生十分明显的市场拉动，尤其受金融危机的影响，2009年的经济增速与前两年相比将会有所减缓。在外销受阻碍的情况下，内销市场的竞争将更加激烈，企业分化重组的进程将会进一步加速，更多的企业将通过差异化竞争和科技创新取得生存和发展。在宏观政策调控上，2008年国家将继续采用积极的货币和财政政策，尤其对劳动密集型的产业将会在政策方面给予扶持和优惠支持，因此，2009年纺织企业的资金运营环境将会有明显的改善，我国纺织企业将面临机遇和挑战并存的局面。

为确保2009年纺织行业能顺利过冬，保持经济的稳定建康发展，建议做好以下几个方面的应对工作：

一是加快纺织行业的结构调整和升级。充分利用国家对纺织行业的优惠和扶持政策，加速行业技术改造和产品的升级步伐。建立以纺织企业为主体的产权交易平台，积极推进纺织企业的兼并和重组。

二是根据国家启动内需，扩大农村消费市场需求的政策，纺织行业要引导企业研究市场，解读好启动内需政策中资金投向重点领域的指示。为此，首先要研究适合农村居民消费水平和消费习惯的纺织产品需求，按照市场细分的原则，生产农村居民需要的适销对路的产品；其次是加快产业用纺织品发展，尤其要关注汽车、建筑及公路交通等基础建设方面的纺织材料的开发和应用，使产业用纺织品成为2009年纺织经济新的增长点。

三是加快以围绕纺织生产为主体的服务产业的发展。提升纺织行业信息在企业决策支持、信息流程管理及产品信息获取和发布等方面的服务水平；加快企业在流通和营销等贸易服务体系建设，为改善企业的资金运营效率提供条件。

四是进一步完善和规范纺织市场经济秩序，为企业在市场竞争中搭建一个公平竞争的平台。加快社会责任体系在企业的推广应用；加快行业标准及产品质量检测标准的制定和市场推广。

2007/2008年度棉纺织行业发展回顾与展望

张 曼

【作者简介】张曼，中国棉纺织行业协会市场部副主任，硕士研究生，主要负责棉纺织行业市场、贸易及规划政策研究方面的工作。

2006/2007年度，棉纺织行业在发展中虽然承受了各项成本上升、人民币大幅升值以及出口退税率下调等不利因素的压力，但全行业仍保持了平稳发展。2007/2008年度，棉纺织行业遭遇了前所未有的困难，投资、产量、出口增幅下降，行业利润增幅进一步降低，从业人员数下降，但与此同时，行业困难也迫使企业进一步提高管理和开拓市场的能力，增强了优化产业结构的意识。

一、固定资产投资增速逐步下降，产量增速逐步趋缓

2007/2008 棉花年度（以下简称“2007/2008 年度”）棉纺织业固定资产投资总额为 736.84 亿元，同比增长 1.92%，增幅较上年度减少了 14.65 个百分点。

2007/2008 年度，规模以上棉纺织企业纱产量为 2114 万吨（均为快报数，下同），同比增加 11.32%，增幅下降了 7.54 个百分点，若排除 1－2 月的春节因素，每月产量增幅逐步下降；2007/2008 年度，规模以上棉纺织企业布产量为 547 亿米，同比增加 13.91%，增幅下降 1.34 个百分点。

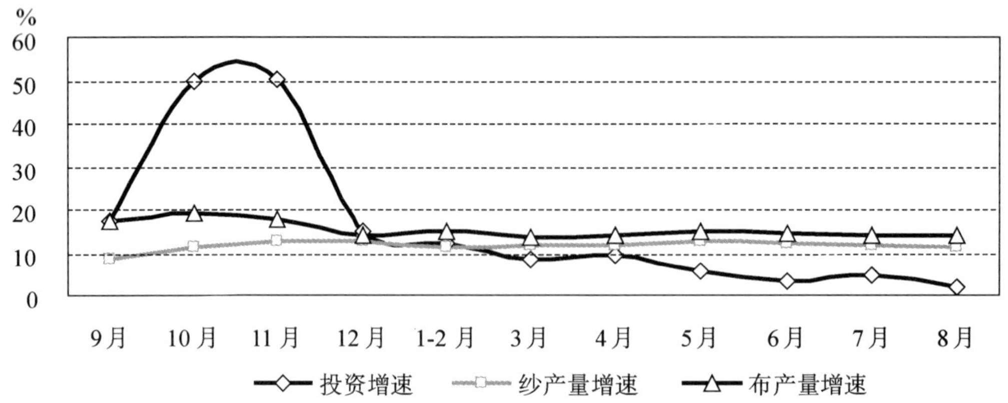

图 3－2　2007/2008 年度棉纺行业固定资产投资额、纱布产量逐月累计增速

1. 投资

2007/2008 年度，棉纺织行业投资额增幅从 2008 年 3 月开始低于 2006/2007 年度，2008 年起，投资累计增幅急剧下降，从单月完成的投资额来看，本棉花年度后三个季度除 4 月份以外较上年同期都是减少的。国际上美国次贷危机开始蔓延，对弹性的纺织服装产品需求逐步减少，国内 2008 年 1 月 1 日起国家不再减免“两机”进口增值税，导致两机进口也逐步减少，2008 年 1－8 月自动络筒机 1520 台，下降了 30.11%，进口喷气织机 7595 台，下降了 19.05%，再加上 2008 年上半年国家实施从紧的货币政策，所有这些因素都影响了企业家们的投资信心。

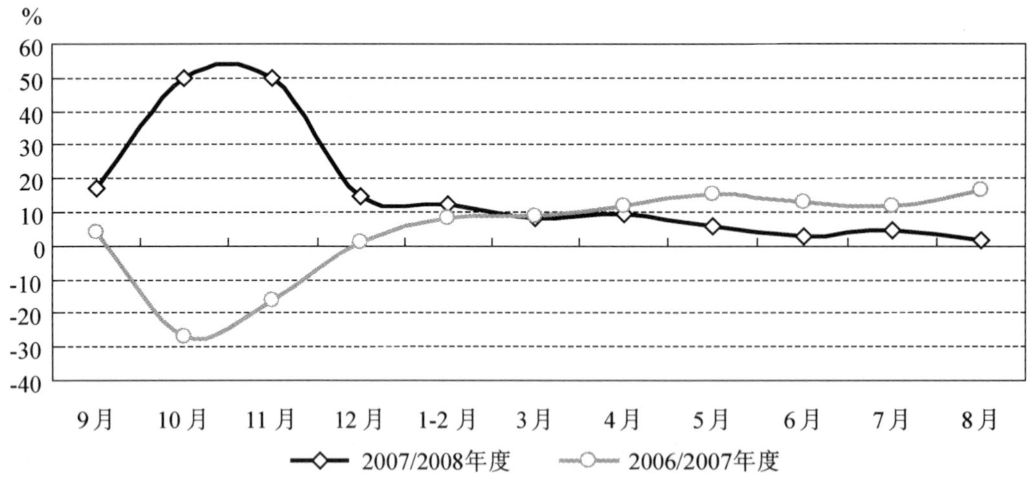

图 3－3　2006/2007 年度与 2007/2008 年度投资逐月累计增幅对比

2. 产量

(1)纱产量

2007/2008年度与2006/2007年度纱产量两条增速曲线像是两条平行线，2007/2008年度，纱产量增幅保持低位运行，同期2006/2007年度纱产量增幅逐步下降，受春节和雪灾的因素的影响，2008年1—2月达到了本棉花年度的最低增速7.83%。分省份来看，河南省一枝独秀，纱产量已跃居全国第三，且在本年度中后期每个月都保持了30%以上增幅；山东增长速度逐步趋缓；江苏省尽管是第二产纱大省，但纱产量增速已呈下降趋势。

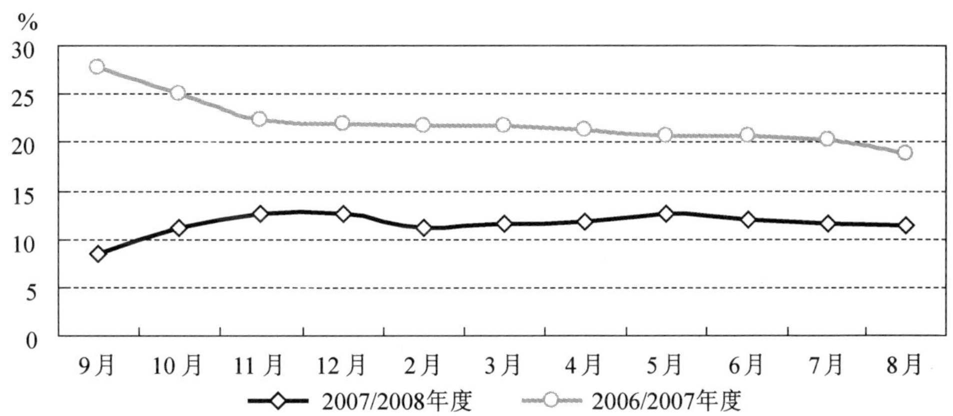

图3—4　2006/2007年度和2007/2008年度纱产量增幅对比

(2)布产量

相比纱产量增幅曲线，2007/2008年度布产量增幅曲线表现的很不安分，2007/2008年度末期布产量增幅一直处于下降趋势。从地区分布来看，东部地区保持了快速发展，而中部地区大幅减产，西部在上年度基础上有小幅增长。

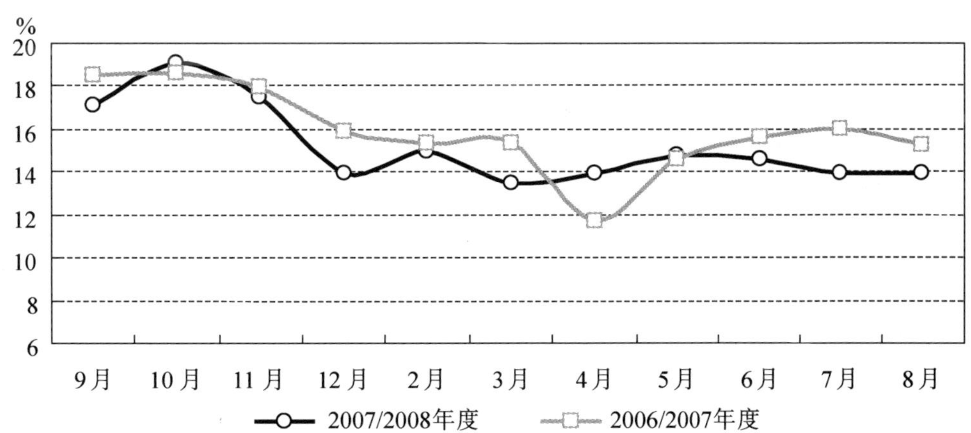

图3—5　2006/2007年度和2007/2008年度布产量增幅对比

2008年，棉纺织行业的经营逐步陷入困境，这其中有政策的因素，有自身发展的因素，但最重要的还是需求减少所致。很多棉纺织企业减少了开机率，棉纺织工业协会曾于2008年上半年对13个省、市、自治区理事以上单位进行了调查(对小企业分析力度略显薄弱)，结果显示，31.43%的企业开机率低于上年同期，平均减少了15.75%，仅有8.57%的企业较上年同期有所增加，平均只增加了1%左右。

二、国际需求下降，出口增速降低

2007/2008年度，棉制纺织品服装出口总额为716.16亿美元，同比增长6.09%，其中棉制服装出口总额为511.53亿美元，同比增长2.37%，棉制纺织品出口总额为204.63亿美元，同比增长16.26%。

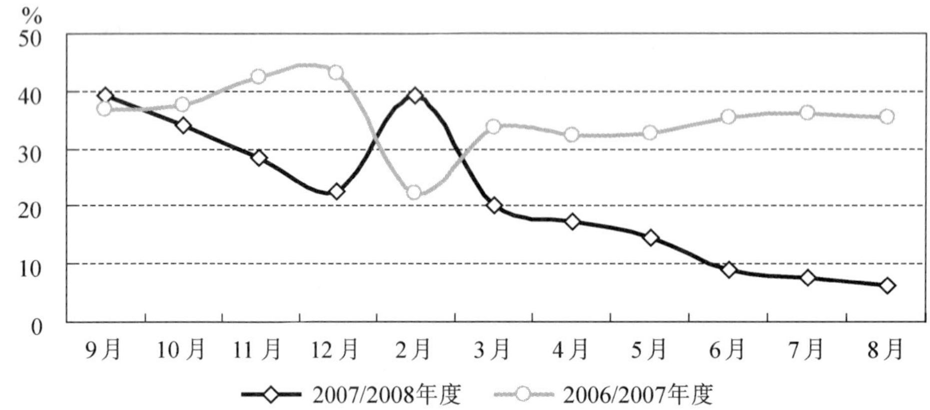

图3－6　2006/2007年度和2007/2008年度棉制纺织品服装出口增幅对比

若排除春节因素的影响，2006/2007年度与2007/2008年度的情况形成了两条趋势完全相背离的曲线，且2007/2008年度从年度初期到年度末期的增幅差距甚大，从接近40%的增速一直下降到6%。自2007年7月1日始，纺织品服装出口退税率由13%降至了11%，加之人民币对美元的快速升值，美国次贷危机逐步蔓延到全球，全球的经济增速减缓及消费需求萎缩，这些因素均导致对外依存度较高的纺织服装业受到了较大的冲击。

1. 贸易方式

2007/2008年度，棉制纺织品服装以一般贸易方式出口额为511.28亿美元，较上年度增长2.78%，占总出口额比重71.39%，比上年度减少了2.22个百分点；来料加工出口额为34.74亿美元，较上年度增长1.60%，进料加工方式出口额为117.31亿美元，较上年度增长6.03%。在行业出口遇到困难的情况下，订单式出口额缓慢抬头，一般贸易方式比重有所降低。

2007/2008年度，棉制纺织品以一般贸易方式出口额为132亿美元，同比增长20.05%，而服装出口额同比下降了2.12%。

表3－10　2007/2008年度棉制纺织品服装出口情况

单位：万美元

地　区	合　计		纺　织　品		服　装	
	出口额	同比(%)	出口额	同比(%)	出口额	同比(%)
中国香港	927248	－11.48	522486	－4.77	404762	－18.85
中国台湾	27889	43.34	9311	38.89	18578	45.69
日　本	815721	1.53	110553	3.92	705168	1.17
韩　国	209096	3.32	51801	5.68	157294	2.57
土耳其	48872	－61.44	17091	5.79	31782	－71.26
东　盟	522085	17.78	284901	31.61	237182	4.58
欧　盟	1285725	42.52	132982	40.81	1152742	42.72
美　国	840177	－3.92	165436	12.00	674741	－7.15

数据来源：中国纺织工业协会统计中心、中国棉纺织信息网。

2. 主要贸易地区

从表3—10可以看出：

(1)中国香港地区的转口贸易不论是纺织品还是服装都在下降,总额同比减少11.48%,其中服装同比下降18.85%；

(2)大陆对中国台湾地区的出口仍保持着快速增长,2007/2008年度同比增长43.34%；

(3)2008年受欧盟取消配额的影响,我国对欧盟棉纺织品及服装累计出口金额同比增长42.52%,其中棉制服装占89.66%；

(4)我国对东盟地区的出口以17.78%的增速增加,其中纺织品的增速更是达到40.81%,可谓异军突起；

(5)2007/2008年度我国对美出口开始下降,同比下降3.92%,显而易见的是,次贷危机将改变美国预支未来的消费方式；

(6)一直以来,我国纺织品对日本出口较为稳定,2007/2008年度同比仅增长1.53%。

三、利润增幅进一步下降,从业人员数继续减少

考虑到统计口径的因素,进行棉花年度拆分会影响数据的准确性,以下只对2008年1—11月的棉纺织行业经济运行情况进行分析。

1. 全行业

据国家统计局对棉纺织行业规模以上10969户企业统计,与上年同期相比,2008年1—11月全行业成本费用利润率和利润率均有不同程度下滑,从业人员数减少。

(1)棉纺行业费用和成本的增长速度均高于利润的增长速度,2008年1—11月成本费用利润率比上年同期下降了0.04个百分点。

(2)从数据上来看,利润总额和主营业务收入都有不同程度的增长,这部分利润的实现是1/3少数企业完成的,而大多数企业基本处于亏损状态。受市场销售不畅、成本升高等因素的不利影响,利润率比上年同期下降0.12个百分点。

(3)2008年1—11月,棉纺织行业全部从业人员数出现负增长,较上年同期约减员5.5万人。

表3—11　2008年1—11月成本费用情况

单位:万元

指标名称	2008年1—11月	2007年1—11月	同比(%)
营业费用	2574239	2155958	19.40
管理费用	1821436	1640342	11.04
财务费用	1271475	1015508	25.21
三费合计	5667150	4811808	17.78
主营业务成本	74456843	64603591	15.25
利润总额	3169772	2826384	12.15
成本费用利润率	3.96	4.07	－0.04

数据来源:中国纺织工业协会统计中心、中国棉纺织信息网。

表3—12　2008年1—11月利润情况

单位:万元

指标名称	2008年1—11月	2007年1—11月	同比(%)
利润总额	3169772	2826384	12.15
主营业务收入	82922315	71774222	15.53
利润率	3.82	3.94	－0.12

数据来源:中国纺织工业协会统计中心、中国棉纺织信息网。

表3—13　2008年全部从业人员同比增幅对比情况

单位:人

指标名称	2008年1—11月	2007年1—11月	同比(%)
全部从业人员平均人数	2767797	2823157	－1.96

数据来源:中国纺织工业协会统计中心、中国棉纺织信息网。

(4)行业两极分化严重,大多数企业经营困难。其中,34.36%的企业销售利润率为7.91%,完成了棉纺织行业97.42%的利润总额,65.64%的企业销售利润率仅为0.186%,16.85%企业完全亏损,其销售利润率为－5.19%。

2. 分体制

2007/2008年度,国有企业亏损进一步严重,与上年同期相比增亏了4倍多,盈利企业的盈利额逐步下降,亏损企业亏损额大幅上升,全部从业人员与去年同期相比减少了3.20%。2007/2008年度,私

人控股企业经营得最好,利润率达 4.44%。

四、市场分析

1. 棉花市场

相对于 2006/2007 年度,2007/2008 年度棉花市场运行较为平稳,需求不旺导致市场呈现出淡季不淡、旺季不旺的景象。2006/2007 年度棉花最高价和最低价最高相差 1832 元/吨,而 2007/2008 年度两个价格差只有 406 元/吨。

受成本费用上涨的推动,棉花原料的价格也在小幅上涨,但受下游市场销售不畅的影响,棉纺织企业工业库存减少,随用随买,市场上的棉花资源看似比较充裕。2008 年 6 月,新的滑准税率以及新疆棉出疆补贴政策的公布与实施抬高了国内棉花价格,但最终需求下降导致棉花价格小幅下行。

2007/2008 年度,我国共进口原棉 243.65 万吨,同比增加 7%。2007 年我国始终执行 6%的基准税率,2008 年 1 月 1 日起恢复到 5%,2008 年 6 月 5 日至 10 月 5 日改为实施暂时滑准税率,政策几经改变,但压在棉纺织企业头上的税负仍然很重。

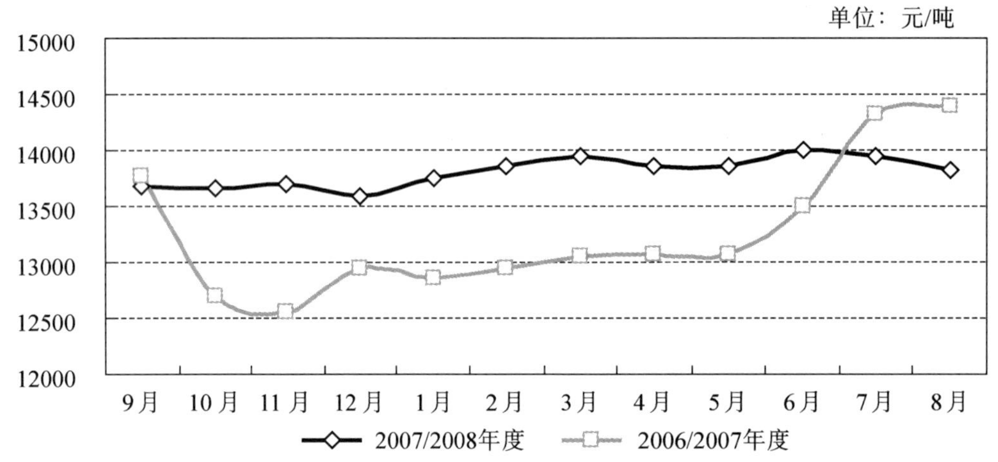

图 3—7 2006/2007 年度和 2007/2008 年度 329 级细绒棉到厂价格指数对比

2. 粘胶短纤市场

2006/2007 年度粘胶短纤价格猛涨,2007 年 9—12 月顺延了这种涨势,2007 年 11 月份涨至 22250 元/吨,自 12 月份开始下跌,2008 年 6 月曾跌至 15610 元/吨,最大跌幅达 29.84%。

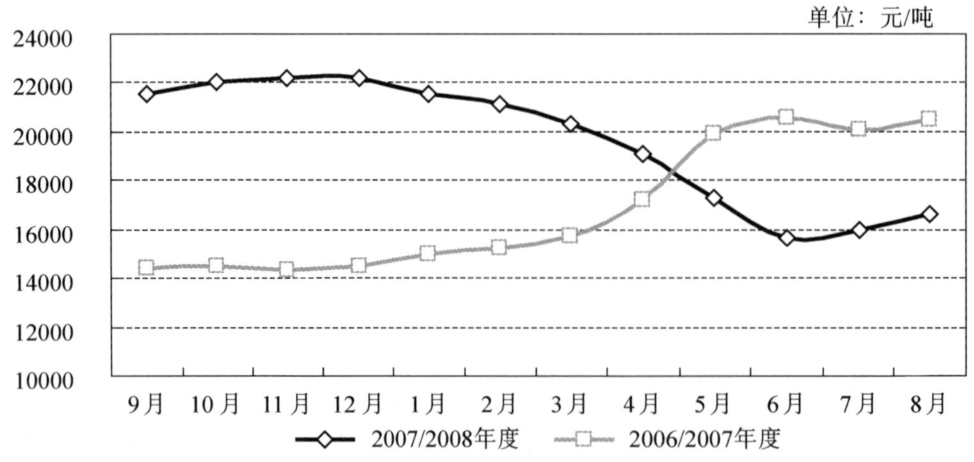

图 3—8 2006/2007 年度和 2007/2008 年度粘胶短纤价格对比

3. 涤纶短纤市场

2007/2008年度，受国际石油价格不断上涨的影响，涤纶短纤价格小幅振荡上行，从2007年9月的10700元/吨上涨到12月的11750元/吨，涨幅达9.8%。2008年以后涤纶短纤价格开始下降，虽然在2008年6—7月有所上涨，但最终还是受石油价格下跌的影响快速下跌。

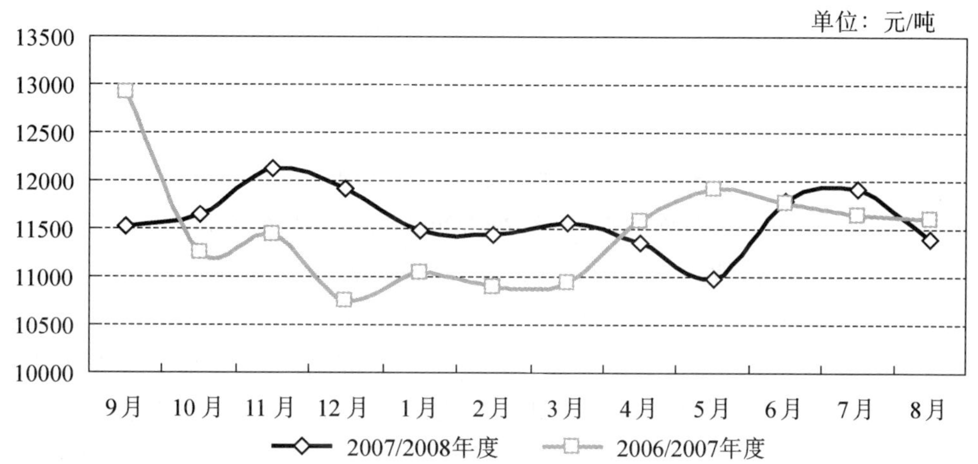

图3—9　2006/2007年度和2007/2008年度涤纶短纤价格对比

4. 纱、布市场

在各种成本上升的情况下，2007/2008年度纱线价格与棉花价格走势基本一致，纱线年度均价较上年度均价同比增长2.12%。2007/2008年度，纱线价格在前8个月表现平平，直到2008年5月才开始出现转机，从产品比原料价格滞后两个月左右的时间来看，前几个月棉花价格也在小幅上涨。

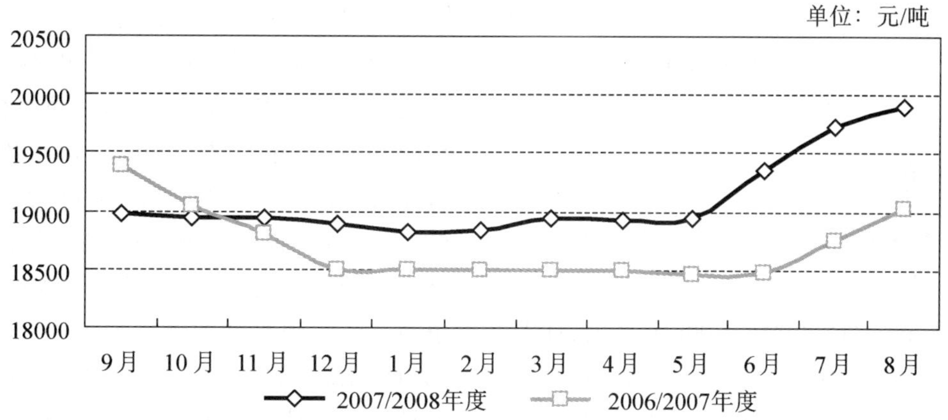

图3—10　2006/2007年度和2007/2008年度32支纯棉纱线价格对比

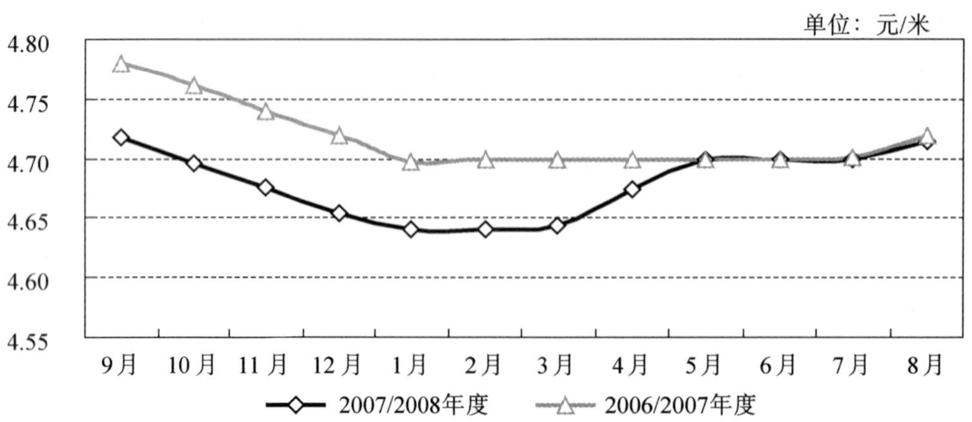

图 3—11　2006/2007 年度和 2007/2008 年度纯棉坯布价格对比

与纱线市场相比，坯布市场形势比较令人担忧，2007/2008 年度保持低位运行，到 2008 年 2 月跌至最低谷，价格为 4.64 元/米，同样在 5 月份开始上涨，总体来说，2007/2008 年度坯布价格还是表现出上行的趋势。

棉纺织行业协会经调查发现，不论是高支纱、高支高密织物还是中低支纱及普通织物，不管是销售价格还是销售利润，都有所下降的企业所占比重增大，同时中低支纱及普通织物的销售情况更差。调查结果还显示，高档产品销售比较困难，相反，中低档产品销售形势较好，究其原因可能是，由于高档产品市场份额有限，很多生产高端产品企业转而生产低端产品，其生产技术水平高，产品质量好，比较受市场欢迎，从而挤压了另外一些企业的利润。

五、行业展望

1. 主要因素分析

(1)国际需求

据国际货币基金组织(IMF)2009 年 1 月 31 日公布的最新预测，2009 年全球经济增速将大幅放缓至 0.5%，为第二次世界大战以来的最低水平，2010 年有望回升至 3.0%。2008 年 9 月美国次贷危机导致金融危机全面爆发，对实体经济的影响逐步显现，2008/2009 年度，全球需求、尤其是美国将进一步降低，同样欧盟的表现也令人担忧，而日本出台刺激需求政策的可能性也不太大，因此，国际需求的萎靡将直接导致纺织行业出口的下降。

(2)国内需求

在国际需求急速减少的情况下，内需显得尤为重要。中国纺织工业协会会长杜钰洲曾经这样讲过，2007 年全国城镇居民人均衣着支出 1042 元，是农村居民人均 193.4 元的 5.39 倍。如果区域经济差距拉近，农民达到目前城镇的水平，那么仅农村衣着消费增长额就会使全国衣着支出总额比目前扩大 2.7 倍。而国家统计局总经济师姚景源也提出，要坚定不移的把扩大内需作为一个基本方针，而目前国家正在积极采取政策刺激内需，内需的扩大就给了行业发展一个比较大的空间。

(3)棉花原料的三次收储

国家对棉花的调控政策年年不同，棉花价格的大起大落不仅害了棉农，也害了纺织企业，建议加大财政补贴，直补棉农。2008 年，12600 元/吨的棉花收储价格拉高了国内棉价，以 11 月中下旬计价，新疆棉比内地棉高出 1700 元/吨，而内地棉比国际棉高出 1070 元/吨，这大大降低了纱布企业出口的竞争力。考虑到收储的新疆棉价高出国际棉价几千元，且所收储的新疆棉都是质量较高的棉花，2009 年纺织企业使用新疆棉的用棉成本肯定会大大增加，棉纺织企业或许会遭遇有订单却因为原料价格过高而不敢接单的情况，毫无疑问，这样的棉花成本价格在国际市场上是没有竞争力的。

(4)国家政策的大力支持

随着全球金融危机的全面爆发，制造业经营

困难逐步增加，棉纺织行业出现企业经营严重两极分化的现象。2008 年 8 月和 10 月国家相继两次提高了出口退税率，并出台了“国六条”以及增值税转型等利好政策，同时在 2009 年 2 月审议并通过了纺织业的三年振兴规划，这可谓阴霾天气里的一缕阳光。

2. 方向展望

继续贯彻落实科学发展观，转变经济发展方式，以科学发展观统领棉纺织行业的发展，这是我们的根本原则。棉纺织行业要努力拓展新市场，积极调整产品结构，提高新产品的研发能力，切实做到产品多样化和市场多元化。

3. 趋势展望

“十五”期间棉纺织行业的快速发展带来了许多矛盾，制约了行业的进一步发展，因此在 2007/2008—2008/2009 两个年度里，行业发展必然要逐步理性回归。2008 年 9 月全球金融危机的爆发加速了调整，在这样的背景下，棉纺织行业集中度将进一步提高，中西部承接行业区域转移速度加快，而三年振兴规划的出台也会促进一部分好企业发挥带动作用，进行重组，使资本运行方式进一步改变。我们坚信，经过阵痛后的棉纺织行业必然会迎来一个全新的未来。

注：本文分析仅为作者个人观点，不代表所在单位。

2007/2008 年度中国纺织品服装初级产品进出口现状

王东晓

【作者简介】王东晓，毕业于中国政法大学，国际商务师。现任中国纺织品进出口商会纺织部副主任，从事纱线、面料进出口调研工作。

2008 年国际国内形势发生了深刻变化，受美国金融危机影响，全球经济增长放缓，国际市场需求减弱，信用风险加大，不确定性和潜在风险增多。与此同时，人民币不断升值、原材料价格大幅波动、劳动力成本上升等不利因素持续影响着纺织企业。2008 年 1—10 月我国纺织品服装出口额为 1537 亿美元，同比增幅回落到 8.1%，为 2002 年以来的最小增幅。广交会向来被看作是我国外贸出口的风向标，在第 104 届广交会上，纺织企业普遍反映到会客商和出口成交比往届明显减少，这预示着在未来半年到一年内纺织服装出口都将受到影响，中国纺织业进入了近年来最严峻的时期。

一、2007 年全球纺织品进出口继续增长

据 2008 年 11 月 WTO 官方网站公布的数据显示，2007 年全球贸易的增长率为 6%，全球纺织品服装出口额为 5834 亿美元，同比增长 10%。其中纺织品出口 2381 亿美元，同比增长 9%，高于 2000—2007 年纺织品出口 7%的年平均增幅，占全球货物贸易总出口额的 1.7%；服装出口 3453 亿美元，增长 12%，高于 2000—2007 年服装出口 10%的年平均增幅，占总出口的 2.5%，纺织品和服装占全球贸易的份额比 2006 年分别下降了 0.2%和 0.1%。全球纺织品进出口情况如下：

1. 亚洲已成为全球纺织品的主要供应地

亚洲位居全球纺织品出口的首位，2007 年纺织品出口额达 1138 亿美元，同比提高 9%，占全球纺织品出口的份额从 2000 年的 44%提高到 47.8%。从亚洲纺织品的流向看，亚洲已成为全球纺织品的主要供应地。除满足本地的需求外，亚洲对欧盟、中东和中南美洲的出口均显著增长，增幅分别达到 16%、9%和 28%，对北美出口与上一年持平，所占

份额有所下降。

欧洲和北美洲分列纺织品出口第二和第三位，占纺织品出口份额从2000年的39.7%和10%下降到38.9%和7.1%，欧洲纺织品出口同比增长了11%，北美洲下降了2%。

2. 中国占全球纺织品出口比重仍在增加

(1)中国纺织品居世界纺织品出口第二位。2007年中国纺织品出口额达到559.7亿美元，同比增长15%，比2006年出口增幅降低了4个百分点，比2000—2006年19%的年平均增幅低4个百分点，增幅减缓。

中国纺织品居世界纺织品进口第三位。2007年中国从全球进口纺织品166.4亿美元，同比增长2%，比2006年增幅有所下降，占全球进口份额的6.7%，是世界第三大进口国。

(2)中国占全球纺织品出口比重仍在增加。中国纺织品出口额占全球份额从2006年的22.3%增加到2007年的23.5%。在主要市场中，对亚洲出口214亿美元，同比增长了11%，其中对日本纺织品出口34.4亿美元，占日本纺织品进口份额的54.6%，比2006年54.3%的占比略有增长；对欧盟27国出口74.2亿美元，增长21%，占欧盟份额的8.8%，高于2006年8.5%的占比；对美出口76.6亿美元，增长10%，占美份额达到31.8%，比2006年份额提高2.2%；在加拿大纺织品进口市场，中国所占份额由2006年的15.3%提高到17.3%。

3. 主要纺织品出口国家和地区格局基本稳定

2007年全球前15名纺织品出口国家和地区与2006年完全一致，排名中唯一有变化的是阿联酋，由原来的第15名提升到2007年的第11名，出口额达40.2亿美元，增长36%，增幅为前15名中最大。欧盟27国继续保持纺织品出口第一的位置，出口额达806.2亿美元，增长9%，增幅提高显著，占全球纺织品出口份额的33.9%，欧盟纺织品出口主要以盟内贸易为主，占70.5%，对欧盟以外的国家和地区出口额为237.2亿美元，增长10%，占欧盟纺织品出口额的29.5%。印度、土耳其、印尼和泰国出口保持增长势头，同比分别增长了7%、15%、6%和8%。出口下降的国家和地区有4个，分别是中国香港、美国、巴基斯坦和加拿大，同比分别下降了4%、2%、1%和2%。

表3—14 2007年全球前15名纺织品出口国家和地区统计

单位：亿美元

排名	国家和地区	出口额	占全球(%)	同比(%)
1	欧盟27国	806.2	33.9	9
	其中：对盟外出口	237.2	10.0	10
2	中国	559.7	23.5	15
3	中国香港	134.2	5.6	—4
	其中：本地出口	4.6	0.2	—13
	转口	129.5	5.4	—3
4	美国	123.9	5.2	—2
5	韩国	103.7	4.4	3
6	中国台湾	97.2	4.1	0
7	印度	94.5	4.0	7
8	土耳其	87.3	3.7	15
9	巴基斯坦	73.7	3.1	—1
10	日本	71.1	3.0	3
11	阿联酋	40.2	1.7	36
12	印度尼西亚	38.3	1.6	6
13	泰国	31.1	1.3	8
14	加拿大	23.2	1.0	—2
15	墨西哥	22.1	0.9	1

数据来源：世界贸易组织。

4. 部分国家纺织品进口增长迅速

2007年全球前15名纺织品进口国家和地区中，土耳其、越南、俄罗斯和巴西进口同比增幅均超过20%，分别达到28%、24%、22%和42%，其中越南从2006年的第13位上升到第8位。中国香港和墨西哥进口有所下降，降幅分别为3%和5%。

欧盟居纺织品进口第一位，进口额达842.1亿美元，同比增长10%。从盟内进口依然占到份额的67.6%，从亚洲和非洲的进口增长很快，增幅均达到17%，欧盟进口来源国中第2至第4位国家都是亚洲国家，即中国、土耳其、印度和巴基斯坦，增幅分别为21%、13%、16%和20%。非洲来源国中以埃及、突尼斯和摩洛哥为主，进口分别同比增长了14%、27%和22%。

美国位于纺织品进口国第二位，进口额达

240.9亿美元，同比增长3%。亚洲是主要进口来源地区，占美纺织品进口的62.1%，其次是欧盟、北美洲和中南美洲。其中，中国居美国进口来源国首位，占美进口份额31.8%，比第二位的欧盟27国份额高出18.3个百分点。前五位进口来源国中从印度进口增长了3%，从加拿大进口下降了6%，从墨西哥进口连续两年与上年持平。

表3－15 2007年全球前15名纺织品进口国家和地区统计

单位：亿美元

排名	国家和地区	进口额	占全球(%)	同比(%)
1	欧盟27国	842.1	33.7	10
	其中：从盟外进口	273.1	10.9	14
2	美国	240.9	9.6	3
3	中国	166.4	6.7	2
4	香港	135.6	5.4	－3
5	日本	63.0	2.5	2
6	土耳其	59.8	2.4	28
7	墨西哥	56.6	2.3	－5
8	越南	49.4	2.0	24
9	加拿大	44.6	1.8	2
10	俄罗斯	44.1	1.8	22
11	韩国	41.4	1.7	6
12	阿联酋	41.0	1.6	15
13	巴西	22.8	0.9	42
14	摩洛哥	22.8	0.9	19
15	泰国	21.6	0.9	5

数据来源：世界贸易组织。

二、中国纺织品服装初级产品出口情况

受全球市场需求变化的影响，2008年1－10月中国纱线面料出口经历了大起大落，年初先是快速增长，一度达到2004年以来的最高增幅，之后开始下降，服装需求减少的影响逐步传导到纱线面料，出口市场呈现分化，国家先后两次出台调高出口退税政策均未能阻止纱线面料出口下跌趋势，出口稳定有赖于市场整体回暖。

1. 纱线面料出口上半年冲高回落，并呈继续下跌的走势

2008年1－10月中国纱线和面料出口额达337.16亿美元，同比增长16.7%，高于全国纺织服装8.59%的增幅。其中纱线出口数量257.23万吨，增长12.1%，出口额75.36亿美元，同比增长13.7%；面料出口数量223.5亿米，增长9.77%，出口额261.8亿美元，同比增长17.62%。

从各月度出口情况看，纱线、面料单月出口数量先是上升，3月份纱线出口29.14万吨、4月份面料出口24.2亿米，达到本年度最高值后开始下降。8月和10月纱线和面料先后出口出现负增长，纱线10月份出口21.68万吨，同比下降9.51%，降幅有所扩大，面料10月出口21.09亿米，同比下降1.99%。

表3－16 2008年1－10月纱线单月出口统计

单位：吨、万美元、美元/公斤

月 份	出口数量	同比(%)	出口金额	同比(%)	出口单价	同比(%)
1月	255791701	32.18	69919.2	37.38	2.73	3.93
2月	216555340	23.22	56895.8	19.56	2.63	－2.97
3月	291439546	30.36	83665.5	36.98	2.87	5.08
4月	285456742	13.24	89189.5	18.31	3.12	4.47
5月	284446650	21.21	88609.2	22.89	3.12	1.39
6月	260993326	18.30	79963.0	14.33	3.06	－3.35
7月	271414000	13.36	82209.9	10.90	3.03	－2.17
8月	259304789	－3.27	75944.4	－1.85	2.93	1.46
9月	230105625	－6.97	65963.0	－5.17	2.87	1.93
10月	216872247	－9.51	61275.6	－5.43	2.83	4.50

数据来源：中国海关总署。

2. 出口市场出现分化,市场格局发生变化

2008年我国纱线面料出口市场格局发生了明显变化,对主要的纺织服装竞争国出口上升,转口市场下降,欧盟等传统市场出口稳定,中亚市场出口增长。

(1)从出口增长幅度看,纱线、面料对我国主要的纺织服装竞争国出口金额增幅显著

孟加拉国、越南和印度不仅是我国主要的纺织服装竞争对手,同时在我国的纱线、面料出口中也占据着十分重要的位置。这些国家相对于中国普遍具有低廉的劳动力成本优势,但在产业链、贸易配套等方面的综合竞争力尚不及中国。2008年以来我国部分服装订单转移至竞争国,这些国家选择了大量从中国进口纱线面料等半成品。具体情况为:

孟加拉国曾长期被认为是纺织产业链不完整的国家,以服装加工为主,纺织工业相对落后。然而随着近年来该国大力扶植纺织产业,该国生产的针织面料已能够满足其国内90%的生产需求。孟加拉国服装加工业的快速发展,廉价的成本吸引了大批欧美订单。据孟加拉国官方数据,截至2008年9月,孟加拉国服装出口额达34亿美元,同比增长45%,近90%的出口销往美国和欧洲,许多订单均是从中国转移而来的。据孟加拉国针织品制造和出口协会称,2008年孟加拉国已成为欧盟第三大针织服装供应国,该协会的成员订单生产已安排至当年年底。为生产所需,孟加拉国增加了从中国进口纱线面料等半成品。2008年1—10月,纱线对孟加拉国出口额为3.13亿美元,同比增幅高达61.3%,位居我国纱线出口第4大市场。面料出口金额达12.58亿美元,同比增长30.78%,出口平均单价同比提高9.22%。其中,江苏成为对孟加拉国出口第一大省,占全国对孟加拉国纱线、面料出口总额的50%,其次是浙江,所占比重为17%。

自2001年入世以来,越南在美国和欧盟市场所占份额在稳步增长,2008年4月越南爆发的金融危机并未影响其服装出口,从中国进口也在快速增长,越南已发展成为我面料第二大出口市场。2008年1—10月,我对越纱线出口1.16亿美元,增长17.63%,面料出口13.6亿美元,增长40.2%。

印度凭借其丰富的棉花资源和传统的纺织工业基础快速发展,印度政府采取多项措施促进出口,包括提高了出口退税率、免除12种服务税、降低装船前后贷款利率等政策,并计划建立综合纺织园,截至2008年底,已经有30个综合纺织园获得批准,预计将吸引1700亿卢比的投资,并将陆续开始投产。印度已发展成为美国服装第七大供应国、欧盟第四大服装供应国。2008年1—10月我国对印度纱线出口额达2.83亿美元,同比增长15.9%,面料出口额达6.15亿美元,同比增长4.5%。

表3—17　2008年1—10月面料主要市场出口统计

单位:米、万美元、美元/米

国家或地区	出口额	占比(%)	同比(%)	出口数量	同比(%)	出口价格	同比(%)
全　球	2618097.0	100.00	17.62	22357954767	9.77	1.17	7.16
亚　洲	1574292.2	60.13	11.57	12891313255	3.38	1.22	7.93
非　洲	333548.7	12.74	37.03	3652485695	22.29	0.91	12.05
欧　洲	335166.2	12.80	24.62	2425376426	16.74	1.38	6.74
欧　盟	255456.2	9.76	23.74	1733341348	16.94	1.47	5.82
拉丁美洲	272922.4	10.42	31.21	2695147526	24.53	1.01	5.36
北美洲	89605.0	3.42	7.17	600361591	3.39	1.49	3.65
大洋洲	12562.5	0.48	15.96	93270274	4.72	1.35	10.73
香　港	425483.0	16.25	—7.36	2999045487	—15.01	1.42	9.00

续表

国家或地区	出口额	占比(%)	同比(%)	出口数量	同比(%)	出口价格	同比(%)
越　南	136621.3	5.22	40.21	875407037	24.97	1.56	12.19
孟加拉国	125805.6	4.81	30.78	900794674	19.73	1.40	9.22
贝　宁	103087.9	3.94	59.51	1041231776	35.36	0.99	17.84
阿联酋	89404.9	3.41	12.36	905055193	−2.10	0.99	14.78
印　尼	87769.5	3.35	26.77	619058850	23.01	1.42	3.06
意大利	83902.7	3.20	36.64	491543156	30.04	1.71	5.08
美　国	78633.7	3.00	8.14	536250197	4.62	1.47	3.36
巴　西	72783.2	2.78	80.56	772894069	69.30	0.94	6.65
韩　国	68378.2	2.61	−3.94	672023068	−8.91	1.02	5.45

数据来源：中国海关总署。

(2)对欧盟老牌的纺织服装生产国出口增长较为稳定

2008年1—10月，我国对欧盟纱线、面料出口同比增长分别达到16%和23.7%，对意大利、德国和西班牙上半年出口增长较快，下半年增幅放缓。

2008年1—10月，意大利在我国纱线和面料出口市场中分居第6位和第7位，出口额分别为2.9亿美元和8.3亿美元，同比增长13.77%和36.64%。其中，出口增幅较高的产品是丝线和棉布，出口额分别同比增长31.3%和80.55%，棉纱线出口单价同比上升5%，棉布下降1.4%，单价增幅最高的是羊毛、动物毛纱线和机织物，分别同比增长42%和11.6%。

表3—18　2008年1—10月中国对意大利纱线面料出口结构统计

单位：万美元、美元/公斤、美元/米

商品名称	数量单位	出口数量	同比(%)	出口金额	同比(%)	出口单价	同比(%)
纱线		70744993	8.01	29161.3	13.77	4.12	5.33
棉纱线	公斤	11017151	1.04	7203.2	6.11	6.54	5.02
丝线	公斤	1310024	27.56	4148.6	31.31	31.67	2.94
羊毛、动物毛纱线	公斤	319039	−23.27	1759.9	8.95	55.16	42.00
化学纤维纱线	公斤	31430790	3.10	9884.4	3.66	3.14	0.55
其他纱线	公斤	26667989	17.68	6165.2	36.01	2.31	15.57
面料		491543156	30.04	83902.7	36.64	1.71	5.08
棉布	米	118399330	83.18	19060.1	80.55	1.61	−1.44
丝机织物	米	37879150	55.11	12076.0	39.74	3.19	−9.91
羊毛、动物毛机织物	米	3955954	−1.46	1801.3	10.04	4.55	11.66
化学纤维机织物	米	188515272	6.53	26915.2	16.58	1.43	9.44
其他面料	米	142793450	32.27	24050.1	37.57	1.68	4.01

数据来源：中国海关总署。

2008年1—10月，德国在我国纱线、面料出口市场中分列第9位和第18位，出口额分别为1.9亿美元和4.1亿美元，同比增长11.9%和20.1%。化纤纱线和化纤布对德出口占纱线、面料出口份额分别为34%和49%，化学纤维纱线出口价格基本平稳，化纤布出口单价上涨了11.8%。

2008年1—10月，西班牙在我国纱线、面料出口市场中排第19位和第29位，出口额分别达0.83亿美元和2.4亿美元，同比增长23.2%和39.4%。化纤纱线和化纤布为主要出口产品，出口额分别为0.46亿美元和1.04亿美元，同比增长12%和13%。

(3)转口市场中对中国香港出口下滑，对贝宁、阿联酋出口增长

中国香港是我国纱线面料第一大出口市场，也是重要的转口市场，然而近年来我国对中国香港的出口在逐渐下降。2008年1—10月对港面料出口额达42.5亿美元，同比下降7.36%，纱线出口额达21.32亿美元，同比微增0.97%。

贝宁和阿联酋是我国在非洲和中东地区重要的商品集散地。贝宁的商品多转口至多哥等非洲国家，是我国在非洲最大的面料出口市场，2008年1—10月出口额达10.3亿美元，同比增长59.5%，其中，棉布为主要出口品，所占比重为81%。而对阿联酋纱线和面料的出口额分别为1.11亿美元和8.94亿美元，同比增幅达62.8%和12.3%。

(4)对中亚市场出口增幅最高

吉尔吉斯斯坦和哈萨克斯坦虽然排在出口市场的前10名以外，但2008年的出口增幅迅速攀升。其中，吉尔吉斯斯坦列我面料出口第12位，出口额为5.95亿美元，同比增长高达99.7%，单价0.91美元/公斤，同比增长24.1%；对哈萨克斯坦出口额为1.54亿美元，同比增长115.3%，出口平均单价同比提高30.6%。

3. 纱线出口单价走低，面料出口单价走高

2008年，我国纱线出口单价平均为2.93美元/公斤，同比增长1.42%，值得注意的是，纱线单月价格在4月份达到3.12美元/公斤的高峰后逐渐走低，10月单月价格已回落到2.83美元/公斤。在纱线的主要产品中，化纤纱线出口数量达136.5万吨，同比增长12.65%，出口额为38.7亿美元，同比增长14%；棉纱线出口数量有所下降，出口数量达48.6万吨，同比下降2.2%，出口额为17.6亿美元，同比增长6.3%。

表3—19 2008年1—10月纱线出口结构统计

单位：公斤、万美元、美元/公斤

商品名称	出口数量	同比(%)	出口金额	同比(%)	出口单价	同比(%)
纱线合计	2572380485	12.10	753635.1	13.70	2.93	1.42
棉纱线	486621598	−2.25	176170.8	6.34	3.62	8.78
丝线	8788567	5.94	22278.7	9.63	25.35	3.49
羊毛、动物毛纱线	39395774	−14.07	80201.2	9.12	20.36	26.98
化学纤维纱线	1365908431	12.65	387975.2	14.09	2.84	1.28
其他纱线	671666115	26.69	87009.2	37.48	1.30	8.51

数据来源：中国海关总署。

主要面料品种出口平稳，棉布出口额为72.38亿美元，同比增长22.27%，出口平均单价同比提高9.31%；化纤面料出口额为87.14亿美元，同比增长15.74%。主要面料品种的出口平均单价在逐渐提高，棉布单价从1月的1.22美元/米、5月1.29美元/米提高到10月的1.36美元/米，化纤布的价格也从年初的0.84美元/米提高到0.95美元/米。

表 3—20　2008 年 1—10 月面料出口结构统计

单位:米、万美元、美元/米

商品名称	出口数量	同比(%)	出口金额	同比(%)	出口单价	同比(%)
面料	22357954767	9.77	2618097.0	17.62	1.17	7.16
棉布	5661292039	11.86	723816.5	22.27	1.28	9.31
丝机织物	209491175	5.98	67534.2	8.11	3.22	2.01
羊毛、动物毛机织物	85177974	—3.97	54464.5	4.43	6.39	8.74
化学纤维机织物	9667227196	4.47	871424.1	15.74	0.90	10.79
其他面料	6734766383	16.78	900857.6	17.56	1.34	0.67

数据来源:中国海关总署。

4. 浙江出口领跑,拉大与江苏的差距,部分主要省市出口均低于平均增幅

浙江省位居我国纱线、面料出口首位。2007 年,浙江省超过江苏将居纱线出口第一位之后,2008 年 1—10 月进一步拉大了与江苏的差距,其中纱线出口额达 21.4 亿美元,同比增长 30.4%,占全国纱线出口份额的 28.4%,高于上年同期 24.8%的占比。江苏省纱线出口额为 15.3 亿美元,同比增长 11.05%,所占比重为 20.33%,比上年同期 20.8%的占比略有下降。前 5 大出口省市中,江苏、广东、山东和上海四省的出口增幅均低于全国 13.7%的平均增幅,其中,广东省出口增速同比下降了 3.4%。

前 5 大面料出口省市中,浙江省和山东省出口增幅最高,其中,浙江省出口额为 91.31 亿美元,同比增长 25.3%,占全国面料出口的比重为 34.8%;山东省出口额达 27.68 亿美元,同比增长 20.8%,所占比重 10.5%。其它省市出口金额均有增长,只有上海市出口数量下降 3.91%,广东出口企业数量同比减少 8.29%。

表 3—21　2008 年 1—10 月面料主要省市出口统计

单位:米、万美元、美元/米

序　号	名　称	出口额	同比(%)	出口数量	同比(%)	出口价格	同比(%)
1	浙　江	913146	25.33	7932331866	15.82	1.15	8.21
2	江　苏	489983	13.99	3639250287	6.84	1.35	6.69
3	广　东	415021	8.68	3174955433	8.10	1.31	0.54
4	山　东	276839	20.88	2875402681	7.37	0.96	12.58
5	上　海	159315	5.29	1264087980	—3.91	1.26	9.58
6	新　疆	85977	14.79	819230571	2.89	1.05	11.57
7	福　建	35402	21.53	312024034	10.60	1.13	9.88
8	四　川	35120	67.74	245295415	38.70	1.43	20.94
9	河　北	27398	8.10	305905993	5.68	0.90	2.29
10	安　徽	20120	13.20	165425030	12.54	1.22	0.59
合　计		2618097	17.62	22357954767	9.77	1.17	7.16

数据来源:中国海关总署。

三、中国纺织品服装初级产品进口情况

1. 纱线进口萎缩

2008年1—10月，我国纱线进口金额为35.37亿美元，同比减少6.56%，数量同比减少13.84%，进口平均价格同比提高8.45%。

纱线进口主要来源国家和地区如下：中国台湾进口额为6.23亿美元，占总进口量的17.63%，同比减少17.80%；巴基斯坦进口金额为4.38亿美元，占总进口量的12.4%，同比减少18.78%；韩国进口额为2.45亿美元，占总进口量的6.97%，同比减少6.15%。

主要进口品种如下：棉纱线进口额为16.09亿美元，占总进口量的45.5%，同比减少7.44%；化纤纱线为15.59亿美元，占总进口量的44.1%，同比减少6.84%。

表3—22　2008年1—10月纱线进口结构统计

单位：公斤、万美元、美元/公斤

商品名称	进口数量	占比(%)	同比(%)	进口金额	占比(%)	同比(%)	进口单价	同比(%)
纱线	1303478087	100.00	—13.84	353765.1	100.00	—6.56	2.71	8.45
棉纱线	680691539	52.22	—14.03	160912.0	45.50	—7.44	2.36	7.67
丝线	779930	0.06	—17.01	679.2	0.19	—19.00	8.71	—2.34
羊毛、动物毛纱线	23987493	1.84	—9.92	17480.0	4.94	—4.65	7.29	5.85
化学纤维纱线	491260296	37.69	—17.06	155925.8	44.10	—6.84	3.17	12.32
其他纱线	106758829	8.19	5.46	18768.2	5.31	2.98	1.76	—2.36

数据来源：中国海关总署。

2. 面料进口略有减少

2008年1—10月，我国面料进口额达73.51亿美元，同比减少0.57%，数量同比减少10.62%，平均进口价格同比提高10.09%。

面料进口主要来源国家和地区如下：日本进口额为18.42亿美元，占总进口量的25.05%；中国台湾为13.35亿美元，占总进口量的18.16%；韩国为11.58亿美元，占总进口量的15.76%。

主要进口品种如下：棉布进口额为16.81亿美元，占总进口量的22.87%；化纤布为25.18亿美元，占总进口量的34.26%。

2007/2008年度郑棉期货市场运行情况

郑州商品交易所　姬广坡

【作者简介】姬广坡，博士研究生学历，高级经济师。现任郑州商品交易所研究发展部高级专员，负责棉花期货的维护工作。近年独著或合著经济期货类专著十余部，在各类报刊杂志上发表论文70余篇，共计约200万字。

棉花期货自2004年6月1日上市以来已历经四年多的时间，郑州商品交易所（以下简称郑商所）在中国证监会领导下依法监管，规范运作，积极开展市场培训，强化交易、交割、结算等环节的服务，实现

了棉花期货市场平稳运行。四年多来，棉花期货市场在保护棉农利益、调整种植结构、服务棉花流通体制改革等方面发挥了积极作用，市场影响力日趋扩大，国家开始关注棉花期货市场的宏观调控作用，越来越多的涉棉企业开始利用棉花期货指导日常的生产经营活动。郑州棉花期货市场正日趋成熟，价格已成为国际国内棉价的重要指标。

一、2007/2008 年度郑棉期货运行基本情况

1. 棉花期货成交量、成交金额同比大幅提高，持仓量同比大幅减少

2006/2007 年度末期棉花价格持续阴跌促使投资者看淡后市，但在 2007/2008 年度到来后又有较大幅度回升。2007/2008 年度，郑商所共成交棉花期货合约 832.87 万手（每手 5 吨，折合皮棉 4164.35 万吨），成交金额高达 6281.34 亿元，分别同比增长 168.8%和 185.6%。从持仓量来看，2007 年 8 月 31 日，郑棉持仓量为 62488 手，而 2008 年 8 月 31 日持仓量为 36852 手，降幅达 41.3%。

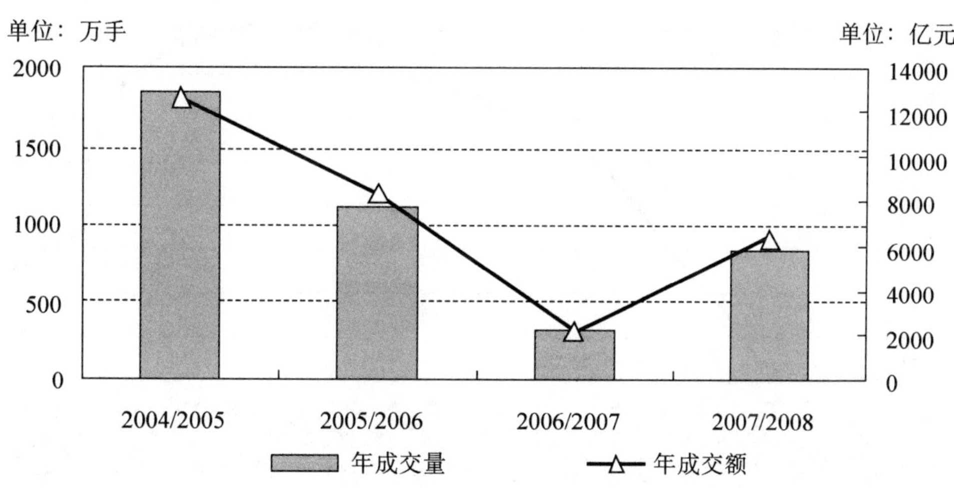

图 3—12　2004/2005—2007/2008 年度郑商所棉花期货年成交量及成交额(双边)

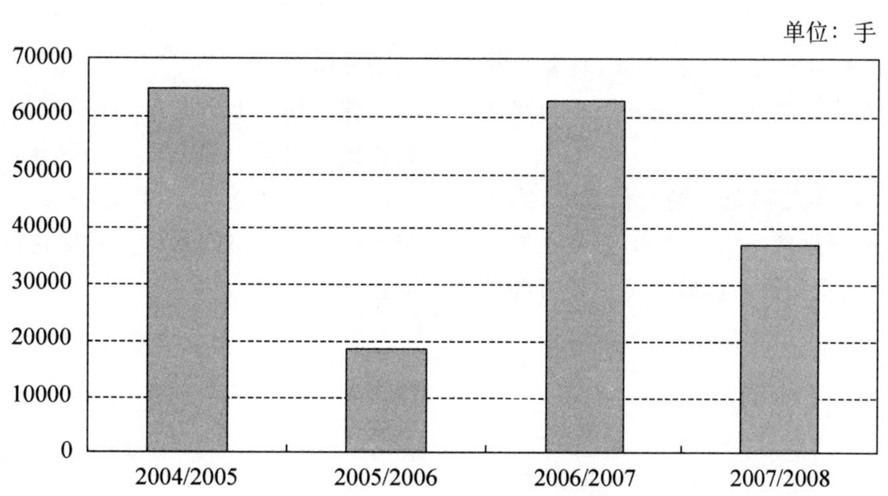

图 3—13　2004/2005—2007/2008 年度郑商所棉花年持仓量(双边)

2. 棉花期货仓单数量创上市以来新高，交割顺畅，没有发生任何纠纷

2007/2008 年度，郑棉共生成棉花期货仓单 11084 张(每张期货仓单 20 吨，约合 221680 吨，下同)，截至 2008 年 8 月 31 日，库内剩余仓单数为 1514 张(约合 30280 吨)。分月来看，2007 年 11 月至 2008 年 5 月为仓单集中注册时间，单月最高注册量高达 2099 张(约合 41980 吨，2007 年 2 月)；集中注销时间为 2008 年 3 月至 2008 年 8 月，单月最高注销量高达 3937 张(约合 78740 吨，2008 年 7 月)，仓单进出顺畅。从合约交割情况看，当月交割合约的交割量多少不等，但总体呈现出年度初期低、年度后期高的特点，最高月交割量达 11536 吨(2008 年 7 月)。从期货转现货情况看，郑棉呈现前期、后期高而中期低的特点，这与棉花现货市场的季节性特点有关。

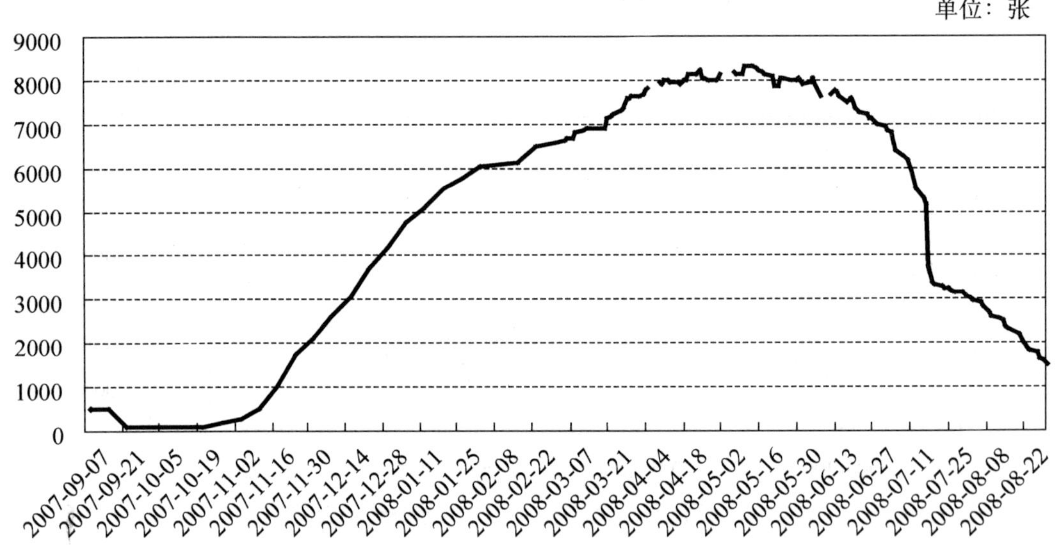

图 3—14　2007/2008 年度郑商所棉花仓单注册数量

3. 郑棉期货价格与国内外棉花期货、现货价格走势趋同，但已显露市场特点，并预先反映国内现货市场价格波动

2007/2008 年度，虽然棉花市场变化较大，影响棉价的因素很多，郑棉期货作为风向标，始终在第一时间准确的用价格的变动提前反映现货价格可能的变动方向。

棉花期货上市初期，郑棉被动跟随美盘变动的趋势比较明显。但 2007/2008 年度，郑棉期货逐渐走出自己的独立行情，有时还对美盘有所影响，这表明中国棉花价格因素对世界棉花行业的影响力正在增强。

数据来源：郑州商品交易所、国家棉花市场监测系统、纽约期货交易所、全国棉花交易市场。

图 3－15 2004/2005－2007/2008 年度国内外棉花期现货价格走势

4. 与纽约棉花期货市场规模相比，郑棉期货市场规模有扩大趋势，但仍处于发展初级阶段

虽然国内棉花在上市近四年多的时间里各方面取得一定的进展，但与有着 130 多年交易历史的纽约棉花期货交易市场相比，规模仍偏小，与国内庞大的棉花产业相比期货交易量还不大，其发现价格、套期保值的功能刚刚开始发挥。2007/2008 年度，我国棉花期货交易量是棉花产量的 5.21 倍，而同期美国达到了 36.86 倍，这说明美国期货交易的活跃程度大大高于郑棉期货。而从整个年度的月平均交易量和持仓量来看，亦能得出相同的结论。由此可见，我国棉花期货仍处于市场发展的初级阶段，还无法像纽约棉花期货市场那样较好地发挥发现价格、套期保值、风险投资等诸多功能，离最终获得全球棉花的定价权仍有一段距离。

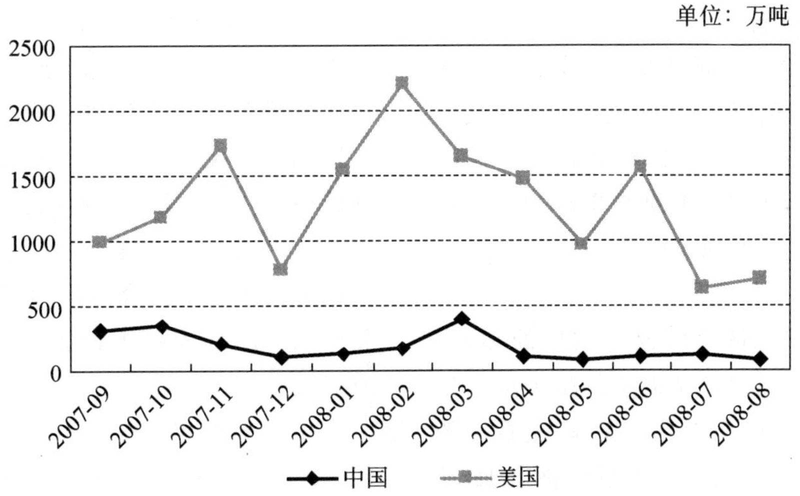

图 3－16 2007/2008 年度中美棉花期货交易量(单边)比较

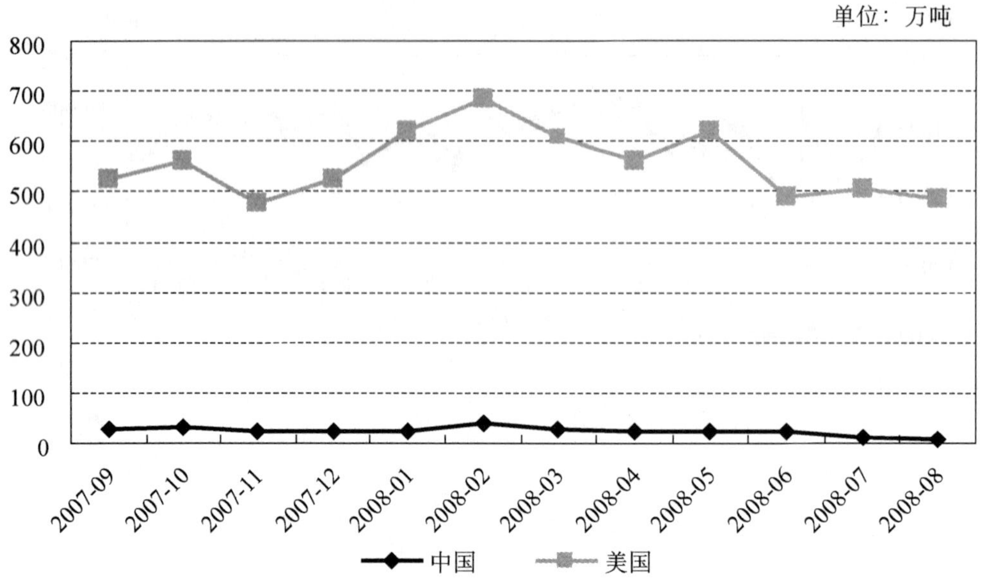

图 3－17　2007/2008 年度中美棉花期货持仓量(单边)比较

二、2007/2008 年度郑棉期货价格走势回顾及影响因素分析

1. 国内棉花现货市场情况

从棉花销售进度来看，2007/2008 年度慢于上年度，供大于求的局面始终对价格有较大抑制作用。2007 年 9 月－2008 年 3 月棉价基本处于高位盘整期，2008 年 3－8 月，棉价在几乎无反弹的情况下单边下跌，并持续到年度末期。2008 年 8 月底，代表国内 328 级棉花均价的国家棉花价格 B 指数为 13608 元/吨，创全年度新低。

造成国内棉价不断下跌的主要原因如下：(1)国内棉花供过于求的局面依旧；(2)国内纺织企业受人民币升值和国际金融危机影响，出口受阻；(3)棉纱、纺织品市场销售不畅，出口利润被挤压；(4)纺织企业普遍资金紧张，随用随买现象较多。

2. 郑商所棉花期货情况

受国家棉花配额数量发放速度减慢的影响，2007/2008 年度初期，郑州棉花期货价格承接上年度高位，主力合约 CF901 从 14200 元/吨左右与新棉价格衔接，但随着供应量加大，期货价格至 12 月份跌破 14000 元/吨。随后在美盘的影响下大幅上涨，至 2008 年 3 月的最高位 17600 元/吨，随后一路下跌至该年度末期。纵观整个年度，郑棉期货价格最高达 17600 元/吨(2008 年 3 月 5 日)，最低为 10080 元/吨(2007 年 11 月 8 日)。期货价格围绕现货价格理性波动，为仓单流动创造了条件。从全年度棉花期货价格波动的总体情况来看，在 2007/2008 年度的棉花现货市场上，所有的涉棉企业都面临较大的经营风险，而期货价格与现货价格波动趋势一致，并围绕现货价格上下波动，为涉棉企业利用期货市场套期保值创造了条件。

造成郑棉期货价格下跌的主要原因如下：(1)棉花销售不温不火，现货需求不足。纺织品出口受限导致棉花市场全年基本处于买方市场状态，由于棉花存量较大，贸易商为加快销售进度，不惜降价销售，纺织企业则普遍随用随买；(2)受美国棉花现货出口不畅的影响，纽约棉花期货价格连续下跌带动郑棉主力合约连续阴跌；(3)受国际国内其他期货品种大幅下跌影响，棉花期货比现货超前下跌。

3. 国际期货市场情况

2007/2008 年度，美国洲际交易所(简称 ICE)主力合约价格大幅震荡下跌。2007/2008 年度初期，3月合约价格为62.08美分/磅，至2008年3月11日达到最高上摸93.31美分/磅的价位，年度末期回落至74.12美分/磅。进入2008/2009年度以后，受金融危机的影响，又出现大幅下跌行情。

经分析，主要原因如下：(1)受金融危机的影响，农产品期货价格均大幅下跌，棉花期货也出现近年少见的暴跌行情；(2)受美国棉花出口不畅的影响；(3)受投机从众心理的影响，根据国际棉花咨询委员会(ICAC)2008年9月底公布的全球棉花产销存预测，2008/2009年度，由于全球植棉面积减少，全球棉花产量预计为2473万吨，同比减少6%。其中，美棉产量减少118.2万吨。从基本面上来看，棉花供求关系没有发生根本性的改变。

三、2007/2008年度郑棉期货市场特征

1. 市场规模稳步扩大，市场影响力越来越大

棉花期货上市初期，市场引进期货作市商制度，使得2005年交易量大幅增加。2006年取消作市商制度后，交易量有所下降，市场步入稳步修养生息时期。进入2007/2008年度之后，市场自身的力量已经形成，成交量完全由市场决定，一旦遇到大行情，交易量自然增加，价格走势曲线更能代表市场竞价结果。预计随着棉花市场的进一步发展，交易、持仓量还会有一个稳步增长过程。

2. 价格趋势性明显，对涉棉企业的引导性增强

2007年9月—2008年3月，市场对新棉供求关系及政策导向处于猜测适应的过程之中，棉价阶段性区间波动的特征十分明显。由于棉花现货价格运行平稳，因此棉花加工企业在期货市场上卖出动机较为明显。投机者受全球农产品牛市的影响，认为棉花期货应该有补涨要求。在2008年3月以前多头占上风，主力合约价格最高达到16660元/吨，之后随着现货价格的持续疲软，空头逐渐占据绝对优势，市场一路阴跌至2007/2008年度结束。多空双方的长期对垒创造了棉花期货自上市以来交易量、持仓量、仓单注册量的新高。在该轮行情中不少有现货背景的企业低买现货，高抛期货，赚足了期现差价，部分涉棉企业在该轮现货价格的大跌中尝到了期现套做的甜头。

3. 棉花期货有效地规范了市场秩序，提高了我国棉花整体质量

棉花质量的提高是棉花流通体制改革需要解决的突出问题。自1999年棉花市场放开以来，我国棉花加工能力严重过剩，众多棉花企业争夺有限资源，从而造成了棉花加工质量下降，混等混级普遍，“三丝”、水分超标的不良现象，严重影响了我国棉花产业的健康发展。为此，国家几乎每年都要召开会议并出台严厉措施解决棉花质量问题，但这一问题始终未从根本上得到解决。

棉花期货上市后，尤其是2007/2008年度，期货价格给棉花加工企业以强烈的引导信号，注重加工质量，提高质量标准化意识，就能在期货市场上卖出好价钱。棉花企业要想通过期货市场卖出棉花，就要对加工的各环节采取严格的把关措施。在市场引导下，各棉花企业八仙过海，各显神通，有些企业甚至把收购工作前移，通过向棉农发放纯棉棉袋，来减少异性纤维的混入，要求农民做到“分摘、分晒、分存、分售”，通过一系列的努力，期货交割棉的合格率达到90%以上。据河南省纤维检验局一位多年从事棉花公检工作的检验师说：棉花期货交割的实践证明，通过市场利用经济杠杆是解决棉花质量问题的有效方法。

2007/2008 年度全国棉花交易市场电子撮合交易回顾与展望

张洪洲

【作者简介】张洪洲，中国注册会计师，现任全国棉花交易市场交易部高级客户经理，曾任中国棉花信息网国内部副经理，河北省棉麻总公司财务部副经理、营销部经理。参与历年中国纺织工业协会的《中国纺织工业发展报告》的撰写工作，在《中国纺织报》、《中华合作时报》、《新财经》、英国《cottonoutlook》、《中国棉花信息网》等媒体发表大量文章，并被中国农业部、新疆发展改革委等网站转载。2008 年 1 月在全国棉花形势分析会上代表国务院关税税则委员会、财政部关税司做关于棉花进口滑准税的报告。

一、2007/2008 棉花年度电子撮合交易和交割的基本情况

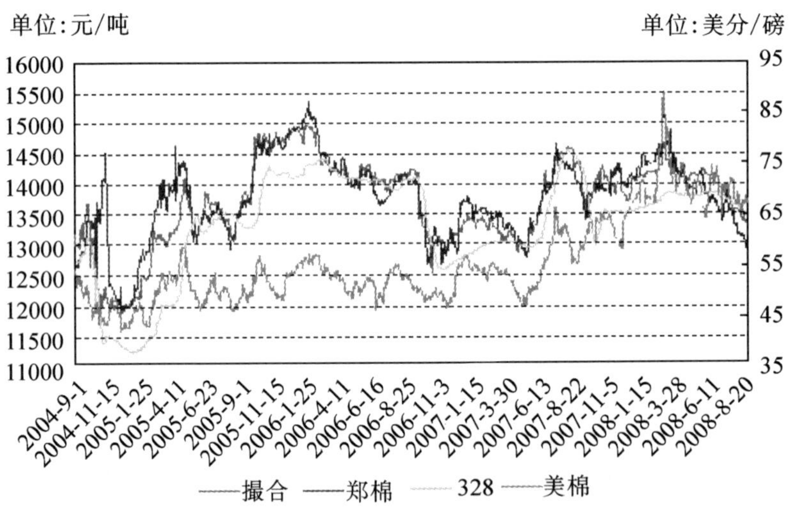

图 3－18　2004/2005－2007/2008 年度撮合与其它市场走势对比

2007/2008 棉花年度，全国棉花交易市场（以下简称“交易市场”）的电子撮合交易呈现先扬后抑的走势，MA 近月合同自 2007 年 9 月 21 日的 13446 元/吨上涨到 2008 年 3 月 4 日的年度最高点 14679 元/吨，涨幅达 9.2%，自 2008 年 3 月 5 日到年度末期一直处于单边下跌态势，至 2008 年 8 月 29 日下跌到 13298 元/吨，跌幅达 9.4%。

总体走势方面，电子撮合与郑州棉花期货基本同步，波动幅度小于 ICE 棉花期货，且与国内现货走势有一定差距。相关性分析显示：自 2004 年 6 月 1 日至 2008 年 8 月 29 日电子撮合与郑州棉花期货相关系数为 85.5%，同期电子撮合与中国棉花价格指数相关系数为 88.5%，郑州棉花期货与中国棉花价格指数相关系数为 69.6%，ICE 棉花期货与郑州

棉花期货的相关系数为 49.6%，可见电子撮合与郑州棉花期货和现货的相关性很高。

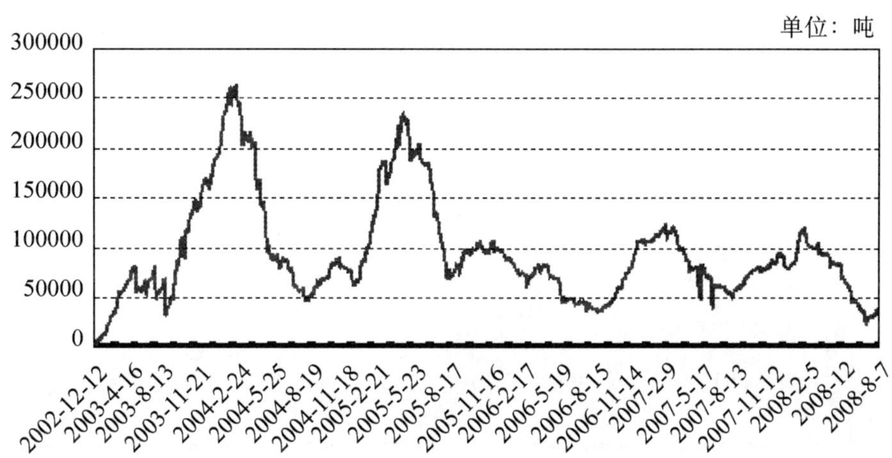

图 3－19　2003－2008 年撮合 MA 合同双边订货量

2007/2008 棉花年度，电子撮合 MA 合同日均订货量 77705 吨，比 2006/2007 棉花年度日均订货量 79613 吨减少 1908 吨，减幅 2.4%，比 2002 年 12 月 12 日至 2007 年 8 月 31 日日均订货量 99751 吨减少 22046 吨，减幅 22.1%。而 2002 年 12 月 12 日至 2005 年 8 月 31 日电子撮合 MA 合同日均订货量为 116686 吨，是 2007/2008 棉花年度日均订货量的 1.5 倍。电子撮合 MA 合同订货量自 2005 年 9 月份以后呈逐渐下降态势。

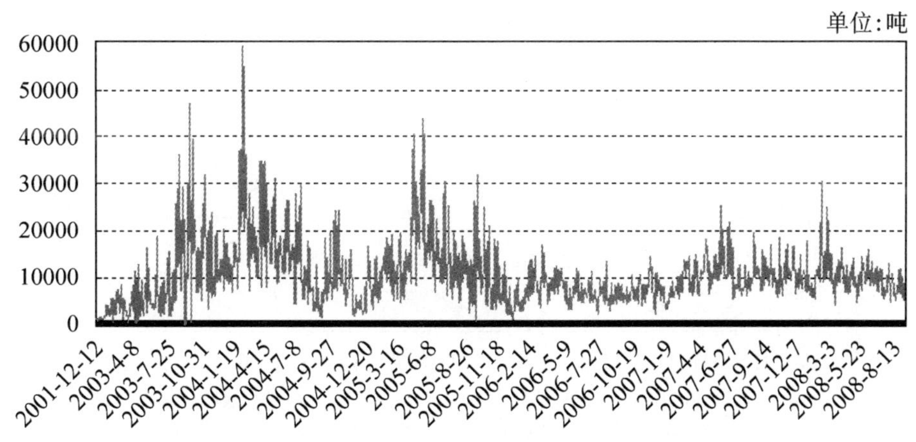

图 3－20　2003－2008 年撮合 MA 合同双边成交量

2007/2008 棉花年度，撮合 MA 合同日均成交量 10610 吨，比 2006/2007 棉花年度日均成交量 9070 吨增加 3540 吨，增幅 38.9%，比 2002 年 12 月 12 日至 2007 年 8 月 31 日日均成交量 10653 吨减少 43 吨，减幅 0.4%。而 2002 年 12 月 12 日至 2005 年 8 月 31 日电子撮合 MA 合同日均成交量为 12129 吨，是 2007/2008 棉花年度的 1.1 倍。2007/2008 年度电子撮合 MA 合同成交量较上两个棉花年度有所提高。

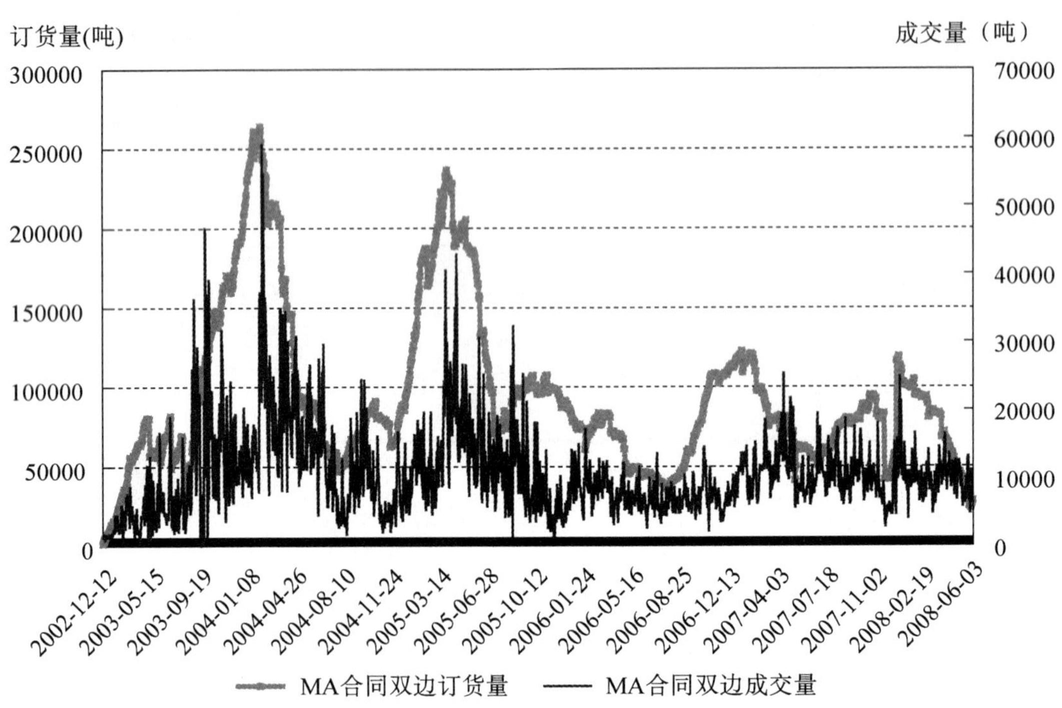

图 3－21　2003－2008 年 MA 合同订货量与成交量对比

2007/2008 年度，MA 合同订货量与成交量的相关系数为 20%，而 2002 年 12 月 12 日至 2007 年 8 月 31 日二者相关系数为 52.3%，可见成交量与订货量的关联度在明显降低，2007/2008 年度订货量下降而成交量提高便是很好的证明，这种现象可能说明撮合的投机性或日内短线交易在增加。

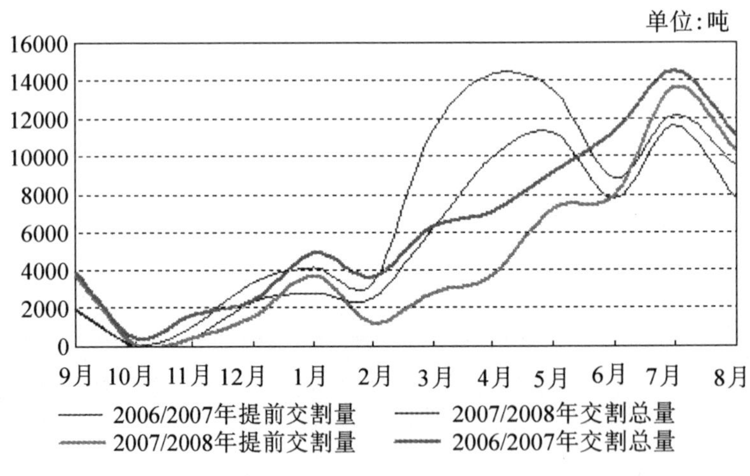

图 3－22　2007/2008 年度电子撮合交割量对比

2007/2008 棉花年度撮合总交割量为 76360 吨，比 2006/2007 棉花年度总交割量 83700 吨减少 7340 吨，减幅为 8.8%；2007/2008 棉花年度撮合提前交割量为 56530 吨，比 2006/2007 棉花年度提前交割量 64400 吨减少 7870 吨，减幅为 12.2%，可见交割总量减少主要是提前交割量减少所致。2006/2007 年度交割高峰出现在 4 月份，而 2007/2008 棉花年度交割高峰则推迟到了 7 月份前后。另外，每年的 2 月份到 5 月份是交割总量与提前交割量差距最大的时期，即这一段时间提前交割在交割总量中的比例较低。

二、2007/2008 年度郑棉仓单质押业务基本情况

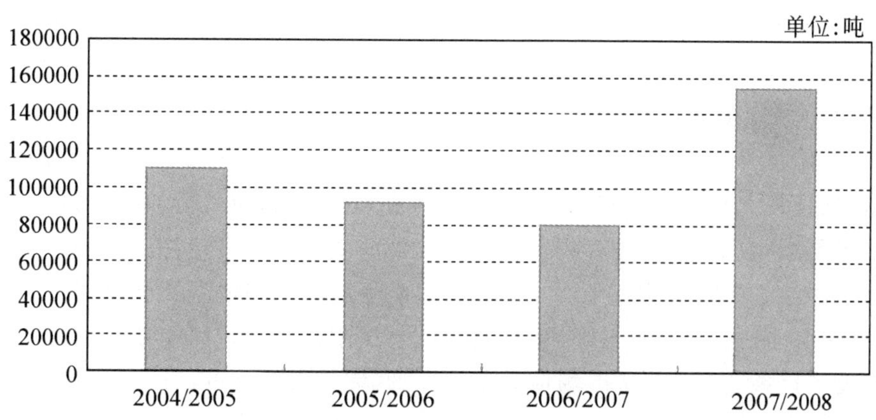

图 3－23　2004/2005－2007/2008 年度郑棉仓单质押量变化

2007/2008 棉花年度,交易市场的仓单质押业务量创自 2004/2005 年度以来的新高,全年度完成仓单质押 155030 吨,是 2006/2007 棉花年度 79141 吨的 2 倍,是上三个棉花年度平均质押量 93393 吨的 1.7 倍。2007/2008 棉花年度的后两个月仓单质押量明显提高,7、8 两个月份共完成仓单质押业务 45812 吨,占全年业务量的 29.6%。2007/2008 年度,仓单质押业务与电子撮合提前交割一样较往年具有明显的滞后性。

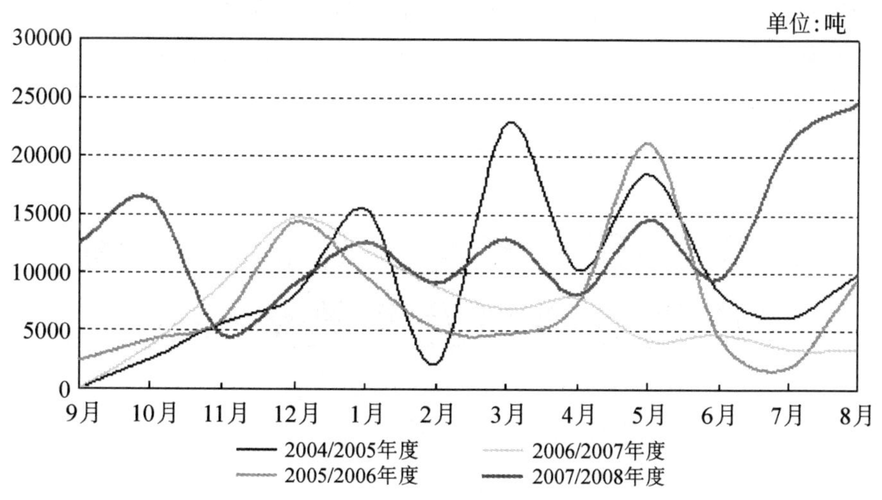

图 3－24　2007/2008 年度仓单质押情况

三、电子撮合在国内棉花市场中的地位和 2008/2009 年度棉花电子撮合业务展望

经过六年多的发展,交易市场的电子撮合业务已成为棉花行业内电子交易重要的组成部分,其在交易中形成的中远期棉花价格已成为棉花业内公认的现货价格风向标,它对指导流通企业和纺织企业经营棉花起着重要的参考作用。

2007/2008 年度,在全球金融动荡及经济危机的大背景下,棉花同其他商品一样由暴涨到暴跌上演惊天大逆转行情。自 2008 年 3 月初棉花价格持续下跌以来,棉花现货市场成交清淡,年度末期大量棉花积压。全国棉花交易市场的电子撮合交易订货量、交易量和交割量也较上年同期明显减少,而由于

年度末期大量棉花积压，资金压力出现，仓单质押业务大幅增加。

2008/2009 棉花年度以来，为保护棉农利益，稳定国内棉花市场，国家决定收储 2008 年度的棉花 272 万吨，约占 2008/2009 年度棉花总产量的 35%，收储力度之大前所未有。大量棉花资源被国家收购，国内市场棉花流通量将大幅减少，同时又面临同业竞争和经济危机的影响，纺织企业的棉花消费将大幅减少，在这种情况下，必将影响到电子撮合的交易、交割业务和仓单质押业务。为了积极应对 2008/2009 棉花年度的严峻形势，交易市场应采取以下措施：

1. 加大电子撮合套期保值功能的宣传和推广力度

由于电子撮合形成的价格和棉花现货价格具有较高的相关性，据有关部门的研究，其相关系数达到 88.5%，而郑州棉花期货价格与现货价格的相关性较低，仅为 69.6%，郑州棉花期货并非现货经营企业规避风险的最佳选择，鉴于这种情况，应加大对棉花经营企业利用电子撮合套期保值业务的宣传推广，让更多的棉花经营企业了解电子撮合业务，充分认识到利用电子撮合进行规避风险的重要性。可采取召开会议、客户走访、宣传等不同的方式，利用交易市场可以利用的棉花行业资源，大力宣传推广电子撮合业务。

2. 不断完善交易规则和有关规章制度，为参与电子撮合业务的企业提供更加优质的服务

在充分调研的基础上，不断完善当前电子撮合的交易规则，使其更加合理，更加符合棉花交易过程中的实际情况，通过完善交易规则吸引更多的涉棉企业积极参与电子撮合业务。同时，对当前电子撮合交割棉花质量的控制等方面，与有关部门充分沟通，完善有关制度，并不断提高工作效率，更好地为交易商服务。

3. 成立客户服务中心，提升交易市场服务水平和提高工作效率

为更好地提升服务水平，建立客户服务中心的制度，建立交易市场客户服务中心的服务规范，明确客户服务中心的职能、组织结构以及各项服务规范、服务流程、客户投诉处理流程，同时建立客户服务中心的客户经理制，以此提升交易市场服务的总体水平和提高工作效率，进一步提升交易市场的服务形象，从而推动电子撮合业务的发展。

2007/2008 年度国际棉花市场产销形势与发展趋势分析

陈　涛

【作者简介】陈涛(Chen Tao)，1978 年毕业于黑龙江大学英语系；1990 年获得美国孟菲斯州立大学工商管理硕士(主修国际商务)；1990 年加入美国艾仑宝棉花公司并于 1997 年被任命为公司副总裁；2000 年加入路易达孚——艾仑宝棉花公司的母公司；目前负责大中华区的全部业务。

自 2006 年底开始逐渐显现的美国次贷危机引发了股市、房市大幅震荡等一系列连锁反应，银行股被抛售导致全球股市备受冲击。为了刺激经济、恢复消费者的信心，美国采取了降息、美元贬值等做法，与此同时却引发了流动性过剩，投机资金肆虐市场等现象的发生，由此投机资金转向原油等较安全

的商品期货领域，生产资料价格持续攀升，全球性的金融震荡日益加剧，从而引发实体经济出现衰退。

2007/2008 年度，国际棉花市场上演了“过山车”行情，这一切都源于美国次贷危机所引发的全球金融市场动荡，目前危机还远未结束，未来的棉花市场走势还存在诸多不确定性。供给方面可以预见的是棉花种植面积呈下降趋势，但从需求的角度来看，实体经济衰退对纺织服装消费造成负面影响尚且难以确定，这取决于经济危机持续的时间以及经济衰退和纺织服装消费减少程度的相关性，就制造国而言，还取决于其竞争优势。

一、2007/2008 年度全球棉花生产情况及特点

2007/2008 年度，全球棉花种植面积明显下降，单产再创新高，总产保持稳定且处于历史高位。据美国农业部（USDA）2008 年 12 月报告预测，2007/2008 年度世界棉花总产量为 2624.4 万吨，较上年度微减 31.7 万吨，连续 4 年超过 2500 万吨，稳定在历史高位；2007/2008 年度全球棉花收获面积为 3319.9 万公顷，较上年度减少 4.3%。从 2005/2006 年度起，植棉面积显现出逐年下滑的趋势。随着原油等能源价格上涨，占棉花种植成本较大部分的化肥价格比 2006/2007 年上涨 50%～100%，棉花的种植成本和现金投入大幅增加导致其在和粮食油料作物的竞争中逐渐丧失优势；2007/2008 年度，全球棉花单产再创新高，达到 790 公斤/公顷，比上年度增加 25 公斤/公顷，增幅达 3.3%，这主要是得益于棉种改良和种植技术的提高。

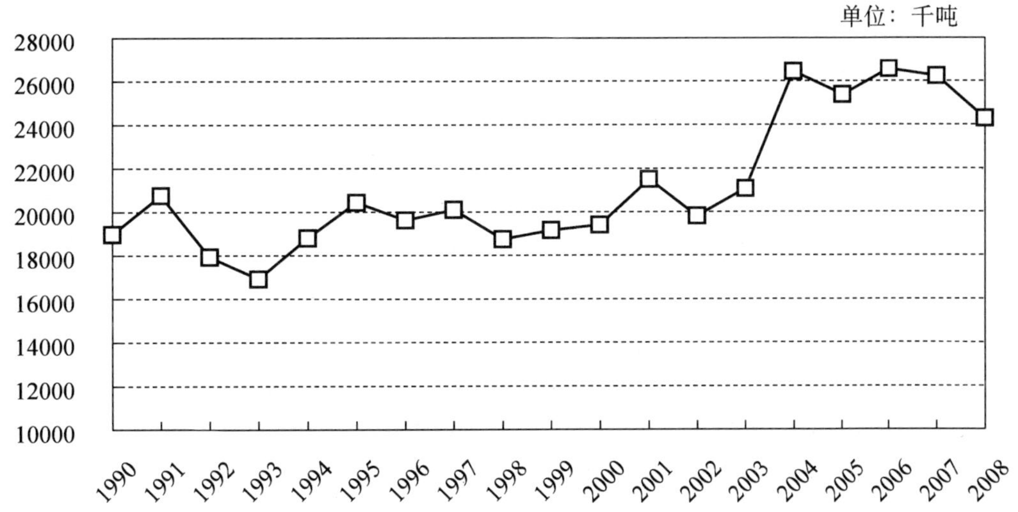

图 3－25　1990－2008 年全球棉花产量

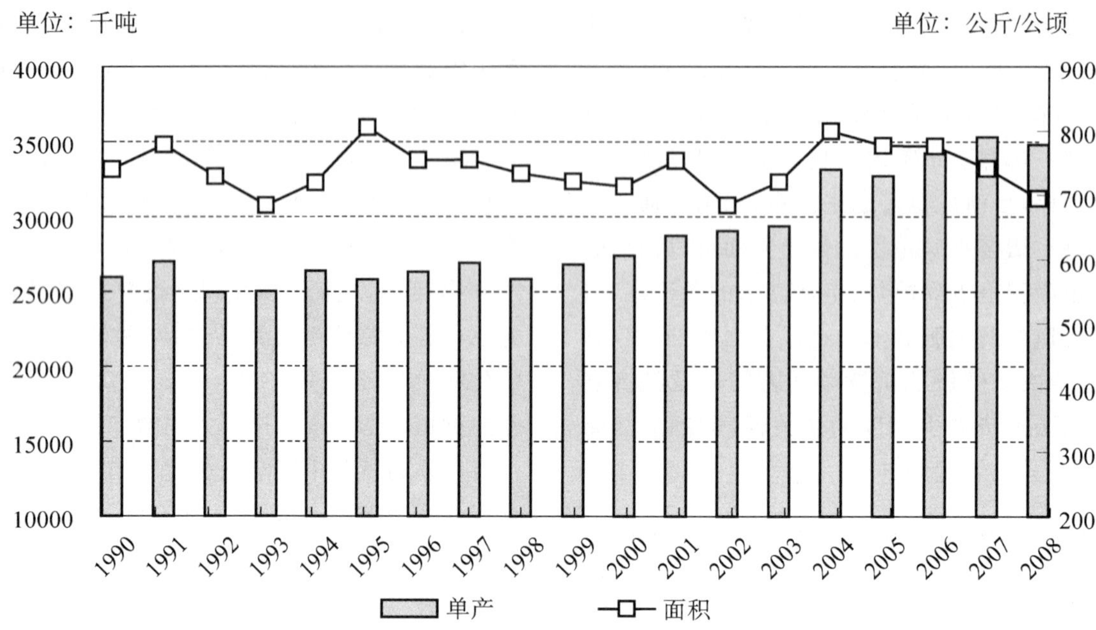

图 3－26　1990－2008 年全球植棉面积和单产

2007/2008 年度分国别棉花生产情况简述：

1. 中国：棉花产量创新高，USDA 确认中国产量被低估

据美国农业部（USDA）2008 年 12 月报告预测，2007/2008 年度中国棉花产量为 805.6 万吨，创历史新高，比上年度增加 32.7 万吨；种植面积为 620 万公顷，同比增加 3.3%，创自 1993 年以来新高；单产为 1299 公斤/公顷，同比微增 0.8%。

在 2007 年 9 月底召开的全国棉花工作电视电话会议上，国家发展改革委根据新疆铁路装运量重新评估了棉花产量，2006 年的实际产量达到 774 万吨，较国家统计局的数据高近 101 万吨。美国农业部（USDA）接受了新疆产量低估的说法，并在 2007 年 10 月份全球产销存预测中调增了中国 2002/2003 年度至 2007/2008 年度的产量和期末库存，将 2006/2007 年度产量从 670 万吨调整到 773 万吨。

2. 美国：大豆、玉米等农作物争地，植棉面积萎缩

2007/2008 年度，美国棉花产量达 418 万吨，比上年度减少 52 万吨，减幅 11.1%；植棉面积达 424.5 万公顷，同比下降 17.6%，美国棉花种植面积连续两年大幅下滑，降至 1990 年以来的最低水平，预期这种状况还将延续，导致面积下降的主要原因是美国生物能源需求的大幅增加刺激了大豆、玉米等棉花竞争作物的需求；2007/2008 年度，美国气候适宜棉花生长，单产创新高，达到 985 公斤/公顷，同比增加 8%。

3. 印度：成为全球第二大的棉花生产、消费和出口国

2007/2008 年度，印度棉花产量为 535.6 万吨，同比增长 12.9%，巩固了其全球第二大产棉国的地位；植棉面积达 955 万公顷，同比增加 4.2%；随着种植技术的进步和品种改良，印度棉花单产不断提高，2007/2008 年度达 561 公斤/公顷，同比提高 8.3%，连续两年超过 8%的增长率。

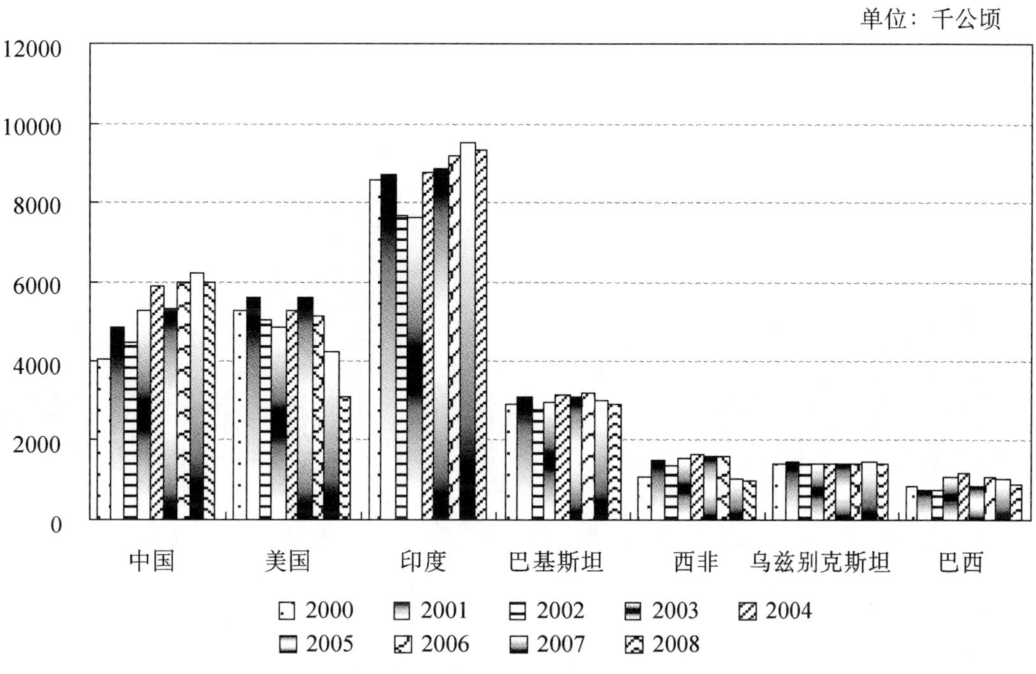

图 3－27　2000－2008 年各国家和地区棉花种植面积

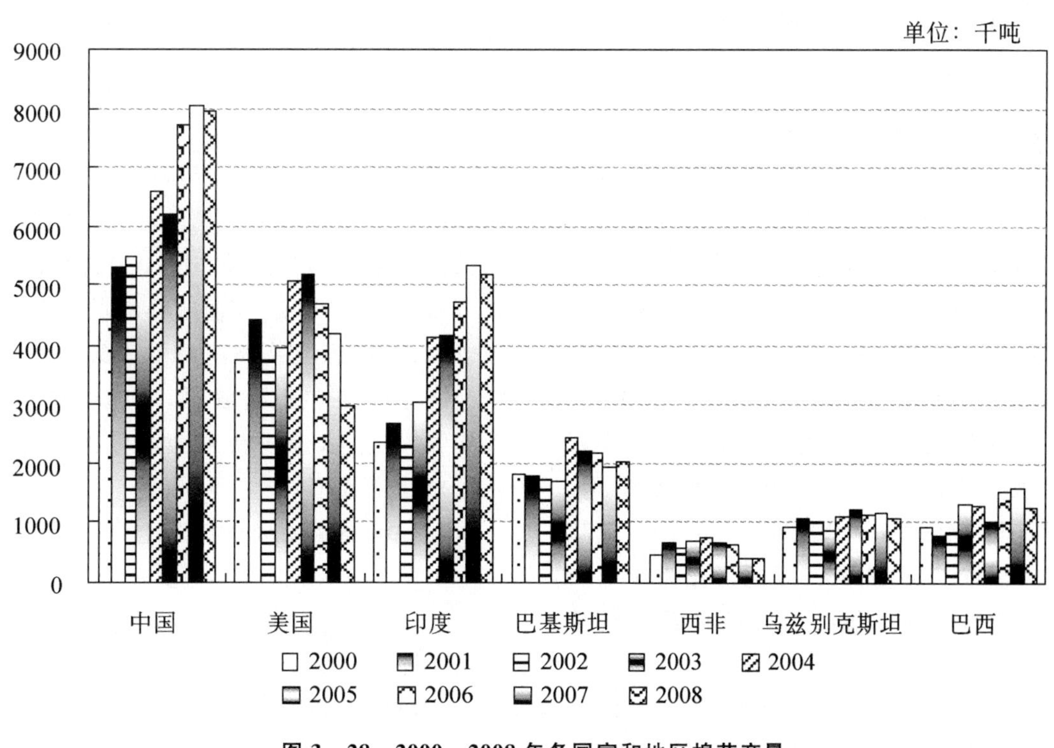

图 3－28　2000－2008 年各国家和地区棉花产量

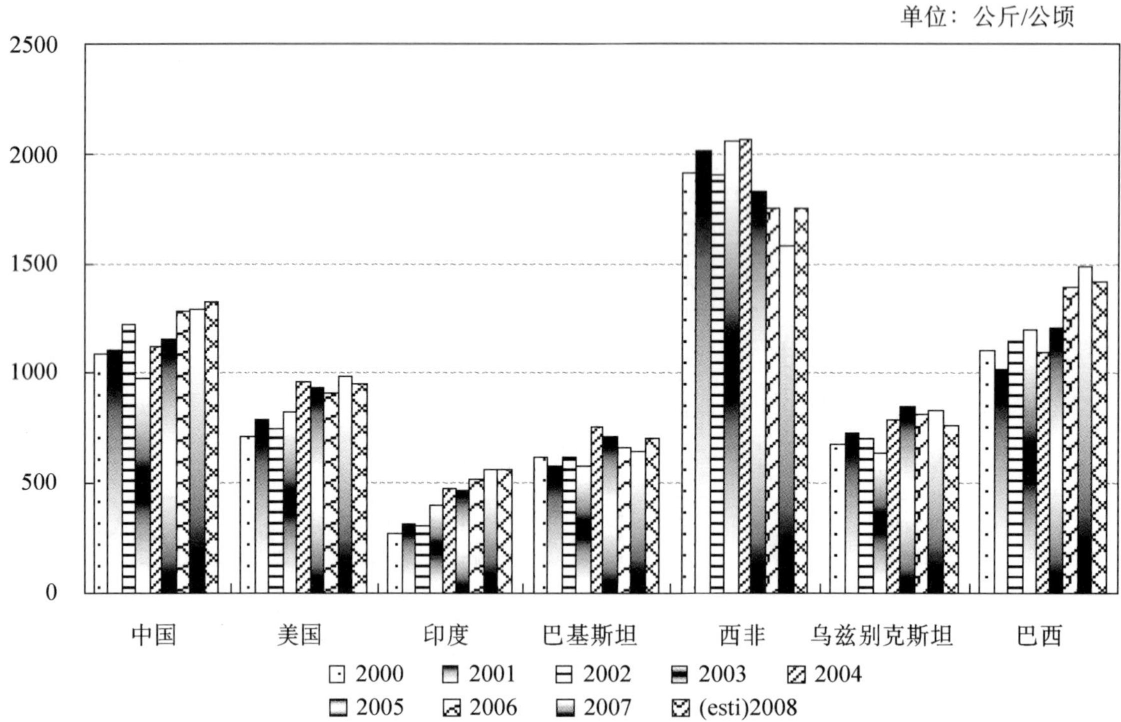

图 3－29　2000－2008 年各国家和地区棉花单产

二、2007/2008 年度全球棉花消费情况及特点

2007/2008 年度，全球棉花消费结束了近 3 年的快速增长，进入停滞状态。据美国农业部 2008 年 12 月报告预测，2007/2008 年度全球纺织用棉量为 2686.5 万吨，比上年略减 1.2 万吨。次贷危机所引发的金融危机使得欧美发达国家经济停滞甚至陷入衰退，新兴经济体如中国、印度等国经济增速有所放缓，这直接影响了纺织品的消费。

1. 全球纺织品的生产和消费地区差异明显

全球纺织品和服装的生产地和出口国主要来自亚洲和其他发展中国家，2007/2008 年度，仅中国、印度和巴基斯坦 3 国的纺织用棉量占全球的比重就达到了 67%，这与 1980 年 36.1%的份额相比增加了近一倍，劳动力等成本优势将使这种趋势延续下去。

全球纺织品和服装的消费地和进口国却是由美国、欧盟和日本等发达国家主导的，据联合国粮农组织（FAO）2006 年的调查结果，仅占 20%的全球人口的发达国家消费了全球 50%的棉纺织品。

2. 全球纺织品消费结构发生变化

发达国家对纺织品的消费趋于饱和，美国 2004 年人均棉花消费量为 16.1 公斤，仅比 2000 年增长 1.8%，与 2003 年持平。发展中国家则表现为人均消费基数低，潜力巨大，中国 2005 年人均棉消费量为 3.2 公斤，比 2000 年增长 39%。由此可以预见，随着欧美金融形势的恶化，信贷消费难以为继，纺织服装类消费支出减少不可避免；虽然经济增速还在不断放缓，但随着城市化加快和人均收入增加，一些新兴经济体的棉花消费量应该保持稳定或增长。

3. 主要国家消费情况

中国　2007/2008 年度中国纺织用棉量为 1132.2 万吨，同比增长 4%，这是自 1999 年以来的最低增幅，除 2003 年因“非典”消费增幅仅为 6.9%外，中国棉花消费一直保持两位数的增长。2007/2008 年度，我国纺织品服装出口额累计为 1811.64 亿美元，同比增加 195.39 亿美元，增幅 12.09%，但如果以人民币折算，近10%的升值幅度却几乎抵消了出口额的增长。

2007/2008年度，中国纺织业发展遇到前所未有的困难，大量纺织企业的经营和财务陷入困境，产品销售不畅，流动资金枯竭，工厂不得不降低开工率甚至停产，导致纺织企业身陷困境的因素主要有：

(1)信贷危机。国家为了控制通胀和经济过热实行从紧的货币政策，2007年央行6次加息并上调存款准备金率。纺织业被列为限制发展行业，众多企业的现金流出现问题。

(2)国内要素成本增加和外部环境恶化。通胀导致原材料、劳动力和电力等生产资料成本上升，纺织品服装出口退税率下调进一步增加企业负担，欧美国家和地区消费萎缩，人民币加速升值导致中国纺织品服装竞争优势减弱，出口严重受阻。

(3)内需拉动棉花消费增长。棉花消费同城市化水平和人均可支配收入有着较高的相关性，我国经济的较快发展促进了城市化水平和人均可支配收入的提高，考虑到我国人均棉花消费量较低的基数，强大的内需保证了2007/2008年棉花消费量的增长。

美国　2008年8月，美国服装和纺织品进口总额为89亿美元，同比下降7.4%，是过去6年来的第二大降幅，此前最大降幅出现在2008年3月，降幅达10.5%。2008年1—8月，美国服装和纺织品进口额同比下降3.7%，进口量同比下降5.2%。在进口国中，2007/2008年度，市场份额按进口量排名为：中国40.7%(+1.8%)、巴基斯坦5.7%(—0.4%)、印度5.3%(+0.2%)；按进口额排名为：中国33.8%(+1.2%)、印度5.4%(+0.2%)、巴基斯坦3.2%(—0.1%)，从这组数据中可以看出中国纺织品服装的竞争优势明显。

印度和巴基斯坦　2007/2008年度，印度纺织用棉量达398.4万吨，同比增长1.1%；巴基斯坦纺织用棉量达270万吨，同比减少0.8%。在全球消费低迷的背景下，中国纺织品出口的主要竞争对手印度和巴基斯坦没有太好的表现。

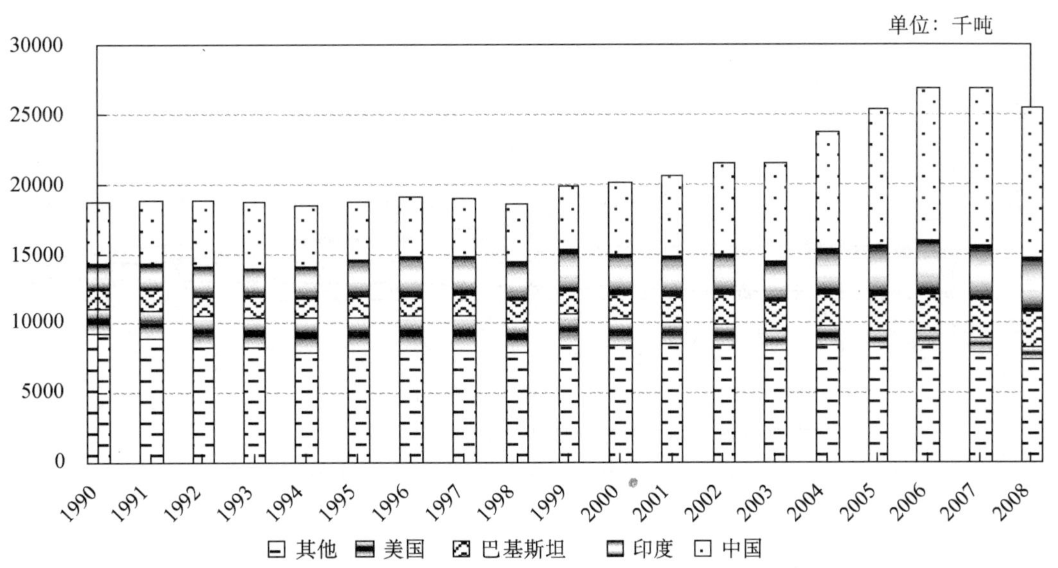

图3—30　1990—2008年全球棉花消费量

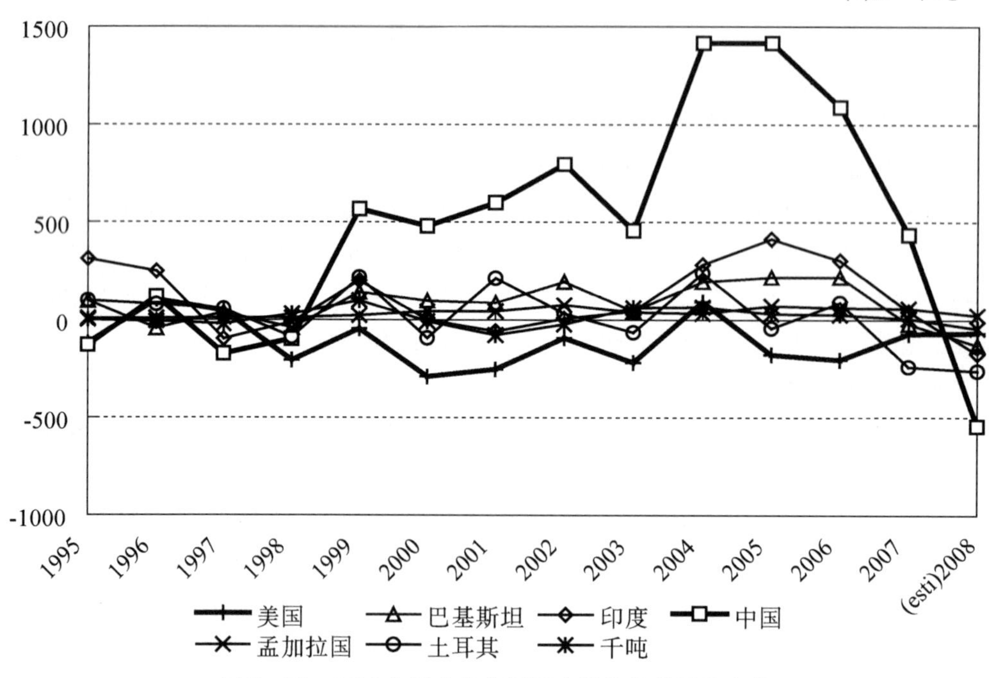

图 3－31　1995 年以来各主要国家棉花消费量的变化

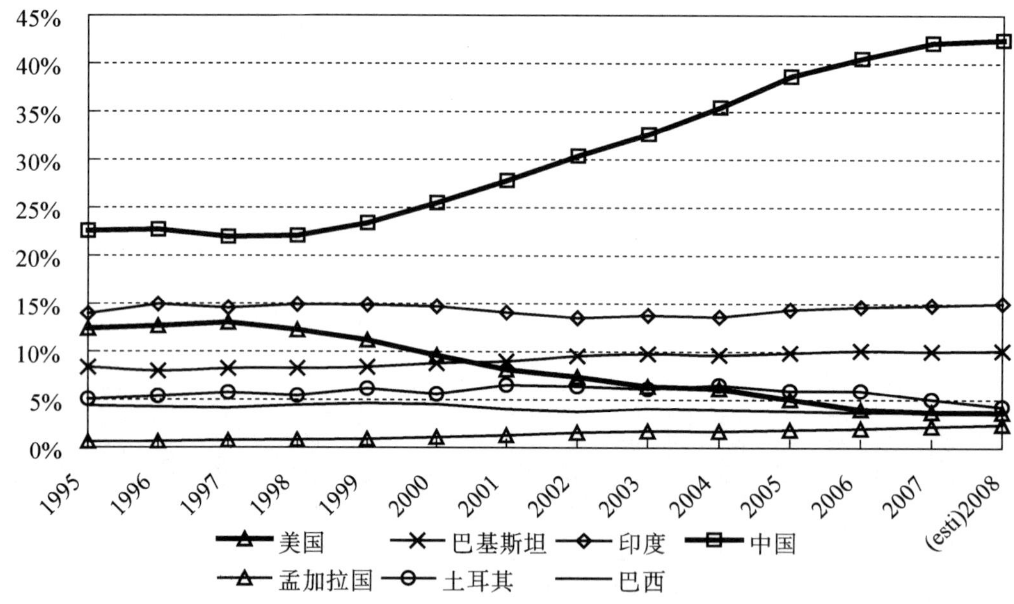

图 3－32　1995 年以来各国棉花消费量占全球的比重

三、2007/2008 年度全球棉花价格运行情况及特点

2007/2008 年度，棉花价格的特点表现为期市火爆、现货低迷。纽约棉花期货价格脱离了近三年以来 45－55 美分的窄幅震荡区间，上演了一拨暴涨暴跌的“过山车”行情。

1. 上涨阶段，2007 年 8 月到 2008 年 3 月上旬

2007 年 8 月，次贷危机持续升级，美联储为了提振市场信心而连续大幅降息，美元贬值，股市震荡，资金流动性过剩，以原油和谷物为代表的大宗商品期货成了最好的选择。与以往不同的是，越来越

多的投资主体参与到期货市场中来，套保基金大量介入导致传统的贸易格局发生彻底变化。

基金大举入市，棉价持续上涨。纽约棉花期货在2007年7月初成功站上60美分/磅，2008年2月中旬突破70美分/磅之后便一路上扬，3月5日，5月合约达到最高价89美分/磅。基金的巨量投机交易导致传统的贸易格局发生彻底变化，期货市场成为资金的博弈场所，而资金规模小的棉商处于明显劣势。套期保值现货贸易商因期货大幅震荡需要追加保证金的数额巨大而被迫买回之前的空头套保部位，最终损失惨重。当期货价格异常波动时，纽约期货的交易保证金以期权计算出的合成价格(Synthetic Price)为结算依据，这相当于将保证金比例增加数倍。与此同时，郑棉期货几乎复制了美盘的走势，投机资金疯狂做多，郑棉5月合约从2007年8月的14870元/吨上涨到2008年3月4日的15950元/吨。

与之形成鲜明对比的是棉花现货市场低迷，纺织品出口不畅，国内纺织企业纱线销售困难，央行紧缩银根政策导致资金紧张，棉商和轧花厂缺少资金交易，纺织厂随用随买，虽然籽棉价格增加，但棉副产品(如棉油、棉籽、短绒)价格的上涨抵消了皮棉的成本压力，现货价格始终在13500－13900元/吨的区间窄幅调整。

2. 冲高回落，窄幅震荡，2008年3月下旬到6月底

NYMEX原油期货从2007年8月的70美元/桶上涨到2008年7月中旬的150美元/桶。伴随着油价攀升，化肥作为农作物种植成本的主要部分，价格增长了近2倍；生物能源化导致大豆、玉米需求猛增，粮食供应减少，引发了全球粮食危机；运输费用也大幅上涨。通过这三个方面，原油价格上涨带动农产品价格大幅上涨。但是棉花却没有跟随其他商品上涨，纽约棉花期货12月合约价格仅在75－85美分徘徊，国际棉花的中国到港价在75－80美分窄幅波动，国内棉花现货稳定在13800－13900元/吨。虽然基金做多，但不断增加的期货登记库存和缺乏基本面的支撑限制了棉花跟随其他商品期货品种上涨的空间。

美棉价格缺乏竞争力、出口装运受阻使得纽约期货登记库存不断增加，从2008年2月中旬的50万包，到7月底170万包约37万吨，创下自2001年以来的最大库存。市场上巨量的登记库存给棉花价格带来下跌压力。

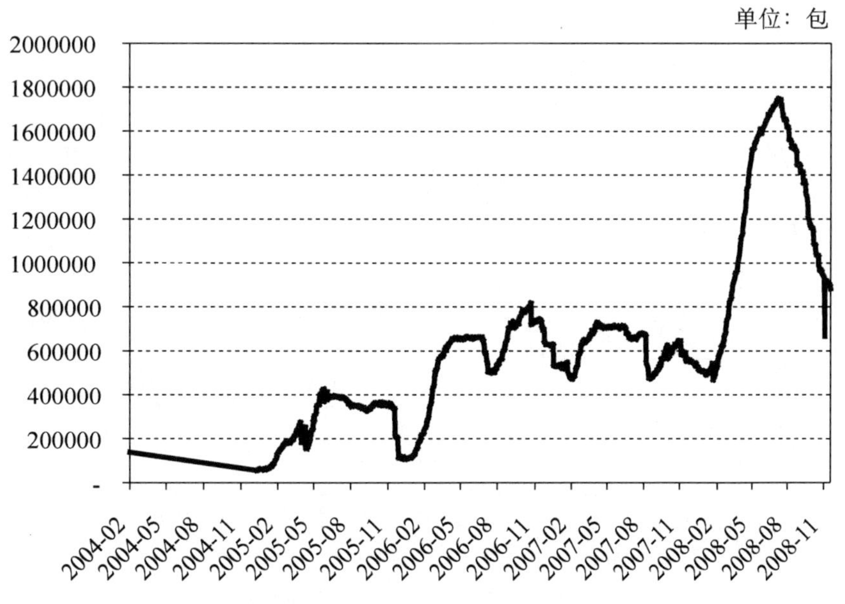

图3－33　2004－2008年纽约期货登记仓单量

随着能源价格的上涨，中国2008年2月的CPI同比上涨8.7%，创12年来新高，通货膨胀的风险加剧，国家加强了从紧的货币政策，这导致纺织企业的生产成本大幅攀升，同时作为限制类发展行业得不到资金支持，纺织企业处境艰难。150万吨关税外进口棉配额于3月底发放，但进口棉在价格上毫无优势，国内纺织企业多是迫于信贷紧缩，通过远期信用证采购外棉来缓解现金流压力。2008年5月28日，中国宣布在6月5日—10月5日对棉花进口采取临时滑准税政策，税率由5—40%调整到3—40%。进口税率的下调为纺织厂降低成本和采购高等级棉提供了有利时机，但同时也增加了国内库存棉花、尤其是新疆棉的销售压力。

3. 加速下跌，2008年7月初持续至今

全球多数股市走熊，商品期货看多情绪退却，一些投资机构认为CRB指数已经达到峰值，7月初基金开始从商品市场大量撤出，商品期货价格纷纷大幅下跌。与此同时，美元开始走强，这给以美元计价的商品带来了显著的负面影响。9月中旬，次贷危机迅速恶化，美国第四大投资银行雷曼兄弟申请破产保护引发华尔街金融风暴，第三大投资银行美林证券公司被美国银行收购，而高盛和摩根士丹利已被批准从投行转型为传统的银行控股公司。金融危机在欧美蔓延并影响到实体经济，全球GDP增速连续两个季度下滑，经济衰退已经到来，这加速了商品期货的下跌。

中国上证指数从2007年10月中旬的6100点，跌至2008年11月初的1700点，市值蒸发了70%。美国道琼工业指数从2007年10月中旬的14000点跌至2008年11月中旬的7500点，下跌近50%。2008年12月初，NYMEX2月原油期货跌破50美元。11月11日，纽约棉花期货12月合约跌破40美分/磅的心理价位，相对6月底的82美分/磅跌去了一半，中国棉花现货价格从6月底的13900元/吨降到了11月中旬的10000元/吨。

据中国国家发展改革委于2008年6月初对棉花出疆车皮数和疆内库存的统计发现，新疆棉存量之大超出市场预期，6月13日出台了新疆棉出疆移库补贴政策，对出疆棉移库每吨给予400元补贴。由此内地棉花供应量大增，棉花现货价格大幅下跌。为了缓解国内棉花库存压力，8月19日国家相关部门公布了收储15万吨2007/2008年度新疆棉的计划，最高价为每吨13400元(新疆库点)和13600元(内地库点)。但是受全球性金融危机引发的需求萎缩和信贷困难的影响，中国纺织企业面临的困难越来越大，出口订单锐减，产成品库存积压，企业限产甚至停产的现象日趋严重。在需求减少的情况下，还面临新年度棉花供应充足的压力，棉花现货价格跌势不止。

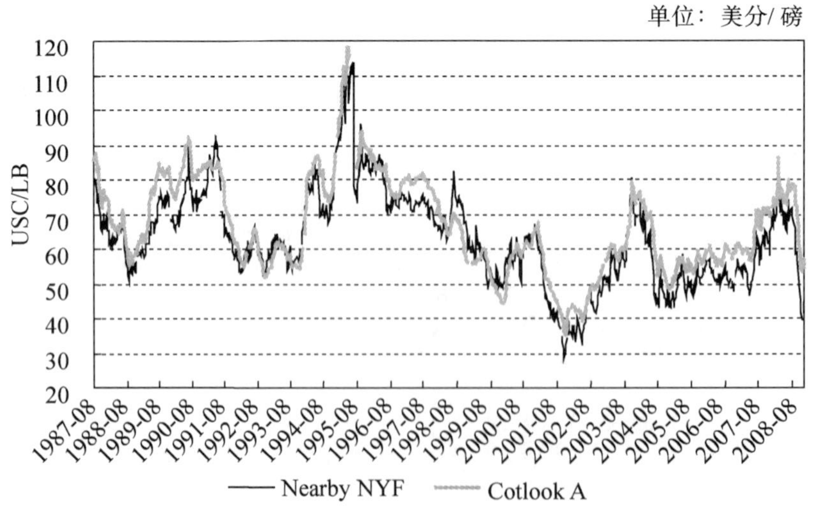

图3—34 1987—2008年以来世界棉花价格走势

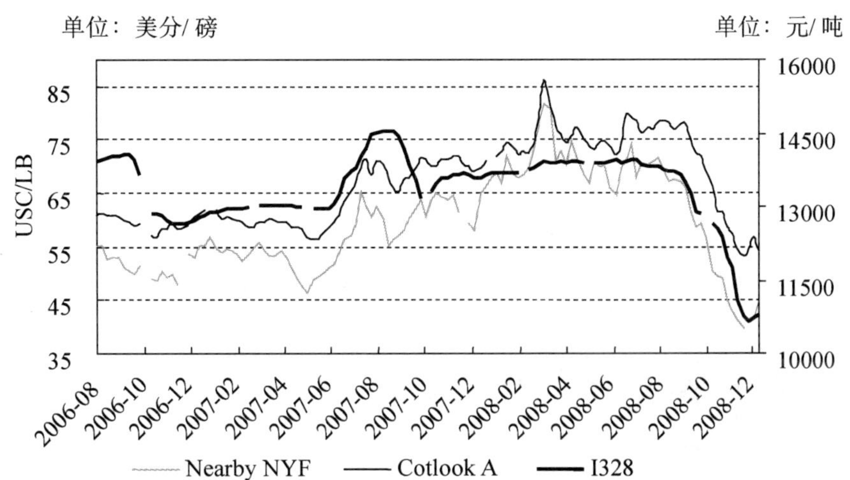

图 3－35 2006/2007 年度以来国内 328 级棉花价格、Cotlook A 和纽约期货价格比较

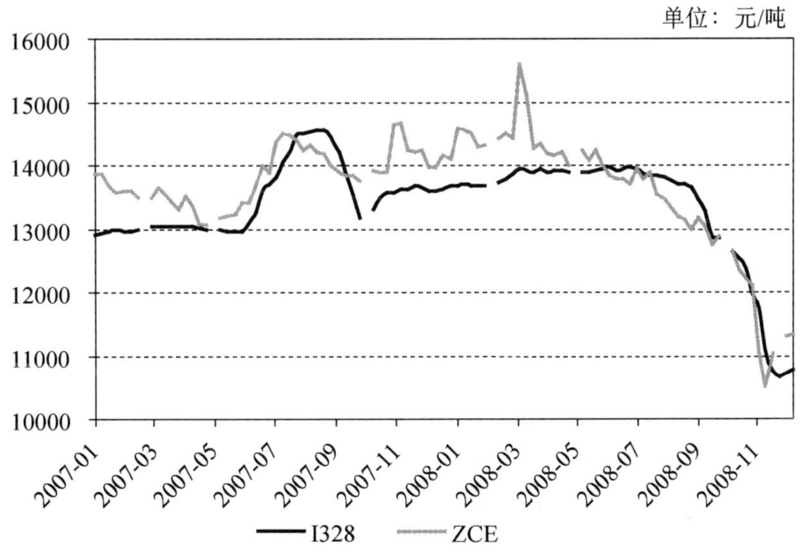

图 3－36 2007 年以来国内 328 级棉花价格与郑交所棉花期货价格比较

四、影响 2007/2008 年度全球棉花价格的深层次因素

有意思的是，近两年 USDA 的预测总是以面积减少、消费需求增加、产销缺口变大为开始，最终却以供求紧张消退为结束，美国 2007/2008 年度期末库存更创下近 40 年以来的新高。

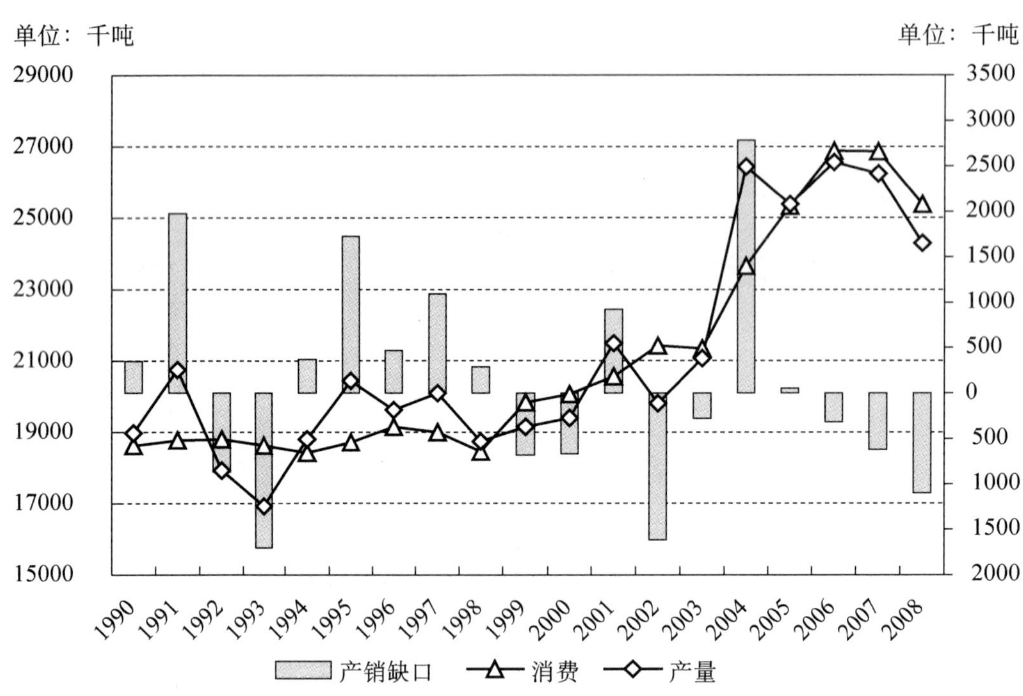

图 3－37　1990－2008 年全球棉花产量和消费量

1. 从 2007/2008 年度供求基本面变化来看，持续看空

从美国农业部的月度供求报告数据变化来看，随着时间的推移，2007/2008 年度持续看空；2008 年 7 月的预测数据跟 2007 年 6 月时相比，2007/2008 年度中国和美国的期末库存总和比年初的预测共多出 163 万吨，中国增加了 87 万吨，美国增加了 76 万吨。这些调整主要原因是中国棉花产量的重新估计，2007/2008 年度末的估计比年初多 105 万吨。

表 3－23　2007/2008 年度美国和中国棉花产销存月度变化

单位：万吨

美　　国	产　　量	国内消费	出　　口	期末库存	库存消费比
2007 年 6 月	409.3	95.8	381.0	145.9	0.31
2007 年 7 月	381.0	95.8	370.1	128.5	0.28
2007 年 9 月	387.8	100.2	363.6	135.0	0.29
2007 年 11 月	410.6	100.2	352.7	165.5	0.37
2008 年 1 月	414.3	100.2	348.4	172.0	0.38
2008 年 3 月	414.3	100.2	315.7	204.7	0.49
2008 年 5 月	418.2	100.2	309.2	215.5	0.53
2008 年 7 月	418.2	100.2	302.6	222.1	0.55

单位：万吨

中　　国	产　　量	国内消费	进　　口	期末库存	库存消费比
2007年6月	674.9	1175.7	370.1	316.6	0.27
2007年7月	707.6	1175.7	359.2	316.6	0.27
2007年9月	707.6	1164.8	326.6	299.6	0.26
2007年11月	772.9	1197.5	315.7	373.6	0.31
2008年1月	751.1	1197.5	304.8	340.5	0.28
2008年3月	762.0	1153.9	272.2	362.3	0.31
2008年5月	779.5	1153.9	261.3	386.7	0.33
2008年7月	779.5	1143.1	266.7	403.0	0.35

数据来源：美国农业部。

2. 从期末库存绝对量上来说，全球棉花库存维持在历史高位；从期末库存与需求比例上来说，全球供需平衡

在全球最大进口国中国与其他国家的对比中不难看出，中国近三年来期末库存一直在减少，且库存消费比有持续下降的趋势，库存偏紧。其他国家的期末库存则保持稳定，且库存消费比有持续增加的趋势，供大于求。

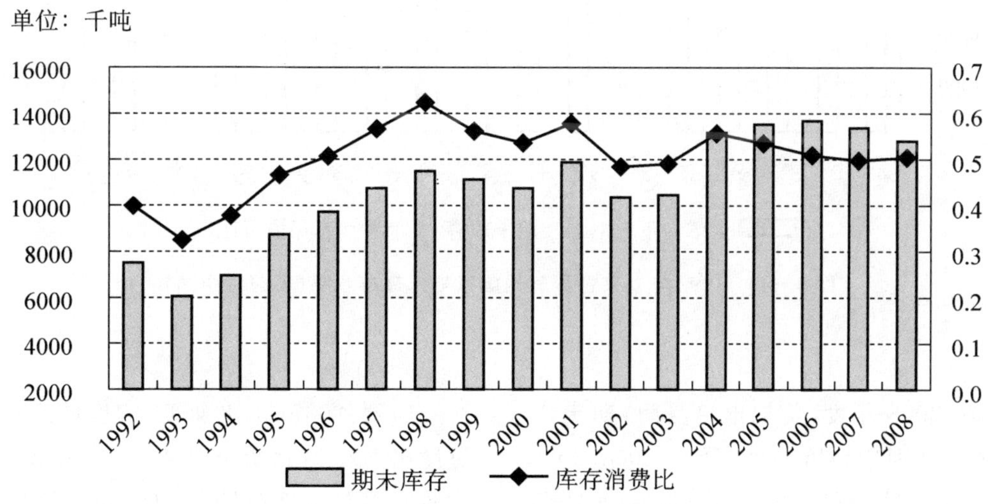

图 3－38　1992 年以来全球棉花期末库存水平

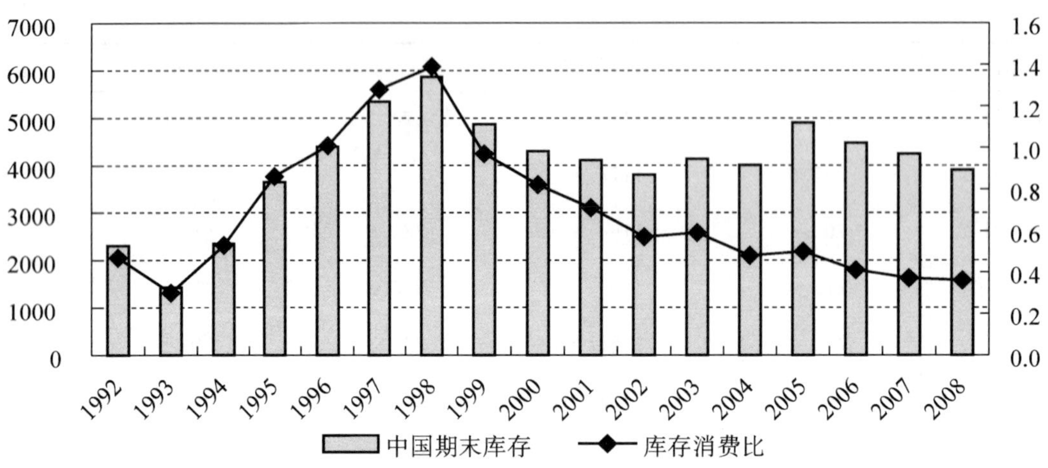

图 3－39　1992 年以来中国期末库存水平

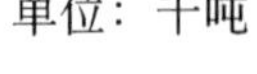

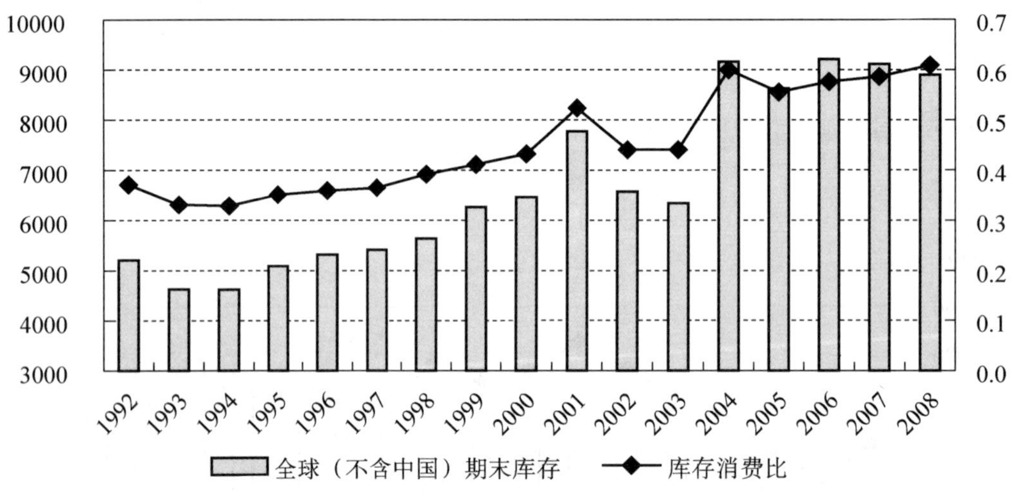

图 3－40　1992 年以来世界其他国家期末库存水平(不包括中国)

美国：2007/2008 年度，美棉出口受阻，期末库存和库存消费比分别达到历史最高位。2008/2009 年度，由于产量大幅减少和乐观的出口预期，美国期末库存有所回调。

印度：2007/2008 年度，印度的库存消费比由于过度出口而达到历史低点。2008/2009 年度，受印度政府出台最低收购保护价和限制出口政策的影响，预计期末库存和库存消费比会恢复较高水平。

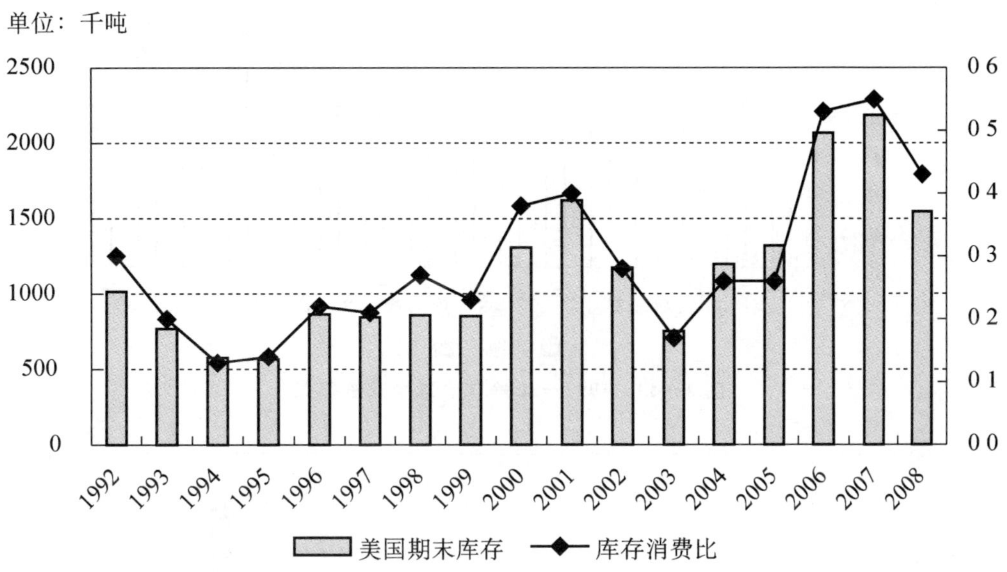

图 3－41 1992 年以来美国期末库存水平

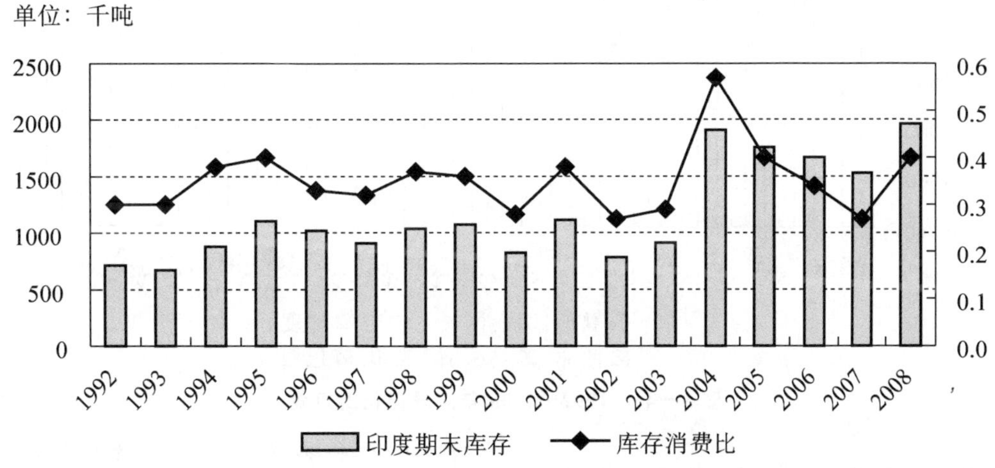

图 3－42 1992 年以来印度期末库存水平

3. 出口市场竞争激烈

进口棉之间市场份额发生变化。进口棉中，印度棉比重提高，美棉比重降低。2007/2008 年度，在中国进口棉的比例中，印度棉占 32.9%，较上年度增加 10.2%，而美棉的比例为 41.1%，较上年度下降 1.2%。

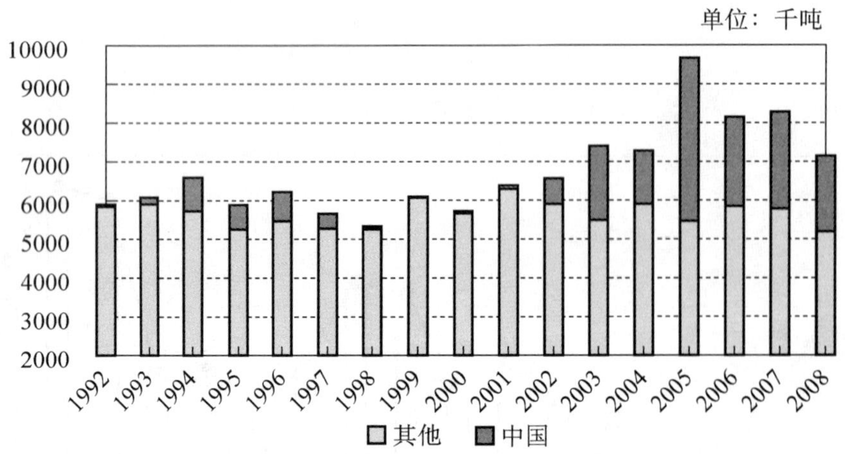

图 3－43　1992－2008 年全球棉花进口量

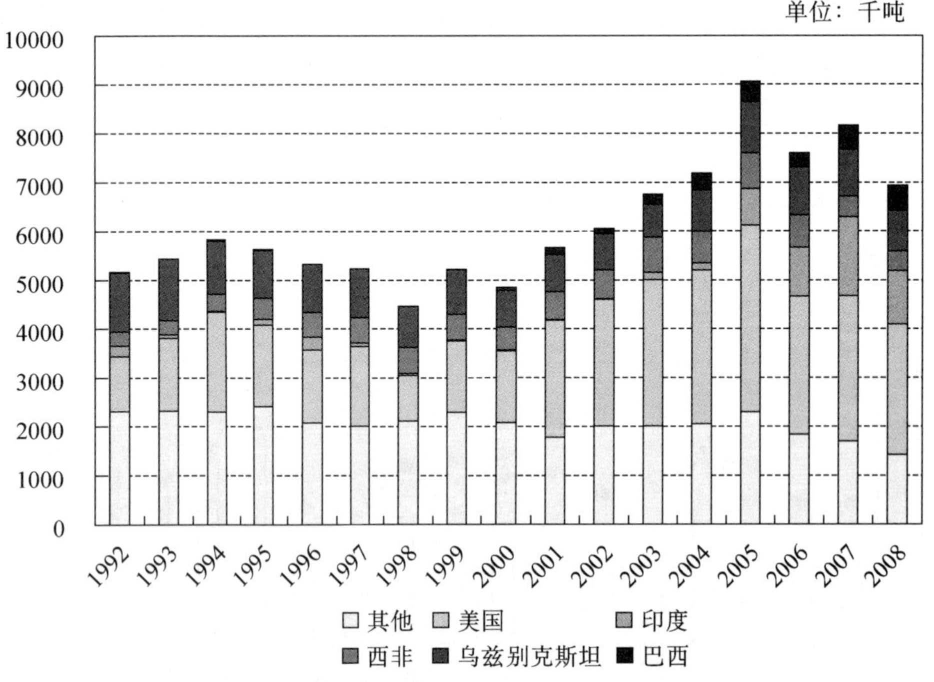

图 3－44　1992－2008 年全球棉花出口量

五、新年度全球棉花市场将出现的新特点

1. 2008/2009 年度，面积下降明显，全球棉花产量创近 5 年新低

据美国农业部 2008 年 12 月报告预测，2008/2009 年度全球棉花总产量为 2428.9 万吨，较上年度减少 195.5 万吨，减幅 7.5%，这是近 5 个年度以来的最低产量。2008/2009 年度全球棉花收获面积为 3119 万公顷，较上年度减幅 6.1%，粮食和油料作物价格的暴涨使得各个国家的棉花面积不同程度的减少，面积萎缩是导致产量减少的最主要原因。从 2007/2008 年度开始，美国减少棉花而改种玉米、大豆的趋势明显，2007/2008 年度美国棉花种植面积同比下降 18%，2008/2009 年度预计将下降 26%。2008/2009 年度，全球棉花单产预计为 779 公斤/公顷，较上年度减少 1.5%，继续保持在较高水平。

2. 2008/2009 年度的全球棉花消费萎缩不可避免，降幅多大与何时能恢复是个未知数

据美国农业部 2008 年 12 月报告预测，2008/

2009 年度全球纺织用棉量的减幅为 5.5%，是自 1980 年以来的最大降幅。自 2008 年 7 月以来，美国农业部连续 6 个月在月度供需报告中调减 2008/2009 年度全球棉花消费量，估计从 6 月份 2768.5 万吨的增 3.1%一路下调到 12 月份 2538.5 万吨的减 5.5%，其间消费量的预测数总共减少了 230 万吨，并以 11 月和 12 月两月的调整幅度最大，分别减少 64.9 万吨和 59.6 万吨，这与次贷危机引发的金融危机有关。

纺织品消费量和经济形势有关，但本轮经济衰退对棉花消费的影响尚难以估计。从历史数据来看，历次经济衰退对全球棉花消费的影响都没有超过 3%，而且都在下一年度得到恢复，如美国在经济衰退的 1981/1982、1990/1991 和 2000/2001 三个年度中，全球棉花消费量的变化分别是同比下降 2.8%、1.6%和增加 2.5%；1998/1999 年度的亚洲金融危机导致全球棉花消费量同比减少 2.9%。

3. 国家的宏观调控政策将左右棉花价格

2008/2009 年度伊始，受经济恶化的影响，纺织品消费预期大幅减少，纺织品出口受阻，棉花价格暴跌。进入 11 月份以后，棉农惜售新棉，交售进度明显减慢。作为纺织用棉的主要生产国和消费国，中国和印度不约而同地出台政策来稳定市场，保护农民和纺织工业的利益。一方面，支持籽棉价格确保农民收益，稳定棉花面积，保证未来原料供应；一方面，支持纺织工业，保证工人就业，鼓励出口带动经济增长。

(1)中国

一是扶植纺织行业。2008 年 11 月 5 日，国务院常务会议确定了进一步扩大内需、促进经济平稳较快增长的十项措施，财政货币政策双管齐下，准备在 3 年内用 4 万亿投资来拉动经济。2008 年 11 月 26 日，国务院将纺织列为 9 个重点振兴行业之一。2008 年 9 月 16 日—12 月 22 日，央行在三个月内五次下调存贷款基准利率、四次下调存款准备金率。2008 年 8 月 1 日和 2008 年 11 月 1 日连续两次上调纺织品服装出口退税率。

二是保证农民收入。为了防止棉价过度下跌，稳定国内市场，2008 年 10 月 21 日—12 月 22 日，国家三次扩大收储规模，分别发布 22 万吨、100 万吨和 150 万吨收储计划，统一以 12600 元/吨的价格在新疆和内地收储，这在很大程度上提振了国内棉价。

尽管如此，中国棉花消费下降的态势在短期内难以改变，政策效力需要一定时间才能显现出来。不可否认的是，随着国内供需缺口的减少、对外依存度的降低，中国政府有了更多调控的砝码。如果国内棉价一直维持弱势，可能会考虑暂停发放关税外配额，减少棉花进口；当棉花供应趋紧时，可能会考虑放储以平抑价格，支持纺织企业。

(2)印度

由于 2007/2008 年度过度出口，印度期末库存紧张，不得不从其他国家进口。2008 年 7 月 8 日印度政府宣布取消棉花 14%的进口关税和 1%的出口退税，以此平抑棉花价格上涨；7 月 22 日，印度规定棉花出口需在印度纺织委员会登记，以此来控制棉花出口量；9 月 1 日又上调部分纺织品的出口退税率刺激纺织品出口；由于预期到新年度的棉花销售压力，印度政府又于 9 月 25 日大幅提高国内最低支持价格，由印度棉花公司(CCI)负责收购，使印度棉价持续偏高，出口价格也长期坚挺。

4. 金融因素增加棉花市场的不确定性

一是不得不说的信贷危机。主要表现在以下几个方面：

(1)对纺织用棉企业的影响。经济危机严重打击和扰乱了金融体系和实体经济的正常运行，致使大量纺织企业的经营和财务陷入困境，产品销售不畅，流动资金断裂，工厂不得不大面积停产，减少原料采购，处理库存产品。虽然国家出台了一系列帮扶措施，但商业银行仍然不愿意把钱投给经营困难的企业。

(2)增加了交易成本。由于银行不能按时开出信用证，造成装船延期，合同违约的事情频频发生。企业对信用风险的严格控制，使得延期付款合同大大减少，直接影响了贸易量。

(3)对棉花种植面积的影响。与小麦、玉米、大豆等农作物相比，棉花的物质投入较高，在信贷紧张的情况下，美国、巴西等国家多采用集约化种植模式，会迫于资金的限制而不得不减少种植面积。

(4)对消费习惯的影响。经济环境的恶化促使人们增加储蓄，减少信贷消费。对于纺织品服装的消费必然受到影响。

二是汇率的变化。在人民币汇率保持稳定的同时，印度、巴基斯坦、印度尼西亚等中国主要竞争对手的货币汇率却大幅下跌，这无疑削弱了中国纺织品出口的竞争力。各国政府都将会考虑用汇率政策的调整来刺激出口，拉动经济。

5. 中国因素

2008/2009年度，中国产销缺口的缩小、宏观调控措施将主导国内棉花价格的走势，进一步影响全球的棉花贸易。

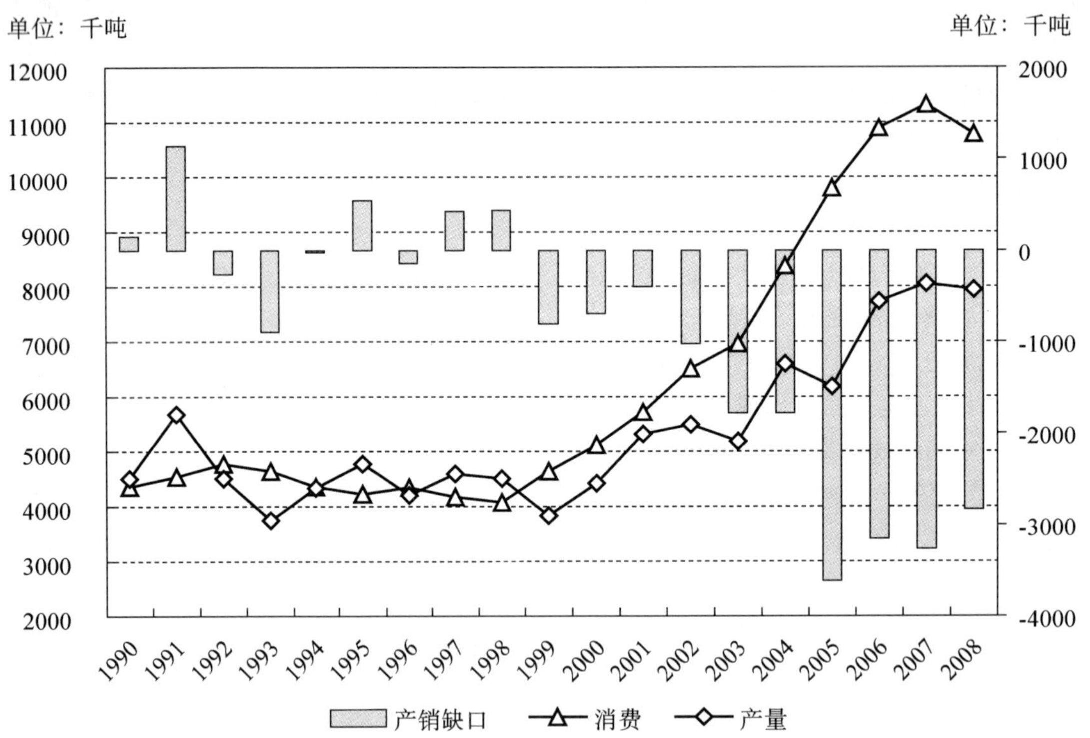

图 3－45　1990－2008 年中国棉花产量和消费量

据美国农业部2008年12月份报告预测，2008/2009年度中国棉花产量为794.7万吨，同比减少1.4%；中国纺织用棉消费量为1077.7万吨，同比减少4.8%；产销缺口为283万吨，较上年度缩小43.5万吨；进口量为196万吨，较上年度减少55.1万吨；期末库存为390.4万吨，较上年度减少34.3万吨；库存消费比36%，较上年度继续趋紧。2008/2009年度的中国棉花市场尚存在以下不确定因素：

(1)中国纺织用棉量的真实性惹争议。一方面是民间传言的大面积停工停产，一方面是官方统计的纱产量纺织品服装出口持续增长，市场缺乏可靠的数据。

(2)纺织企业的生存状况。国家信贷紧缩政策并没有达到产业优化的目的，而是影响到了纺织企业的生存。尽管国家于近期出台了一系列的扶植新政，但最重要的资金支持如何执行还是未知数。

(3)2009年一季度的经济数据将决定棉花消费走势。由于欧美金融危机对中国纺织品出口订单的影响会有3－6个月的时滞，2009年一季度经济危机对消费的影响将真正体现出来。

(4)纺织品消费中的内需和出口比重。内需会增长吗？内需的增长能否填补出口的损失？出口会下降吗？中国在全球的竞争优势对出口造成什么影响？这些问题都是我们要面对的。

（5）2009/2010 年度的棉花种植面积。2008/2009 年度新花上市，籽棉销售价格不断下跌，农民的种植收益大幅下降甚至亏损。尽管国家收储托市，但由于只针对 HVI 公检轧花厂，传导的有效性受到限制，农民的种棉积极性受到打击。根据国家棉花市场监测系统 2008 年 11 月的全国棉花种植意向面积调查结果显示，2009/2010 年度中国棉花种植面积有可能同比下降 10－20％。

6. 印度因素

据美国农业部 2008 年 12 月份报告预测，2008/2009 年度，印度棉花产量达 522.5 万吨，同比减少 13 万吨；纺织用棉消费量为 381 万吨，同比减少 16 万吨；出口量 109 万吨，同比减少 52 万吨；期末库存为 196 万吨，同比增加 44 万吨。

2007/2008 年度，在中国进口棉的比例中，印度棉上升至 32.7％，而美棉的比例下降到 41％，印度棉的竞争优势也是 2007/2008 年美盘压力的重要原因之一。受收购保护价和限制出口政策影响，预计 2008/2009 年度印度的出口价格将长期坚挺，出口减少，库存增加。农民在得到价格支持后，棉花种植面积将会保持稳定。但印度政府会一直持有这些库存吗，尤其考虑到下年度的供应压力。当印度政府决定大量出口棉花时，全球棉花价格将会大受影响，贸易格局也会发生变化，印度甚至会取代美国而成为最大的棉花出口国。

2007/2008 年度国际纺织市场回顾与展望

罗伯特·安特夏克

【作者简介】罗伯特·安特夏克（Robert Antoshak），福四通公司 GLOBECOT 部总裁，负责纤维与纺织行业分析及客户咨询服务，历任美国纤维经济局分析师、美国纤维制造商协会国际贸易主管、美国纺织协会国际贸易主管。

2008 年也许标志着一段繁荣期的结束，也许不是。无论是经济方面还是政治方面，高峰和低谷都在 2008 年出现了。我们看到了壮观的北京奥运会，也看到了悲惨的四川大地震和孟买恐怖袭击事件，用变化无常来形容 2008 年是再合适不过的。

提到国际纺织市场，有必要先回顾一下国际棉花市场。在过去的一年里，国际棉花价格的涨跌有时候与一些大事件之间存在着一定的相关性，随着宏观经济和区域政治形势的变化而变化，但有时候却不受周边环境的影响，走出了独立的行情。总之，波动是主旋律。2008 年 ICE 棉花期货价格的涨停次数已创历史新高，跌停就更不用说了。面对如此剧烈的波动，棉商们都被吓坏了。

最后的结果又如何呢？一些长期从事棉花交易的企业离开了棉花市场，而且业界对棉花采购的态度发生了转变。有关生物能源法和基金对棉花及其它农产品价格的影响，足可以写成一本书。简而言之，国际棉价所受到的最直接的冲击来自全球纺织用棉需求的变化，既包括数量方面的变化，也包括质量方面的变化。下面就让我们回顾一下各主要国家纺织行业的发展状况：

一、中国

2008 年，由于出口需求低迷，产业竞争加剧，中国纺织行业经历了重大的结构调整。虽然中国仍是全球最大的纺织品生产国，但它所面临的挑战越来越多。同时，随着国内消费需求的变化，中国纺织企业的生产已受到了一定的影响。目前，中国的棉花进口结构已发生变化，这不仅仅与中国对国内棉花行业的扶植政策有关。从美棉出口的情况看，高等级美棉、特别是得克萨斯州长度在11/8"以上的 FiberMax 棉花出口量呈增长态势（见图 3—46）。

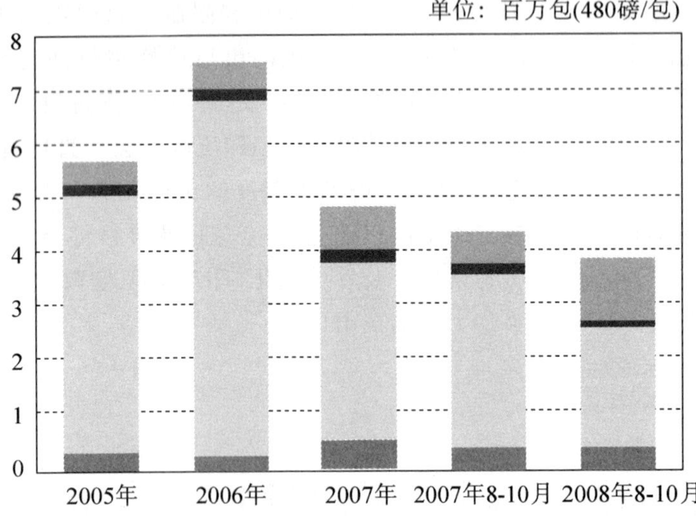

图 3—46　美棉对中国出口结构

中国纺织企业所购买的 FiberMax 棉花正在逐步增多，说明中国纺织企业已意识到提高产品质量和增加产品附加值的重要性。

二、印度

2008 年，印度纺织行业饱受产能过剩之苦。关于印度纺织行业的发展前景，目前有两种观点：一是像中国一样要经历一段时间的结构调整；二是像美国政府救市一样在现有基础上依靠政府的扶植继续发展，但是印度纺织行业的发展前景仍不明朗。从纺织品贸易的角度看，印度出口到美国的纺织品已出现变化。从产品结构来看，在过去 5 年里，纺织品从衬衫等高档产品变为牛仔服装和毛料裤子，而且平均价格持续下跌。从市场份额来看，印度生产的纺织品在美国市场所占份额由 2002 年的第 12 名上升到 2007 年的第 7 名。然而，2008 年，无论是欧洲市场还是美国市场，对印度纺织品和服装的需求都在减少，印度纺织企业已感觉到巨大的压力。

表 3—24　印度对美出口纺织品结构统计

类　　别	2002 年(%)	2007 年(%)
棉制汗衫	1.30	0.43
棉制裤子	4.00	11.01
棉毛衬衫	26.59	14.40
针织衬衫	7.40	14.59
棉制裙子	2.43	2.78
棉制连衣裙	4.00	8.93
棉制外衣	3.35	3.54

数据来源：美国商务部纺织品与服装办公室(表中数据指占印度对美出口纺织品总量的百分比)。

表 3—25　印度对美出口纺织品单价统计

单位：美元/件

类　　别	2002 年	2007 年
棉制汗衫	2.59	8.31
棉制裤子	6.68	5.16
棉毛衬衫	3.79	4.42
针织衬衫	10.08	6.95
棉制裙子	3.94	4.97
棉制连衣裙	1.86	1.95
棉制外衣	2.80	3.23

数据来源：美国商务部纺织品与服装办公室。

三、美国

由于身处金融危机的漩涡之中,美国的纺织品和服装消费量出现萎缩(见图 3－47)。2008 年 1－10 月,美国的纺织品和服装进口量同比减少了 4.5%。此外,许多重要的数据显示,美国经济很难在 2009 年上半年得到恢复。谘商会领先指标在过去的 13 个月里都在下跌,跌幅超过了 2001 年,仅次于 1990/1991 年度,而且还有进一步下跌的迹象。2008 年第四季度,美国 GDP 降幅是 1990/1991 年度以来最大的。种种迹象表明,当前的金融危机是 1981/1982 年度以来最严重的,仅次于大萧条时期。

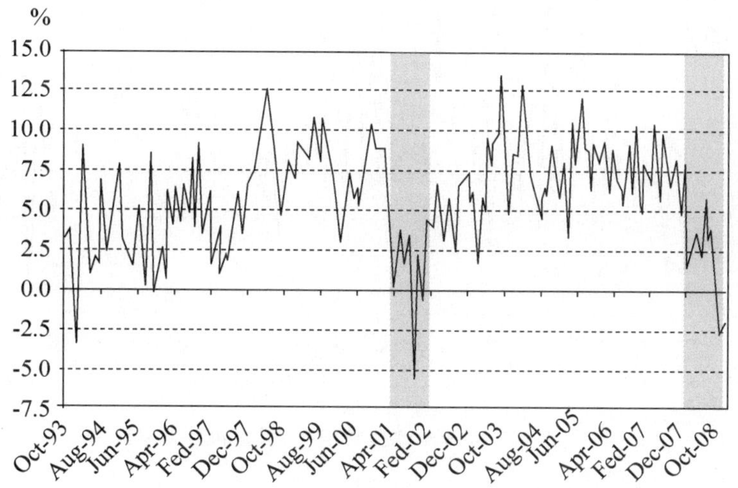

图 3－47 1993－2008 年美国国内服装销售同比变化

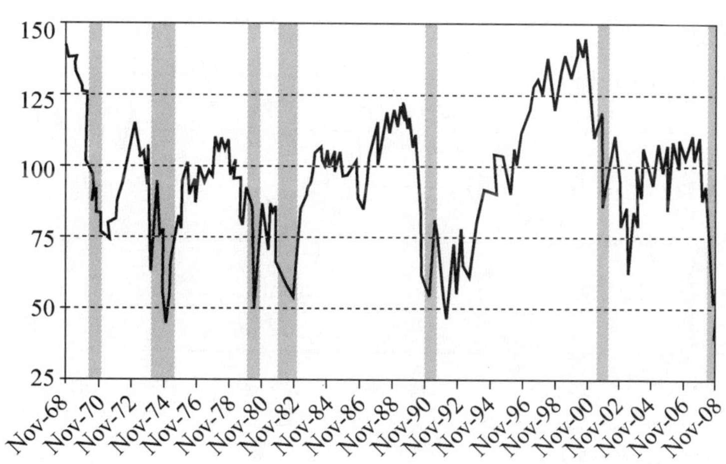

图 3－48 1968－2008 年美国消费者信心指数

四、欧盟

长期占据全球纺织供应链高端市场、备受吹捧的意大利纺织业也在与竞争对手的价格竞争中逐渐败下阵来。纺织技术是许多欧洲制造商长期以来的优势,但现在他们的竞争对手也拥有了世界一流的设备,纺织技术已经成为竞争对手自己的产品。在没有技术优势的情况下,整个欧洲大陆的纺织厂已经开始关门,许多工厂在东欧和北非寻找生机,并且利用特惠贸易协定的优势削弱对手的竞争力。

让欧盟纺织业雪上加霜的是全球金融危机的冲击，欧洲的纺织市场也明显萎缩，经济陷入衰退使欧洲消费者的开支进一步减少，导致欧洲的服装零售业步履蹒跚。2008年，欧洲消费市场依然低迷，消费者信心指数降至历史最低水平，这一切并不让人感到意外。

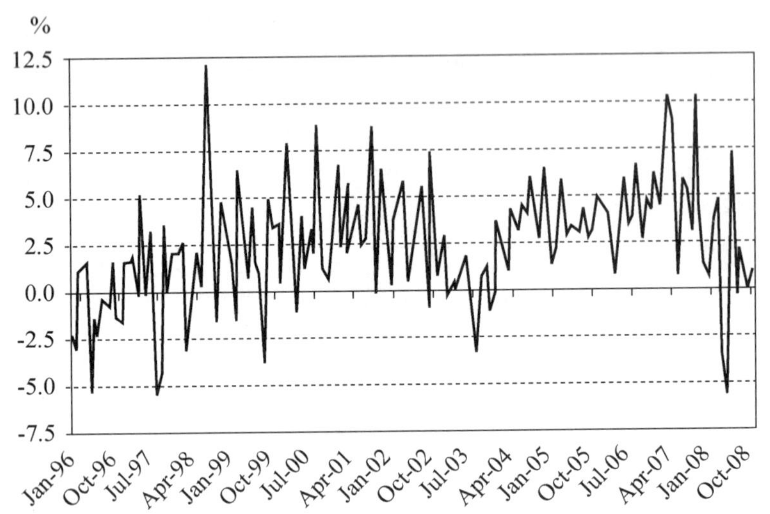

图3－49 1996－2008年欧盟纺织品、服装和鞋类零售变化

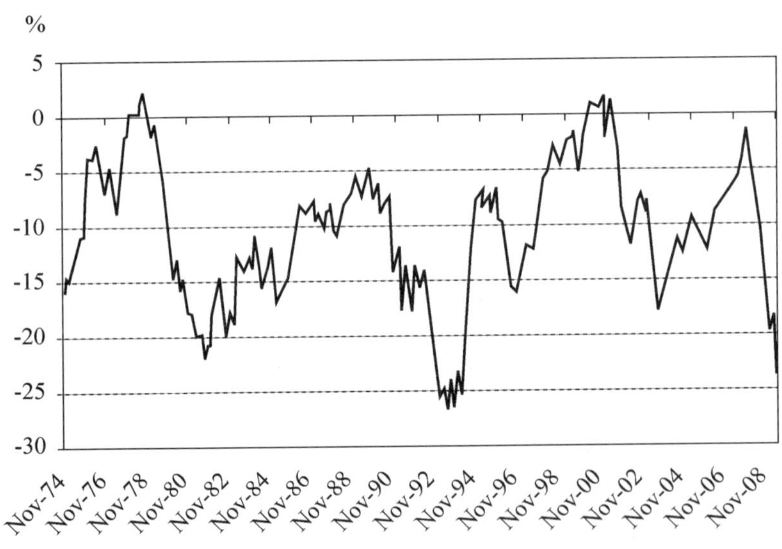

图3－50 1974－2008年欧盟消费者信心指数变化

五、其他地区

多年来，全球纺织业一直饱受产能过剩之苦，2008年也不例外。产能过剩主要体现在近些年美国、欧盟和日本等发达国家的纺织业明显萎缩。现在，一些发展中国家也面临产品需求下降的境况。总的来看，全球纺织产业面临大幅萎缩。

不过，尽管全球纺织品制造商和出口商面临诸多困难，但一些供应商却表现出很强的抗压能力。例如，在中国和印度拼尽全力保持市场地位的同时，越南、孟加拉国和洪都拉斯的纺织品出口却欣欣向荣。2008年10月，美国从中国和印度进口的服装同比分别减少了2.5%和1.0%，但从越南、洪都拉斯和孟加拉国进口的服装分别增长了22%、11.2%和5.0%。

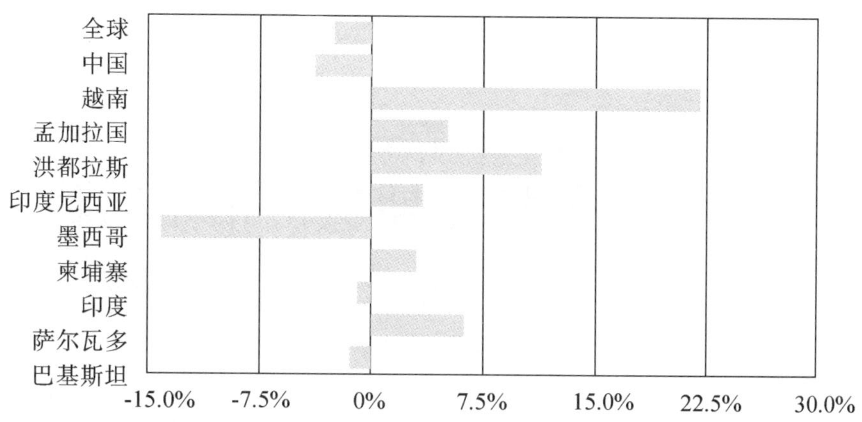

图3－51 2008年10月美国服装进口十大来源地同比变化

纺织业的未来究竟怎样呢？2008年能否成为痛苦的回忆还是像噩梦一样挥之不去？价格的大幅波动是否已经停止？从历史的角度来看，商品价格大幅波动之后往往进入相对平静的时期。交易者可能对价格每时每刻的波动感到厌倦，而一旦交易者获得喘息的机会冷静观察市场，剧烈波动后市场很快会出现平静的氛围。在过去10年最初的时间里，棉花价格在涂料烘干技术的频繁使用下来回振荡，价格可能再现振荡的一幕。不过，这种情况也许不会出现。如果中国的纺织业继续发生巨大变革，这将对中国的棉花消费产生怎样的影响？中国是否会步其他国家的后尘？通过中国和美国的纺织业的对比不难发现，二战后初期美国纺织业兴起承接且弥补了欧洲纺织业的转移，而中国纺织业快速增长的同时美国纺织业也出现了萎缩。

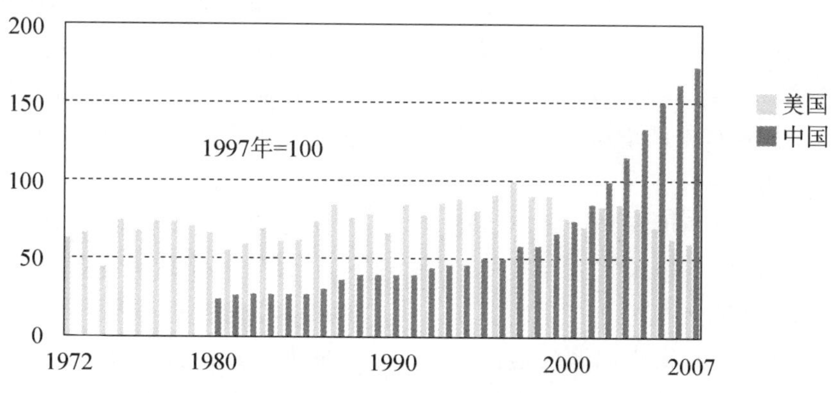

图3－52 1972－2007年中国和美国纺织生产对比

现在，美国纺织业仍活在以往自身的阴影之中，甚至需要政府出手相救。事实上，美国纺织业如今已经开始接受政府的帮助。美国农业部启动的经济调整补助计划(EAA)旨在为美国纺织品制造商提供资金支持，用于增加纺织业的运营资金，具体额度根据 2008 年 8 月 1 日之后纺织厂消费的国内或国外棉花的数量而定。

是什么毁掉了美国纺织业？这里面有美国人自大的原因，也有美国人拒绝变革的缘故。美国人总是认为自己的纺织业能够超过其他任何一个国家，而最终美国只是生产别人不需要的产品。中国纺织业会不会步美国的后尘呢？如果这样，对棉农来说又意味着什么？2008 年的价格波动给全球棉花和纺织业打上了烙印，而这是否预示着一个新的变革即将到来？

2007/2008 年度 ICE 棉花期货价格走势回顾与展望

艾德·乔尼根

【作者简介】艾德·乔尼根(Ed. Jernigan)，福四通亚洲部董事总经理、纽约期货交易所会员及棉花部成员、国际棉花协会成员，从事棉花期货交易近 30 年，每日撰写“乔尼根市场评论”。乔尼根集团是全球知名的棉花期权期货经纪公司，掌控着 ICE 期货交易所 10%—15%的棉花期权和期货交易。

2008 年，ICE 棉花期货在多种因素的影响下经历了史无前例的巨幅振荡，价格触及多年来最高点和最低点。这其中有一些是棉花市场的外部因素，这些因素对许多商品都产生了重要影响，另一些是棉花自身的因素。对此没有丝毫防备的市场参与者——棉农、纺纱厂、下游纺织品生产商、零售商和投资者经历了整整一年的混乱，无数人被几股强大的市场力量随意摆布，而这些市场力量我们早在一年前就已经提醒过市场。展望 2009 年，导致棉花的供给和需求双双下降的互相抵消的全球性因素可能是影响市场心理的关键因素。

在这些因素之中，最主要的因素是全球经济增长明显下降。从历史角度看，一个国家或者某个地区的经济陷入衰退对全球其他地区经济的影响非常有限，因为出口国可以将产品从出现问题的地区转向发展良好的地区。但 2009 年的情况不太一样，亚洲、欧洲和西半球的许多主要经济体的需求都将减弱，美国、欧盟和日本的经济已经陷入衰退，而且衰退期延长的可能性正在增加。由于这些主要经济体出现的问题雷同，因此出口国可供选择的其他出口目的地很少，导致产品竞争加剧和价格下跌。

全球经济增长减慢对包括棉花在内的许多商品都产生了不利影响。美国农业部 2008 年 12 月的全球产需预测认为，2008/2009 年度全球棉花消费量同比减少 680 万包，减幅 5.5%，为历史最大降幅，全球主要用棉地区的棉花消费量均明显减少。在 11 个用棉量最大的国家和地区中有 10 个用棉量出现减少，而这 10 个地区的用棉量占全球用棉总量的 85%。如果未来几个月经济增长继续减慢，那么本年度的棉花消费量将继续减少，这将是 10 年来棉花消费量首次连续两年减少。

棉花供应过剩使棉花消费不足的问题更加严重。在 2007 年全球棉花获得大丰收之后，本年度全球期末库存仍将处于历史高位。由于库存偏高而需求预期下降，因此棉花价格面临下跌的压力。分析人士习惯用库存消费比来衡量“基本面宽松度”，这个比值和棉价呈负相关性，是衡量市场供需状况很好的标准。2008/2009 年度，全球库存消费比预计上升到 50.4%(美国农业部 USDA2008 年 12 月份预测)。在连续三年棉花供应趋紧之后，库存消费比的上升意味着本年度国际棉价将会走软，本年度前五个月棉价的表现就已经说明了这一点。2008 年 8 月至 12 月，国际棉价平均值为 65.5 美分，低于 2007 年同期的 72.8 美分。如果 2009 年年初全球棉花消费前景继续恶化，全球库存消费比将继续上升，并在北半球春播之前给棉价带来更大压力。

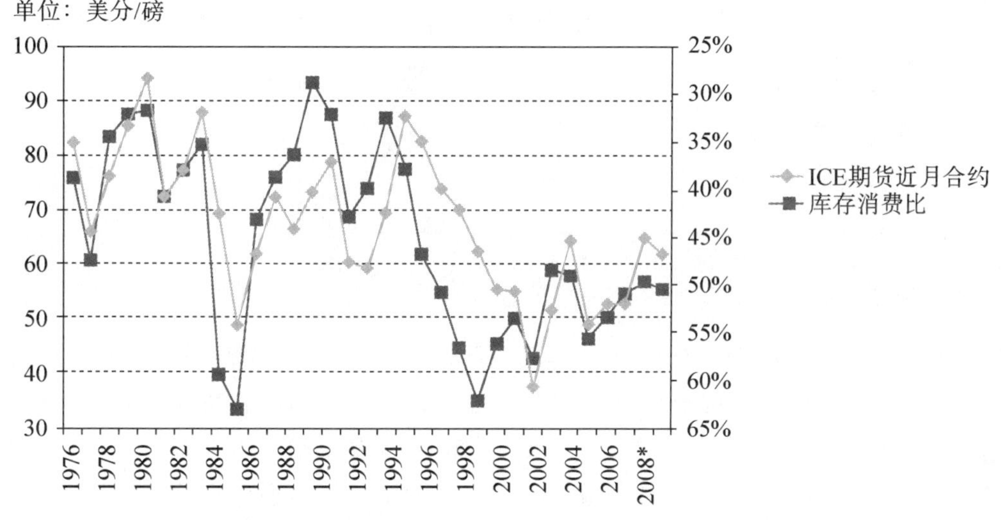

图 3－53 1976 年以来 ICE 期货价格走势和全球棉花库存消费比变化

与此同时，油价也可能继续影响棉花市场。2008 年，国际油价大幅振荡使许多商品被卷入这场巨大的浪潮之中。国际原油期货价格从年初的 50 多美元猛涨到 7 月份的 147 美元，年底又跌到 35 美元，创 2003 年以来最低。2008 年上半年的暴涨在一定程度上是受美元下跌的推动，而到了下半年，原油库存过多和市场对全球经济的担忧导致油价大幅下跌。油价下跌也使化纤价格大幅回落并导致棉花价格下跌。从原油中提炼出来的人造纤维，特别是涤短也是棉花的替代品。油价的下跌导致涤短的成本大幅下降，从而使棉花价格上涨受阻。

从供应方面看，由于在全球范围内棉花的收益对棉农没有吸引力，因此市场普遍认为今年春天棉花播种面积将再次减少。虽然 2008 年棉花价格大起大落，但现在和一年前的棉花价格都不如玉米和大豆等竞争作物有吸引力，因此许多地区的棉农会为了更高的收益而改种其他作物。2008 年，全球棉花播种收获面积连续第四年减少，为 2.52 亿亩。许多分析人士认为 2009 年棉花播种面积将继续减少。如果 2009 年的植棉面积同比减少 6%，收获面积可能会减少到 50 多年来的最低水平，棉花产量也将随之减少，并导致棉花价格长期趋涨。

在刚刚过去的 2008 年里，棉花价格出现了史无前例的剧烈波动，棉花期货价格从年初的 68 美分/磅暴涨到 3 月初的 90 美分/磅以上，并在之后短短的 8 个月内骤跌至 36 美分/磅的 6 年来最低水平，到 2008 年底回升到 45 美分/磅附近。这其中有棉花市场基本面的作用，也有外部市场的影响，包括商品期货的整体走势以及指数基金多头的大量入市和突然撤离。

图 3－54　2007/2008 年度指数基金持仓与 ICE 期货价格走势

总而言之，虽然 2009/2010 年度棉花市场不大可能再次出现 2008 年高达 60 美分/磅的振幅，但市场仍会受到供应和需求双降的影响。这两个相互抵消的市场力量和外部市场的压力、尤其是全球经济衰退叠加在一起，将使棉花价格频繁波动，但不会突破 2007 年的价格波动范围。市场参与者只有通过全面而一体化的风险管理才能在复杂多变和难以预知的市场环境中应对自如。

2008 年纺织行业困局给新疆棉花产业的警示

张闻民

【作者简介】张闻民，现任新疆贝正实业有限公司总经理。从 1976 年起从事棉花和纺织品商品贸易，在 1987－2000 年间先后在中国驻利比里亚、澳大利亚大使馆、墨尔本总领事馆工作，并任新疆自治区驻香港窗口公司——新疆开发有限公司总经理。

对于新疆棉花产业来说，2008 年注定是一个不同寻常的年份：囤棉、积压、收储、补贴都足以成为 2008 年新疆棉的标记，面对市场的波动，新疆棉到了反思和抉择的时候了。

一、2008 年新疆棉花产业现状

2007 年开始的全球金融危机带来了纺织业的困局，而纺织业困局给新疆棉农、棉花生产流通企业带来了极大的冲击。2008 年新疆棉花市场呈现出量增价跌、棉贱伤农的被动局面。

1. 新疆棉花产量创历史记录

据国家统计局统计，2008 年中国棉花种植面积 8640 万亩，产量 750 万吨；其中，新疆棉花种植面积 2673.9 万亩，产量 290 万吨，占全国的 38.7％。

2. 新疆棉花种植成本居高不下

据国家发展改革委《2008 全国农产品成本收益资料汇编》显示，2007/2008 年度全国棉花种植总成本 965.56 元/亩，上涨 10.94％，从新疆来看，新疆地方棉花种植成本增至1100－1200元/亩，兵团棉花种植成本更高达1200－1400元/亩，上涨的还有拾花价格，2007/2008年度新疆的拾花价格籽棉拾花1.3－1.5元/公斤，占新疆棉农毛收入的1/4。

3. 棉花积压严重

据不完全统计，到2008年9月底新疆库存积压结转的2007/2008年度陈棉达到50－60万吨，存棉企业出现严重亏损。

4. 新棉上市籽棉价格持续下跌

虽然生产成本大幅攀升，但2008年新疆籽棉收购价格却大幅下滑，2008年9月底新疆籽棉收购价格在5.4－5.8元/公斤之间，到了2008年12月，价格直线下跌到4.0－4.6元/公斤，与上年同期5.2－5.8元/公斤价格相去甚远。棉农亏损存棉惜售不卖，棉花收购轧花厂惧怕跌价风险不敢收棉。

二、新疆棉花产业面临抉择

近几年来，新疆棉花产业的问题主要集中在铁路运输、销售困难、成本上升以及利润下滑上。2008年的金融危机和纺织困局促使这些问题白热化，新疆棉花何去何从成为棉农、新疆地方政府和中国产业界必须认真思考的问题。

1. 棉花是新疆的重要产业，新疆农作物调整空间有限

近几年，新疆政府一再表态调整棉花种植策略，由过去的大力发展棉花产业“一白”战略到近期的减棉花、保粮食、增林果发展方针，新疆相关部门表示，下个十年内（2009－2018年）新疆棉花种植面积将由上年的2434万亩逐年调减至2000万亩，年均棉花生产量逐步减至200－250万吨，同比减少20%－30%；三年内新疆兵团棉花种植面积将由780万亩减至650万亩，2009年兵团棉花生产量减至110万吨，同比减少15%。

新疆政府的表态可以说是新疆棉花种植业的反映，首先，从新疆棉花经营企业来说，新疆棉的运输实在头疼，销售困难已经成为新疆棉花企业的通病；其次，从棉农的角度来说，棉花已经不像过去那么受欢迎，成本越来越高，销售越来越难，从2008年的情况来看，新疆棉农普遍亏损已成定局，在2009年减少棉花种植将是棉农的无奈选择。

2. 新疆棉花产业可调而不可弃

从新疆的气候、土地等条件来看，新疆棉花的调减将受到较多的限制。首先，新疆棉花的种植面积极为巨大，新疆还没有任何一种作物能够实质上来替代棉花生产；其次，新疆的土壤、气候也限制了新疆种植结构的转化，尤其是水资源有限对种植结构影响很大；第三，找到更具有经济效益的种植作物也不容易。新疆棉花产值占有农业总产值的30%以上，农民收入的70%依赖棉花，土地面积的40%都是棉花。无论是从技术还是从市场角度来看，新疆棉花的种植可调，但空间有限，放弃更不可能。

3. 国家非常重视新疆棉花产业发展

而从国家层面来讲，新疆棉花产量在中国棉花产量中占比超过1/3，在中国棉花缺口巨大的情况下，新疆棉花对中国棉花产业安全具有重要意义。鉴于此，中国政府一再强调稳定新疆优势棉花产业基地。近期国家对新疆棉花产业的扶持政策也是不少。仅在2008年，国家就出台多项扶持新疆棉花产业的政策，具体如下：

（1）在纺织业振兴规划中特别提出要建立新疆优质棉纱、棉布和棉纺织生产基地；

（2）2008年开始连续3年对新疆棉实行每吨400元出疆棉移库费用补贴；

（3）2008年大规模收储新疆棉，新疆棉在收储的272万吨占50%以上；

（4）国家财政给予新疆棉花农业种植风险保险补贴；

如果考虑国家对于新疆优势棉花产业基地的扶持和配额与新疆棉采购挂钩，国家对于新疆棉花的扶持力度极大，这都体现了国家对于新疆棉花产业的重视。

三、新年度中国及新疆棉花产业产销经营对策

对于2008年新疆棉花产业的困局，我们可以归结为短期市场走势的不利影响诱发了新疆棉花长期存在的隐患，如何应对这些问题考验着业界的智慧。

本文认为，问题的解决要有针对性，尤其要区分短期和长期问题，针对不同问题采取不同的应对方法。

1. 对纺织行业的扶持是新疆棉花摆脱困境的关键

振兴纺织业 金融危机的阴影并未散去，新年度全国纺织产业仍处于相对疲弱的状况。从当前国内纺织运行来看，纺织困局对浙江、江苏、广东、山东、河南和河北等地纺织企业带来了严重冲击，2009年全国纺织品服装市场将延续市场疲弱。政策需要在扩大国内市场需求、促进对国际市场出口方面对纺织行业进行扶持。这是中国乃至新疆棉花产业摆脱当前困局的釜底抽薪之策。近期纺织业振兴规划出台对于这个问题给出了一个很好的答案。

妥善抛储 就政策来看，还需要协调好振兴纺织和扶持棉价的关系，其中一个重点就是收储棉花如何入市的问题。节后市场已经开始关注收储的280万吨棉花的走向，放储有两个选择：顺价抛储会对纺织企业产生冲击；低价抛储又会对市场棉价形成冲击。建议国家根据下游纺织企业承受价格能力及市场行情发展趋势，以优惠价格分批向纺织企业拍卖释放50－100万吨储备棉数量并补齐其差价，2009年酌情拍卖释放储备棉50－80万吨，用低成本刺激恢复扩大国内纺织品服装市场需求，但前提是注意对市场上的存棉的冲击。

化“危”为“机” 鼓励纺织企业参与新疆的棉花质检体制改革，通过纺织企业对新疆棉花加工企业的联营和并购部分化解新疆棉价波动问题，形成棉花和纺织企业由棉花收购、加工、仓储、运输到纺织制造经营的全过程各环节的有机联合。

2. 提高经营水平尤其是期货、撮合参与程度是新疆棉花企业的当务之急

2008年新疆棉花企业分化严重，大致可以划分为这么几种类型：现货经营、等待收储和期货、撮合多重经营，从实际效果来看，几种经营模式差距很大：坐等涨价的最困难，现货经营的也不行，只有在期货和撮合同时进行的企业才好过一些。这再次说明了期货、撮合对新疆棉企的重要意义，而从新疆棉企的整体来看，经营水平不高是新疆棉产业发展的重要障碍，新疆棉花种植优势向产业优势转化的关键就在于有较高经营水平的棉花企业。

新年度现货市场价格难见起色，充分发挥郑商所棉花期货和全国棉花交易市场电子撮合所具备的做空做多双向高效优势运行机制，逐步实现向棉花期货撮合商品金融资本高效高端市场综合经营战略转移，站立于棉花产销经营金字塔高端位置，引领全国及新疆棉花产业发展创新潮流趋势，这对有效保护棉农利益，强有力推动新疆棉花产业发展及产销经营高效收益，具有极其重大的实质意义。

3. 国家产业扶持政策是新疆棉花产业发展的重要保障

从新疆棉花产业的现状来看，新疆棉农需要棉花、中国需要新疆棉花，但是新疆棉花产业还不够强大，要保障新疆棉花产业的健康发展和逐渐强大，国家的政策扶持至关重要。

(1)向国际其他国家学习棉花产业政策：建立国家对棉农进行目标价格直接补贴机制，改进现行棉花价格形成与综合调控机制，使棉农从根本上获得实实在在的经济实惠政策，实行棉农籽棉最低保护价、储备棉收购最高限价、农发行籽棉收购最高限价、国家发展改革委棉花收购信息、参考价、进口棉配额及滑准税基价综合价格调节体系机制。

(2)向其他农产品学习产业扶持政策：参照国家粮食直补政策和休耕、直补、托市、储备经验，试行全国及新疆棉花直补政策，稳定新疆棉花生产；将棉花良种补贴范围扩大至全国全部棉花种植面积，将补贴标准提高至每年每亩20元；扩大棉花生产农机农资综合补贴，对新疆棉花生产农机农资综合补贴补助；对全国及新疆实行棉花种植灾害风险补贴。

(3)针对新疆棉花的实际情况出台相应的政策：把出疆补贴长期化；组织“新疆优质棉花生产基地建设”项目，国家对新疆棉花分期组织实施高效膜下滴灌节水种植技术；对机采棉等棉花产业机械化给予补贴；设立棉花种子、科研、生产、加工、出口、储备棉等补贴、专项基金、出口信贷、棉花保险等，使新疆成为全国最大规模优质棉花发展区域和国家棉花战略重要基地。

统计资料

第四部分

棉花生产

4—1　1978—2007年全国棉花生产情况表

单位：千公顷、万吨、公斤/公顷

年　份	农作物总播种面积	棉花播种面积	棉花产量	单位面积产量
1978	150104	4866	217.0	455
1980	146380	4920	271.0	550
1985	143626	5140	415.0	807
1989	146554	5203	379.0	728
1990	148362	5588	451.0	807
1991	149586	6538	568.0	868
1992	149007	6835	451.0	660
1993	147741	4985	374.0	750
1994	148241	5528	434.0	785
1995	149879	5422	477.0	879
1996	152381	4722	420.0	890
1997	153969	4491	460.0	1025
1998	155706	4459	450.0	1009
1999	156373	3726	383.0	1028
2000	156300	4041	442.0	1093
2001	155708	4810	532.0	1107
2002	154636	4184	492.0	1175
2003	152415	5111	486.0	951
2004	153553	5693	632.0	1111
2005	155488	5062	571.0	1129
2006	157021	5409	674.0	1247
2007	153464	5926	762.4	1286

数据来源：《中国统计年鉴2008》。

4—2 2007/2008年度分省棉花生产情况表

单位:千公顷、万吨、公斤/公顷

省 份	农作物总播种面积	棉花播种面积	棉花产量	单位面积产量
全 国	**153464.0**	**5926.0**	**762.4**	**1286**
北 京	295.0	1.7	0.2	1185
天 津	434.0	67.5	9.3	1380
河 北	8652.7	680.0	72.5	1066
山 西	3653.2	104.0	11.5	1107
内蒙古	6761.5	2.6	0.4	1393
辽 宁	3703.9	1.1	0.2	1944
上 海	390.7	1.4	0.3	1793
江 苏	7407.7	326.9	34.8	1063
浙 江	2462.8	19.0	2.6	1353
安 徽	8853.9	375.0	37.4	996
江 西	5245.1	81.7	12.8	1563
山 东	10724.4	900.0	100.1	1112
河 南	14087.8	700.0	75.0	1071
湖 北	7030.0	514.2	55.7	1084
湖 南	7390.7	172.0	24.4	1420
广 西	5594.4	2.5	0.2	840
四 川	9278.2	21.6	1.7	774
贵 州	4464.5	1.4	0.1	401
陕 西	4044.7	89.1	9.0	1007
甘 肃	3759.0	79.3	12.9	1633
新 疆	4202.6	1782.6	301.3	1690

数据来源:《中国统计年鉴2008》。

4—3 2007/2008年度新疆维吾尔自治区棉花生产情况表

单位:千公顷、万吨、公斤/公顷

地 区	棉花播种面积	棉花产量	单位面积产量
全 区	**1782.60**	**290.00**	**1627**
乌鲁木齐市	2.00	0.25	1262
克拉玛依市	9.50	1.51	1590
吐鲁番地区	18.00	2.48	1377
哈密地区	13.19	2.34	1771
昌吉回族自治州	92.98	15.84	1704
塔城地区	91.27	14.75	1185
博尔塔拉蒙古自治州	37.16	7.43	1616
巴音郭楞蒙古自治州	139.43	25.67	1999
阿克苏地区	224.02	40.26	1797
克孜勒苏柯尔克孜自治州	6.47	0.94	1453
喀什地区	196.79	35.68	1813
和田地区	24.83	4.61	1858
生产建设兵团	514.32	119.44	2322

数据来源:《新疆统计年鉴2008》。

4—4　2007/2008年度新疆维吾尔自治区长绒棉生产情况表

单位：千公顷、万吨、公斤/公顷

地　　区	长绒棉播种面积	长绒棉产量	单位面积产量
全　区	**142.53**	**25.02**	**1755.5**
巴音郭楞蒙古自治州	16.57	3.12	1885.3
阿克苏地区	59.27	8.65	1459.9
伊犁哈萨克自治州	6.53	0.78	1200.0
克拉玛依市	9.50	1.51	1590.0
生产建设兵团	50.60	10.94	2162.8

数据来源：《新疆统计年鉴2008》。

4—5　2007/2008年度新疆生产建设兵团棉花生产情况表

单位：千公顷、万吨、公斤/公顷

地　　区	棉花播种面积	棉花产量	单位面积产量
兵　团	**613.06**	**124.72**	**2034**
一　师	117.18	27.93	2384
二　师	35.44	9.31	2626
三　师	61.29	15.13	2468
四　师	14.75	2.68	1819
五　师	38.67	7.78	2011
六　师	85.12	14.54	1708
七　师	73.00	12.70	1740
八　师	160.82	29.78	1852
十　师	6.41	1.01	1577
十二师	2.12	0.31	1440
十三师	12.55	2.84	2266
十四师	2.39	0.37	1567
新天集团	3.32	0.34	1035

数据来源：《新疆生产建设兵团统计年鉴2008》。

4—6　2007/2008年度新疆生产建设兵团长绒棉生产情况表

单位：千公顷、万吨、公斤/公顷

地　区	长绒棉播种面积	长绒棉产量	单位面积产量
兵　团	**54.75**	**11.5100**	**2102**
一　师	44.53	9.6699	2172
三　师	10.22	1.8366	1797

数据来源：《新疆生产建设兵团统计年鉴2008》。

4—7　2007/2008年度山东省棉花生产情况表

单位：千公顷、万吨、公斤/公顷

地　区	棉花播种面积	棉花产量	单位面积产量
全　省	**899.96**	**100.09**	**1112**
济南市	31.08	3.56	1147
青岛市	3.83	0.43	1130
淄博市	16.34	2.01	1230
枣庄市	2.79	0.35	1261
东营市	113.44	11.57	1020
烟台市	0.16	0.03	2045
潍坊市	44.23	5.17	1168
济宁市	123.90	15.78	1274
泰安市	9.42	1.48	1569
日照市	1.28	0.12	913
莱芜市	0.64	0.10	1561
临沂市	10.78	1.34	1239
德州市	146.24	21.02	1437
聊城市	73.55	9.20	1250
滨州市	139.29	15.83	1136
菏泽市	236.58	28.45	1203

数据来源：《山东统计年鉴2008》。

4—8　2007/2008年度河南省棉花生产情况表

单位：千公顷、万吨、公斤/公顷

地　区	棉花播种面积	棉花产量	单位面积产量
全省合计	**700.00**	**75.00**	**1071**
郑州市	7.15	0.58	807
开封市	82.48	8.58	1040
洛阳市	4.83	0.43	887
平顶山市	4.86	0.35	726
安阳市	30.45	3.24	1064
鹤壁市	1.26	0.10	760
新乡市	24.99	2.55	1022
焦作市	7.02	0.74	1049
濮阳市	15.73	1.40	888
许昌市	18.13	1.76	968
漯河市	25.23	2.44	968
三门峡市	3.78	0.27	726
南阳市	137.86	12.24	888
商丘市	137.44	14.76	1074
信阳市	15.28	1.52	993
周口市	214.66	22.24	1036
驻马店市	31.36	1.77	565
济源市	0.46	0.04	784

数据来源：《河南统计年鉴2008》。

4—9　2007/2008年度河北省棉花生产情况表

单位：千公顷、万吨、公斤/公顷

地　区	棉花播种面积	棉花产量	单位面积产量
全　省	**680.00**	**72.47**	**1065.7**
石家庄市	17.60	1.87	—
秦皇岛市	1.66	0.18	—
唐山市	31.63	3.81	—
廊坊市	46.22	5.06	—
保定市	29.95	3.15	—
沧州市	117.84	12.68	—
衡水市	148.37	15.72	—
邢台市	192.02	21.12	—
邯郸市	94.72	11.51	—

数据来源：《河北统计年鉴2008》。

4—10　2007/2008年度湖北省棉花生产情况表

单位：千公顷、万吨、公斤/公顷

地　区	棉花播种面积	棉花产量	单位面积产量
全　省	**514.22**	**55.73**	**1084**
武汉市	—	3.44	—
黄石市	—	0.35	—
十堰市	—	0.01	—
荆州市	—	15.67	—
宜昌市	—	3.04	—
襄樊市	—	3.74	—
鄂州市	—	0.46	—
荆门市	—	4.56	—
孝感市	—	3.38	—
黄冈市	—	6.39	—
咸宁市	—	0.25	—
随州市	—	1.31	—
仙桃市	—	3.07	—
天门市	—	5.05	—
潜江市	—	5.01	—

数据来源：《湖北统计年鉴2008》。

4—11　2007/2008年度湖南省棉花生产情况表

单位：千公顷、万吨、公斤/公顷

地　区	棉花播种面积	棉花产量	单位面积产量
全　省	**156.0**	**24.38**	**1565**
长沙市	—	0.13	1388
株洲市	—	0.10	1491
湘潭市	—	0.05	1016
衡阳市	—	1.88	1462
邵阳市	—	0.05	1000
岳阳市	—	5.11	1547
常德市	—	12.72	1699
张家界市	—	0.16	1006
益阳市	—	3.58	1395
郴州市	—	0.04	993
永州市	—	0.27	1281
怀化市	—	0.19	1080
娄底市	—	0.07	1398
湘西州	—	0.02	693

数据来源：《湖南统计年鉴2008》。

4—12　2007/2008年度浙江省棉花生产情况表

单位：千公顷、万吨、公斤/公顷

地　区	棉花播种面积	棉花产量	单位面积产量
全　省	**18.810**	**2.540**	**1351**
杭州市	0.655	0.091	—
宁波市	6.112	0.693	—
嘉兴市	1.904	0.286	—
湖州市	0.051	0.009	—
绍兴市	2.961	0.338	—
舟山市	0.088	0.008	—
温州市	0.089	0.012	—
金华市	5.054	0.845	—
衢州市	1.258	0.192	—
台州市	0.613	0.063	—
丽水市	0.023	0.004	—

数据来源：《浙江统计年鉴2008》。

4—13　2007/2008年度甘肃省棉花生产情况表

单位：千公顷、万吨、公斤/公顷

地　区	棉花播种面积	棉花产量	单位面积产量
全　省	**79.27**	**12.940**	**1632.40**
金昌市	0.01	0.002	—
白银市	0.13	0.028	—
天水市	0.10	0.005	—
武威市	18.25	2.600	—
张掖市	3.70	0.835	—
酒泉市	51.94	8.652	—
陇南市	0.03	0.001	—

数据来源：《甘肃统计年鉴2008》。

4—14　2007/2008年度江苏省棉花生产情况表

单位：千公顷、万吨、公斤/公顷

地　区	棉花播种面积	棉花产量	单位面积产量
全省合计	**326.93**	**34.75**	**1063**
南京市	1.77	0.23	1320
徐州市	27.43	2.76	1005
常州市	0.35	0.03	810
苏州市	2.39	0.25	1035
南通市	58.20	7.84	1350
连云港市	9.52	1.17	1230
淮安市	0.89	0.10	1095
盐城市	188.88	20.11	1065
扬州市	4.86	0.62	1275
镇江市	2.31	0.24	1020
泰州市	13.37	1.64	1230
宿迁市	1.96	0.19	945

数据来源：《江苏统计年鉴2008》、江苏农业网。

4—15 2007/2008年度安徽省棉花生产情况表

单位：千公顷、万吨、公斤/公顷

地　区	棉花播种面积	棉花产量	单位面积产量
全省合计	**375.88**	**37.421**	**996**
合肥市	17.75	1.654	932
淮北市	8.30	0.637	768
亳州市	38.27	3.411	891
宿州市	52.40	4.331	827
蚌埠市	39.54	3.511	888
阜阳市	20.94	1.770	845
淮南市	1.61	0.219	1362
滁州市	13.28	1.223	921
六安市	8.84	0.909	1028
马鞍山市	4.21	0.405	962
巢湖市	57.79	6.381	1104
芜湖市	7.14	0.767	1074
宣城市	12.42	1.257	1012
铜陵市	5.09	0.580	1138
池州市	22.61	2.476	1095
安庆市	65.63	7.897	1203
黄山市	0.33	0.037	1116

数据来源：《安徽统计年鉴2008》。

4—16 2007/2008年度陕西省棉花生产情况表

单位：千公顷、万吨、公斤/公顷

地　区	棉花播种面积	棉花产量	单位面积产量
全　省	**89.13**	**8.9771**	**1007**
西安市	4.62	0.5903	1278
宝鸡市	0.12	1.6659	1076
咸阳市	1.11	0.0708	637
渭南市	79.71	8.0389	1009
延安市	0.73	0.0425	585
汉中市	0.02	0.0033	1375
榆林市	0.05	0.0055	1222
安康市	0.02	0.0014	875
商洛市	0.01	0.0017	1546
杨凌示范区	0.00	0.0001	1000

数据来源：《陕西统计年鉴2008》。

4—17　2007/2008年度江西省棉花生产情况表

单位：千公顷、万吨、公斤/公顷

地　区	棉花播种面积	棉花产量	单位面积产量
全　省	**68.33**	**10.7641**	**1575**
南昌市	1.10	0.1001	908
景德镇市	0.71	0.0717	1007
萍乡市	0.05	0.0048	923
九江市	48.57	7.1356	1469
新余市	4.62	0.9319	2017
鹰潭市	0.01	0.0004	286
赣州市	0.02	0.0023	1353
吉安市	0.20	0.0247	1260
宜春市	6.64	0.9284	1399
抚州市	2.88	0.4398	1530
上饶市	3.53	1.1244	3182

数据来源：《江西统计年鉴2008》。

4—18　2007/2008年度天津市棉花生产情况表

单位：千公顷、万吨、公斤/公顷

地　区	棉花播种面积	棉花产量	单位面积产量
全　市	**67.50**	**9.31**	**1379**
塘沽区	1.80	0.12	662
汉沽区	0.91	0.11	1226
大港区	0.63	0.07	1037
东丽区	4.68	0.52	1101
西青区	3.43	0.39	1140
津南区	4.35	0.46	1054
北辰区	3.88	0.39	1008
武清区	9.13	1.15	1262
宝坻区	9.40	1.76	1876
宁河县	24.69	3.02	1225
静海县	20.88	2.68	1281
蓟　县	0.48	0.08	1756

数据来源：《天津统计年鉴2008》。

4—19 2007/2008年度辽宁省棉花生产情况表

单位：千公顷、万吨、公斤/公顷

地　区	棉花播种面积	棉花产量	单位面积产量
全　省	**1.100**	**0.2100**	**1909**
沈阳市	0.415	0.0625	1506
大连市	0.047	0.0057	1213
鞍山市	0.001	0.0002	2000
锦州市	0.055	0.0051	927
营口市	0.006	0.0006	1000
阜新市	0.005	0.0014	2800
朝阳市	0.965	0.1264	1310
葫芦岛市	0.094	0.0089	947

数据来源：《辽宁统计年鉴2008》。

棉花价格

4—20 2002/2003—2007/2008年度国家棉花价格指数月平均价格表

单位：元/吨

月　份	国家棉花价格A指数	国家棉花价格B指数	月　份	国家棉花价格A指数	国家棉花价格B指数
2002年9月	10595	10136	2004年3月	18277	17517
2002年10月	10697	10322	2004年4月	18115	17237
2002年11月	11210	10883	2004年5月	17731	16713
2002年12月	11370	11044	2004年6月	16250	15163
2003年1月	11466	11144	2004年7月	14837	13736
2003年2月	12337	12080	2004年8月	13754	12870
2003年3月	13505	13233	2004年9月	13806	13006
2003年4月	13701	13432	2004年10月	12492	12013
2003年5月	12875	12616	2004年11月	12095	11541
2003年6月	13018	12764	2004年12月	11802	11227
2003年7月	13482	13263	2005年1月	11865	11295
2003年8月	13309	13058	2005年2月	12230	11586
2003年9月	13744	13516	2005年3月	12594	12009
2003年10月	17259	17020	2005年4月	12990	12488
2003年11月	18086	17734	2005年5月	13788	13428
2003年12月	17865	17237	2005年6月	13755	13375
2004年1月	18209	17538	2005年7月	13943	13556
2004年2月	18403	17776	2005年8月	13914	13503

续表

月　份	国家棉花价格 A 指数	国家棉花价格 B 指数	月　份	国家棉花价格 A 指数	国家棉花价格 B 指数
2005 年 9 月	13844	13454	2007 年 3 月	13517	13042
2005 年 10 月	14617	14196	2007 年 4 月	13488	13017
2005 年 11 月	14656	14203	2007 年 5 月	13465	12971
2005 年 12 月	14636	14175	2007 年 6 月	13732	13355
2006 年 1 月	14662	14236	2007 年 7 月	14455	14163
2006 年 2 月	14825	14404	2007 年 8 月	14843	14529
2006 年 3 月	14752	14312	2007 年 9 月	14121	13683
2006 年 4 月	14627	14177	2007 年 10 月	14024	13471
2006 年 5 月	14572	14087	2007 年 11 月	14188	13646
2006 年 6 月	14560	14076	2007 年 12 月	14172	13622
2006 年 7 月	14489	14007	2008 年 1 月	14252	13692
2006 年 8 月	14455	13987	2008 年 2 月	14389	13778
2006 年 9 月	14387	13948	2008 年 3 月	14474	13921
2006 年 10 月	13299	12884	2008 年 4 月	14413	13909
2006 年 11 月	13184	12663	2008 年 5 月	14338	13911
2006 年 12 月	13324	12812	2008 年 6 月	14355	13946
2007 年 1 月	13457	12954	2008 年 7 月	14275	13868
2007 年 2 月	13481	12988	2008 年 8 月	14109	13722

数据来源：国家棉花市场监测系统。

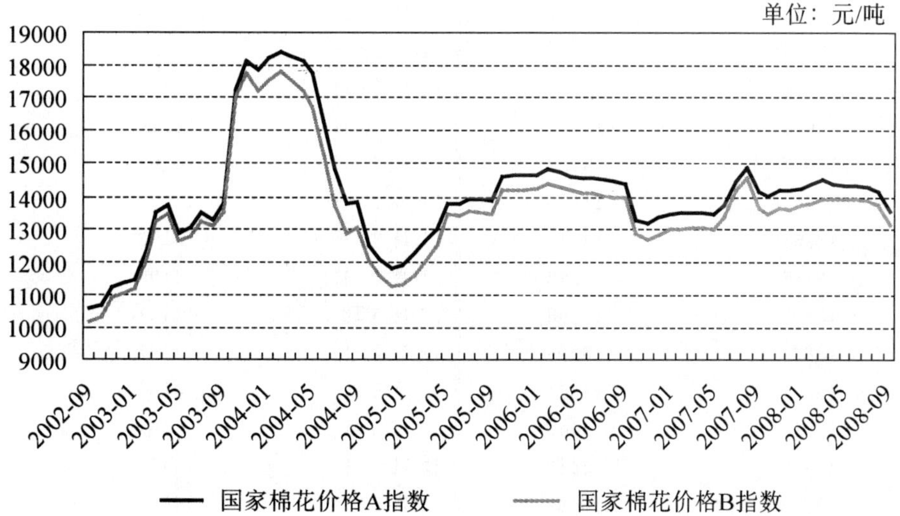

图 4－1　2002/2003－2007/2008 年度国家棉花价格走势

国家棉花价格指数简介

国家棉花价格指数(CNCotton Index)简称为国棉指数，是根据国家棉花市场监测系统 140 个监测站每日皮棉报价汇总，并通过严格的核查程序最终确定。CNCotton A 指数代表内地 229 级皮棉成交均价，CNCotton B 指数代表内地 328 级皮棉成交均价。

国家棉花市场监测系统各监测站广泛分布于全国各棉花产销区，采集当地具有代表性的皮棉成交价格，及时反映行情变化。国家棉花价格指数于每个工作日下午 5 点左右发布。

国家棉花价格指数(CNCotton Index)强调地区概念，并假设同等级棉花在同一个地区的工厂接受价与轧花厂仓库交货价水平基本一致。与当日发布的《国内主要地区棉花现货价格行情》配合使用，可比较全面地反映当日国内主要地区棉花平均成交价格水平。

4—21　2007/2008年度国家棉花价格指数日价格表

单位：元/吨

日　期	国家棉花价格A指数	国家棉花价格B指数	日　期	国家棉花价格A指数	国家棉花价格B指数
2007年			10月29日	14214	13602
9月3日	14700	14360	10月30日	14224	13633
9月4日	14695	14350	10月31日	14175	13579
9月5日	14639	14290	11月1日	14177	13577
9月6日	14580	14210	11月2日	14167	13571
9月7日	14570	14200	11月5日	14176	13581
9月10日	14481	14089	11月6日	14183	13633
9月11日	14400	14000	11月7日	14193	13644
9月12日	14358	13931	11月8日	14170	13638
9月13日	14268	13854	11月9日	14156	13639
9月14日	14157	13748	11月12日	14196	13675
9月17日	14092	13694	11月13日	14192	13668
9月18日	14025	13621	11月14日	14164	13662
9月19日	13971	13580	11月15日	14153	13639
9月20日	13941	13552	11月16日	14189	13653
9月21日	13875	13419	11月19日	14185	13641
9月24日	13792	13244	11月20日	14184	13633
9月25日	13727	13177	11月21日	14190	13649
9月26日	13709	13166	11月22日	14219	13688
9月27日	13702	13165	11月23日	14217	13683
9月28日	13678	13147	11月26日	14216	13691
9月29日	13657	13122	11月27日	14208	13667
9月30日	13654	13109	11月28日	14208	13661
10月8日	13664	13140	11月29日	14193	13647
10月9日	13798	13242	11月30日	14195	13664
10月10日	13807	13298	12月3日	14167	13628
10月11日	13822	13306	12月4日	14167	13615
10月12日	13887	13364	12月5日	14162	13598
10月15日	13930	13448	12月6日	14161	13591
10月16日	13932	13449	12月7日	14152	13602
10月17日	13982	13487	12月10日	14169	13592
10月18日	14036	13498	12月11日	14169	13592
10月19日	14054	13509	12月12日	14123	13580
10月22日	14124	13538	12月13日	14129	13593
10月23日	14194	13616	12月14日	14128	13584
10月24日	14196	13617	12月17日	14148	13594
10月25日	14191	13576	12月18日	14150	13599
10月26日	14209	13582	12月19日	14162	13611

续表 1

日　期	国家棉花价格 A 指数	国家棉花价格 B 指数	日　期	国家棉花价格 A 指数	国家棉花价格 B 指数
12 月 20 日	14187	13639	2 月 20 日	14405	13780
12 月 21 日	14183	13640	2 月 21 日	14403	13779
12 月 24 日	14192	13652	2 月 22 日	14414	13792
12 月 25 日	14207	13653	2 月 25 日	14424	13840
12 月 26 日	14228	13677	2 月 26 日	14444	13852
12 月 27 日	14218	13673	2 月 27 日	14451	13875
12 月 28 日	14208	13672	2 月 28 日	14448	13874
12 月 29 日	14192	13681	2 月 29 日	14448	13877
2008 年			3 月 3 日	14456	13882
1 月 2 日	14199	13663	3 月 4 日	14468	13898
1 月 3 日	14204	13689	3 月 5 日	14493	13936
1 月 4 日	14215	13689	3 月 6 日	14510	13941
1 月 7 日	14225	13692	3 月 7 日	14513	13954
1 月 8 日	14228	13686	3 月 10 日	14510	13944
1 月 9 日	14240	13693	3 月 11 日	14509	13922
1 月 10 日	14251	13700	3 月 12 日	14485	13906
1 月 11 日	14231	13686	3 月 13 日	14481	13909
1 月 14 日	14231	13685	3 月 14 日	14492	13940
1 月 15 日	14246	13688	3 月 17 日	14480	13910
1 月 16 日	14249	13693	3 月 18 日	14428	13872
1 月 17 日	14262	13693	3 月 19 日	14440	13873
1 月 18 日	14262	13715	3 月 20 日	14449	13899
1 月 21 日	14266	13718	3 月 21 日	14450	13919
1 月 22 日	14259	13693	3 月 24 日	14439	13937
1 月 23 日	14270	13706	3 月 25 日	14446	13937
1 月 24 日	14264	13681	3 月 26 日	14481	13938
1 月 25 日	14280	13687	3 月 27 日	14474	13939
1 月 28 日	14284	13689	3 月 28 日	14481	13949
1 月 29 日	14289	13689	3 月 31 日	14465	13934
1 月 30 日	14289	13689	4 月 1 日	14460	13928
1 月 31 日	14291	13691	4 月 2 日	14451	13915
2 月 1 日	14297	13694	4 月 3 日	14462	13904
2 月 2 日	14301	13696	4 月 7 日	14463	13904
2 月 3 日	14302	13698	4 月 8 日	14456	13906
2 月 4 日	14304	13701	4 月 9 日	14458	13909
2 月 13 日	14383	13730	4 月 10 日	14455	13914
2 月 14 日	14390	13745	4 月 11 日	14473	13914
2 月 15 日	14394	13750	4 月 14 日	14464	13912
2 月 18 日	14395	13768	4 月 15 日	14475	13922
2 月 19 日	14404	13778	4 月 16 日	14478	13930

续表 2

日　期	国家棉花价格 A 指数	国家棉花价格 B 指数	日　期	国家棉花价格 A 指数	国家棉花价格 B 指数
4 月 17 日	14463	13927	6 月 16 日	14328	13923
4 月 18 日	14420	13912	6 月 17 日	14335	13934
4 月 21 日	14370	13868	6 月 18 日	14336	13932
4 月 22 日	14332	13865	6 月 19 日	14335	13935
4 月 23 日	14320	13880	6 月 20 日	14337	13938
4 月 24 日	14336	13883	6 月 23 日	14363	13947
4 月 25 日	14347	13917	6 月 24 日	14384	13965
4 月 28 日	14339	13917	6 月 25 日	14394	13975
4 月 29 日	14327	13923	6 月 26 日	14393	13980
4 月 30 日	14320	13936	6 月 27 日	14395	13982
5 月 4 日	14293	13922	6 月 30 日	14387	13973
5 月 5 日	14276	13905	7 月 1 日	14383	13971
5 月 6 日	14277	13899	7 月 2 日	14377	13959
5 月 7 日	14336	13907	7 月 3 日	14355	13957
5 月 8 日	14337	13906	7 月 4 日	14324	13937
5 月 9 日	14339	13899	7 月 7 日	14312	13921
5 月 12 日	14333	13903	7 月 8 日	14306	13912
5 月 13 日	14331	13900	7 月 9 日	14294	13883
5 月 14 日	14343	13907	7 月 10 日	14286	13877
5 月 15 日	14339	13904	7 月 11 日	14285	13875
5 月 16 日	14336	13900	7 月 14 日	14263	13846
5 月 19 日	14339	13902	7 月 15 日	14259	13840
5 月 20 日	14342	13904	7 月 16 日	14256	13837
5 月 21 日	14341	13905	7 月 17 日	14255	13837
5 月 22 日	14342	13909	7 月 18 日	14254	13838
5 月 23 日	14356	13915	7 月 21 日	14253	13841
5 月 26 日	14362	13915	7 月 22 日	14252	13839
5 月 27 日	14366	13921	7 月 23 日	14241	13837
5 月 28 日	14370	13930	7 月 24 日	14237	13834
5 月 29 日	14371	13935	7 月 25 日	14234	13831
5 月 30 日	14364	13940	7 月 28 日	14231	13828
6 月 2 日	14367	13949	7 月 29 日	14228	13823
6 月 3 日	14368	13950	7 月 30 日	14224	13820
6 月 4 日	14360	13954	7 月 31 日	14221	13817
6 月 5 日	14374	13975	8 月 1 日	14205	13794
6 月 6 日	14349	13936	8 月 4 日	14194	13790
6 月 10 日	14339	13919	8 月 5 日	14182	13778
6 月 11 日	14319	13919	8 月 6 日	14168	13765
6 月 12 日	14317	13913			
6 月 13 日	14325	13918			

续表 2

日 期	国家棉花价格 A 指数	国家棉花价格 B 指数	日 期	国家棉花价格 A 指数	国家棉花价格 B 指数
8 月 7 日	14160	13755	8 月 20 日	14084	13705
8 月 11 日	14157	13753	8 月 21 日	14082	13710
8 月 12 日	14141	13745	8 月 22 日	14087	13716
8 月 13 日	14134	13723	8 月 25 日	14078	13713
8 月 14 日	14125	13720	8 月 26 日	14066	13700
8 月 15 日	14118	13718	8 月 27 日	14024	13675
8 月 18 日	14101	13717	8 月 28 日	14009	13646
8 月 19 日	14091	13706	8 月 29 日	13982	13608

数据来源：国家棉花市场监测系统。

图 4—2 2007/2008 年度国家棉花价格指数走势

4—22 2007/2008 年度国内各等级棉花分月价格表

单位：元/吨

月 份	129 级	229 级	328 级	428 级	527 级
2007 年 9 月	14408	13969	13611	13124	12603
2007 年 10 月	14261	13974	13462	12912	11972
2007 年 11 月	14392	14120	13609	13095	12203
2007 年 12 月	14417	14096	13559	13094	12180
2008 年 1 月	14465	14144	13628	13151	12252
2008 年 2 月	14509	14234	13683	13205	12324
2008 年 3 月	14573	14322	13836	13365	12491
2008 年 4 月	14514	14271	13831	13310	12414
2008 年 5 月	14508	14259	13820	13139	12329
2008 年 6 月	14479	14245	13834	13242	12420
2008 年 7 月	14414	14151	13732	13162	12425
2008 年 8 月	14280	14010	13596	13022	12329

数据来源：国家棉花市场监测系统。

4—23 2007/2008 年度国内主要地区棉花价格表

单位:元/吨

月份	冀鲁豫地区					东南沿海地区				
	129 级	229 级	328 级	428 级	527 级	129 级	229 级	328 级	428 级	527 级
2007 年 9 月	14541	14055	13628	13176	12631	14684	14164	13804	13326	12686
2007 年 10 月	14293	13932	13345	12816	12145	14505	14192	13489	13150	11966
2007 年 11 月	14371	14071	13484	13053	12367	14628	14276	13642	13357	12318
2007 年 12 月	14326	14023	13470	12995	12341	14700	14250	13652	13294	12352
2008 年 1 月	14417	14146	13487	13093	12341	14726	14344	13827	13300	12453
2008 年 2 月	14538	14283	13542	13114	12312	14796	14486	13895	13378	12557
2008 年 3 月	14688	14344	13728	13242	12581	14885	14632	13964	13520	12838
2008 年 4 月	14638	14349	13738	13211	12424	14854	14486	13928	13421	—
2008 年 5 月	14552	14314	13788	13018	12306	14779	14442	13983	13124	—
2008 年 6 月	14529	14330	13804	13242	12414	14766	14478	14046	13360	—
2008 年 7 月	14469	14185	13710	13241	12456	14706	14381	13987	13327	12492
2008 年 8 月	14309	14009	13555	13081	12299	14539	14205	13860	13220	12472

月份	长江中下游地区					华南地区				
	129 级	229 级	328 级	428 级	527 级	129 级	229 级	328 级	428 级	527 级
2007 年 9 月	14588	14101	13698	13262	12630	14507	14269	13888	13462	12739
2007 年 10 月	14382	14039	13424	12888	12133	14614	14293	13765	13315	12026
2007 年 11 月	14475	14143	13451	13065	12318	14691	14336	13805	13356	12283
2007 年 12 月	14524	14092	13491	13037	12280	14771	14364	13724	13400	—
2008 年 1 月	14617	14253	13503	13208	12352	14798	14402	13834	13407	—
2008 年 2 月	14692	14392	13664	13300	12507	14872	14556	13976	13481	—
2008 年 3 月	14774	14443	13809	13387	12704	14891	14643	14149	13666	—
2008 年 4 月	14729	14393	13818	13246	12708	14862	14553	14123	13569	—
2008 年 5 月	14623	14360	13872	13074	12507	14715	14413	14005	13208	—
2008 年 6 月	14651	14386	13894	13326	12573	14797	14432	14060	13314	—
2008 年 7 月	14571	14288	13813	13257	12467	14724	14363	13983	13313	—
2008 年 8 月	14409	14097	13622	13068	12357	14555	14205	13882	13229	—

续表

月份	西南地区					西北内陆地区				
	129 级	229 级	328 级	428 级	527 级	129 级	229 级	328 级	428 级	527 级
2007 年 9 月	—	14400	14100	13700	—	14200	13564	13137	12772	12483
2007 年 10 月	—	14300	13986	13695	—	13894	13608	13007	12435	11968
2007 年 11 月	—	14238	13955	13522	13130	14127	13950	13271	12498	11834
2007 年 12 月	—	14193	13906	13117	—	14215	13962	13146	12446	11829
2008 年 1 月	—	14400	14093	13656	—	14364	13969	13308	12471	11974
2008 年 2 月	—	14337	14031	13431	—	14347	13961	13279	12577	12068
2008 年 3 月	—	14300	13948	13561	—	14303	13950	13455	12923	12168
2008 年 4 月	—	14533	14224	13800	—	14138	13861	13466	12917	12213
2008 年 5 月	—	14457	14119	13650	—	—	—	13459	12975	12214
2008 年 6 月	—	14106	13772	13478	—	—	—	13535	13188	12426
2008 年 7 月	—	14309	14003	13600	—	—	—	13433	13166	12437
2008 年 8 月	—	14485	14187	13749	—	—	—	13335	13028	12198

月份	北方地区					新疆维吾尔自治区				
	129 级	229 级	328 级	428 级	527 级	129 级	229 级	328 级	428 级	527 级
2007 年 9 月	14675	13998	13569	12924	12450	14035	13668	13409	12836	12338
2007 年 10 月	—	13900	13304	12733	11825	14070	13848	13528	12697	11856
2007 年 11 月	—	14000	13502	12918	—	14226	14000	13669	12958	12100
2007 年 12 月	—	14000	13449	13000	—	14192	13939	13578	13056	12100
2008 年 1 月	—	14055	13498	13100	—	14165	13908	13597	13089	12138
2008 年 2 月	—	14157	13471	13118	—	14157	13909	13601	13112	12175
2008 年 3 月	—	14248	13651	13258	—	14236	14051	13773	13244	12328
2008 年 4 月	—	14211	13658	13241	—	14189	14050	13781	13219	12362
2008 年 5 月	—	14098	13724	13056	—	14190	14024	13729	13071	12308
2008 年 6 月	—	14105	13759	13062	—	14064	13915	13655	12994	12343
2008 年 7 月	—	14097	13682	13013	—	14006	13779	13474	12856	12349
2008 年 8 月	—	13962	13514	12913	—	13932	13703	13343	12772	12323

数据来源：国家棉花市场监测系统。

4—24　2007/2008 年度中国棉花收购价格指数月平均表

单位：元/吨

月　份	中国棉花收购价格指数	月　份	中国棉花收购价格指数
2007 年 9 月	12908	2008 年 1 月	12750
2007 年 10 月	12926	2008 年 2 月	12670
2007 年 11 月	12870	2008 年 3 月	12574
2007 年 12 月	12817	2008 年 4 月	12574

数据来源：国家棉花市场监测系统。

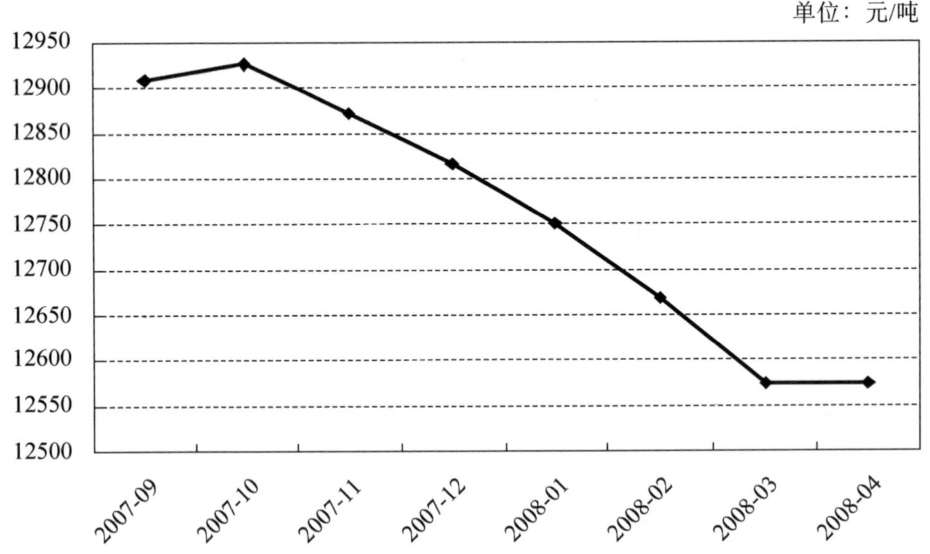

图 4—3　2007/2008 年度中国棉花收购价格指数走势

中国棉花收购价格指数简介

中国棉花收购价格指数(英文名为：CNCotton Index—Seedcotton，简称为 CNCotton S)，根据国家棉花市场监测系统 140 个监测站每日 3 级籽棉收购价格、棉籽平均价格和收购籽棉平均衣分率、含杂等质量指标计算得出，表示 3 级籽棉折皮棉收购价格，反映棉花企业的籽棉收购成本，计价单位为元/吨。

CNCotton S 的计算方法：由国内各产棉省(区、市)各等级籽棉主体收购价格，算术平均得出当日国内籽棉平均收购价格。根据各地 3 级籽棉平均收购价格、棉籽平均价格、平均衣分率折算出中国棉花收购价格指数。

CNCotton S 为国内植棉主产省(区)和部分非主产区不同等级收购籽棉的主体价格的算术平均价，反映某一日国内棉花收购价格的变化趋势。中国棉花收购价格指数不代表任一时间和地点棉花的实际收购价格。

CNCotton S 于每年 9 月 1 日起开始更新，收购旺季时每周一至周五更新，收购淡季时每周四更新，每年 5 月份以后停止更新。

4—25　2007/2008年度国内主要地区籽棉收购折皮棉成本月平均价格表

单位:元/吨

月　份	山　东	河　北	河　南	山　西	江　苏	安　徽	湖　北	湖　南	江　西	新　疆
2007年9月	12801	12821	12981	12311	13112	13005	12377	12032	12306	11974
2007年10月	13023	12730	12837	12220	12842	12751	12640	12479	12693	12526
2007年11月	13232	12810	13128	11673	13200	12874	12847	12519	12953	12084
2007年12月	13165	12824	13183	11985	13054	12795	12738	12618	12948	11929
2008年1月	13116	12863	13050	11751	13004	12701	12176	11931	12741	11197
2008年2月	13021	12868	13022	11741	12968	12609	12358	11902	12587	10996
2008年3月	13182	12683	12871	11839	13061	12465	12450	11994	12418	10522
2008年4月	13065	12817	12997	12702	13010	12563	12472	11940	12744	10469

数据来源:国家棉花市场监测系统。

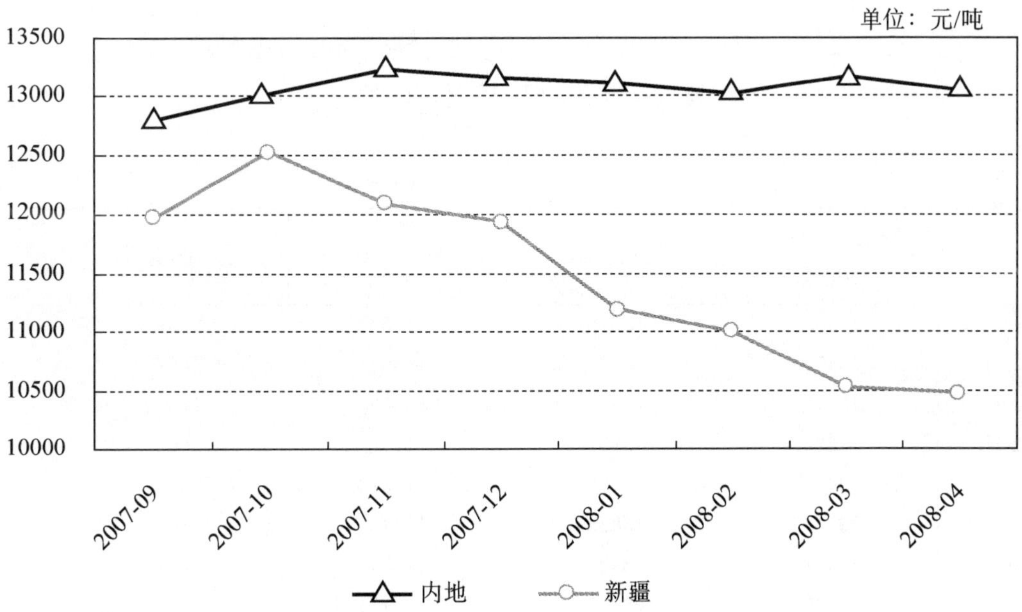

图4—4　2007/2008年度内地与新疆籽棉收购成本分月对比

4—26　2007/2008年度内地与新疆棉籽月均价对比图

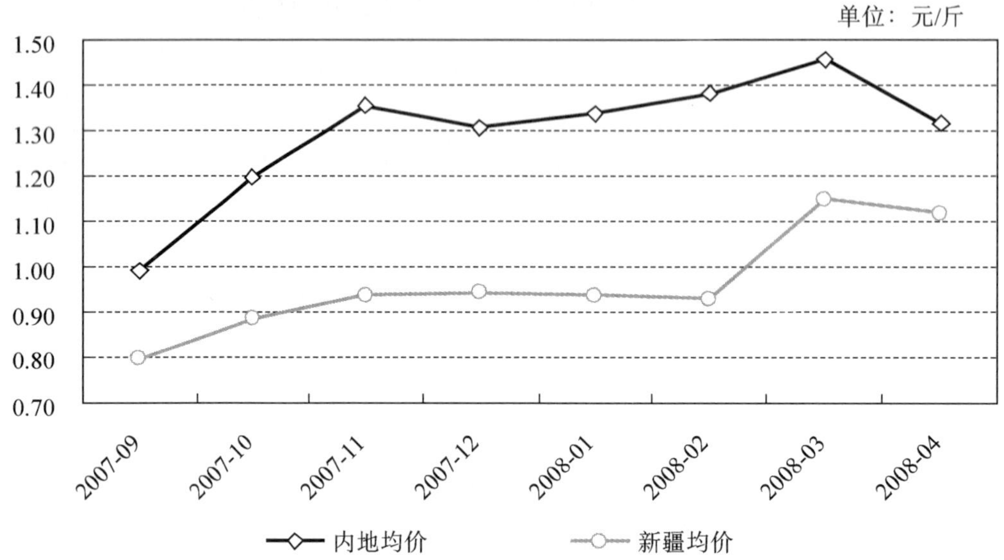

图4—5　2007/2008年度内地与新疆棉籽月均价对比

4—27　2007/2008年度国内棉花、纯棉纱及涤纶短纤月平均价格表

单位：元/吨

月　份	国家棉花价格B指数	32支纯棉纱	涤纶短纤	涤、棉差价	棉、纱差价
2007年9月	13683	19015	11453	2230	5332
2007年10月	13471	18970	11604	1867	5499
2007年11月	13646	18969	12008	1638	5323
2007年12月	13622	18881	11760	1862	5259
2008年1月	13692	18820	11439	2253	5128
2008年2月	13778	18838	11415	2363	5060
2008年3月	13921	18924	11554	2367	5003
2008年4月	13909	18925	11377	2532	5016
2008年5月	13911	18951	10975	2936	5040
2008年6月	13946	19312	11745	2201	5366
2008年7月	13868	19549	11861	2007	5681
2008年8月	13722	19764	11398	2324	6042

数据来源：国家棉花市场监测系统。

注：棉、纱价差＝32支纯棉纱－国家棉花价格B指数。

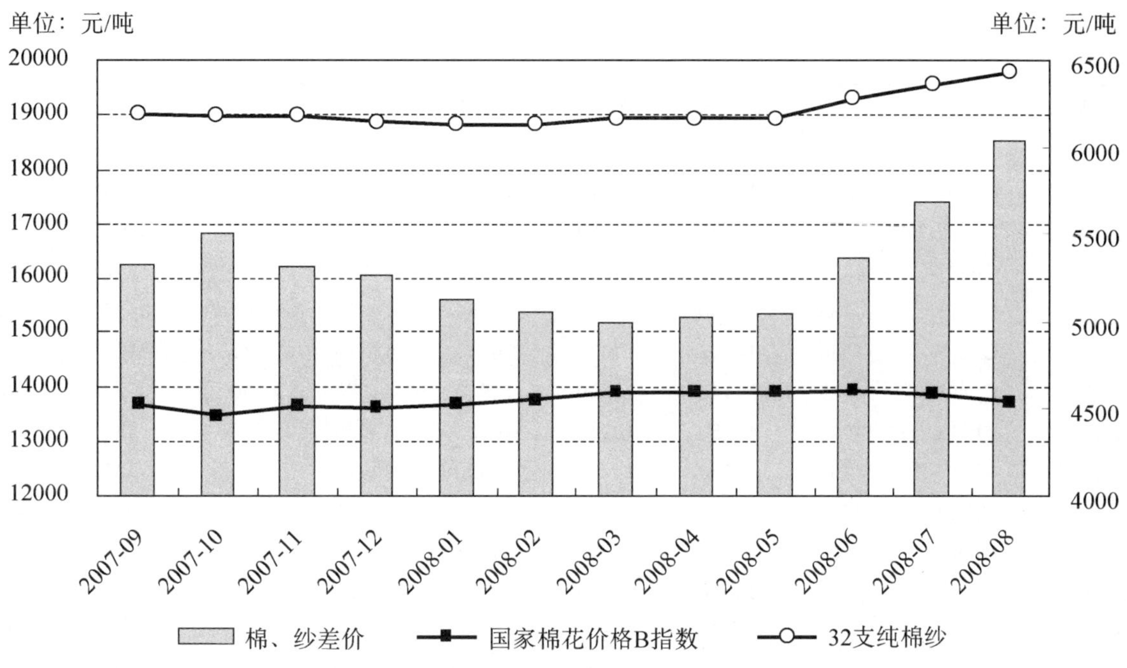

图 4—6 2007/2008 年度国内棉花、棉纱价格差异

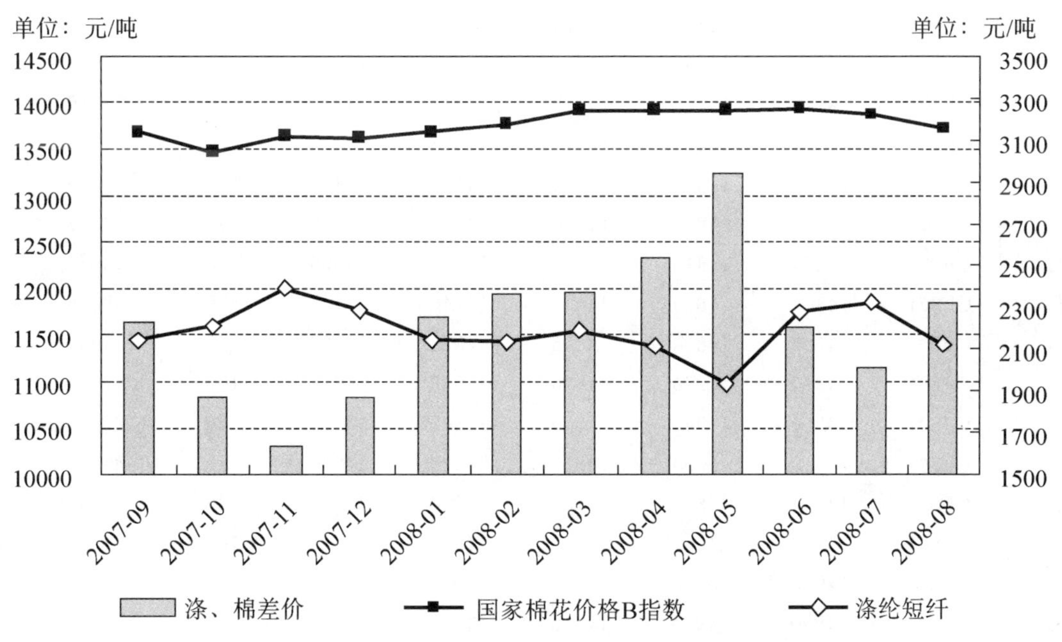

图 4—7 2007/2008 年度国内棉花、涤短价格差异

4—28　2007/2008年度郑州棉花期货主力合约日交易统计表

单位:元/吨、手

交易日期	合约代码	开盘	最高	最低	收盘	结算	涨跌	总成交量	总持仓量
2007年									
9月3日	CF801	14520	14560	14410	14415	14460	75	20350	64614
9月4日	CF801	14420	14420	14260	14265	14330	—130	28068	64964
9月5日	CF801	14300	14300	14205	14225	14245	—85	19478	64194
9月6日	CF801	14180	14180	14025	14050	14080	—165	34570	64680
9月7日	CF801	14050	14165	14035	14155	14115	35	21476	65556
9月10日	CF801	14145	14145	13950	13980	14025	—90	26292	65382
9月11日	CF801	14025	14450	13985	14425	14255	230	76850	78212
9月12日	CF801	14480	14520	14295	14390	14415	160	96354	81908
9月13日	CF801	14500	14500	14370	14450	14430	15	60936	91580
9月14日	CF801	14480	14640	14385	14495	14545	115	110226	95264
9月17日	CF801	14560	14580	14445	14445	14520	—25	69166	101948
9月18日	CF801	14490	14655	14470	14580	14575	55	141524	121330
9月19日	CF801	14640	14650	14400	14425	14520	—55	84938	119708
9月20日	CF801	14370	14370	14160	14185	14250	—270	74002	113084
9月21日	CF801	14260	14310	14165	14270	14250	0	61848	112792
9月24日	CF801	14350	14500	14290	14495	14420	170	103004	126634
9月25日	CF801	14450	14505	14370	14375	14420	0	75904	125930
9月26日	CF801	14370	14405	14320	14395	14365	—55	40442	126152
9月27日	CF801	14350	14400	14295	14310	14345	—20	43216	115462
9月28日	CF801	14350	14400	14340	14375	14370	25	34916	113340
10月8日	CF801	14230	14640	14230	14540	14475	105	64876	115946
10月9日	CF801	14510	14645	14450	14620	14570	95	79358	128542
10月10日	CF801	14625	14915	14625	14730	14800	230	146672	144296
10月11日	CF801	14805	14830	14675	14740	14745	—55	69976	144398
10月12日	CF801	14700	14880	14695	14825	14820	75	99950	154098
10月15日	CF801	14870	14970	14870	14935	14925	105	76674	160552
10月16日	CF801	14890	14940	14810	14875	14875	—50	67098	158388
10月17日	CF801	14915	15000	14825	14835	14945	70	85756	163534
10月18日	CF801	14845	14895	14750	14830	14820	—125	56798	160118
10月19日	CF801	14930	14980	14875	14905	14920	100	61112	163146
10月22日	CF801	14900	15035	14850	14910	14945	25	121974	171230
10月23日	CF801	14890	14960	14560	14705	14750	—195	113922	158606
10月24日	CF801	14750	14760	14610	14640	14665	—85	53012	153774
10月25日	CF801	14560	14575	14435	14450	14495	—170	78792	133442
10月26日	CF801	14520	14630	14500	14630	14565	70	40410	130814

续表 1

交易日期	合约代码	开　盘	最　高	最　低	收　盘	结　算	涨　跌	总成交量	总持仓量
10 月 29 日	CF801	14665	14760	14635	14725	14715	150	52710	132028
10 月 30 日	CF801	14670	14695	14560	14585	14615	—100	38130	129028
10 月 31 日	CF801	14505	14670	14500	14635	14585	—30	40232	128336
11 月 1 日	CF803	14880	14930	14880	14880	14910	60	29598	128994
11 月 2 日	CF803	14850	14865	14785	14830	14820	—90	29848	126412
11 月 5 日	CF803	14910	14910	14785	14785	14825	5	35020	127248
11 月 6 日	CF803	14760	14830	14760	14810	14795	—30	47350	123722
11 月 7 日	CF803	14915	15025	14900	15025	14970	175	100378	139294
11 月 8 日	CF803	14950	15010	14900	14935	14935	—35	62640	138552
11 月 9 日	CF803	14915	14925	14840	14850	14860	—75	36990	134548
11 月 12 日	CF803	14830	14830	14780	14805	14815	—45	30030	131442
11 月 13 日	CF803	14615	14660	14565	14565	14605	—210	66124	114244
11 月 14 日	CF803	14630	14640	14600	14600	14625	20	20354	110356
11 月 15 日	CF803	14605	14605	14490	14515	14555	—70	37908	106422
11 月 16 日	CF803	14420	14500	14390	14500	14430	—125	33388	100614
11 月 19 日	CF803	14500	14625	14445	14555	14550	120	33932	101156
11 月 20 日	CF803	14500	14500	14400	14500	14440	—110	30880	96378
11 月 21 日	CF803	14500	14555	14485	14490	14520	80	22402	94758
11 月 22 日	CF803	14445	14545	14435	14515	14505	—15	22584	95268
11 月 23 日	CF803	14460	14555	14450	14520	14495	—10	32578	94056
11 月 26 日	CF803	14615	14620	14565	14585	14595	100	39630	98336
11 月 27 日	CF803	14430	14500	14430	14430	14460	—135	27732	95218
11 月 28 日	CF803	14430	14455	14405	14405	14415	—45	16198	94332
11 月 29 日	CF803	14515	14525	14470	14475	14500	85	22700	93846
11 月 30 日	CF803	14420	14445	14370	14400	14400	—100	25024	91230
12 月 3 日	CF803	14280	14340	14280	14305	14310	—90	17410	91524
12 月 4 日	CF803	14325	14340	14295	14315	14310	0	11550	90928
12 月 5 日	CF803	14325	14325	14255	14265	14300	—10	21000	91120
12 月 6 日	CF803	14285	14285	14260	14285	14275	—25	11750	89306
12 月 7 日	CF803	14310	14335	14285	14335	14315	40	22538	91872
12 月 10 日	CF803	14400	14400	14315	14320	14330	15	17406	92000
12 月 11 日	CF803	14345	14355	14305	14305	14325	—5	11118	91940
12 月 12 日	CF803	14265	14270	14250	14255	14260	—65	11344	90400
12 月 13 日	CF803	14000	14345	14000	14300	14300	40	15226	90440
12 月 14 日	CF803	14260	14275	14240	14275	14255	—45	8250	90040
12 月 17 日	CF803	14330	14460	14320	14430	14405	150	47342	97578
12 月 18 日	CF803	14420	14430	14400	14420	14410	5	23590	94344
12 月 19 日	CF803	14400	14460	14370	14460	14425	15	18472	96686

续表 2

交易日期	合约代码	开　盘	最　高	最　低	收　盘	结　算	涨　跌	总成交量	总持仓量
12 月 20 日	CF803	14475	14490	14440	14460	14460	35	22098	95636
12 月 21 日	CF803	14400	14470	14400	14440	14430	−30	15712	94734
12 月 24 日	CF803	14465	14550	14460	14485	14495	65	34422	97658
12 月 25 日	CF803	14460	14460	14440	14450	14450	−45	10772	97140
12 月 26 日	CF803	14460	14500	14460	14475	14480	30	15558	97770
12 月 27 日	CF803	14510	14550	14420	14425	14470	−10	23102	95206
12 月 28 日	CF803	14480	14510	14390	14440	14435	−35	24426	95612
2008 年									
1 月 2 日	CF805	14815	14870	14775	14845	14830	25	19040	98124
1 月 3 日	CF805	14905	15040	14860	14990	14965	135	73986	112142
1 月 4 日	CF805	14975	15045	14935	15005	14990	25	35398	116522
1 月 7 日	CF805	14965	15105	14965	15070	15060	70	37410	122232
1 月 8 日	CF805	15080	15095	14990	15005	15030	−30	26748	121652
1 月 9 日	CF805	15065	15070	14995	15035	15030	0	17288	123458
1 月 10 日	CF805	14980	15000	14890	14905	14935	−95	25290	120704
1 月 11 日	CF805	14800	14850	14745	14775	14775	−160	30406	115476
1 月 14 日	CF805	14950	14975	14905	14950	14945	170	34790	111490
1 月 15 日	CF805	14980	15020	14880	14910	14970	25	32286	107860
1 月 16 日	CF805	14945	14960	14770	14840	14845	−125	26648	103680
1 月 17 日	CF805	14830	14900	14790	14895	14855	10	18634	104032
1 月 18 日	CF805	14880	14925	14790	14820	14845	−10	19878	101310
1 月 21 日	CF805	14780	14820	14765	14790	14800	−45	10426	101222
1 月 22 日	CF805	14730	14730	14535	14600	14635	−165	31280	95390
1 月 23 日	CF805	14650	14765	14650	14765	14695	60	15992	95526
1 月 24 日	CF805	14610	14690	14575	14675	14635	−60	16698	95008
1 月 25 日	CF805	14730	14760	14670	14685	14705	70	9772	95256
1 月 28 日	CF805	14650	14725	14650	14680	14690	−15	10510	96778
1 月 29 日	CF805	14745	14745	14680	14695	14695	5	5440	96998
1 月 30 日	CF805	14690	14700	14640	14650	14655	−40	7276	97220
1 月 31 日	CF805	14660	14680	14625	14660	14655	0	7344	98346
2 月 1 日	CF805	14620	14670	14620	14650	14650	−5	8766	97806
2 月 4 日	CF805	14670	14735	14660	14715	14710	60	16646	99596
2 月 5 日	CF805	14730	14760	14700	14760	14730	20	15746	100588
2 月 13 日	CF805	14690	14690	14650	14670	14665	−65	15152	99782
2 月 14 日	CF805	14680	14830	14670	14805	14760	95	45652	105220
2 月 15 日	CF805	14880	14930	14815	14815	14860	100	33812	106406
2 月 18 日	CF805	14800	14895	14795	14885	14865	5	50888	115804
2 月 19 日	CF805	14900	14900	14780	14840	14835	−30	31612	115906

续表 3

交易日期	合约代码	开盘	最高	最低	收盘	结算	涨跌	总成交量	总持仓量
2月20日	CF805	14855	14950	14845	14880	14905	70	87116	130934
2月21日	CF805	14945	14945	14880	14910	14910	5	38706	133442
2月22日	CF805	15000	15065	14960	15010	15020	110	80126	152332
2月25日	CF805	15080	15090	14960	14980	15035	15	52556	155298
2月26日	CF805	15290	15290	14850	14930	14980	−55	56610	146436
2月27日	CF805	15000	15020	14925	14975	14985	5	41222	149862
2月28日	CF805	14950	14985	14885	14930	14920	−65	26302	147706
2月29日	CF805	14970	15020	14935	15005	14990	70	47168	155566
3月3日	CF807	15550	15880	15480	15880	15710	295	90170	170268
3月4日	CF807	16350	16420	15790	16420	16275	565	182568	149756
3月5日	CF807	16345	16660	16005	16140	16365	90	355556	165274
3月6日	CF807	16200	16310	15975	16035	16140	−225	142074	174308
3月7日	CF807	15655	15860	15655	15655	15745	−395	107802	171852
3月10日	CF807	15410	15650	15410	15565	15540	−205	109896	167344
3月11日	CF807	15545	15745	15540	15725	15670	130	73818	167240
3月12日	CF807	15820	15895	15455	15535	15675	5	91342	158908
3月13日	CF807	15595	15650	15500	15585	15590	−85	41854	157804
3月14日	CF807	15535	15580	15445	15530	15500	−90	38884	147982
3月17日	CF807	15400	15435	15280	15295	15360	−140	52830	138576
3月18日	CF807	15000	15010	14895	14895	14915	−445	57684	120784
3月19日	CF807	15000	15040	14925	14950	14960	45	26804	115548
3月20日	CF807	14560	14775	14555	14760	14685	−275	44708	108162
3月21日	CF807	14710	14885	14710	14865	14810	125	29480	108248
3月24日	CF807	14895	14960	14830	14830	14870	60	19168	108150
3月25日	CF807	14950	14950	14850	14895	14900	30	22008	109424
3月26日	CF807	14950	14955	14855	14865	14895	−5	15850	109528
3月27日	CF807	14835	14835	14690	14705	14735	−160	20800	109126
3月28日	CF807	14670	14750	14645	14710	14705	−30	14480	108626
3月31日	CF807	14665	14920	14665	14910	14835	130	27470	111180
4月1日	CF807	14720	14720	14450	14545	14580	−255	50998	105362
4月2日	CF807	14660	14695	14580	14625	14640	60	17700	103770
4月3日	CF807	14650	14650	14540	14555	14580	−60	12738	103998
4月7日	CF807	14565	14590	14465	14585	14530	−50	18956	103804
4月8日	CF807	14620	14640	14500	14530	14585	55	13122	104006
4月9日	CF807	14505	14580	14480	14520	14525	−60	12214	103782
4月10日	CF807	14615	14615	14530	14555	14565	40	11260	103838
4月11日	CF807	14560	14560	14410	14490	14480	−85	21744	104562
4月14日	CF807	14470	14580	14425	14555	14530	50	17498	105072

续表 4

交易日期	合约代码	开 盘	最 高	最 低	收 盘	结 算	涨 跌	总成交量	总持仓量
4 月 15 日	CF807	14580	14670	14555	14645	14620	90	29176	105870
4 月 16 日	CF807	14680	14715	14625	14690	14675	55	28916	109806
4 月 17 日	CF807	14600	14630	14540	14550	14590	−85	17090	107722
4 月 18 日	CF807	14500	14520	14455	14480	14485	−105	14542	107218
4 月 21 日	CF807	14440	14495	14305	14320	14380	−105	31096	105264
4 月 22 日	CF807	14270	14300	14195	14210	14235	−145	20450	103662
4 月 23 日	CF807	14275	14295	14235	14265	14260	25	14702	102620
4 月 24 日	CF807	14230	14445	14230	14390	14365	105	24506	101568
4 月 25 日	CF807	14270	14295	14215	14245	14255	−110	16410	100636
4 月 28 日	CF807	14260	14315	14250	14295	14290	35	12568	100852
4 月 29 日	CF807	14285	14370	14225	14270	14285	−5	10318	100848
4 月 30 日	CF807	14145	14250	14145	14235	14205	−80	10584	100850
5 月 5 日	CF807	14230	14280	14205	14235	14240	35	11550	101570
5 月 6 日	CF807	14200	14240	14185	14235	14220	−20	14204	104710
5 月 7 日	CF807	14275	14315	14240	14255	14275	55	20292	108164
5 月 8 日	CF807	14240	14290	14220	14230	14240	−35	7926	107990
5 月 9 日	CF807	14260	14280	14150	14190	14210	−30	10956	107620
5 月 12 日	CF807	14225	14260	14200	14240	14230	20	15742	109024
5 月 13 日	CF807	14260	14260	14185	14230	14215	−15	10632	108420
5 月 14 日	CF807	14200	14200	14115	14120	14150	−65	15344	107852
5 月 15 日	CF807	14100	14100	14050	14055	14070	−80	11748	105554
5 月 16 日	CF807	14075	14130	14070	14105	14105	35	9898	88800
5 月 19 日	CF807	14185	14190	14130	14140	14150	45	9766	88612
5 月 20 日	CF807	14140	14190	14125	14180	14160	10	9978	87780
5 月 21 日	CF807	14110	14155	14110	14130	14135	−25	7036	85784
5 月 22 日	CF807	14150	14400	14135	14300	14245	110	26884	91112
5 月 23 日	CF807	14240	14280	14140	14155	14210	−35	39570	94414
5 月 26 日	CF807	14120	14180	14055	14135	14110	−100	20354	95344
5 月 27 日	CF807	14105	14160	14095	14135	14140	30	10788	94964
5 月 28 日	CF807	13985	13985	13920	13960	13960	−180	23668	94912
5 月 29 日	CF807	13930	14045	13895	13955	13990	30	15464	95804
5 月 30 日	CF807	13920	13990	13910	13945	13940	−50	15122	92920
6 月 2 日	CF809	14450	14450	14320	14320	14365	−75	18196	93072
6 月 3 日	CF809	14340	14375	14240	14295	14315	−50	19426	92484
6 月 4 日	CF809	14205	14315	14205	14280	14270	−45	11680	91370
6 月 5 日	CF809	14280	14340	14275	14305	14305	35	10684	90302
6 月 6 日	CF809	14335	14345	14305	14320	14320	15	12790	89312
6 月 10 日	CF809	14335	14360	14320	14335	14335	15	10310	88984

续表 5

交易日期	合约代码	开 盘	最 高	最 低	收 盘	结 算	涨 跌	总成交量	总持仓量
6 月 11 日	CF809	14330	14330	14175	14225	14240	−95	18586	88946
6 月 12 日	CF809	14350	14400	14250	14250	14325	85	23248	89960
6 月 13 日	CF809	14270	14270	14195	14250	14230	−95	9644	89870
6 月 16 日	CF809	14315	14350	14285	14320	14315	85	29530	91686
6 月 17 日	CF809	14400	14400	14310	14320	14355	40	32484	93634
6 月 18 日	CF809	14290	14330	14255	14320	14305	−50	34080	95726
6 月 19 日	CF809	14365	14370	14270	14300	14320	15	21524	96082
6 月 20 日	CF809	14260	14280	14215	14220	14245	−75	18480	91106
6 月 23 日	CF809	14270	14270	14175	14200	14215	−30	15448	88624
6 月 24 日	CF809	14180	14195	14140	14190	14170	−45	17846	86706
6 月 25 日	CF809	14205	14230	14190	14220	14210	40	24188	90500
6 月 26 日	CF809	14230	14250	14210	14210	14230	20	22870	93670
6 月 27 日	CF809	14240	14240	14155	14175	14185	−45	14588	93230
6 月 30 日	CF809	14145	14200	14065	14075	14110	−75	22980	88398
7 月 1 日	CF809	14015	14035	13910	13910	13995	−115	26104	83678
7 月 2 日	CF809	13900	13945	13845	13940	13905	−90	20084	80754
7 月 3 日	CF809	13920	13960	13890	13955	13935	30	15182	79218
7 月 4 日	CF809	13945	13965	13880	13900	13910	−25	15882	77536
7 月 7 日	CF809	13880	13930	13850	13880	13885	−25	12534	77126
7 月 8 日	CF809	13800	13875	13755	13755	13800	−85	21630	75426
7 月 9 日	CF809	13765	13795	13685	13795	13735	−65	15530	74994
7 月 10 日	CF809	13820	13820	13765	13800	13790	55	14888	73418
7 月 11 日	CF809	13800	13835	13780	13805	13805	15	15722	73122
7 月 14 日	CF809	13815	13920	13765	13895	13845	40	35140	54334
7 月 15 日	CF809	13895	13895	13815	13875	13860	15	21412	56286
7 月 16 日	CF809	13950	13995	13895	13940	13950	90	37712	56824
7 月 17 日	CF809	13945	13950	13875	13875	13905	−45	18224	55694
7 月 18 日	CF809	13850	13850	13770	13800	13805	−100	17670	54428
7 月 21 日	CF809	13770	13820	13660	13660	13720	−85	24484	53828
7 月 22 日	CF809	13630	13690	13620	13645	13645	−75	12834	52292
7 月 23 日	CF809	13605	13605	13495	13500	13535	−110	21084	51154
7 月 24 日	CF809	13500	13600	13500	13565	13560	25	13860	48554
7 月 25 日	CF809	13595	13605	13550	13590	13580	20	11772	48536
7 月 28 日	CF809	13610	13610	13540	13590	13575	−5	14624	47702
7 月 29 日	CF809	13550	13550	13495	13500	13510	−65	14866	46594
7 月 30 日	CF809	13530	13530	13495	13500	13505	−5	21892	46382
7 月 31 日	CF809	13495	13500	13425	13500	13455	−50	18062	44720
8 月 1 日	CF811	13960	13995	13895	13975	13960	100	32648	44086

续表 6

交易日期	合约代码	开　盘	最　高	最　低	收　盘	结　算	涨　跌	总成交量	总持仓量
8 月 4 日	CF811	13855	13885	13730	13745	13800	－160	31248	42416
8 月 5 日	CF811	13610	13635	13580	13600	13605	－195	23246	39304
8 月 6 日	CF811	13630	13695	13630	13670	13665	60	11410	38458
8 月 7 日	CF811	13670	13685	13605	13670	13650	－15	8918	37308
8 月 8 日	CF811	13735	13740	13685	13715	13715	65	9306	36968
8 月 11 日	CF811	13520	13635	13520	13605	13615	－100	11354	37120
8 月 12 日	CF811	13620	13630	13560	13620	13615	0	10368	36352
8 月 13 日	CF811	13660	13700	13600	13700	13670	55	16524	37050
8 月 14 日	CF811	13750	13750	13630	13700	13700	30	12948	36104
8 月 15 日	CF811	13530	13635	13530	13595	13570	－130	14722	34732
8 月 18 日	CF811	13670	13670	13580	13625	13635	65	15412	34980
8 月 19 日	CF811	13645	13655	13600	13630	13635	0	18010	35142
8 月 20 日	CF811	13695	13695	13560	13560	13605	－30	11848	35220
8 月 21 日	CF811	13580	13600	13475	13520	13530	－75	10930	34938
8 月 22 日	CF811	13550	13645	13475	13500	13525	－5	11424	34526
8 月 25 日	CF811	13470	13480	13450	13460	13460	－65	5476	34578
8 月 26 日	CF811	13430	13430	13300	13300	13365	－95	15328	36826
8 月 27 日	CF811	13330	13355	13250	13265	13285	－80	10212	36302
8 月 28 日	CF811	13295	13295	13200	13215	13225	－60	11162	36294
8 月 29 日	CF811	13065	13140	13010	13130	13110	－115	9676	36852

数据来源：郑州商品交易所。

图 4－8　2007/2008 年度郑棉主力合约量价走势

图 4—9 2007/2008 年度郑棉期货交易持仓量变化情况

4—29 2007/2008 年度郑州棉花期货与现货月平均价格表

单位：元/吨

月 份	国家棉花价格 B 指数	郑棉期货近月合约	价差(期货−现货)
2007 年 9 月	13683	13739	55
2007 年 10 月	13471	13914	443
2007 年 11 月	13646	14084	438
2007 年 12 月	13622	14052	429
2008 年 1 月	13692	14304	612
2008 年 2 月	13778	14454	676
2008 年 3 月	13921	14612	691
2008 年 4 月	13909	14086	177
2008 年 5 月	13914	14000	86
2008 年 6 月	13946	13752	−194
2008 年 7 月	13868	13581	−287
2008 年 8 月	13722	13181	−541

数据来源：国家棉花市场监测系统、郑州商品交易所。

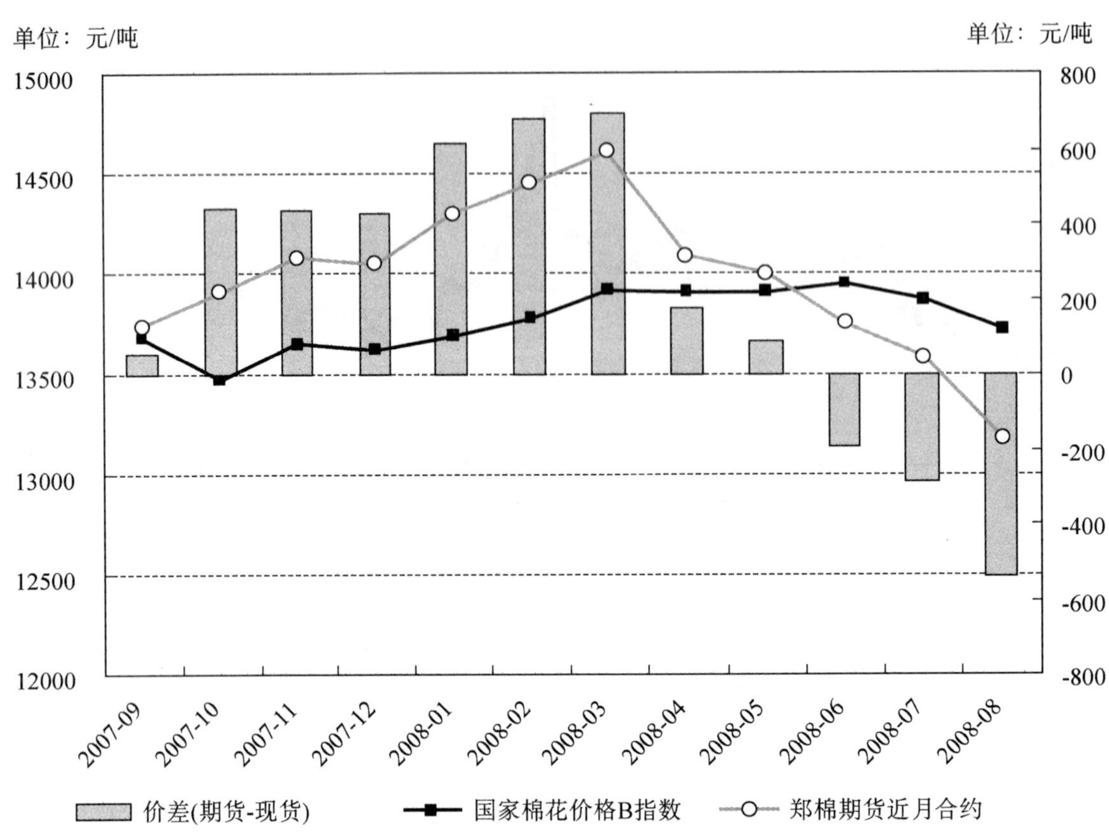

图 4—10　2007/2008 年度国内期、现货价格对比

4—30　2007/2008 年度华中棉花交易市场日成交统计表

单位：吨、元/吨

日　期	成交量	新疆 229 级棉日均成交价格	日　期	成交量	新疆 229 级棉日均成交价格
2007 年			9 月 20 日	100	14180
9 月 3 日	120	14720	9 月 21 日	100	14090
9 月 4 日	100	14720	9 月 24 日	100	14090
9 月 5 日	100	14680	9 月 25 日	100	14100
9 月 6 日	100	14600	9 月 26 日	100	14100
9 月 7 日	100	14580	9 月 27 日	100	14110
9 月 10 日	100	14500	9 月 28 日	80	14110
9 月 11 日	100	14500	10 月 8 日	80	14200
9 月 12 日	100	14450	10 月 9 日	80	14220
9 月 13 日	100	14400	10 月 10 日	80	14250
9 月 14 日	120	14380	10 月 11 日	120	14250
9 月 17 日	100	14350	10 月 12 日	100	14300
9 月 18 日	100	14300	10 月 15 日	100	14400
9 月 19 日	100	14250	10 月 16 日	120	14400

续表 1

日 期	成交量	新疆 229 级棉日均成交价格	日 期	成交量	新疆 229 级棉日均成交价格
10 月 17 日	120	14420	12 月 17 日	80	14200
10 月 18 日	100	14420	12 月 18 日	80	14260
10 月 19 日	140	14450	12 月 19 日	80	14260
10 月 22 日	100	14450	12 月 20 日	80	14300
10 月 23 日	100	14440	12 月 21 日	120	14300
10 月 24 日	80	14440	12 月 24 日	160	14320
10 月 25 日	80	14430	12 月 25 日	140	14320
10 月 26 日	80	14430	12 月 26 日	100	14330
10 月 29 日	80	14450	12 月 27 日	100	14320
10 月 30 日	160	14450	12 月 28 日	100	14310
10 月 31 日	100	14440	12 月 29 日	100	14300
11 月 1 日	100	14440	**2008 年**		
11 月 2 日	100	14460	1 月 2 日	100	14350
11 月 5 日	100	14400	1 月 3 日	140	14350
11 月 6 日	100	14350	1 月 4 日	160	14360
11 月 7 日	80	14350	1 月 7 日	100	14380
11 月 8 日	80	14350	1 月 8 日	120	14380
11 月 9 日	80	14300	1 月 9 日	120	14390
11 月 12 日	80	14300	1 月 10 日	120	14370
11 月 13 日	80	14280	1 月 11 日	180	14340
11 月 14 日	80	14290	1 月 14 日	120	14390
11 月 15 日	100	14290	1 月 15 日	120	14400
11 月 16 日	80	14300	1 月 16 日	80	14350
11 月 19 日	80	14330	1 月 17 日	80	14320
11 月 20 日	120	14330	1 月 18 日	80	14310
11 月 21 日	100	14340	1 月 21 日	80	14300
11 月 22 日	100	14340	1 月 22 日	80	14280
11 月 23 日	100	14350	1 月 23 日	120	14280
11 月 26 日	100	14400	1 月 24 日	100	14270
11 月 27 日	80	14410	1 月 25 日	80	14270
11 月 28 日	80	14410	1 月 28 日	80	14270
11 月 29 日	80	14420	1 月 29 日	60	14270
11 月 30 日	80	14360	1 月 30 日	40	14270
12 月 3 日	80	14350	1 月 31 日	80	14280
12 月 4 日	100	14320	2 月 1 日	80	14290
12 月 5 日	60	14300	2 月 18 日	100	14350
12 月 6 日	100	14300	2 月 19 日	120	14360
12 月 7 日	80	14300	2 月 20 日	120	14380
12 月 10 日	80	14250	2 月 21 日	120	14400
12 月 11 日	80	14250	2 月 22 日	120	14400
12 月 12 日	80	14220	2 月 25 日	120	14410
12 月 13 日	80	14220	2 月 26 日	100	14410
12 月 14 日	80	14220	2 月 27 日	80	14410

续表 2

日　期	成交量	新疆 229 级棉日均成交价格	日　期	成交量	新疆 229 级棉日均成交价格
2 月 28 日	120	14420	5 月 5 日	100	14480
2 月 29 日	120	14450	5 月 6 日	120	14490
3 月 3 日	120	14450	5 月 7 日	120	14500
3 月 4 日	300	14660	5 月 8 日	80	14500
3 月 5 日	220	14650	5 月 9 日	80	14510
3 月 6 日	140	14620	5 月 12 日	80	14510
3 月 7 日	120	14580	5 月 13 日	120	14480
3 月 10 日	60	14520	5 月 14 日	160	14480
3 月 11 日	80	14540	5 月 15 日	80	14450
3 月 12 日	80	14520	5 月 16 日	80	14430
3 月 13 日	100	14530	5 月 19 日	120	14480
3 月 14 日	100	14510	5 月 20 日	80	14480
3 月 17 日	80	14500	5 月 21 日	80	14480
3 月 18 日	80	14450	5 月 22 日	140	14480
3 月 19 日	80	14450	5 月 23 日	140	14500
3 月 20 日	120	14430	5 月 26 日	120	14460
3 月 21 日	120	14450	5 月 27 日	80	14460
3 月 24 日	100	14420	5 月 28 日	80	14450
3 月 25 日	100	14410	5 月 29 日	100	14450
3 月 26 日	100	14400	5 月 30 日	140	14410
3 月 27 日	100	14390	6 月 2 日	160	14400
3 月 28 日	100	14390	6 月 3 日	160	14380
3 月 31 日	100	14390	6 月 4 日	120	14380
4 月 1 日	80	14360	6 月 5 日	120	14370
4 月 3 日	100	14380	6 月 6 日	100	14370
4 月 7 日	100	14380	6 月 10 日	140	14400
4 月 8 日	100	14390	6 月 11 日	100	14360
4 月 9 日	100	14400	6 月 12 日	100	14350
4 月 10 日	120	14420	6 月 13 日	80	14350
4 月 11 日	100	14400	6 月 16 日	80	14350
4 月 14 日	100	14430	6 月 17 日	120	14360
4 月 15 日	120	14450	6 月 18 日	120	14330
4 月 16 日	100	14460	6 月 19 日	100	14340
4 月 17 日	80	14430	6 月 20 日	80	14300
4 月 18 日	80	14420	6 月 23 日	80	14320
4 月 21 日	80	14430	6 月 24 日	80	14320
4 月 22 日	80	14420	6 月 25 日	80	14310
4 月 23 日	80	14400	6 月 26 日	80	14330
4 月 24 日	120	14430	6 月 27 日	80	14310
4 月 25 日	80	14410	6 月 30 日	80	14280
4 月 28 日	80	14430	7 月 1 日	80	14260
4 月 29 日	100	14450	7 月 2 日	80	14250
4 月 30 日	120	14460	7 月 3 日	80	14250

续表 3

日　期	成交量	新疆 229 级棉日均成交价格	日　期	成交量	新疆 229 级棉日均成交价格
7 月 4 日	80	14260	8 月 4 日	80	14020
7 月 7 日	80	14250	8 月 5 日	140	13970
7 月 8 日	80	14240	8 月 6 日	160	13950
7 月 9 日	80	14200	8 月 7 日	180	13920
7 月 10 日	80	14220	8 月 8 日	160	13940
7 月 11 日	120	14240	8 月 11 日	160	13860
7 月 14 日	160	14250	8 月 12 日	200	13840
7 月 15 日	120	14250	8 月 13 日	140	13780
7 月 16 日	140	14260	8 月 14 日	160	13700
7 月 17 日	100	14260	8 月 15 日	120	13600
7 月 18 日	100	14250	8 月 18 日	100	13540
7 月 21 日	100	14110	8 月 19 日	80	13460
7 月 22 日	100	14100	8 月 20 日	100	13460
7 月 23 日	80	14100	8 月 21 日	100	13420
7 月 24 日	80	14110	8 月 22 日	140	13420
7 月 25 日	100	14120	8 月 25 日	140	13380
7 月 28 日	140	14120	8 月 26 日	80	13360
7 月 29 日	80	14120	8 月 27 日	80	13340
7 月 30 日	100	14120	8 月 28 日	80	13340
7 月 31 日	120	14100	8 月 29 日	80	13300
8 月 1 日	120	14100			

数据来源：国家棉花市场监测系统、华中棉花交易市场。

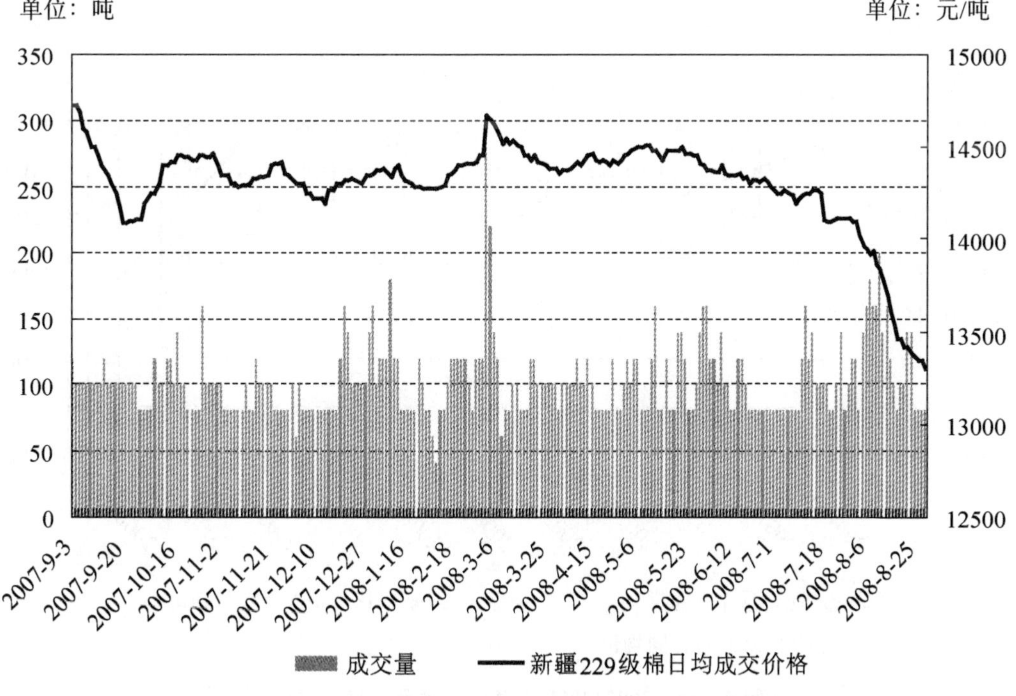

图 4—11　2007/2008 年度华中交易市场成交价格走势

4—31　2007/2008 年度电子撮合近月合同与现货市场价格统计表

单位：元/吨

月　份	国家棉花价格 A 指数月均价	撮合交易近月合同均价	价差(撮合－现货)
2007 年 9 月	14121	13781	－340
2007 年 10 月	14016	14098	82
2007 年 11 月	14188	13987	－201
2007 年 12 月	14172	13883	－288
2008 年 1 月	14252	14130	－121
2008 年 2 月	14389	14218	－171
2008 年 3 月	14474	14333	－141
2008 年 4 月	14413	14111	－302
2008 年 5 月	14338	14172	－165
2008 年 6 月	14355	14118	－237
2008 年 7 月	14275	13796	－479
2008 年 8 月	14109	13470	－639

数据来源：国家棉花市场监测系统、全国棉花交易市场。

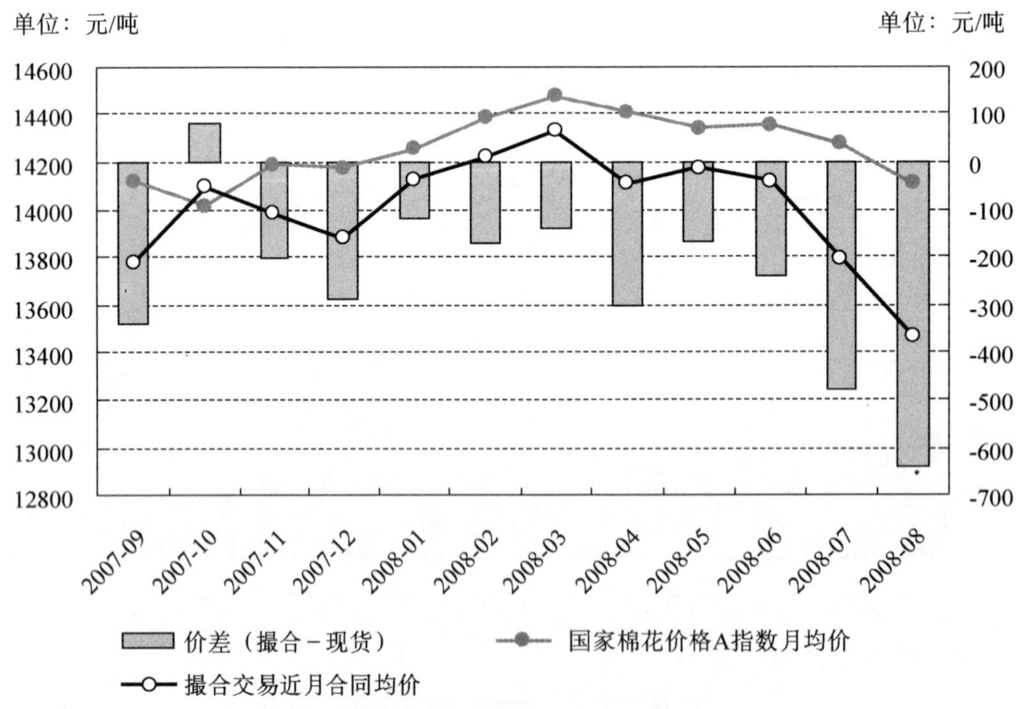

图 4—12　2007/2008 年度国内撮合、现货价格对比

4—32 2007/2008年度电子撮合MA合同综合指数月均价及月单边总成交量表

单位:元/吨

月 份	MA合同综合指数	MA合同当月单边总成交量
2007年9月	13943	124950
2007年10月	14487	100840
2007年11月	14409	104670
2007年12月	14333	119120
2008年1月	14512	113430
2008年2月	14616	50050
2008年3月	14805	127045
2008年4月	14450	107690
2008年5月	14396	95450
2008年6月	14319	101580
2008年7月	13916	122240
2008年8月	13593	88820

数据来源:全国棉花交易市场。

注:MA合同标的为229级棉。

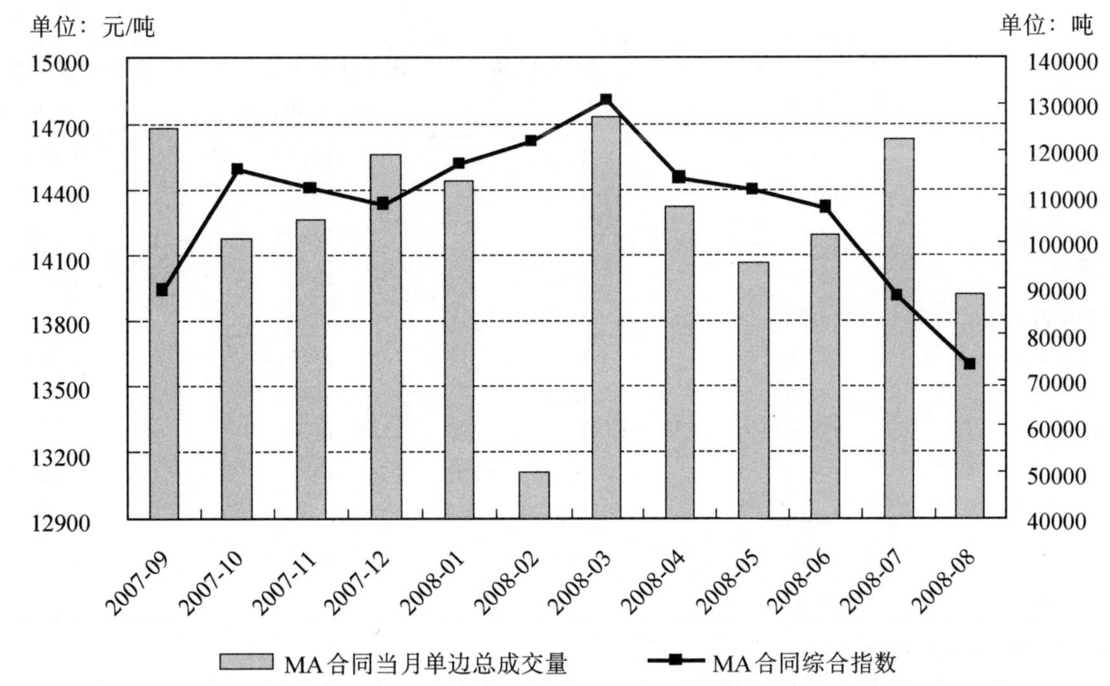

图4—13 2007/2008年度撮合交易量价走势情况

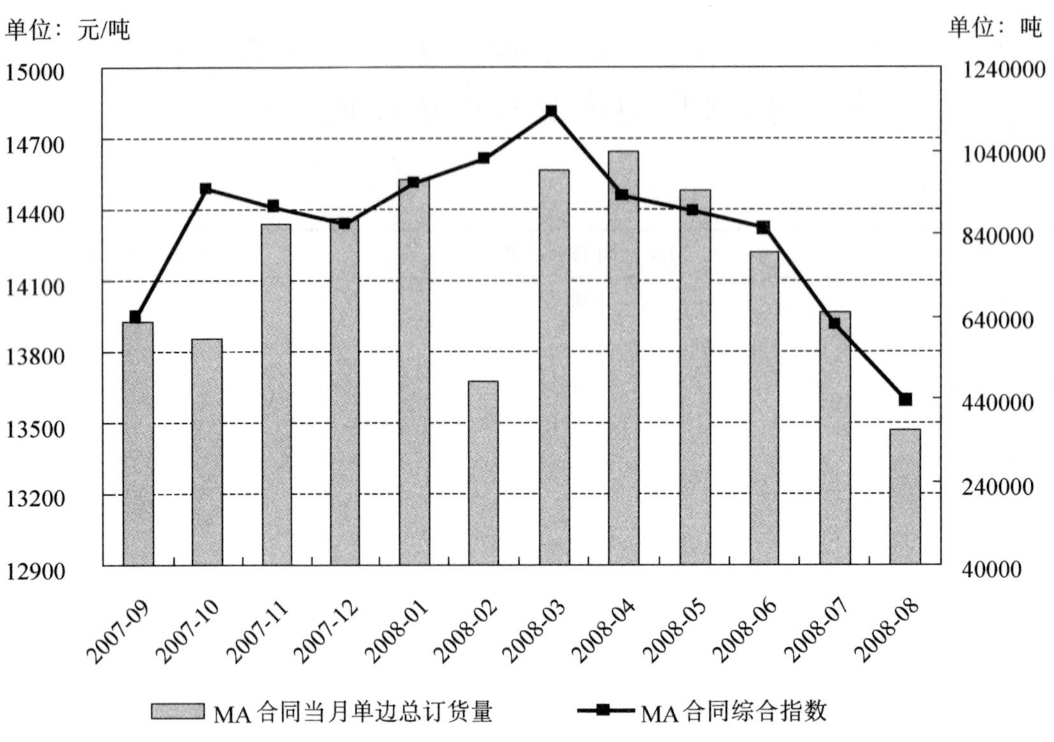

图 4—14 2007/2008 年度撮合交易订货量变化

4—33 2007/2008 年度国内外现货月平均价格对比表

单位：元/吨

日　期	国家棉花价格 A 指数	国家棉花价格 B 指数	国际棉花指数(SM)折人民币价格	国际棉花指数(M)折人民币价格
2007 年 9 月	14121	13683	13678	13054
2007 年 10 月	14024	13471	13770	13063
2007 年 11 月	14188	13646	13879	13221
2007 年 12 月	14172	13622	13754	13351
2008 年 1 月	14252	13692	14582	14182
2008 年 2 月	14389	13778	14664	14210
2008 年 3 月	14474	13921	15300	14782
2008 年 4 月	14413	13909	14636	14216
2008 年 5 月	14338	13911	13783	13503
2008 年 6 月	14355	13946	13974	13729
2008 年 7 月	14275	13868	14160	14035
2008 年 8 月	14109	13722	13898	13660

数据来源：国家棉花市场监测系统。

注：国际棉花指数折成人民币价格所采用的汇率为海关计征汇率，即每月使用上一个月第三个星期三（第三个星期三为法定节假日时，顺延采用第四个星期三的汇率）中国人民银行公布的美元对人民币的基准汇率；关税为配额内关税(1%)；增值税为(13%)；港口费用为 200 元/吨。

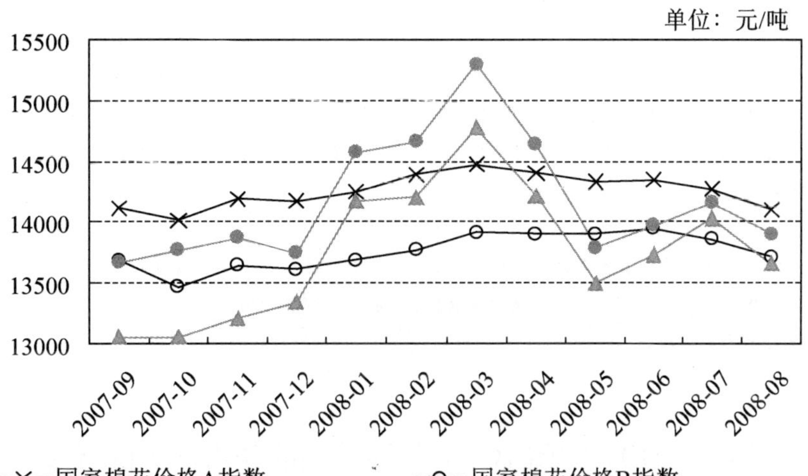

图 4—15　2007/2008 年度国内外现货市场价格对比

国际棉花指数简介

国际棉花指数(International Cotton Indices)包括 SM 级指数(Premium Index)和 M 级指数(Standard Index)，目前所采集的是亚洲主要港口 CNF 价(即成本加运费，不包括关税、增值税和港口费用)，其中 SM 级指数为 12 个 SM1—1/8″品种(马克隆值:3.5—4.9，无公差；强力:26.5—28.4 克/特克斯)5 个最低报价的平均价；M 级指数为 18 个 M1—3/32″品种(马克隆值:3.5—4.9，无公差；强力:26.5—28.4 克/特克斯)5 个最低报价的平均价(详见下表)。

SM 级指数(Premium Index)	M 级指数(Standard Index)
1. 美国 SJV—ACALASM1—1/8″	1. 美国 C/AM1—3/32″
2. 美国 C/ASM1—1/8″	2. 美国 E/MOTM1—3/32″
3. 美国 FiberMaxSM1—1/8″	3. 美国 FiberMaxM1—3/32″
4. 乌兹别克斯坦 SM1—1/8″	4. 乌兹别克斯坦 M1—3/32″
5. 澳大利亚 SM1—1/8″	5. 土库曼斯坦 M1—3/32″
6. 马里 SM1—1/8″	6. 塔吉克斯坦 M1—3/32″
7. 布基纳法索 SM1—1/8″	7. 巴拉圭 M1—3/32″
8. 贝宁 SM1—1/8″	8. 巴西 M1—3/32″
9. 象牙海岸 SM1—1/8″	9. 叙利亚 M1—3/32″
10. 津巴布韦 SM1—1/8″	10. 希腊 M1—3/32″
11. 巴西 SM1—1/8″	11. 中国 328 级(出口报价)
12. 中国 229 级(出口报价)	12. 马里 M1—3/32″
	13. 布基纳法索 M1—3/32″
	14. 贝宁 M1—3/32″
	15. 象牙海岸 M1—3/32″
	16. 喀麦隆 M1—3/32″
	17. 坦桑尼亚 M1—3/32″
	18. 印度 M1—3/32″

注：国际棉花指数没有选择土耳其和墨西哥的报价，因为受地理位置的影响，这两个国家的进口价格比较特殊，不利于准确地体现国际现货市场主流价格的变化。

近几年，全球棉花消费出现两大特点：一是集中在亚洲；二是高等级棉消费剧增。国际棉花指数所选择的这两个品级是亚洲棉花消费的主流，并于北京时间每日上午发布，以便及时、准确地反映当日全球棉花现货价格的变化。更重要的是，目前以中国为主的全球棉花消费对SM级棉花的需求量十分可观，成为国际棉花贸易的主要品种之一。中国棉花网和GLOBECOT公司开创性地推出SM级价格指数，旨在让业界更直观地了解国际市场高等级棉价格变化。

指数的开发者——中国棉花网和美国GLOBECOT公司，分别是中国和全球最知名的棉花信息服务提供商，有多年跟踪和发布国际棉花现货实盘报价的经验，在业界拥有广泛的客户群和贸易商，为指数的推出打下了坚实的基础。国际棉花指数的发布基于大量现货实盘报价，是国际棉花现货价格的晴雨表，也是世界各国政府部门和涉棉企业的重要参考依据。

4—34　2007/2008年度国际棉花指数日价格表

单位：美分/磅

日　期	国际棉花指数(SM)	国际棉花指数(M)	日　期	国际棉花指数(SM)	国际棉花指数(M)
2007年			10月8日	71.16	67.77
9月4日	68.87	65.93	10月9日	70.56	67.12
9月5日	69.24	66.25	10月10日	71.00	67.34
9月6日	68.39	65.45	10月11日	71.93	68.04
9月7日	68.39	65.25	10月12日	71.55	67.54
9月10日	68.36	65.22	10月15日	71.66	67.62
9月11日	68.96	65.77	10月16日	71.23	67.30
9月12日	69.52	66.28	10月17日	71.23	67.30
9月13日	70.19	66.89	10月18日	71.23	67.30
9月14日	70.29	66.99	10月19日	72.39	68.70
9月17日	71.09	67.69	10月22日	72.64	68.90
9月18日	71.70	68.20	10月23日	72.28	68.60
9月19日	71.83	68.34	10月24日	72.57	68.83
9月20日	71.17	67.73	10月25日	71.35	67.72
9月21日	71.85	68.51	10月26日	71.80	68.04
9月24日	72.92	69.56	10月29日	72.40	68.24
9月25日	72.92	69.59	10月30日	72.40	68.24
9月26日	72.89	69.53	10月31日	71.76	67.78
9月27日	72.89	69.50	11月1日	71.90	68.27
9月28日	73.64	70.15	11月2日	72.34	68.19
10月1日	72.61	69.12	11月5日	72.86	68.61
10月2日	72.61	69.12	11月6日	72.64	68.39
10月3日	71.26	67.87	11月7日	73.73	70.41
10月4日	71.26	67.87	11月8日	73.78	70.49
10月5日	71.26	67.87	11月9日	73.46	70.22

续表 1

日　期	国际棉花指数(SM)	国际棉花指数(M)	日　期	国际棉花指数(SM)	国际棉花指数(M)
11 月 12 日	73.46	70.22	1 月 10 日	77.17	75.01
11 月 13 日	72.26	68.92	1 月 11 日	76.12	74.06
11 月 14 日	72.26	68.92	1 月 14 日	78.42	76.46
11 月 15 日	72.26	68.92	1 月 15 日	79.42	76.91
11 月 16 日	71.28	67.94	1 月 16 日	79.62	77.01
11 月 19 日	71.68	68.14	1 月 17 日	79.02	76.81
11 月 20 日	71.38	67.89	1 月 18 日	79.49	77.18
11 月 21 日	71.38	67.89	1 月 22 日	78.65	76.54
11 月 26 日	71.38	67.89	1 月 23 日	78.25	76.19
11 月 27 日	72.10	68.87	1 月 24 日	76.15	74.29
11 月 28 日	71.64	68.33	1 月 25 日	77.17	75.15
11 月 29 日	72.79	69.53	1 月 28 日	76.82	74.80
11 月 30 日	72.29	69.09	1 月 29 日	77.30	75.08
12 月 3 日	71.24	68.04	1 月 30 日	77.30	75.08
12 月 4 日	71.24	68.04	1 月 31 日	77.77	75.39
12 月 5 日	71.24	68.04	2 月 1 日	77.42	74.94
12 月 6 日	71.24	68.04	2 月 4 日	77.44	75.11
12 月 7 日	71.59	68.34	2 月 5 日	78.04	75.66
12 月 10 日	71.38	69.20	2 月 6 日	77.49	75.06
12 月 11 日	71.38	69.10	2 月 7 日	77.68	75.26
12 月 12 日	71.28	68.90	2 月 8 日	77.68	75.26
12 月 13 日	72.28	69.82	2 月 11 日	78.12	75.64
12 月 14 日	72.23	69.70	2 月 12 日	76.68	74.65
12 月 17 日	73.33	71.84	2 月 13 日	76.64	74.61
12 月 18 日	73.33	71.84	2 月 14 日	76.42	74.29
12 月 19 日	73.33	71.84	2 月 15 日	77.82	75.89
12 月 20 日	73.63	72.14	2 月 19 日	77.23	75.50
12 月 21 日	73.63	72.14	2 月 20 日	79.43	76.60
12 月 26 日	73.95	72.49	2 月 21 日	79.78	76.95
12 月 27 日	74.34	72.94	2 月 22 日	81.73	78.89
12 月 28 日	74.84	73.43	2 月 25 日	82.07	79.18
12 月 31 日	74.84	73.45	2 月 26 日	84.27	81.28
2008 年			2 月 27 日	84.60	81.62
1 月 2 日	75.05	73.58	2 月 28 日	83.44	80.56
1 月 3 日	76.92	74.56	2 月 29 日	83.67	80.79
1 月 4 日	76.84	74.52	3 月 3 日	85.58	82.59
1 月 7 日	76.84	74.72	3 月 4 日	89.27	86.99
1 月 8 日	76.92	74.76	3 月 5 日	89.27	86.23
1 月 9 日	77.42	75.21	3 月 6 日	89.87	86.71

续表 2

日　期	国际棉花指数(SM)	国际棉花指数(M)	日　期	国际棉花指数(SM)	国际棉花指数(M)
3月7日	87.10	84.21	5月2日	76.45	75.15
3月10日	84.60	82.11	5月5日	76.56	75.22
3月11日	83.00	80.31	5月6日	76.46	75.16
3月12日	85.50	82.31	5月7日	77.17	75.68
3月13日	86.70	83.31	5月8日	77.17	75.68
3月14日	86.15	82.86	5月9日	77.30	75.75
3月17日	85.15	81.86	5月12日	77.99	76.34
3月18日	82.32	78.99	5月14日	77.65	75.86
3月19日	82.18	78.97	5月15日	77.07	75.28
3月20日	79.78	76.97	5月16日	77.10	75.31
3月24日	79.36	76.77	5月19日	78.37	76.37
3月25日	80.76	78.17	5月20日	78.33	76.34
3月26日	81.41	78.67	5月21日	77.73	75.84
3月27日	81.27	78.60	5月22日	77.81	75.88
3月28日	80.64	78.12	5月23日	77.03	75.34
3月31日	79.80	77.38	5月27日	76.62	75.03
4月1日	78.00	76.03	5月28日	75.41	74.23
4月2日	79.64	76.90	5月29日	75.46	74.28
4月3日	79.45	76.84	5月30日	75.31	74.18
4月4日	79.67	76.96	6月2日	75.21	74.13
4月7日	80.05	77.65	6月3日	75.15	74.47
4月8日	81.56	78.93	6月4日	74.46	74.12
4月9日	80.99	78.46	6月5日	74.59	73.62
4月10日	82.32	79.44	6月6日	74.77	73.67
4月11日	82.72	79.74	6月9日	76.22	74.76
4月14日	82.49	79.62	6月10日	75.99	74.66
4月15日	82.49	79.62	6月11日	76.11	74.66
4月16日	83.43	80.56	6月12日	78.41	76.76
4月17日	83.33	80.71	6月13日	78.54	76.84
4月18日	83.69	81.08	6月16日	80.14	78.24
4月21日	83.46	80.94	6月17日	82.44	80.04
4月22日	81.81	80.14	6月18日	81.48	79.33
4月23日	82.72	80.77	6月19日	82.08	79.83
4月24日	81.92	79.97	6月20日	80.23	78.68
4月25日	80.12	78.37	6月23日	80.23	78.68
4月28日	79.58	77.93	6月24日	80.03	78.78
4月29日	79.12	77.47	6月25日	80.93	79.68
4月30日	78.12	76.57	6月26日	81.14	79.79
5月1日	78.38	76.74	6月27日	81.97	80.93

续表 3

日　期	国际棉花指数(SM)	国际棉花指数(M)	日　期	国际棉花指数(SM)	国际棉花指数(M)
6月30日	81.83	80.85	8月1日	82.10	80.26
7月1日	80.63	80.10	8月4日	80.47	79.14
7月2日	79.13	79.00	8月5日	78.58	77.79
7月3日	78.53	78.65	8月6日	78.58	77.79
7月7日	80.13	79.20	8月7日	78.98	78.04
7月8日	79.03	79.10	8月8日	80.48	79.08
7月11日	79.75	79.44	8月11日	79.07	78.04
7月14日	79.75	79.44	8月12日	78.99	77.55
7月15日	78.58	78.13	8月13日	79.77	78.03
7月16日	80.48	80.59	8月14日	80.79	78.83
7月17日	80.98	80.59	8月15日	79.92	78.33
7月18日	80.54	80.44	8月18日	77.94	76.55
7月21日	80.62	80.47	8月19日	78.50	77.71
7月22日	81.18	80.17	8月20日	78.50	77.71
7月23日	80.45	79.53	8月21日	79.37	77.82
7月24日	81.65	80.43	8月22日	80.97	79.27
7月25日	82.43	80.83	8月25日	80.97	79.27
7月28日	82.69	80.95	8月26日	80.72	79.17
7月29日	81.83	80.22	8月27日	80.91	79.24
7月30日	82.08	80.35	8月28日	81.84	80.03
7月31日	82.02	80.32	8月29日	81.14	79.67

数据来源：中国棉花网。

图 4—16　2007/2008 年度国际棉花指数日价格走势

4－35　2007/2008年度国际期现货月平均价格对比表

单位:美分/磅

日　期	国际棉花指数(M)	北欧到岸价 A 指数	ICE 期货近月合约结算价
2007 年 9 月	67.52	69.43	61.00
2007 年 10 月	68.01	70.72	63.08
2007 年 11 月	68.86	71.11	61.92
2007 年 12 月	70.49	70.46	64.39
2008 年 1 月	75.40	74.23	69.20
2008 年 2 月	76.89	76.13	71.52
2008 年 3 月	81.11	81.54	77.75
2008 年 4 月	78.85	77.48	71.32
2008 年 5 月	75.48	75.87	69.10
2008 年 6 月	77.26	78.50	69.87
2008 年 7 月	79.90	78.45	69.65
2008 年 8 月	78.54	—	67.16

数据来源:国家棉花市场监测系统、英国考特鲁克公司、ICE 期货交易所。

注:北欧到岸价 A 指数于 2008 年 7 月 31 日停止发布。

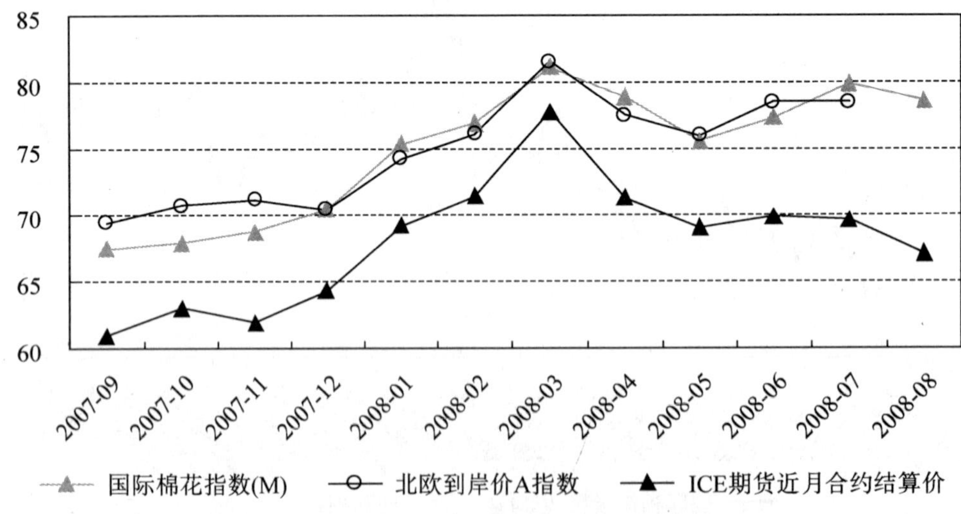

图 4－17　2007/2008 年度国际期现货月平均价格对比

4—36　2007/2008年度ICE棉花期货近月合约日结算价格表

单位:美分/磅

日　期	ICE期货近月合约结算价	日　期	ICE期货近月合约结算价
2007年		10月19日	65.40
9月4日	59.45	10月22日	64.87
9月5日	58.35	10月23日	65.26
9月6日	58.16	10月24日	63.82
9月7日	57.90	10月25日	64.39
9月10日	58.55	10月26日	64.63
9月11日	59.15	10月29日	64.77
9月12日	60.10	10月30日	63.87
9月13日	60.25	10月31日	64.08
9月14日	60.92	11月1日	63.74
9月17日	61.67	11月2日	64.31
9月18日	62.25	11月5日	64.02
9月19日	61.33	11月6日	65.17
9月20日	62.20	11月7日	65.07
9月21日	63.48	11月8日	64.69
9月24日	63.24	11月9日	64.64
9月25日	63.08	11月12日	63.12
9月26日	63.13	11月13日	63.14
9月27日	63.67	11月14日	63.15
9月28日	62.05	11月15日	61.70
10月1日	62.05	11月16日	60.90
10月2日	60.30	11月19日	60.03
10月3日	60.43	11月20日	60.06
10月4日	60.49	11月21日	60.07
10月5日	60.22	11月26日	58.61
10月8日	59.50	11月27日	58.37
10月9日	59.48	11月28日	59.93
10月10日	64.21	11月29日	59.39
10月11日	63.73	11月30日	58.20
10月12日	63.87	12月3日	58.24
10月15日	63.32	12月4日	58.35
10月16日	63.45	12月5日	58.10
10月17日	63.56	12月6日	58.10
10月18日	65.15	12月7日	64.55

续表 1

日　期	ICE 期货近月合约结算价	日　期	ICE 期货近月合约结算价
12 月 10 日	64.70	2 月 5 日	68.10
12 月 11 日	64.13	2 月 6 日	68.67
12 月 12 日	65.25	2 月 7 日	68.41
12 月 13 日	64.91	2 月 8 日	69.09
12 月 14 日	65.85	2 月 11 日	67.16
12 月 17 日	65.65	2 月 12 日	67.02
12 月 18 日	65.72	2 月 13 日	66.91
12 月 19 日	66.27	2 月 14 日	69.91
12 月 20 日	66.17	2 月 15 日	68.82
12 月 21 日	66.58	2 月 19 日	69.44
12 月 26 日	67.12	2 月 20 日	70.23
12 月 27 日	67.78	2 月 21 日	73.23
12 月 28 日	67.89	2 月 22 日	75.62
12 月 31 日	68.01	2 月 25 日	77.60
2008 年		2 月 26 日	78.47
1 月 2 日	68.88	2 月 27 日	76.85
1 月 3 日	68.71	2 月 28 日	78.13
1 月 4 日	68.69	2 月 29 日	79.66
1 月 7 日	68.95	3 月 3 日	86.88
1 月 8 日	69.43	3 月 4 日	89.00
1 月 9 日	69.02	3 月 5 日	87.25
1 月 10 日	66.96	3 月 6 日	81.68
1 月 11 日	69.96	3 月 7 日	81.28
1 月 14 日	71.20	3 月 10 日	77.28
1 月 15 日	71.69	3 月 11 日	81.28
1 月 16 日	71.31	3 月 12 日	82.06
1 月 17 日	71.92	3 月 13 日	80.81
1 月 18 日	70.73	3 月 14 日	79.30
1 月 22 日	69.83	3 月 17 日	75.30
1 月 23 日	66.83	3 月 18 日	75.02
1 月 24 日	68.39	3 月 19 日	72.02
1 月 25 日	67.89	3 月 20 日	71.02
1 月 28 日	68.30	3 月 24 日	73.05
1 月 29 日	68.24	3 月 25 日	74.13
1 月 30 日	68.56	3 月 26 日	73.79
1 月 31 日	67.79	3 月 27 日	72.90
2 月 1 日	68.16	3 月 28 日	71.68
2 月 4 日	68.87	3 月 31 日	69.34

续表 2

日　期	ICE 期货近月合约结算价	日　期	ICE 期货近月合约结算价
4 月 1 日	70.45	5 月 22 日	69.99
4 月 2 日	70.18	5 月 23 日	69.21
4 月 3 日	70.41	5 月 27 日	66.25
4 月 4 日	70.86	5 月 28 日	66.49
4 月 7 日	72.80	5 月 29 日	65.99
4 月 8 日	71.94	5 月 30 日	65.74
4 月 9 日	73.85	6 月 2 日	65.44
4 月 10 日	74.75	6 月 3 日	64.21
4 月 11 日	74.16	6 月 4 日	64.32
4 月 14 日	74.02	6 月 5 日	64.65
4 月 15 日	75.23	6 月 6 日	66.52
4 月 16 日	73.54	6 月 9 日	66.00
4 月 17 日	71.75	6 月 10 日	66.25
4 月 18 日	70.88	6 月 11 日	69.25
4 月 21 日	69.43	6 月 12 日	69.64
4 月 22 日	70.80	6 月 13 日	71.63
4 月 23 日	70.79	6 月 16 日	74.62
4 月 24 日	68.62	6 月 17 日	72.81
4 月 25 日	68.46	6 月 18 日	73.82
4 月 28 日	69.13	6 月 19 日	71.44
4 月 29 日	68.18	6 月 20 日	71.67
4 月 30 日	68.74	6 月 23 日	70.88
5 月 1 日	66.95	6 月 24 日	72.19
5 月 2 日	67.05	6 月 25 日	72.98
5 月 5 日	66.79	6 月 26 日	74.09
5 月 6 日	68.11	6 月 27 日	73.41
5 月 7 日	67.88	6 月 30 日	71.40
5 月 8 日	70.85	7 月 1 日	68.78
5 月 9 日	71.55	7 月 2 日	68.12
5 月 12 日	71.81	7 月 3 日	68.02
5 月 13 日	70.90	7 月 7 日	66.16
5 月 14 日	69.99	7 月 8 日	64.94
5 月 15 日	70.13	7 月 9 日	66.25
5 月 16 日	71.96	7 月 10 日	70.61
5 月 19 日	71.81	7 月 11 日	70.63
5 月 20 日	70.77	7 月 14 日	69.14
5 月 21 日	70.98	7 月 15 日	70.88

续表 2

日　期	ICE 期货近月合约结算价	日　期	ICE 期货近月合约结算价
7 月 16 日	70.91	8 月 8 日	67.25
7 月 17 日	70.29	8 月 11 日	66.72
7 月 18 日	70.35	8 月 12 日	67.28
7 月 21 日	69.89	8 月 13 日	68.82
7 月 22 日	68.76	8 月 14 日	67.09
7 月 23 日	70.16	8 月 15 日	65.07
7 月 24 日	71.04	8 月 18 日	65.16
7 月 25 日	71.68	8 月 19 日	64.95
7 月 28 日	71.08	8 月 20 日	65.60
7 月 29 日	71.66	8 月 21 日	67.53
7 月 30 日	71.40	8 月 22 日	67.42
7 月 31 日	71.65	8 月 25 日	66.91
8 月 1 日	69.31	8 月 26 日	67.27
8 月 4 日	67.04	8 月 27 日	68.45
8 月 5 日	66.97	8 月 28 日	67.16
8 月 6 日	67.46	8 月 29 日	67.53
8 月 7 日	69.33		

数据来源：ICE 期货交易所。

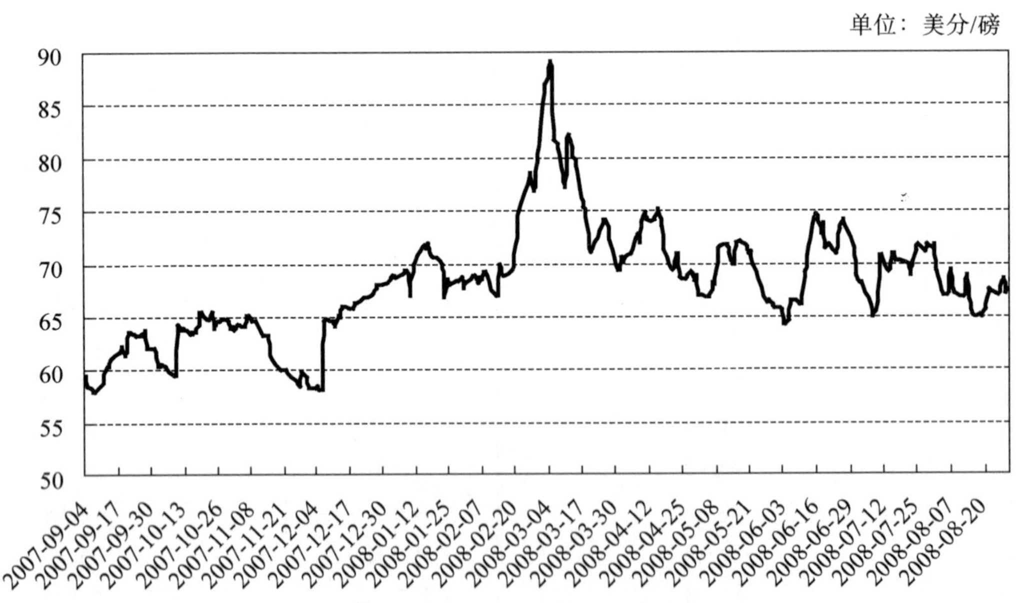

图 4—18　2007/2008 年度 ICE 棉花期货近月合约日结算价格走势

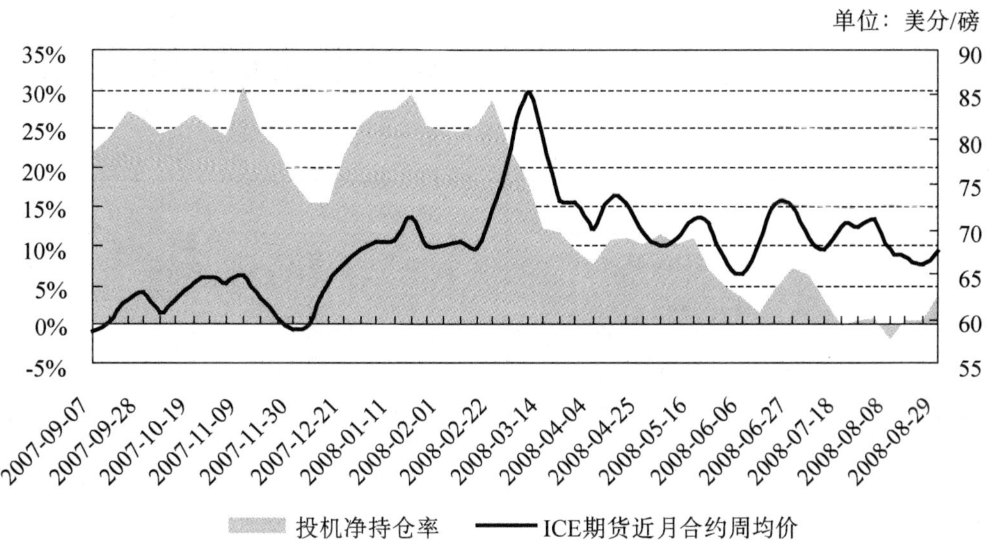

图 4—19 2007/2008 年度 ICE 期货近月合约周均价与投机持仓变化对比

棉花进出口

4—37 2007/2008 年度中国棉花进口分贸易方式统计表

单位：吨

项目 \ 年度	2007/2008	2006/2007	同比(±)	同比(%)
合计	**2437079**	**2277572**	**159507**	**7.00**
一般贸易	1011835	974944	36891	3.78
保税仓库进出境货物	316179	314839	1340	0.43
保税区仓储转口货物	580387	504783	75605	14.98
来料加工装配贸易	6601	7334	−733	−9.99
进料加工贸易	522076	475666	46410	9.76
其他	0	6	−5	−97.35

数据来源：中国海关总署。

4—38 2007/2008年度中国棉花进口分国别统计表

单位：吨

国　　别	数　　量	国　　别	数　　量
合　　计	**2436532**	墨西哥	44153
美　　国	972250	马　　里	42662
印　　度	803464	喀麦隆	40989
乌兹别克斯坦	193297	巴　　西	30066
澳大利亚	95094	科特迪瓦共和国	11586
布基纳法索	64951	埃　　及	10574
贝　　宁	59562	其他国家和地区	67885

数据来源：中国海关总署（不含已梳的棉花）。

4—39 2007/2008年度中国棉花进口分港别统计表

单位：吨

港　　别	数　　量	港　　别	数　　量
合　　计	**2436532**	江门海关	10774
青岛海关	1081282	厦门海关	9355
上海海关	647359	广州海关	7820
南京海关	253370	汕头海关	7727
天津海关	175620	深圳海关	7293
黄埔海关	65753	郑州海关	6653
湛江海关	37425	西安海关	6060
宁波海关	36819	福州海关	2624
大连海关	25975	拱北海关	2491
武汉海关	25730	乌鲁木齐海关	791
合肥海关	13280	石家庄海关	489
杭州海关	11840		

数据来源：中国海关总署（不含已梳的棉花）。

4—40　2007/2008年度中国棉花出口分贸易方式统计表

单位：吨

项　目＼年　度	2007/2008	2006/2007	同比(±)	同比(%)
合　　计	**14844**	**18587**	**−3743**	**−20.14**
一般贸易	5444	1129	4315	382.16
保税区仓储转口货物	6600	10623	−4023	−37.87
保税仓库进出境货物	1632	6249	−4617	−73.88
边境小额贸易	1168	587	581	99.06

数据来源：中国海关总署。

4—41　2007/2008年度中国棉花出口分国别统计表

单位：吨

国　别	数　量	国　别	数　量
合　　计	**14754**	巴基斯坦	736
台湾省	2904	香　港	583
日　本	2734	阿拉伯联合酋长国	389
印　度	2415	缅　甸	332
越　南	1849	韩　国	200
泰　国	1394	孟加拉国	97
朝　鲜	1078	摩洛哥	43

数据来源：中国海关总署(不含已梳的棉花)。

4—42　2007/2008年度中国棉花出口分港别统计表

单位：吨

港　别	数　量	港　别	数　量
合　　计	**14754**	上海海关	1487
天津海关	5665	宁波海关	1468
黄埔海关	1986	南京海关	1209
青岛海关	1862	大连海关	1078

数据来源：中国海关总署(不含已梳的棉花)。

4—43　2007/2008年度中国棉花进出口额分省统计表

单位：万美元

省　份	进出口额	同比(%)	进口额	同比(%)	出口额	同比(%)
合　计	**395284.42**	**72.17**	**392731.97**	**72.64**	**2552.45**	**21.33**
山　东	173401.92	102.58	173136.60	103.90	265.32	—61.06
江　苏	70511.97	74.36	70332.09	74.02	179.88	687.56
上　海	38799.33	73.70	38586.67	79.70	212.66	—75.42
浙　江	21937.21	100.83	21748.64	99.11	188.57	—
广　东	19501.81	101.36	19291.86	99.19	209.95	—
天　津	15019.92	54.54	14940.39	55.70	79.53	—35.52
河　北	9422.46	207.78	9422.46	207.78	0	—
湖　北	8845.33	113.72	8845.33	113.72	0	—
北　京	8737.93	—64.49	8737.93	—64.49	0	—
河　南	5295.56	—25.60	5295.56	—25.60	0	—
安　徽	4734.83	228.23	4734.83	228.23	0	—
福　建	4538.72	144.92	4538.72	159.13	0	—
辽　宁	4108.07	144.39	4013.07	153.14	95.00	—0.65
广　西	2282.72	—	2282.72	—	0	—
陕　西	1915.63	66.72	1915.63	66.72	0	—
新　疆	1874.95	—45.40	553.42	—82.82	1321.53	523.13
湖　南	1073.71	159.78	1073.71	159.78	0	—
江　西	908.34	81.94	908.34	81.94	0	—
四　川	684.83	58.13	684.83	58.13	0	—
吉　林	555.78	62.22	555.78	63.05	0	—
山　西	476.88	306.93	476.88	306.93	0	—
重　庆	241.94	8.40	241.94	8.40	0	—
甘　肃	166.41	—	166.41	—	0	—
黑龙江	144.54	—51.15	144.54	—51.15	0	—
内蒙古	103.61	302.06	103.61	302.06	0	—

数据来源：中国海关总署。

4—44 2001/2002年度以来国内市场进口棉比例表

单位:万吨

年 度	合 计	国内产量	进口量	进口比例(%)
2008/2009	918.9	782.5	136.4	14.84
2007/2008	1033.0	789.0	244.0	23.62
2006/2007	977.8	749.8	228.0	23.32
2005/2006	982.3	571.3	411.0	41.84
2004/2005	798.3	632.3	166.0	20.79
2003/2004	684.9	485.9	199.0	29.06
2002/2003	563.6	491.7	71.9	12.76
2001/2002	543.1	531.5	11.7	2.14

数据来源:国家棉花市场监测系统。

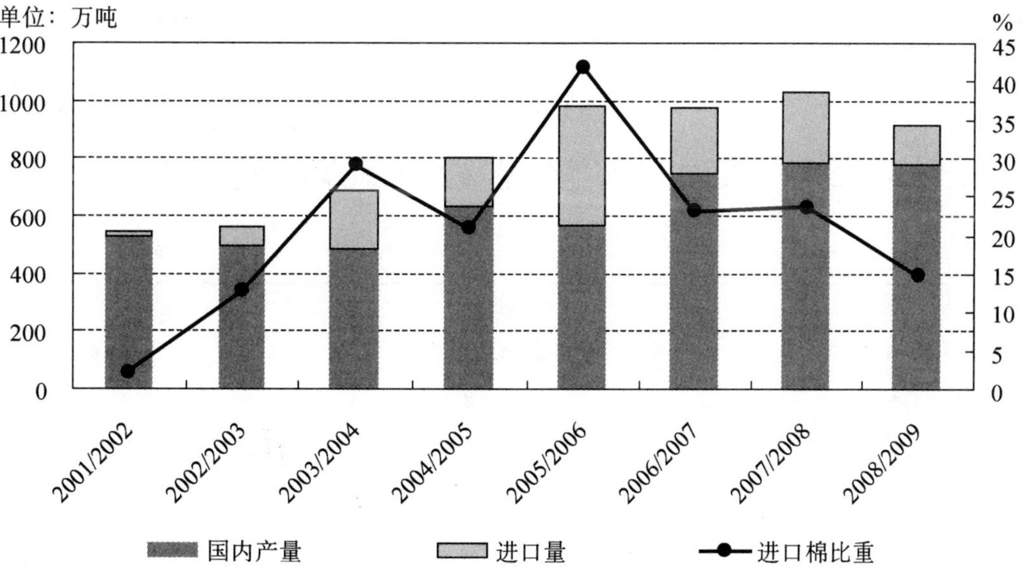

图4—20 2001/2002年度以来国内市场进口棉比例

棉花消费

4—45 2007/2008年度国内纺纱产量及棉花消费分月测算表

单位：万吨

月份	纺纱产量	纺纱用棉量
合计	**2114.62**	**1111.56**
2007年9月	172.11	90.56
2007年10月	174.04	91.54
2007年11月	181.54	95.34
2007年12月	189.21	99.23
2008年1月	152.14	80.43
2008年2月	128.65	68.53
2008年3月	176.19	92.50
2008年4月	181.48	95.31
2008年5月	189.55	99.40
2008年6月	199.92	104.66
2008年7月	185.41	97.30
2008年8月	184.38	96.78

数据来源：国家统计局、国家棉花市场监测系统。

4—46 2007/2008年度分省纱产量及棉花消费测算表

单位：万吨

省份	纺纱产量	纺纱用棉量
全国	**2114.62**	**1111.56**
山东	613.59	312.37
江苏	380.68	194.30
河南	291.05	148.87
浙江	159.30	82.08
湖北	124.21	64.29
福建	117.58	60.93
河北	90.53	47.22
湖南	52.04	27.70
安徽	41.44	22.33
江西	40.44	21.82

续表

省 份	纺纱产量	纺纱用棉量
新 疆	38.70	20.94
广 东	37.81	20.49
四 川	34.68	18.90
陕 西	21.06	12.00
辽 宁	17.33	10.11
广 西	10.14	6.46
重 庆	8.96	5.87
上 海	6.78	4.76
天 津	6.42	4.58
山 西	6.02	4.38
吉 林	5.56	4.14
内蒙古	2.89	2.79
黑龙江	2.71	2.70
贵 州	1.55	2.11
云 南	0.99	1.83
甘 肃	0.79	1.72
北 京	0.76	1.71
青 海	0.17	1.41
宁 夏	0.09	1.35
其 他	0.35	1.40

数据来源:国家统计局、国家棉花市场监测系统。

4—47 2007/2008 年度全国纺织生产分月统计表

单位:万吨、亿米

月 份	纺纱产量	同比(%)	化纤产量	同比(%)	棉布产量	同比(%)
总 计	**2114.6**	**10.58**	**2444.4**	**7.01**	**287.8**	**10.37**
2007 年 9 月	172.1	8.42	208.2	25.29	25.0	16.73
2007 年 10 月	174.0	13.02	206.7	18.85	25.2	17.61
2007 年 11 月	181.5	13.93	209.1	13.93	24.8	15.22
2007 年 12 月	189.2	13.37	219.7	6.37	25.7	13.59
2008 年 1 月	152.1	6.10	195.8	4.62	19.9	11.65
2008 年 2 月	128.7	9.95	171.3	5.36	18.6	17.34
2008 年 3 月	176.2	12.32	211.4	10.82	24.7	15.26
2008 年 4 月	181.5	13.06	219.5	11.98	23.3	5.00
2008 年 5 月	189.6	12.79	209.0	1.60	24.7	5.75
2008 年 6 月	199.9	9.70	207.5	—1.76	27.0	6.72
2008 年 7 月	185.4	7.51	192.6	—0.24	24.3	1.42
2008 年 8 月	184.4	6.68	193.6	—6.76	24.6	3.10

数据来源:国家统计局。

4—48 2007/2008年度全国服装生产分月统计表

单位:万件

月 份	服装产量	同比(%)	梭织服装	同比(%)	针织服装	同比(%)
总 计	**2068850.4**	**9.57**	**936007.0**	**6.26**	**1132833.7**	**12.96**
2007年9月	176901.1	17.26	82806.3	14.48	94088.8	20.14
2007年10月	175501.7	13.56	80284.5	11.09	95217.2	16.45
2007年11月	177728.6	14.50	82343.6	15.23	95385.0	14.30
2007年12月	195883.0	19.32	92346.2	15.87	103536.8	23.42
2008年1月	160876.8	13.18	69091.2	6.36	91783.4	19.40
2008年2月	133125.4	7.91	59132.0	4.38	73991.9	11.32
2008年3月	157139.1	8.49	71597.9	6.40	85541.3	10.79
2008年4月	166170.6	11.54	75335.6	8.61	90835.0	14.58
2008年5月	171000.3	5.19	76254.7	1.16	94745.6	9.22
2008年6月	196098.5	8.43	86021.9	1.20	110076.6	15.63
2008年7月	176511.0	−1.19	79394.2	−5.32	97116.8	2.95
2008年8月	181914.3	−0.04	81398.9	−1.49	100515.4	1.17

数据来源:国家统计局。

纺织品服装进出口统计

4—49 2007/2008年度全国纺织品进出口额分省统计表

单位:万美元

省 份	进出口额	同比(%)	出口额	同比(%)	进口额	同比(%)
合 计	**8064385**	**15.53**	**6415985**	**20.95**	**1648399**	**−1.64**
浙 江	2147424	26.25	2019320	28.19	128103	1.91
江 苏	1392365	16.68	1180059	19.96	212306	1.28
广 东	1579679	2.64	869786	10.96	709893	−5.99
山 东	921529	14.42	781702	18.50	139828	−4.04
上 海	647327	7.29	447926	9.04	199401	3.57
福 建	268309	19.01	205468	27.98	62839	−3.18

续表

省　份	进出口额	同比(%)	出口额	同比(%)	进口额	同比(%)
新　疆	142225	96.16	141661	96.66	563	19.79
河　北	108403	17.92	101135	19.29	7268	1.68
黑龙江	82621	248.54	81834	252.13	786	69.03
安　徽	79449	26.73	71088	23.91	8361	57.13
辽　宁	141796	10.51	69242	19.28	72552	3.25
四　川	65474	23.25	64708	23.27	767	21.75
河　南	47687	−36.34	64430	15.01	−16743	−188.62
天　津	106902	69.26	60908	12.86	45995	400.27
北　京	122278	90.07	59854	15.62	62424	396.77
湖　北	49196	3.06	37408	4.20	11789	−0.41
重　庆	31878	56.77	30821	56.30	1057	71.87
江　西	38877	16.12	30287	16.18	8589	15.91
广　西	33354	196.66	29310	181.83	4044	379.15
湖　南	27923	−0.70	24269	−3.31	3654	21.03
陕　西	19024	5.45	18708	5.86	317	−13.62
云　南	15994	6.90	15808	6.58	186	45.31
吉　林	16710	−5.09	11240	−6.92	5470	−1.07
内　蒙	6368	−43.19	7516	−21.08	−1148	−168.13
山　西	5768	−11.36	5531	−10.09	237	−33.43
海　南	8106	13.12	5325	9.12	2781	21.65
青　海	4570	36.50	4487	34.38	81	710.00
西　藏	3191	23.20	3126	25.19	65	−30.85
甘　肃	1761	9.18	1757	9.61	3	−70.00
贵　州	679	21.90	603	14.64	75	134.38
宁　夏	599	−34.03	593	−33.67	6	−60.00

数据来源:中国海关总署。

4—50　2007/2008年度全国服装进出口额分省统计表

单位:万美元

省　份	进出口额	同比(%)	出口额	同比(%)	进口额	同比(%)
合　计	**11927920**	**8.07**	**11700418**	**7.77**	**227502**	**26.12**
广　东	2814690	−17.53	2717856	−18.21	96834	7.46
浙　江	2057935	14.92	2048553	14.76	9384	66.77
江　苏	1659662	16.05	1648695	16.10	10966	9.09
上　海	1246757	10.54	1174178	8.23	72580	68.78
山　东	746256	9.22	741258	9.32	4998	−3.92
新　疆	732606	137.98	732594	137.98	12	300.00
福　建	563164	9.18	560739	9.26	2425	−6.26
黑龙江	515859	−7.71	515692	−7.76	167	−256.07
辽　宁	317431	8.04	304998	10.27	12433	−27.75
北　京	200191	11.23	192056	8.95	8134	119.60
河　北	164010	−0.34	163367	0.76	643	−73.68
四　川	154586	19.40	151760	19.76	2826	2.88
天　津	130041	−3.34	127321	−3.83	2719	26.76
湖　北	110355	38.73	109828	37.80	526	−439.35
江　西	101289	18.93	100453	18.74	837	47.10
安　徽	89192	25.95	89140	25.95	52	20.93
广　西	82154	205.27	81694	204.70	460	355.45
吉　林	59983	39.20	59661	39.92	322	−28.44
河　南	42135	16.57	42074	16.55	61	32.61
内　蒙	37667	0.81	37652	0.81	16	23.08
湖　南	27229	10.47	27098	9.96	132	3200.00
西　藏	16948	66.96	16926	71.09	23	−91.09
海　南	14501	18.80	13809	17.60	693	49.03
陕　西	9969	18.21	9953	18.18	17	54.55
青　海	6283	35.50	6281	35.51	2	0.00
宁　夏	5964	2.42	5963	2.42	1	0.00
甘　肃	5689	38.32	5688	44.29	0	−100.00
重　庆	4560	−20.36	4513	−21.21	46	−1633.33
云　南	4223	3.53	4186	2.17	38	−311.11
贵　州	3282	226.57	3283	226.99	1	—
山　西	3309	−37.64	3154	−39.61	156	90.24

数据来源:中国海关总署。

4—51 2007/2008年度全国纺织品服装进出口额分省统计表

单位:万美元

省份	进出口额	同比(%)	出口额	同比(%)	进口额	同比(%)
合计	**19992306**	**10.96**	**18116404**	**12.10**	**1875902**	**1.05**
浙江	4205360	20.44	4067873	21.05	137488	4.69
广东	4394369	−11.26	3587642	−12.64	806727	−4.56
江苏	3052026	16.33	2828755	17.68	223272	1.64
上海	1894083	9.41	1622104	8.45	271980	15.47
山东	1667786	12.04	1522959	13.85	144826	−4.04
新疆	874832	130.01	874257	130.14	575	21.56
福建	831473	12.17	766208	13.72	65265	−3.30
黑龙江	568456	21.66	567597	21.64	860	34.80
辽宁	459227	10.36	374241	11.66	84987	5.00
河北	272413	10.95	264502	11.41	7911	−2.36
北京	299415	7.57	251916	6.06	47498	16.37
四川	220060	27.16	216468	27.04	3593	35.08
天津	219188	1.73	188329	1.11	30860	5.71
安徽	168640	18.46	160228	24.68	8413	−39.26
湖北	159551	145.26	147237	131.14	12314	808.78
江西	140166	18.14	130740	18.13	9425	18.12
广西	114428	182.26	109873	177.21	4555	403.31
河南	107576	15.29	106404	15.38	1172	7.92
内蒙	65602	142.91	67327	172.39	−1725	−175.26
吉林	74718	36.64	66696	30.82	8023	116.84
湖南	55151	4.52	51366	3.26	3786	25.24
重庆	42465	97.22	41098	118.07	1368	−49.07
陕西	27835	0.74	27723	2.56	114	−80.94
西藏	20139	54.70	20052	54.10	87	1350.00
云南	20218	1.09	19992	1.28	225	−13.46
海南	22608	30.98	19134	13.80	3474	680.67
青海	10850	35.86	10768	35.04	82	583.33
山西	9076	−20.30	8685	−19.08	392	−40.06
甘肃	7449	29.86	7445	30.02	4	−60.00
宁夏	6563	0.64	6556	2.63	7	−94.74
贵州	3961	153.75	3886	154.15	75	134.38

数据来源:中国海关总署。

4—52　1995—2008年全国货物贸易商品进出口额统计表

单位：亿美元

年　份	进出口额	同比(%)	出口额	同比(%)	进口额	同比(%)	顺　差	同比(%)
1995	2809.0	—	1488.0	—	1321.0	—	167.0	—
1996	2899.0	3.20	1511.0	1.55	1388.0	5.07	123.0	−26.35
1997	3251.0	12.14	1827.0	20.91	1424.0	2.59	403.0	227.64
1998	3240.0	−0.34	1838.0	0.6	1402.0	−1.54	436.0	8.19
1999	3606.0	11.30	1949.0	6.04	1657.0	18.19	292.0	−33.03
2000	4743.0	31.53	2492.0	27.86	2251.0	35.85	241.0	−17.47
2001	5098.0	7.48	2662.0	6.82	2436.0	8.22	226.0	−6.22
2002	6208.0	21.77	3256.0	22.31	2952.0	21.18	304.0	34.51
2003	8512.0	37.11	4384.0	34.64	4128.0	39.84	256.0	−15.79
2004	11548.0	35.67	5934.0	35.36	5614.0	36.00	320.0	25.00
2005	14221.0	23.15	7620.0	28.41	6601.0	17.58	1019.0	218.44
2006	17607.0	23.81	9691.0	27.18	7916.0	19.92	1775.0	74.19
2007	21738.4	23.46	12180.2	25.69	9558.2	20.75	2622.0	47.72
2008	25616.3	17.84	14285.5	17.28	11330.9	18.55	2954.6	12.69

数据来源：中国海关总署。

4—53　1995—2008年全国纺织品服装进出口额统计表

单位：亿美元

年　份	进出口额	占比(%)	同比(%)	出口额	占比(%)	同比(%)	进口额	占比(%)	同比(%)	顺　差	占比(%)	同比(%)
1995	517	18.41	—	359.0	24.1	—	158	12.00	—	201	120.0	—
1996	517	17.83	0	350.0	23.2	−2.51	167	12.00	5.70	183	149.0	−8.96
1997	604	18.58	16.83	432.0	23.7	23.43	172	12.10	2.99	260	64.5	42.08
1998	549	16.94	−9.11	405.0	22.0	−6.25	144	10.30	−16.28	261	59.9	0.38
1999	523	14.50	−4.74	403.0	20.7	−0.49	120	7.24	−16.67	283	96.9	8.43
2000	614	12.95	17.40	485.0	19.5	20.35	129	5.73	7.50	356	148.0	25.80
2001	647	12.69	5.37	519.0	19.5	7.01	128	5.25	−0.78	391	173.0	9.83
2002	766	12.34	18.39	622.0	19.1	19.85	144	4.88	12.50	478	157.0	22.25
2003	950	11.16	24.02	793.0	18.1	27.49	157	3.80	9.03	636	248.0	33.05
2004	1120	9.70	17.89	951.0	16.0	19.92	169	3.01	7.64	782	244.0	22.96
2005	1321	9.29	17.95	1150.0	15.1	20.93	171	2.59	1.18	979	96.1	25.19
2006	1620	9.20	22.63	1440.0	14.9	25.22	180	2.27	5.26	1260	71.0	28.70
2007	1899	8.73	17.19	1712.1	14.1	18.90	186.4	1.95	3.56	1526	58.2	21.09
2008	2038	7.95	7.34	1852.2	13.0	8.20	185.4	1.64	−0.55	1667	56.4	9.25

数据来源：中国海关总署。

4—54　2007/2008年度全国货物贸易商品进出口额统计表

单位:亿美元

月　份	进出口额	同比(%)	出口额	同比(%)	进口额	同比(%)	顺　差	同比(%)
2008年8月	2409.4	21.92	1348.5	21.06	1060.9	23.05	287.6	14.26
2008年7月	2480.6	29.84	1366.1	26.83	1114.5	33.71	251.5	3.24
2008年6月	2215.9	23.22	1211.4	17.20	1004.4	31.35	207.0	−23.02
2008年5月	2212.2	33.49	1205.3	28.13	1006.9	40.55	198.4	−11.55
2008年4月	2210.6	24.03	1187.2	21.80	1023.4	26.72	163.8	−1.97
2008年3月	2046.4	27.71	1089.0	30.33	957.4	24.84	131.7	91.70
2008年2月	1663.3	18.39	873.0	6.29	790.3	35.42	82.7	−65.22
2008年1月	1998.0	27.00	1095.8	26.55	902.2	27.56	193.6	21.99
2007年12月	2061.5	23.44	1144.2	21.72	917.3	25.66	226.9	8.05
2007年11月	2088.7	23.80	1176.5	22.80	912.2	25.13	264.2	15.37
2007年10月	1882.0	23.52	1076.8	22.22	805.2	25.28	271.6	13.97
2007年9月	2005.9	19.51	1123.1	22.64	882.8	15.76	240.3	56.96

数据来源:中国海关总署。

4—55　2007/2008年度全国纺织品服装进出口额统计表

单位:亿美元

月　份	进出口额	占比(%)	同比(%)	出口额	占比(%)	同比(%)	进口额	占比(%)	同比(%)	顺差	占比(%)	同比(%)
2008年8月	201.5	8.4	2.1	185.9	13.8	2.7	15.5	1.5	−4.7	170.0	59.2	3.5
2008年7月	205.1	8.3	7.5	186.8	13.7	7.6	18.3	1.6	7.0	169.0	67.0	7.7
2008年6月	171.7	7.7	−4.1	155.2	12.8	−4.2	16.5	1.6	−3.0	139.0	67.0	−4.3
2008年5月	161.4	7.3	9.0	144.3	12.0	9.7	17.0	1.7	3.3	127.0	64.2	10.6
2008年4月	160.1	7.2	10.0	142.9	12.0	11.3	17.3	1.7	0.2	126.0	76.7	13.1
2008年3月	133.9	6.5	39.9	118.3	10.9	48.3	15.6	1.6	−2.0	103.0	78.0	60.9
2008年2月	113.5	6.8	−7.3	102.9	11.8	−8.5	10.6	1.3	6.7	92.3	112.0	−10.0
2008年1月	167.9	8.4	23.9	153.3	14.0	26.3	14.5	1.6	2.8	139.0	71.7	29.4
2007年12月	162.2	7.9	8.1	146.0	12.8	9.3	16.3	1.8	−1.6	130.0	57.2	10.8
2007年11月	166.5	8.0	16.4	150.3	12.8	18.1	16.2	1.8	2.5	134.0	50.8	20.4
2007年10月	163.2	8.7	19.0	148.9	13.8	20.5	14.3	1.8	4.8	135.0	49.6	22.5
2007年9月	192.3	9.6	22.2	176.8	15.7	24.7	15.5	1.8	−0.4	161.0	67.2	27.8

数据来源:中国海关总署。

4—56 2007/2008 年度棉纱进出口分月统计表

单位：吨、万美元

月 份	进口				出口			
	数 量	同比(%)	金 额	同比(%)	数 量	同比(%)	金 额	同比(%)
合 计	**809454**	**-16.04**	**174926**	**-15.86**	**581852**	**-1.16**	**203795**	**7.39**
2007 年 9 月	69460	-12.95	15594	-6.11	49850	-0.17	16869	7.11
2007 年 10 月	59247	-16.16	13580	-8.16	43190	-8.59	14314	-19.84
2007 年 11 月	60547	-15.81	13833	-10.20	42898	-7.23	13798	-5.77
2007 年 12 月	64926	-18.32	14169	-16.21	41708	-8.17	13386	-8.22
2008 年 1 月	64170	-19.90	14340	-16.15	40603	-5.63	13463	-4.48
2008 年 2 月	46157	-9.79	10452	-4.44	31038	-0.97	10913	-16.00
2008 年 3 月	79437	-16.30	17992	-10.54	61044	26.79	21053	109.22
2008 年 4 月	79791	-14.51	18545	-8.21	63207	14.75	23025	45.69
2008 年 5 月	75598	-16.85	18055	-10.59	57243	0.96	21221	16.07
2008 年 6 月	69892	-20.25	16476	-14.71	53303	-2.36	19579	3.57
2008 年 7 月	77127	-3.24	16476	-7.73	53316	-1.71	19579	5.33
2008 年 8 月	63102	-25.29	5413	-70.71	44452	-21.62	16594	-8.84

数据来源：中国海关总署。

4—57 2007/2008 年度棉纱进口分贸易方式统计表

单位：吨

月 份	总 计	一般贸易	来料加工	进料加工	保税区仓储转口	保税仓库进出境	其 他
合 计	**809454**	**100215**	**168859**	**535805**	**2715**	**1552**	**308**
2007 年 9 月	69460	9131	15713	44057	206	328	25
2007 年 10 月	59247	5543	14503	38787	109	287	19
2007 年 11 月	60547	8025	14126	37931	322	129	14
2007 年 12 月	64926	8780	15021	40869	204	33	19
2008 年 1 月	64170	8055	11858	43749	388	105	15
2008 年 2 月	46157	5267	7453	32883	367	147	39
2008 年 3 月	79437	8938	15334	54698	364	83	19
2008 年 4 月	79791	8918	17107	53626	90	36	14
2008 年 5 月	75598	10697	16741	48064	38	26	33
2008 年 6 月	69892	8654	13469	47446	164	129	31
2008 年 7 月	77127	10319	15478	50993	147	143	46
2008 年 8 月	63102	7888	12056	42702	316	106	34

数据来源：中国海关总署。

4—58　2007/2008年度棉纱出口分贸易方式统计表

单位:吨

月　份	总　计	一般贸易	来料加工	进料加工	边境小额贸易	保税区仓储转口	其　他
合　计	**581852**	**216785**	**8558**	**348377**	**3174**	**4770**	**187**
2007年9月	49850	17498	945	30653	145	603	6
2007年10月	43190	17841	635	24351	172	188	3
2007年11月	42898	16245	661	25537	193	259	4
2007年12月	41708	15105	686	25501	276	138	2
2008年1月	40603	14199	839	25005	388	166	6
2008年2月	31038	11711	560	18558	100	104	5
2008年3月	61044	22747	945	36655	258	420	19
2008年4月	63207	23489	735	37940	371	656	17
2008年5月	57243	21484	830	33980	359	583	7
2008年6月	53303	19131	634	32531	243	708	54
2008年7月	53316	19729	544	32188	356	445	53
2008年8月	44452	17606	544	25478	313	500	11

数据来源:中国海关总署。

4—59　2007/2008年度棉布进出口分月统计表

单位:万米、万美元

月　份	进　口				出　口			
	数　量	同比(%)	金　额	同比(%)	数　量	同比(%)	金　额	同比(%)
合　计	**120152**	**−17.32**	**205507**	**−4.97**	**666875**	**6.90**	**827080**	**15.45**
2007年9月	10907	−17.67	15600	−6.82	56693	−1.06	68809	7.38
2007年10月	10913	−15.28	16751	−1.96	55064	−1.01	66403	4.91
2007年11月	12912	−10.68	20834	0.01	60748	1.78	74766	9.82
2007年12月	12799	−12.43	22019	−5.46	57136	−4.56	70743	3.17
2008年1月	9661	−16.95	16976	−5.61	58282	23.08	70685	28.06
2008年2月	6576	−15.28	11943	−1.12	41625	−8.43	50319	−2.18
2008年3月	9412	−22.89	16475	−13.06	55817	29.60	67362	36.37
2008年4月	10919	−18.77	19306	−3.33	60435	8.44	76715	16.26
2008年5月	10050	−15.69	18356	3.42	52976	7.77	68129	18.88
2008年6月	8623	−24.97	16175	−12.06	54742	15.99	68779	27.70
2008年7月	9039	−14.85	16175	−5.57	55201	10.85	68779	21.63
2008年8月	8341	−24.47	14899	−7.19	58156	8.51	75592	20.71

数据来源:中国海关总署。

4—60　2007/2008年度棉布进口分贸易方式统计表

单位：万米

月　　份	总　　计	一般贸易	来料加工	进料加工	保税仓库进出境	保税区仓储转口	其　　他
合　　计	**120152**	**3035**	**45109**	**71210**	**71**	**562**	**166**
2007年9月	10907	237	3919	6675	2	62	12
2007年10月	10913	206	3844	6821	2	29	11
2007年11月	12912	317	4790	7757	7	32	9
2007年12月	12799	294	5151	7277	10	54	13
2008年1月	9661	357	3651	5596	8	41	8
2008年2月	6576	180	2632	3723	3	34	3
2008年3月	9412	212	3757	5396	3	32	12
2008年4月	10919	268	4039	6509	5	83	15
2008年5月	10050	207	3666	6051	6	101	19
2008年6月	8623	190	3296	5068	4	46	20
2008年7月	9039	310	3365	5299	14	29	22
2008年8月	8341	257	2999	5038	7	19	22

数据来源：中国海关总署。

4—61　2007/2008年度棉布出口分贸易方式统计表

单位：万米

月　　份	总　　计	一般贸易	来料加工	进料加工	边境小额贸易	其　　他
合　　计	**666875**	**446516**	**10524**	**157304**	**51411**	**1119**
2007年9月	56693	37643	1369	17272	110	299
2007年10月	55064	36446	1358	17037	47	175
2007年11月	60748	40870	1312	18355	70	141
2007年12月	57136	38261	1373	17446	20	36
2008年1月	58282	41381	1063	15736	46	56
2008年2月	41625	27001	480	14113	9	21
2008年3月	55817	36187	1173	18328	88	41
2008年4月	60435	39413	1163	19725	50	84
2008年5月	52976	34905	1062	16910	26	73
2008年6月	54742	37125	71	811	16663	72
2008年7月	55201	36954	81	807	17305	55
2008年8月	58156	40330	19	764	16977	66

数据来源：中国海关总署。

中国棉花产销存预测

4—62　2001/2002年度以来国内棉花产销存与价格对比表

单位：万吨、元/吨

年　　度	期初库存	产　量	进口量	消费量	出口量	期末库存	库存消费比（%）	年度均价
2008/2009	351.8	782.5	136.4	948.7	1.45	413.3	43.5	11941
2007/2008	337.5	789.0	244.0	1111.6	1.50	351.6	32.0	13767
2006/2007	467.9	749.8	228.0	1166.7	1.86	337.5	28.9	13300
2005/2006	440.1	571.3	411.0	1032.0	1.00	467.9	45.3	14103
2004/2005	456.2	632.3	166.0	871.5	1.00	440.1	50.4	12432
2003/2004	394.6	485.9	199.0	674.3	3.00	456.2	67.4	16100
2002/2003	447.1	491.7	71.9	659.8	15.10	394.6	58.5	12008
2001/2002	436.5	531.5	11.7	582.3	9.05	447.1	75.6	10140

数据来源：国家棉花市场监测系统。（年度均价为国家棉花价格B指数的棉花年度均价）

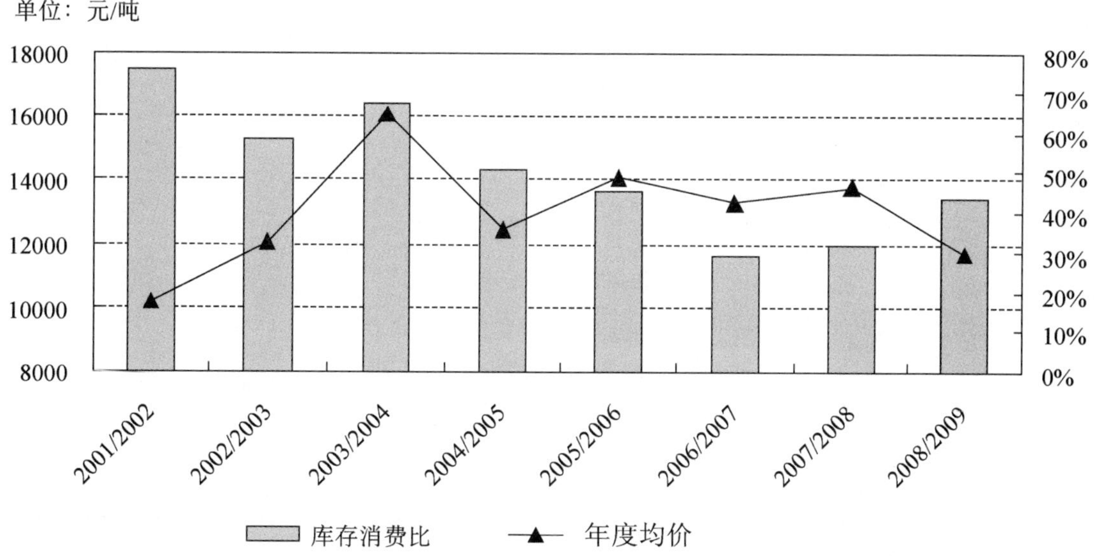

图4—21　2001/2002年度以来国内棉花库存消费比与国家棉花价格B指数年度均价对比

4—63　2007/2008年度国产棉收购、加工与销售进度统计表

日　期	收购进度(%)	加工进度(%)	销售进度(%)	日　期	收购进度(%)	加工进度(%)	销售进度(%)
2007年				3月5日	93.55	94.43	61.18
9月6日	17.58	17.00	9.72	3月12日	94.40	94.10	62.40
9月13日	20.87	22.05	13.44	3月19日	95.10	94.70	63.90
9月20日	25.67	22.83	20.39	3月26日	95.90	94.90	65.70
9月26日	24.67	29.90	22.18	4月2日	96.50	95.56	67.36
10月10日	39.88	41.58	12.69	4月9日	97.21	95.76	68.71
10月17日	47.21	44.82	14.60	4月16日	97.92	95.87	69.46
10月24日	52.24	61.42	28.17	4月23日	98.19	97.90	70.61
10月31日	58.88	59.95	26.67	4月30日	98.52	97.95	71.88
11月7日	61.38	64.39	27.45	5月7日	98.75	97.97	69.65
11月14日	64.84	68.07	30.34	5月14日	98.94	97.97	71.10
11月21日	72.10	69.90	32.55	5月21日	99.02	98.13	73.26
11月28日	74.96	73.16	33.25	5月28日	99.10	98.18	74.95
12月5日	78.84	75.37	34.62	6月4日	99.43	98.20	76.09
12月12日	81.99	78.05	37.25	6月11日	99.46	98.22	77.45
12月19日	84.16	82.49	39.17	6月18日	99.46	98.23	79.64
12月26日	85.62	82.74	39.89	6月25日	99.50	98.32	81.30
2008年				7月2日	99.50	98.34	82.86
1月2日	88.56	83.43	40.38	7月9日	99.51	98.41	83.64
1月9日	89.48	90.22	48.72	7月16日	99.51	98.43	84.62
1月16日	90.00	91.54	50.44	7月23日	99.52	98.72	86.26
1月23日	91.25	92.15	53.90	7月30日	99.52	98.74	88.11
1月30日	91.63	93.74	55.57	8月6日	99.52	98.75	89.42
2月13日	91.80	93.95	56.59	8月13日	99.52	98.77	90.50
2月20日	92.22	94.22	58.13	8月20日	99.52	98.76	91.48
2月27日	92.80	94.42	59.34	8月27日	99.66	98.76	92.54

数据来源：国家棉花市场监测系统。

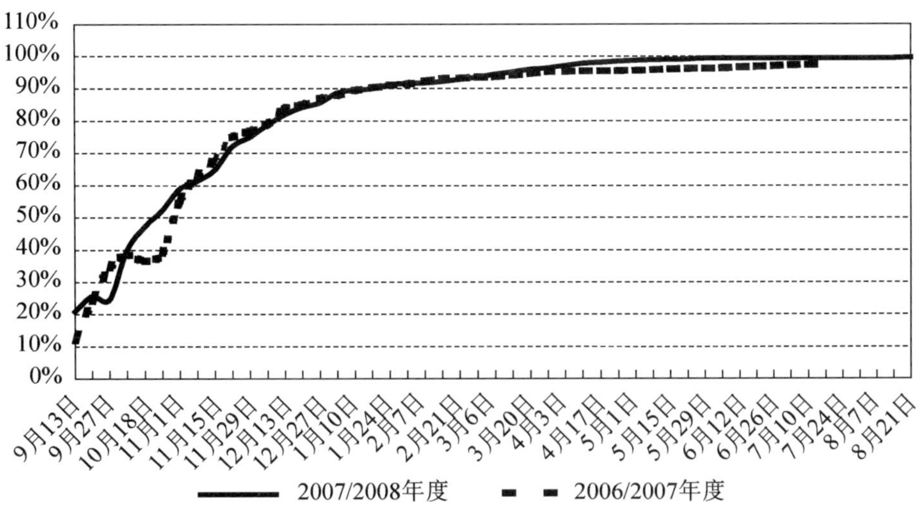

图 4－22　2006/2007 年度与 2007/2008 年度国产棉收购进度对比

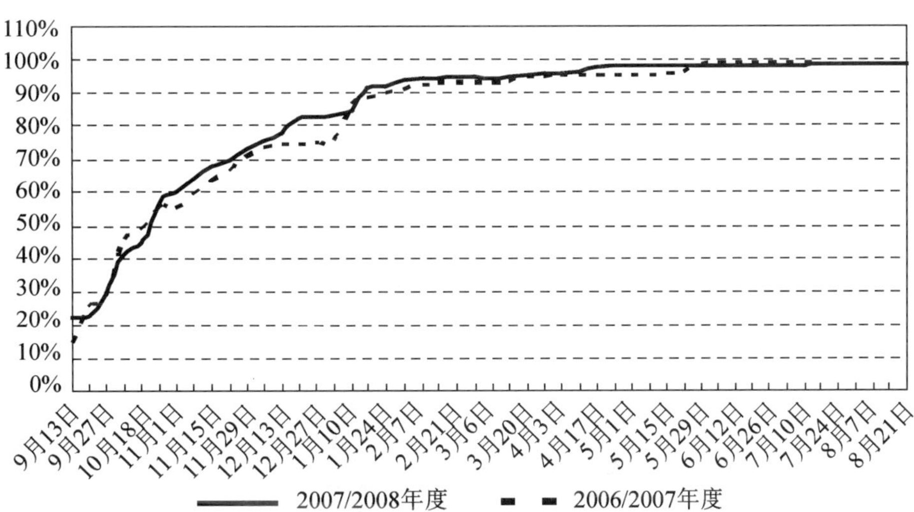

图 4－23　2006/2007 年度与 2007/2008 年度国产棉加工进度对比

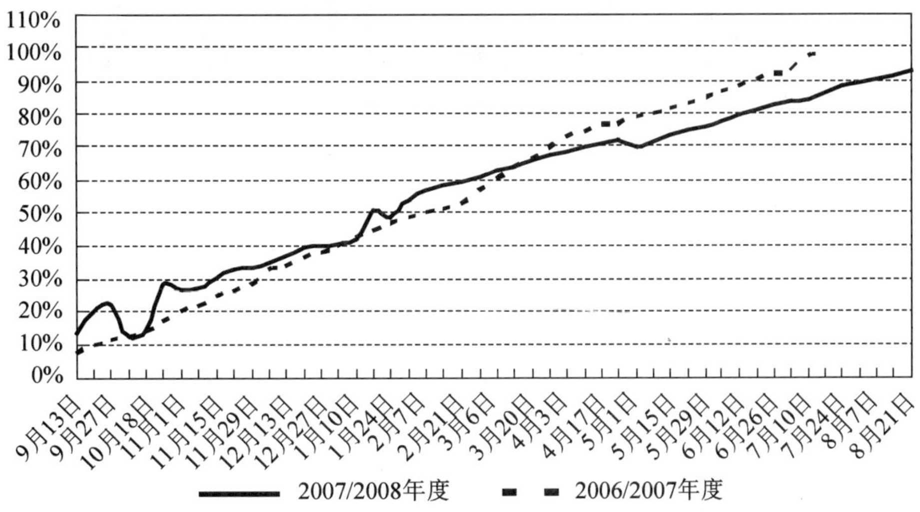

图 4－24　2006/2007 年度与 2007/2008 年度国产棉销售进度对比

全球棉花产销存预测

4—64　2004/2005年度以来全球棉花产销存预测表

单位：万吨

年　度	期初库存	产　量	进口量	消费量	出口量	期末库存	库存消费比（%）
2008/2009	1336.9	2457.4	766.2	2598.2	766.7	1249.8	48.1
2007/2008	1368.0	2624.5	828.3	2686.2	842.5	1336.9	49.8
2006/2007	1355.6	2656.0	815.6	2688.4	808.3	1368.0	50.9
2005/2006	1319.2	2538.2	966.7	2533.2	970.5	1355.6	53.5
2004/2005	1049.4	2644.0	728.3	2366.0	761.9	1319.2	55.8

数据来源：美国农业部。

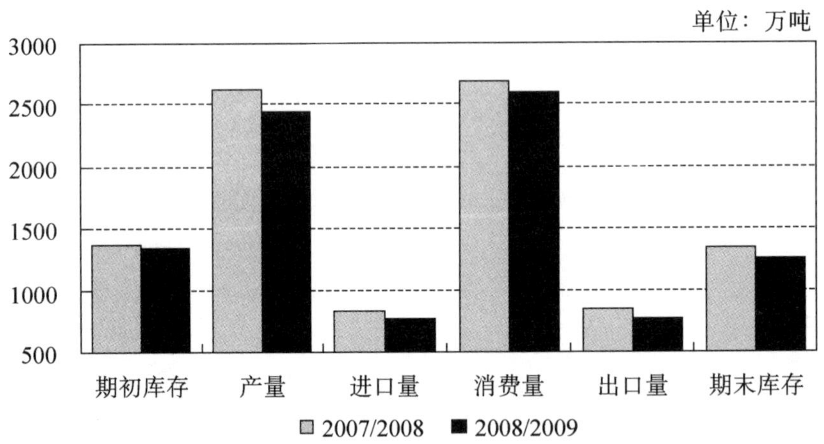

图4—25　2007/2008和2008/2009年度全球产销存预测比较

4—65　2007/2008年度主要国家棉花产销存预测表

单位:万吨

国家和地区	期初库存	产　量	进口量	消费量	出口量	期末库存	库存消费比(%)
全球	**1336.8**	**2457.5**	**766.2**	**2598.1**	**766.6**	**1249.8**	**48.1**
美国	218.6	294.6	0.4	95.8	283.0	135.0	35.6
中亚	54.4	165.0	1.1	35.1	129.1	56.6	34.5
西非	18.3	56.6	0.0	4.1	52.9	17.6	30.9
澳大利亚	11.5	28.3	0.0	1.1	20.7	19.2	88.0
巴西	136.1	136.1	4.4	95.8	53.3	130.6	87.6
印度	152.6	544.3	10.9	391.9	128.5	187.5	36.0
墨西哥	20.2	14.8	28.3	40.3	3.9	18.7	42.4
中国	424.6	794.7	228.6	1110.4	1.7	390.4	35.1
土耳其	40.5	50.1	63.1	113.2	4.4	36.1	30.7
巴基斯坦	94.7	196.0	71.9	261.3	5.4	95.4	35.8
印度尼西亚	8.5	0.7	48.6	48.6	0.4	7.6	15.6
泰国	7.0	0.4	37.0	37.0	0	6.5	17.7
孟加拉国	12.6	1.3	64.2	64.2	0	13.7	21.4

数据来源:美国农业部。

4—66　2007/2008年度美棉出口装运量分月统计表

单位:万吨

月　份	美棉出口装运量	美棉对中国出口装运量	月　份	美棉出口装运量	美棉对中国出口装运量
2007年9月	22.73	8.90	2008年3月	21.66	5.62
2007年10月	20.03	12.53	2008年4月	24.84	9.01
2007年11月	22.18	5.21	2008年5月	30.84	11.82
2007年12月	17.72	4.35	2008年6月	29.31	10.96
2008年1月	22.24	2.84	2008年7月	32.35	12.60
2008年2月	21.43	5.43	2008年8月	22.54	8.32

数据来源:美国农业部。

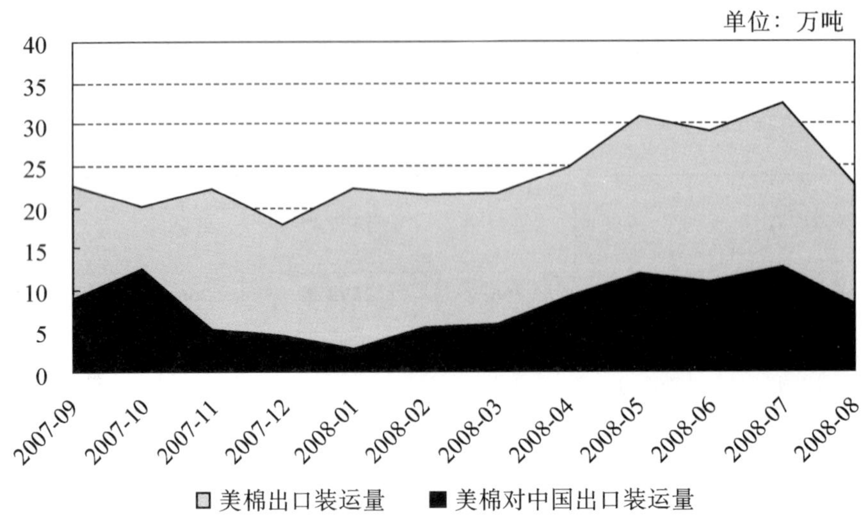

图 4－26 2007/2008 年度美棉出口装运量月度变化

4－67 2007/2008 年度美国纺织用棉量分月统计表

单位：万吨

月 份	美国纺织用棉量	月 份	美国纺织用棉量
2007 年 9 月	8.96	2008 年 3 月	7.72
2007 年 10 月	8.74	2008 年 4 月	8.44
2007 年 11 月	8.84	2008 年 5 月	8.14
2007 年 12 月	8.71	2008 年 6 月	8.23
2008 年 1 月	8.64	2008 年 7 月	8.44
2008 年 2 月	8.30	2008 年 8 月	8.52

数据来源：美国人口普查局。

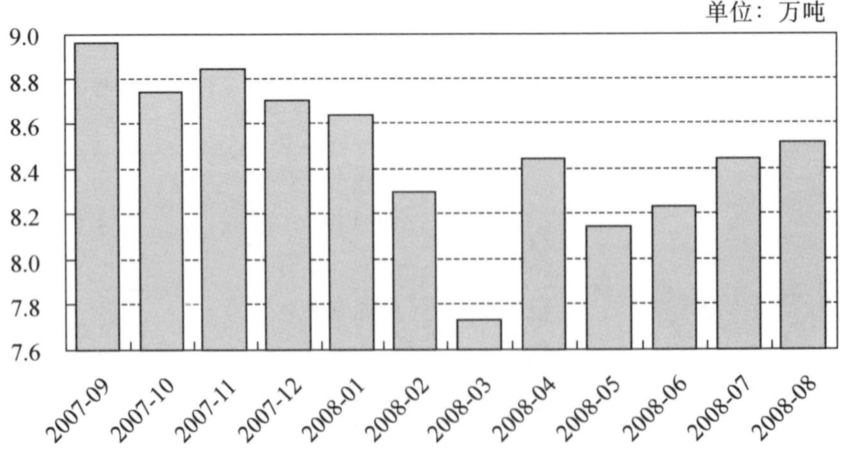

图 4－27 2007/2008 年度美国纺织用棉量月度变化

4—68　1999/2000年度以来全球棉花种植面积和单产统计表

单位:亿亩、公斤/亩

年　度	种植面积	单　产	年　度	种植面积	单　产
1999/2000	4.9	39.5	2004/2005	5.4	49.4
2000/2001	4.8	40.4	2005/2006	5.2	48.7
2001/2002	5.1	42.5	2006/2007	5.2	51.0
2002/2003	4.6	42.9	2007/2008	5.0	52.7
2003/2004	4.8	43.5	2008/2009	4.7	52.3

数据来源:美国农业部。

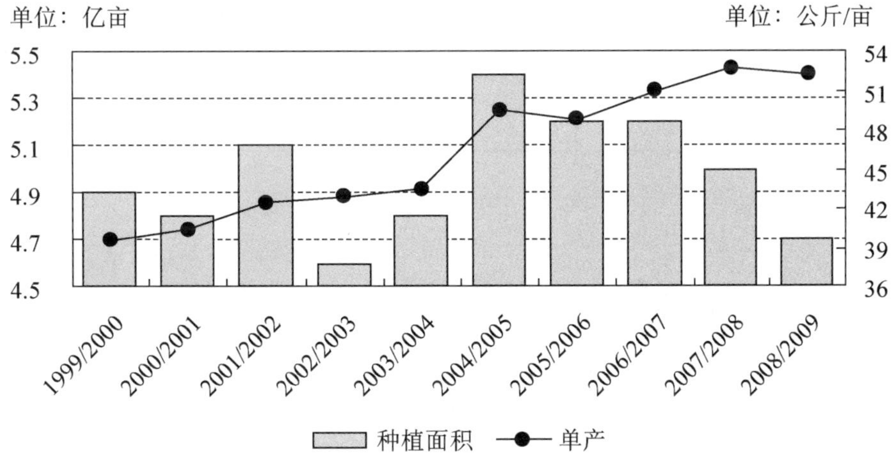

图4—28　1999/2000年度以来全球棉花种植面积和单产变化

4—69　1999/2000年度以来国际棉价与全球棉花产销存变化对照表

单位:万吨、美分/磅

年　度	期初库存	产　量	进口量	消费量	出口量	期末库存	库存消费比(%)	北欧到岸价A指数
1999/2000	1149.9	1915.2	609.1	1983.1	590.9	1113.3	56.1	52.84
2000/2001	1113.3	1939.9	571.0	2006.5	572.1	1074.8	53.6	52.84
2001/2002	1074.8	2149.0	638.0	2053.5	632.9	1190.8	58.0	57.20
2002/2003	1190.8	1980.8	655.6	2142.2	660.4	1041.6	48.6	41.81
2003/2004	1041.6	2106.7	740.5	2134.2	724.4	1049.4	49.2	55.71
2004/2005	1049.4	2644.0	728.3	2366.0	761.9	1319.2	55.8	69.19
2005/2006	1319.2	2538.3	966.7	2533.3	970.5	1355.6	53.5	53.52
2006/2007	1355.6	2656.1	815.7	2688.4	808.3	1368.0	50.9	57.04
2007/2008	1368.0	2624.5	828.3	2686.2	842.5	1336.9	49.8	60.78
2008/2009	1336.9	2457.4	766.3	2598.2	766.7	1249.8	48.1	75.13

数据来源:美国农业部。

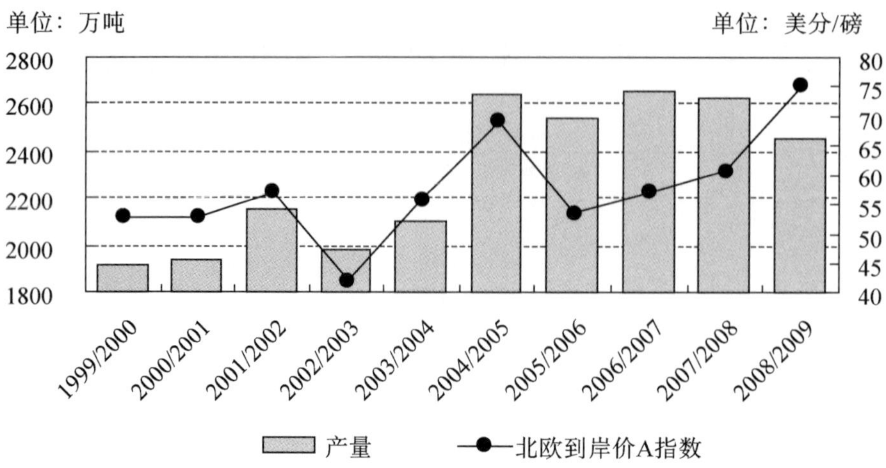

图 4—29　1999/2000 年度以来国际棉价与全球棉花产量变化

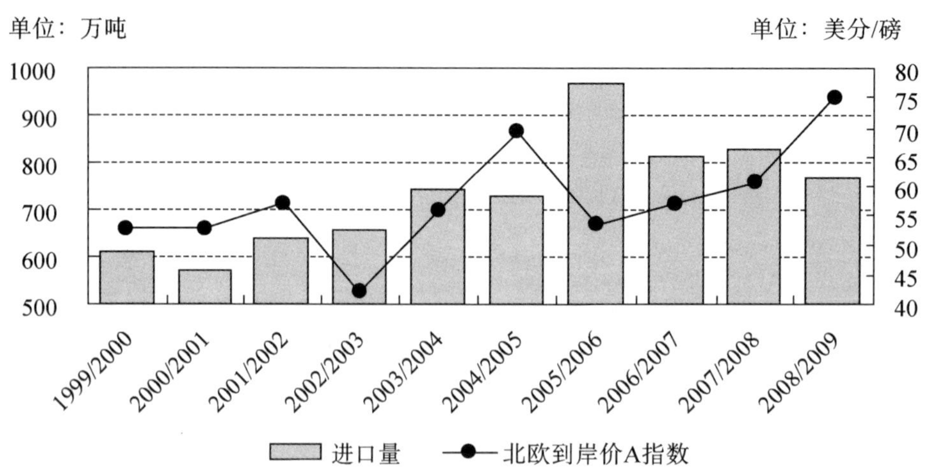

图 4—30　1999/2000 年度以来国际棉价与全球棉花进口量变化

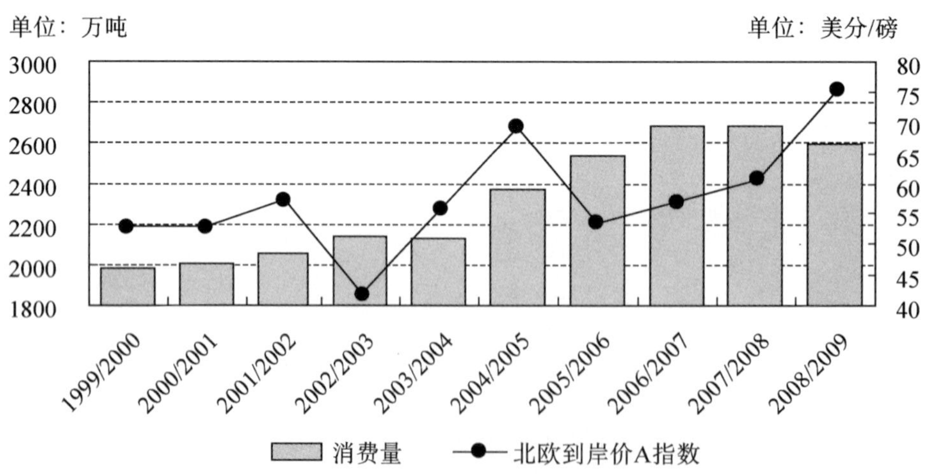

图 4—31　1999/2000 年度以来国际棉价与全球棉花消费量变化

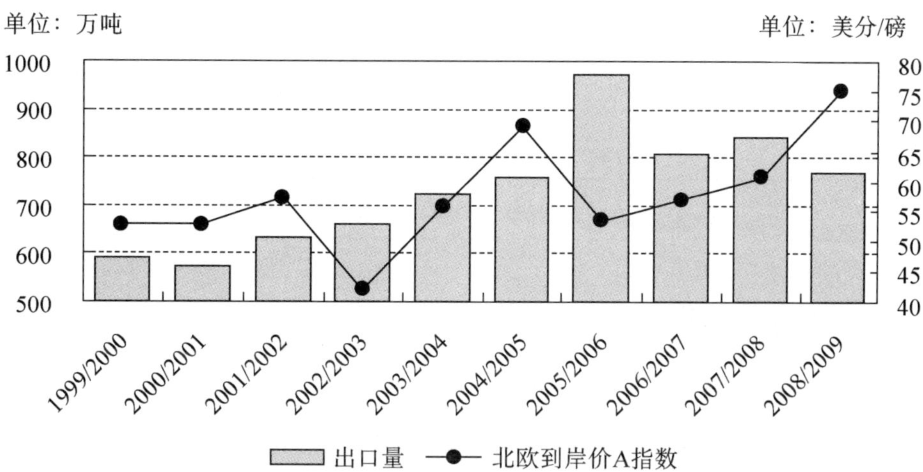

图 4—32　1999/2000 年度以来国际棉价与全球棉花出口量变化

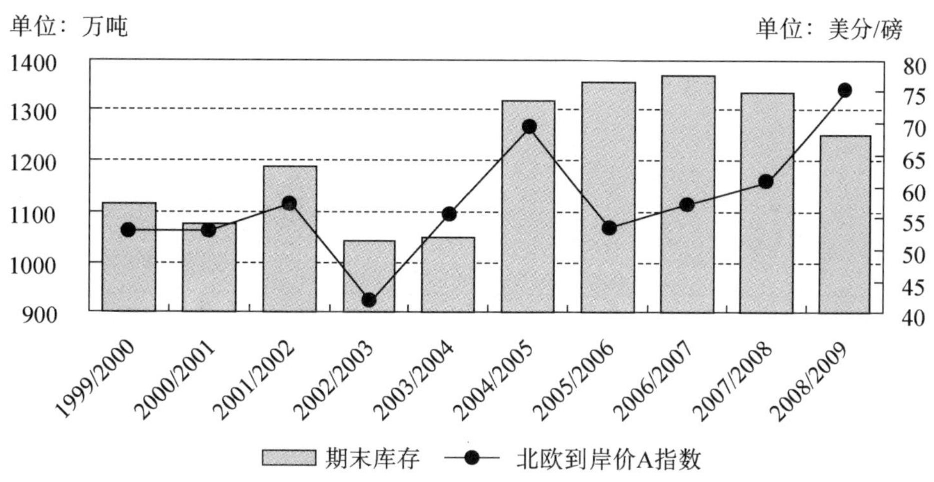

图 4—33　1999/2000 年度以来国际棉价与全球棉花期末库存变化

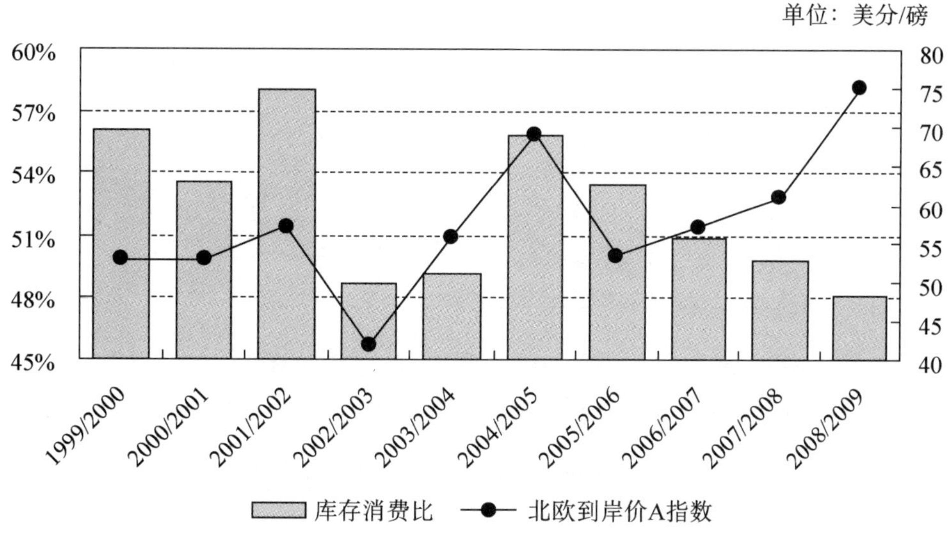

图 4—34　1999/2000 年度以来国际棉价与全球棉花库存消费比变化

4—70 1999/2000年度以来主要国家棉花产量统计表

单位：万吨

年 度	中 国	印 度	美 国	巴基斯坦	乌兹别克斯坦	巴 西	土耳其	澳大利亚	西 非
1999/2000	383.2	265.2	369.4	191.1	112.8	70.0	79.1	75.3	75.9
2000/2001	442.0	238.0	374.2	182.4	95.8	93.9	78.4	80.6	68.2
2001/2002	531.3	267.8	442.1	180.4	106.7	76.6	86.5	72.7	94.8
2002/2003	548.7	230.8	374.7	173.6	100.2	84.7	91.0	36.6	83.9
2003/2004	518.2	304.8	397.5	170.8	89.3	131.0	89.3	37.0	92.8
2004/2005	659.7	413.7	506.2	242.5	113.2	128.5	90.4	65.3	100.9
2005/2006	618.3	414.8	520.2	221.3	120.8	102.3	77.3	61.0	90.6
2006/2007	772.9	474.6	470.0	215.6	116.5	152.4	82.7	29.4	81.9
2007/2008	805.6	535.6	418.2	193.8	119.8	160.2	67.5	13.5	57.0
2008/2009	794.7	544.3	294.5	196.0	111.0	136.1	50.1	28.3	59.9

数据来源：美国农业部。

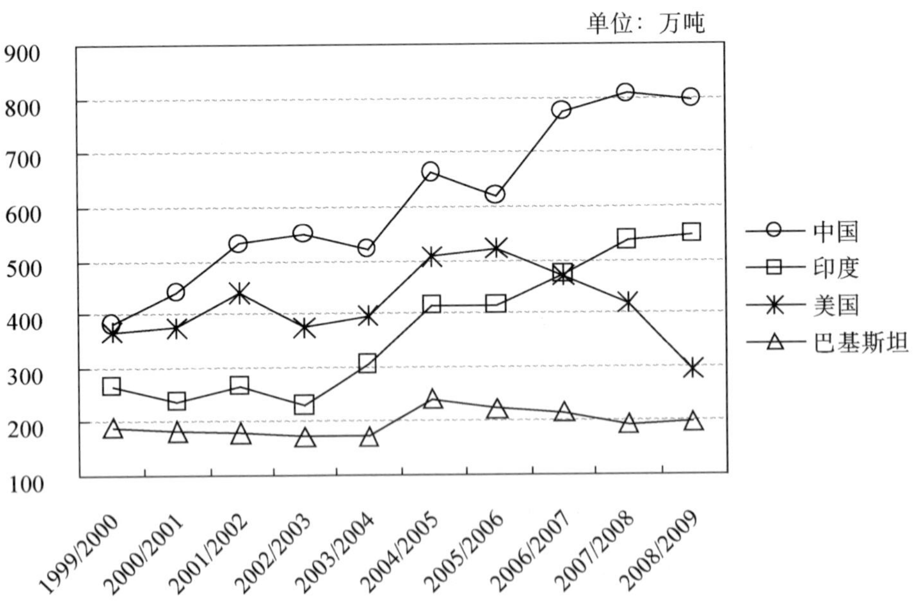

图4—35 1999/2000年度以来主要国家棉花产量变化

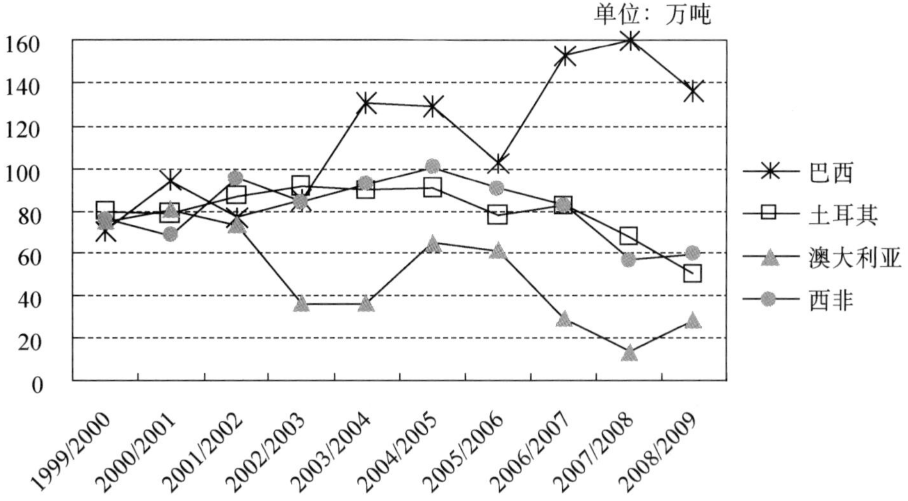

图 4－36 1999/2000 年度以来主要国家棉花产量变化

4－71 1999/2000 年度以来主要国家棉花消费量统计表

单位：万吨

年　　度	中　国	印　度	巴基斯坦	土耳其	美　国	巴　西	孟加拉国	印度尼西亚	泰　国	墨西哥
1999/2000	463.8	295.0	166.6	121.9	222.0	92.2	17.4	43.5	34.0	52.3
2000/2001	511.7	294.9	176.4	112.5	193.0	91.4	21.8	53.3	35.9	45.7
2001/2002	571.5	289.0	185.1	133.9	167.6	83.6	26.1	50.1	39.2	47.9
2002/2003	651.0	289.6	204.7	137.2	158.4	81.3	33.7	49.0	42.5	45.7
2003/2004	696.7	293.9	209.0	130.6	136.4	87.4	37.6	46.8	40.3	43.5
2004/2005	838.3	322.2	228.6	154.6	145.7	93.8	40.8	46.8	45.7	45.7
2005/2006	979.8	363.6	250.4	150.2	127.8	96.9	47.9	47.4	44.6	45.7
2006/2007	1088.6	394.1	272.2	158.9	107.4	99.6	54.0	47.4	42.5	45.7
2007/2008	1132.2	398.4	270.0	135.0	100.4	100.2	59.9	48.4	42.5	43.5
2008/2009	1110.4	391.9	261.3	113.2	95.8	95.8	64.2	48.4	37.0	40.3

数据来源：美国农业部。

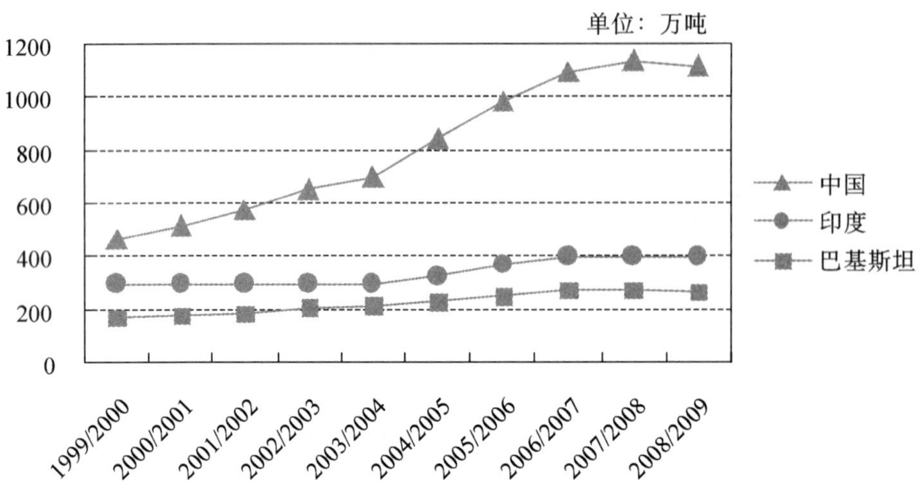

图 4—37 1999/2000 年度以来主要国家棉花消费量变化

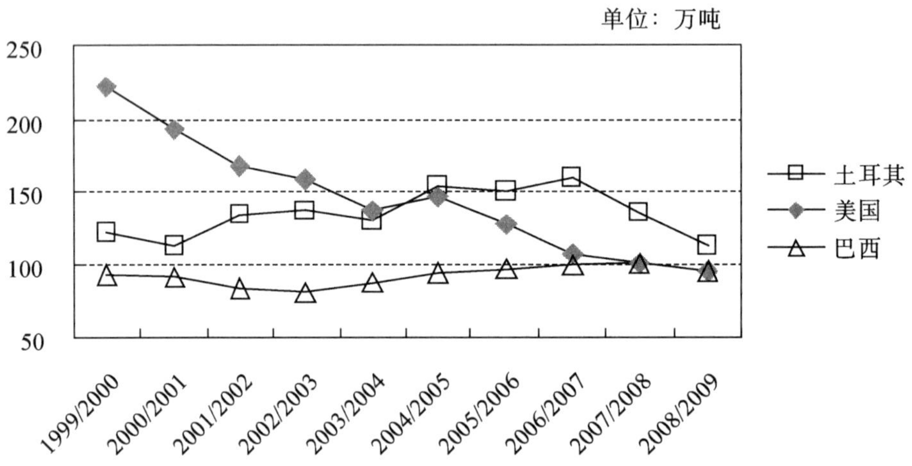

图 4—38 1999/2000 年度以来主要国家棉花消费量变化

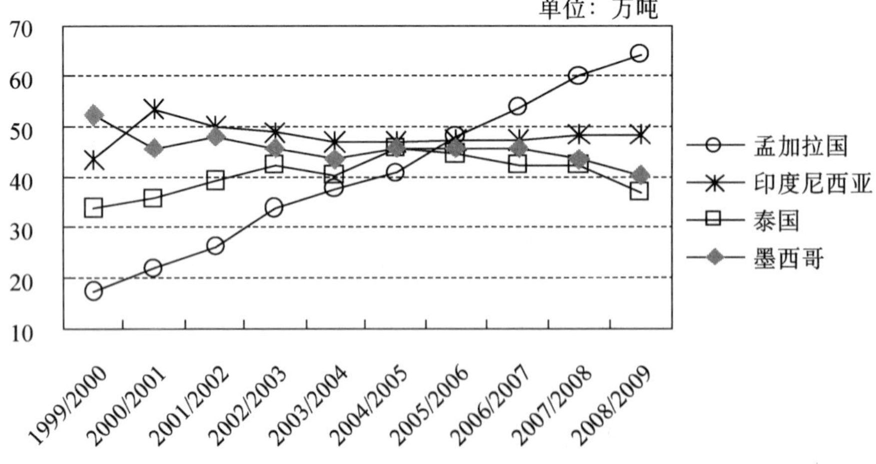

图 4—39 1999/2000 年度以来主要国家棉花消费量变化

4—72 1999/2000年度以来主要国家棉花进口量统计表

单位:万吨

年 度	中 国	土耳其	巴基斯坦	孟加拉国	印度尼西亚	泰 国	墨西哥
1999/2000	2.5	52.5	10.3	16.9	45.2	36.9	39.5
2000/2001	5.0	38.3	10.2	21.8	57.7	34.2	40.6
2001/2002	9.8	64.8	18.8	26.1	51.3	41.0	45.0
2002/2003	68.1	49.3	19.0	34.8	48.5	42.3	50.7
2003/2004	192.3	51.6	39.3	37.0	46.8	36.5	40.5
2004/2005	139.0	74.3	38.2	40.3	47.9	49.7	39.4
2005/2006	419.9	74.0	35.2	48.2	47.9	41.2	38.0
2006/2007	230.5	87.1	50.2	54.0	47.9	41.5	29.5
2007/2008	251.0	71.1	82.7	61.0	50.1	42.0	33.3
2008/2009	228.6	63.1	71.9	64.2	48.4	37.0	28.3

数据来源:美国农业部。

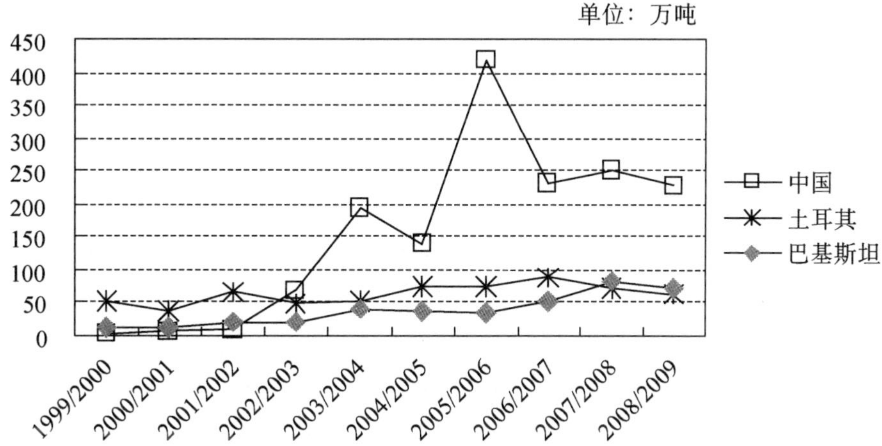

图 4—40 1999/2000 年度以来主要国家棉花进口量变化

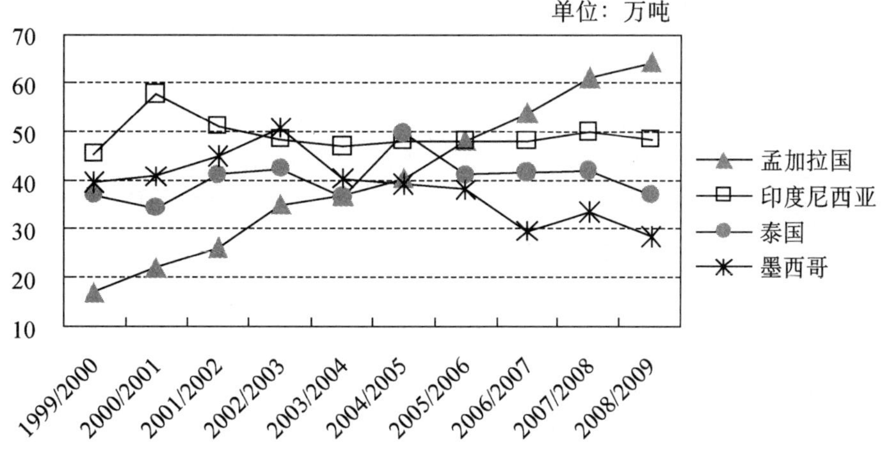

图 4—41 1999/2000 年度以来主要国家棉花进口量变化

4—73　1999/2000年度以来主要国家棉花出口量统计表

单位:万吨

年　度	美　国	印　度	乌兹别克斯坦	西　非	澳大利亚	巴　西
1999/2000	147.0	1.5	91.4	70.2	69.9	0.3
2000/2001	146.7	2.0	75.1	62.8	85.0	6.9
2001/2002	239.5	1.3	76.2	68.5	68.1	14.7
2002/2003	259.1	1.2	74.0	71.9	57.8	10.6
2003/2004	299.6	15.2	67.5	86.8	47.0	21.0
2004/2005	314.3	14.4	86.0	79.2	43.5	33.9
2005/2006	382.1	75.1	104.5	88.2	62.8	42.9
2006/2007	283.3	99.4	98.0	78.9	46.4	28.3
2007/2008	297.3	161.1	96.9	53.1	26.5	48.6
2008/2009	283.0	128.5	88.2	50.4	20.7	53.3

数据来源:美国农业部。

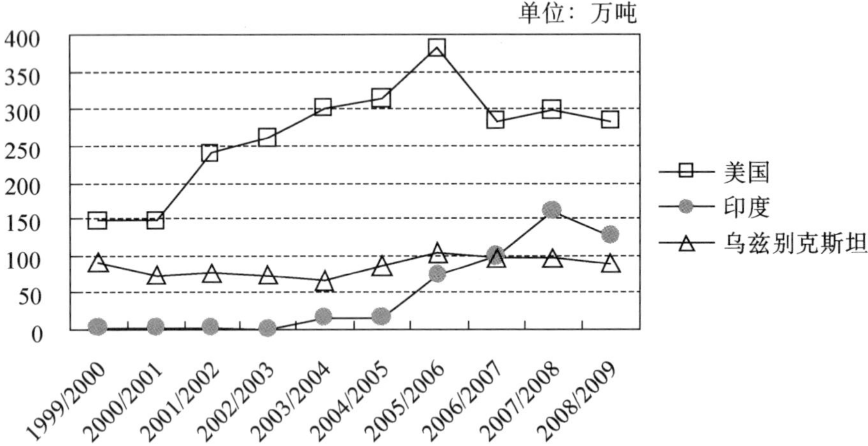

图 4—42　1999/2000 年度以来主要国家棉花出口量变化

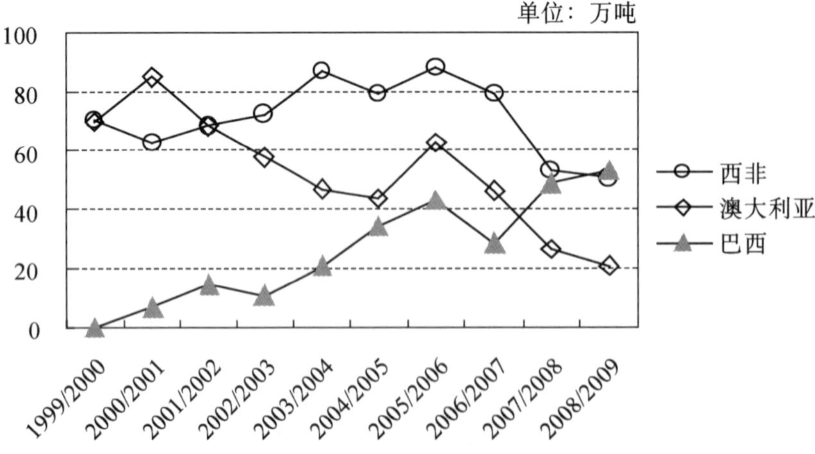

图 4—43　1999/2000 年度以来主要国家棉花出口量变化

4—74　1999/2000年度以来主要国家棉花期末库存统计表

单位:万吨

年　　度	中　国	印　度	巴基斯坦	土耳其	美国	巴　西	孟加拉国	印度尼西亚	泰　国	墨西哥
1999/2000	487.2	107.0	76.3	17.4	85.2	52.1	1.9	5.2	10.7	10.6
2000/2001	429.8	82.1	79.4	18.8	130.6	64.6	2.7	8.9	9.5	11.8
2001/2002	410.4	111.6	89.1	33.4	162.2	51.8	4.2	9.9	12.7	15.7
2002/2003	380.5	78.1	71.4	29.7	117.2	60.0	6.7	8.8	12.5	23.3
2003/2004	413.3	91.1	68.2	32.2	75.1	97.7	7.6	8.0	8.6	24.9
2004/2005	400.4	190.8	107.7	39.0	119.6	106.3	8.3	8.2	12.5	28.7
2005/2006	490.7	175.6	106.9	36.3	132.1	78.7	10.0	7.9	8.9	28.8
2006/2007	447.1	166.9	95.3	42.6	206.4	117.7	11.0	7.7	7.7	22.4
2007/2008	424.7	152.7	94.7	40.5	218.7	136.1	12.7	8.5	6.9	20.3
2008/2009	390.4	187.6	95.3	36.2	135.0	130.7	13.8	7.6	6.6	18.8

数据来源:美国农业部。

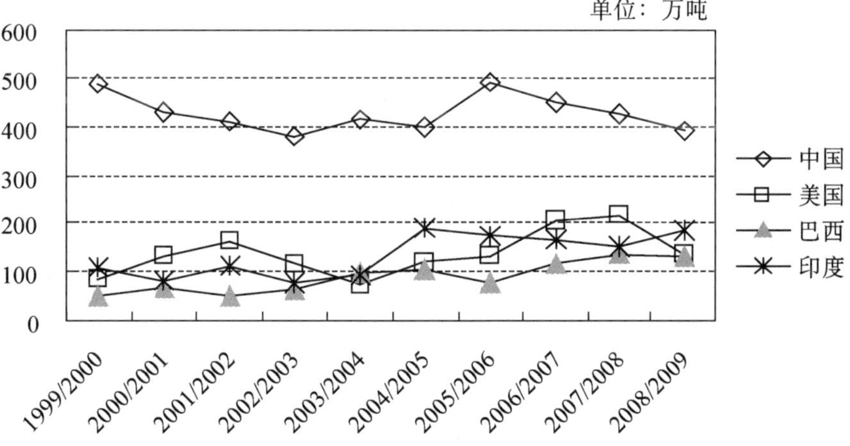

图4—44　1999/2000年度以来主要国家棉花期末库存变化

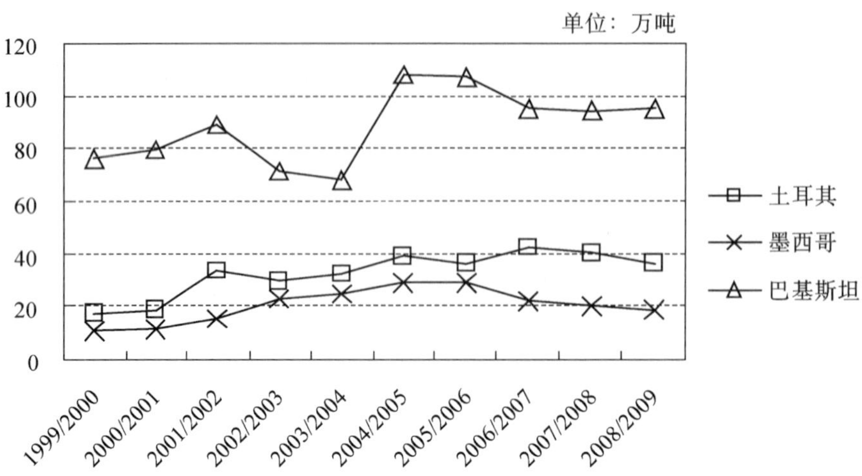

图 4－45　1999/2000 年度以来主要国家棉花期末库存变化

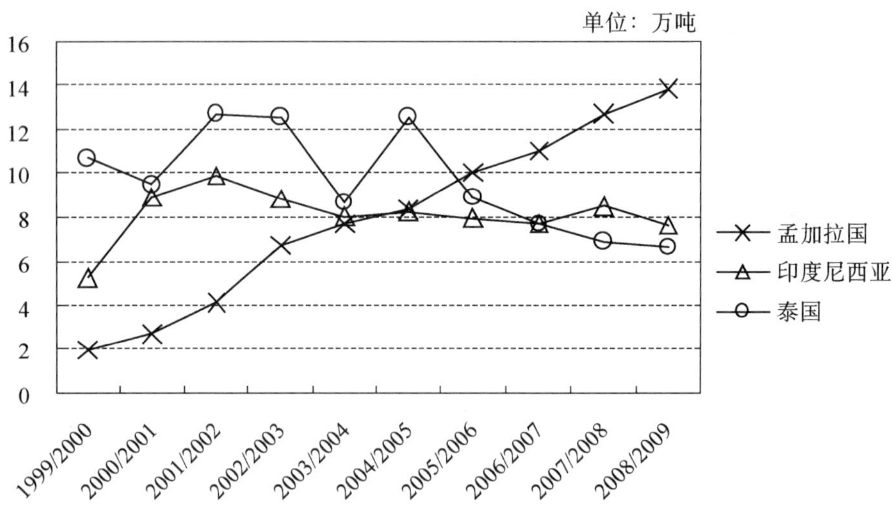

图 4－46　1999/2000 年度以来主要国家棉花期末库存变化

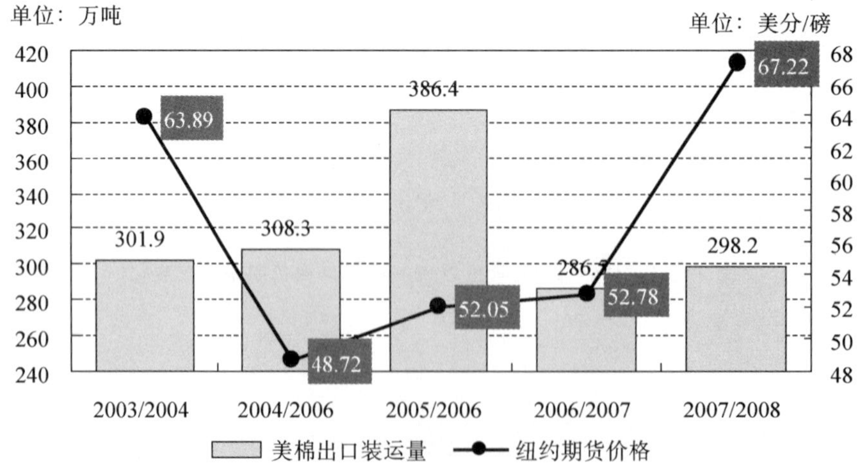

图 4－47　2003/2004－2007/2008 年度纽约期货近月合约均价与美棉出口量比较

大事记

第五部分

国 内 棉 花

全国棉花工作电视电话会议在北京举行

2007年9月28日，全国棉花工作电视电话会议在北京举行。这次会议由国家发展改革委、财政部、农业部、工商总局、质检总局、供销总社和农发行七部门联合召开，会议旨在总结2006/2007年度棉花工作、分析新年度市场形势、部署2007/2008年度的棉花工作。国家发展改革委副主任毕井泉对切实做好2007/2008年度棉花工作提出了总体要求。

国家发展改革委公布2008年关税内进口棉配额相关事宜

2007年9月29日，国家发展改革委发布公告，对2008年关税内进口棉配额数量、申请条件和分配原则进行了详细规定，并于2008年1月1日前通过授权机构将农产品进口关税配额分配给最终用户。公告称，2008年关税内进口棉配额为89.4万吨，国营贸易比例33%，申请时间为2007年10月15日至30日。

中国纤维检验局发布实施棉花加工企业质量监管的两个《办法》

2007年9月，为进一步规范棉花加工企业质量保证能力审查和复查工作，做好棉花加工资格认定工作，加强对棉花收购、加工市场的监督管理，提高监督工作有效性，促进棉花加工企业自觉履行质量义务，鼓励企业诚信经营，提高棉花质量，中国纤维检验局制定了《棉花加工企业质量保证能力审查和复查工作实施办法》和《棉花加工企业质量信用分类监督管理办法(试行)》，以中纤局棉发[2007]82号文发布实施。

农业部发出《关于停止推广部分国家审定品种的公示公告》

2007年12月3日，农业部发出《关于停止推广部分国家审定品种的公示公告》，公告指出，根据《主要农作物品种审定办法》和《国务院办公厅关于推进种子管理体制改革加强市场监管的意见》的有关规定，经第二届国家农作物品种审定委员会第一次会议审议，决定停止推广原全国农作物品种审定委员会审定通过的213个水稻、小麦、玉米、棉花、大豆、油菜品种，其中涉及棉花品种50个，并于2007年12月3日至2008年1月3日予以公示。

棉花进口滑准税政策调整

2007年12月14日国务院关税税则委员会公布的《2008年关税实施方案》规定对配额外进口的一定数量棉花实行5%－40%滑准税，对滑准税率低于5%的进口棉花按0.57元/公斤从量税计征。

2008年5月28日，国务院关税税则委员会宣布从2008年6月5日至10月5日，对配额外进口的一定数量棉花实施临时滑准税，将进口价格较高的高品质棉花适用的从量税从570元/吨降至357元/吨，并从2008年10月6日起恢复原滑准税。

《棉花加工工艺系统安装及制作通用技术条件》行业标准发布实施

根据国家标准委的总体部署，棉花加工标准化技术委员会组织全国棉花机械制造企业、棉花工程技术研究所、棉机设备安装企业、棉花加工企业和棉花包装材料生产企业的有关技术专家，在广泛征求意见的基础上制定了GH/T1043－2007《棉花加工工艺系统安装及制作通用技术条件》行业标准，该标准于2008年1月1日发布实施。

《脱酚棉籽蛋白》行业标准颁布实施

GH/T1042－2007《脱酚棉籽蛋白》行业标准于2008年1月1日正式颁布实施。脱酚棉籽蛋白是以棉籽为原料，采用液一液一固脱酚工艺(在低温条件下，两种溶剂分步浸出油脂、脱除棉酚工艺)生产的可在食品、养殖和发酵行业中广泛使用的棉籽源蛋白。

新疆棉出疆补贴政策

为帮助解决新疆棉花远离内地销区移库成本较高问题，中央财政决定对运往内地销区的新疆棉花（以下简称出疆棉）的移库费用给予适当补贴。2008年6月13日，国家财政部印发了《出疆棉移库费用补贴管理暂行办法》，《办法》规定拥有出疆棉所有权的棉花收购加工企业、棉花经营企业和纺织企业均可享受财政补贴。符合国家标准的出疆棉，不分品级和长度，中央财政每吨定额补贴400元。

农发行出台粮棉调销贷款办法

2008年7月23日，中国农业发展银行下发了《中国农业发展银行粮棉调销贷款办法》，《办法》强调，各级行要坚持以企业风险承受能力和贷款偿还能力为核心，将风险控制放在突出位置，加强市场和行业分析，实行以销定贷、以效定贷，切实加强粮棉调销贷款管理。

国家质量监督检验检疫总局实施进口棉花境外供货企业登记管理

2008年8月5日，国家质量监督检验检疫总局发布了《关于实施进口棉花境外供货企业登记管理的公告》，决定对输入中国大陆的境外棉花供货企业实施登记管理。自2008年9月15日起国家质检总局开始受理境外供货企业登记申请，自2009年3月15日起，已登记的境外供货企业进口棉花，收货人应向入境口岸检验检疫机构提供境外供货企业的登记证书（复印件），到货时可在目的地实施检验。

2008年农产品进口关税配额再分配

2008年8月11日，国家发展改革委、商务部发布了《2008年农产品进口关税配额再分配公告》，要求持有2008年小麦、玉米、稻谷及大米、食糖、棉花进口关税配额的最终用户，当年未就全部配额数量签订进口合同，或已签订进口合同但预计年底前无法从始发港出运的，均应将其持有的关税配额量中未完成或不能完成的部分于9月15日前交还所在地的省（自治区、直辖市、计划单列市）发展改革委、商务厅（外经贸厅）。国家发展改革委、商务部将对交还的配额进行再分配。对最终用户9月15日前没有交还且年底前未充分使用的配额，国家发展改革委、商务部在分配2008年农产品进口关税配额时按比例相应扣减。

国家收储部分新疆棉

经国务院批准，国家从2008年8月27日开始以轮换的方式轮入2007/2008年度生产的新疆棉29.131万吨，至2008年8月31日结束，历时5天，中国储备棉管理总公司指定了15个仓库，通过全国棉花交易市场累计轮入新疆棉8.13万吨。标准级（328级）每吨按13400元（指新疆库点）和13600元（指内地库点）作为收储的最高到库价格，其它等级棉花的收储价格按照3%的品级差率、1%的长度差率计算。为支持棉花质量检验体制改革，经过仪器化公证检验的新疆棉按净重结算，净重结算价格在相应等级棉花公定结算价基础上每吨加400元。

国 际 棉 花

印度、巴西、南非首脑对话论坛在南非召开

2007年10月17日，第二届印度、巴西、南非首脑对话论坛（IBSA）在南非首都比勒陀利亚举行。三国领导人宣称将联合消除在贸易上对发达国家的依赖，并威胁将对贸易不对称的国家联合实施制裁，甚至包括美国。

美棉补贴非法 巴西获40亿美元制裁权

2007年10月，WTO再次裁决美国的棉花补贴非法，这也是继2004年9月和2005年3月之后第三次认定美国对国内棉农提供的信贷担保中有一部分属于非法出口补贴，并且裁定巴西可以对美国实行每年40亿美元的贸易制裁。实际上，美国已经调整了部分补贴项目，WTO认为整改措施并不充分，相关人士预计巴西有可能适当对美国进行“报复”。

印巴开通棉花贸易陆上通道

2007年11月，印度政府决定从2008年开始允许巴基斯坦通过旁遮普省的Wagah边境进口棉花，此举得到了巴基斯坦纺织业界的欢迎。此前巴基斯坦从印度进口棉花全部通过海上运输来完成，当地政府拒绝陆路运输的原因是Wagah边境缺乏合格的检验检疫机构。

ICE棉花期货价格创12年新高

2008年3月5日，ICE棉花期货价格主力合约(5月合约)最高价达到了92.86美分/磅，创下12年以来新高。

美国商品期货委员会召开农产品期货听证会

2008年4月22日，美国商品期货委员会(CFTC)在华盛顿召开了关于农产品期货市场听证会，并且在其官方网站上公布了与会者名单。会议的主要议题为美国期货市场发现价格以及规避风险的功能，参与者包括美国农业部、各农产品协会、投资公司等机构的相关业内人士。

印度纺织厂举行大罢工

2008年7月9日，印度绝大多数的纺织厂罢工，主要目的是：要求在2008年12月31日之前停止棉花出口；取消棉花进口关税；取消棉花出口促进机制，对棉花出口进行渠道化管理，限制棉花出口量；将放贷利率从25%降到10%。

美国在棉花补贴问题上做出让步

2008年7月，美国贸易谈判代表施瓦布在WTO多哈回合谈判中表示，美国政府愿意做出让步，以促使谈判达成一致意见。此次让步涉及棉花补贴问题，并与2005年WTO香港会谈中有关棉花的协定保持一致，具体内容如下：发达国家取消所有形式的棉花出口补贴；欠发达国家出口棉花享受免关税和无配额待遇；削减发达国家为支持国内棉花生产而采取的贸易扭曲政策，条件是各方达成协议并在短时间内开始实施。

美国政府为纺织厂提供用棉补贴

根据美国2007年农业法案，美国纺织厂从2008年8月1日起享受4美分/磅的棉花消费补贴。以2008/2009年度美国国内用棉量450万包计算，美国政府每年需要为该项补贴支出约9000万美元。

国　内　纺　织

中国明确加工贸易台账保证金缴纳方式

2007年9月5日，商务部、海关总署、银监会联合发布公告，规定“允许加工贸易企业可以现金、保付保函等多种形式缴纳台账保证金”。缴纳保证金具体操作办法仍按《关于加工贸易企业以多种形式缴纳税款保证金实施办法》和《中国银行、海关总署关于加工贸易进口料件保证金台账“实转”联系配合办法实施细则》等现行有关规定执行。

企业纺织品配额转让将受到限制

2007年9月25日，商务部公布了《2008年度输美纺织品第一次协议招标公告》。根据新规，企业纺织品配额转让将受到限制，这是为了避免纺织品出口配额流动过度泛滥，新规自2007年11月1日起执行。

输欧纺织品企业新标准出台

2007年10月17日，中国纺织品进出口商会、纺织工业协会、外商投资企业协会联合发文公布了《2008年对欧双边监控纺织品出口企业资质标准》，资质标准涵盖六条，其中，第二条标准规定从事纺织品出口贸易须二年以上，国内大约有近万家企业符合这个要求。

商务部发布我国首个纺织品指数

商务部2007年10月21日在浙江省绍兴县举办的第八届中国(绍兴)国际纺织品博览会上发布了我国首个纺织品指数"中国·柯桥纺织指数"，包括纺织品价格指数、纺织品景气指数、纺织品出口指数和纺织品订单指数。其中，价格指数每周一发布上周的价格指数；景气指数每月1日发布上月景气指数；出口指数每月发布一次。

两届广交会纺织品成交额均下降

第102届中国进出口商品交易会于2007年10月15—20日和25—30日分两期举办，其中纺织服装馆共成交56.37亿美元，比上届下降3.47%，纱线、织物及制品成交26.47亿美元，比上届增长3.65%；服装成品类成交26.72亿美元，比上届下降7.97%。

第103届广交会一期于2008年4月20日落下帷幕，该届广交会一期累计成交254.3亿美元，比上年秋交会增长1.8%，比上年春交会增长6%。一期到会的境外采购商累计128155人，比上年秋交会同期增长4.1%，比上年春交会同期下降5.8%。其中，纺织品服装出口成交总额为49.9亿美元，比上年秋交会下降11.4%，比上年春交会下降14.5%。

商务部修订《中国禁止进口限制进口技术目录》

2007年10月23日，商务部颁布了修订后的《中国禁止进口限制出口技术目录》。在2001年12月颁布的《中国禁止进口限制进口技术目录(第一批)》的基础上，《目录》列入了进口后将危害国家安全、破坏生态环境等方面的技术126项，涵盖农业、食品制造业、纺织业等19个行业。

输欧纺织品监控办法出台　实施许可证制

2007年11月13日，商务部正式颁布2008年输欧盟纺织品监控办法。规定从2008年1月1日起，对企业出口至欧盟的八个类别纺织品实施出口许可证管理，实施期为一年，期间符合标准的出口企业凭合同、运输委托书向商务部门申领许可证后，方可进行出口。《办法》指出，输欧许可证实行"一批一证"、"一关一证"制度，许可证不得转让，可撤换。这8个类别的纺织品分别是T恤衫、套头衫、裤子、女式衬衫、床单、连衣裙、胸衣和亚麻纱。

纺织企业社会责任管理体系被列入行业标准

2007年12月15日，国内产业界首个标准化社会责任管理体系——纺织企业社会责任管理体系正式被国家发展改革委列入纺织行业标准。管理体系的制定使企业对员工的劳动时间、健康与安全、薪酬与福利等方面的标准有了准则，该体系于2005年5月31日正式启动。

中国成为阿根廷第一大服装进口来源国

据阿根廷产业经济研究所2007年12月24日公布的报告，中国已经取代巴西，成为阿根廷第一大服装进口来源国。据阿根廷海关数据，中国服装产品在阿根廷进口服装中的比重逐年提高，从2005年的11.3%增加到2006年的17.5%，2007年大幅上升至34.1%，而巴西服装的比重则从2005年的27.2%下降到今年的16.2%。

首届纺织技术与经济发展高层论坛开幕

2008年1月8—9日，首届中国纺织技术与经济发展高层论坛在北京隆重召开，包括行业领导、业内专家及企业代表等共400余人出席了此次会议。本次论坛的议题不再局限于纺织本身，还拓展到银行、证券等金融行业，呈现出纺织技术与经济发展密切结合的新动向。

中纺协：纺织业两极分化趋势明显

2008年1月17日，中国纺织工业协会会长杜钰洲在纺织工业协会理事扩大会议上表示，我国纺织工业结构调整造成的分化趋势日益明显。2007年1—11月，7.01%的企业创造的利润占全行业利润的35.26%，这些企业的平均利润率达15.60%，比全行业平均利润率高292.95%。面对新形势,约占总数三分之二的企业遇到了较大的困难。

我国首次为纺织品外贸企业发放3A信用等级证明

2008年4月16日,128家中国大型纺织企业被中国纺织品进出口商会授予3A信用等级证明。这是中国首次为纺织企业评定并发放企业信用等级,以鼓励数万家中国纺织企业更好地进军国际市场。

欧盟新政影响中国纺织品出口

欧盟限制使用全氟辛烷磺酰基化合物(PFOS)的指令于2008年6月27日正式实施。指令规定,欧盟市场上销售的制成品中PFOS含量不能超过总重量的0.005%,这标志着欧盟正式全面禁止PFOS在商品中的使用。受影响最严重的是纺织、皮革等出口企业,因为PFOS在纺织业中存在范围最广。

温家宝深入纺织企业调研

2008年7月4—6日中共中央政治局常委、国务院总理温家宝在江苏、上海就经济运行情况进行调查研究。温家宝表示特别关心纺织企业当前所面临的困难,深入无锡第一棉纺织厂生产车间,认真听取企业负责人的意见,共谋破解难题之道。

部分纺织品出口退税率由11%提高到13%

2008年7月30日,财政部、国家税务总局联合发布,将部分纺织品、服装的出口退税率由11%提高到13%,自2008年8月1日起执行。具体执行时间以"出口货物报关单(出口退税专用)"海关注明的出口日期为准。

商务部公布广交会改革方案　建立制衡监督机制

2008年8月27日,商务部公布《关于第104届和今后一个时期广交会改革方案》,在扩大展览规模,缓解供求矛盾的同时,建立各单位互相监督和制衡的管理机制。自2008年秋季第104届起,广交会从原来的每届分两期举办拆分为三期举办:一期以机电产品为主;二期以日用消费品及礼品为主;三期以纺织服装、箱包及文体用品、医药保健及医疗用品、食品及土特产品等为主。展览规模从第102届广交会的3.2万个展位增加到5.4万个展位,由以前的两馆并为一馆。

国　际　纺　织

美国纺织业组织协会对华采取强硬行动

2007年9月6日,美国全国纺织业组织协会(NCTO)发表报告,指中国政府向国内纺织业提供73种补贴。此外,该会提出一个包含9项措施的美国制造业振兴计划,要点包括延长或替换现有的对华纺织品特别保障措施;建立更有效的执法制度,使美国进口商为他们所输入的产品负责,并加重对违规者的惩罚等。

巴西、阿根廷调高纺织品与成衣进口关税

为了保护国内纺织产业,巴西自2007年11月底起大幅提高纺织品与成衣进口关税税率,将成衣与纺织制成品(H. S. 63章毛巾、地毯、床单等)进口税率自20%调增为35%,其它纺织品进口税率则自16%—18%调高到26%,以遏制来自中国等国家纺织品与成衣的进口激增。同时阿根廷也提高纺织品与成衣进口关税税率,然而乌拉圭和巴拉圭则未采取同样之保护措施。

印度政府多次向纺织企业伸出援手

2007年12月,印度政府出台了一系列政策,以帮助包括纺织企业在内的出口行业缓解卢比升值带来的压力,这是印度政府在当年第3次出手"援助"

出口行业。印度政府出台的一系列扶持政策中涉及纺织企业的有:将纺织品出口企业享受的贷款利息补贴由原来的2%提高到4%,降低甚至减免部分纺织原料的进口关税。

南美五国发布纺织品标签新法案

2008年3月初,由阿根廷、巴西、巴拉圭、乌拉圭和委内瑞拉组成的南美南方共同市场签发了关于纺织品、服装产品的标签技术法规草案,该草案拟对各成员国国内生产或进口到各成员国的该类产品标签制定要求。

美国出口商纺织顾问委员会会议召开

美国出口商纺织顾问委员会会议在2008年4月23日召开,这次委员会会议对官方组织鉴定和确认贸易壁垒,扩展纺织品出口、鼓励纺织品公司参与出口扩展提供建议和指导。

输美纺织品或将面临双重威胁

截至2008年5月6日,美国海关统计数据显示,美对华设限的21类纺织品配额平均清关率仅为15.45%,远低于上年同期水平。美主要纺织团体提出了包括反补贴调查、反倾销调查、政府基于监控计划自主启动反倾销、针对具体产品的保障措施(421条款)等多种方案,未来中国输美纺织品或面临双重威胁。

美国纺织品协议执行委员会发布2008年超配额数量的处理办法

2008年6月11日,美国纺织品协议执行委员会(CITA)发布通告,明确了有关中国2008年度设限纺织品进口管理的几个问题,并公布了超配额部分进口数量的处理办法。根据该通告,对超过配额数量部分的进口,CITA有权永久不予放行,或者在事后有条件地分阶段放行,具体放行办法参照2005年超运部分的处理办法,即:(1)对于超运部分,中美协议到期后一个月之内不予放行,即2009年2月1日以后分批限量放行。(2)从2009年2月1日开始,每月放行总数量为2008年协议数量的5%。其后每月放行数量均为协议总量的5%,直到超运数量全部进关为止。

意大利纺织企业要求对中国纺织品实行更严格监控

2008年8月14日,欧洲纺织协会主席兼意大利纺织时尚协会主席米凯拉·特龙考尼指出,中欧纺织品双向监控机制应该延长至2009年全年。中国产衬衫和女装的进口量很大,但由于欧洲纺织服装业面临国内需求停滞、生产成本增加和欧元坚挺的情况,这类纺织品价格急剧下降的危险性很大。因此,该行业协会要求欧盟采取坚决措施,并对中国纺织品实行更加严格的监控。

印度跻身世界最大纺织生产国家阵营 排名第五

2008年8月18日,联合国工业发展组织(UNIDO)发布2008年国际工业统计年报,报告指出印度在世界发展中国家的生产地位。印度是第五大纺织生产国家,排名在印度之前的国家是中国、美国、意大利和日本。

宏 观 经 济

十七大召开

2007年10月15－21日,中国共产党第十七次全国代表大会在北京召开。党的十七大是在我国改革发展关键阶段召开的一次十分重要的大会,大会号召全党全国各族人民高举中国特色社会主义伟大旗帜,更加紧密地团结在党中央周围,认真学习贯彻党的十七大精神,万众一心,开拓奋进,为夺取全面建设小康社会新胜利、谱写人民美好生活新篇章而努力奋斗。

2007 年底防止经济过热成政策主线

2007 年 11 月 14 日，国务院总理温家宝主持召开国务院常务会议，研究部署稳定市场供应和保障困难群众生活工作。会议指出，当前和今后一段时期，要在继续加强和改善宏观调控、切实防止经济增长由偏快转为过热的基础上，进一步采取措施，发展生产，保障供给，基本稳定价格总水平，妥善安排人民群众生活，维护市场和社会稳定。

2007 年中央经济工作会议召开

2007 年 12 月 3—5 日，中央经济工作会议在北京召开。这是中共十七大之后召开的第一个中央经济工作会议。会议特别提出，要把防止经济增长由偏快转为过热、防止价格由结构性上涨演变为明显通货膨胀作为当前宏观调控的首要任务，按照控总量、稳物价、调结构、促平衡的基调做好宏观调控工作。

南方雪灾

从 2008 年 1 月 10 日开始的雨雪天气肆虐中国南部地区，据国家发展和改革委员会 4 月的报告，此次灾害共造成 129 人死亡，4 人失踪；紧急转移安置 166 万人；倒塌房屋 48.5 万间，损坏房屋 168.6 万间；因灾直接经济损失 1516.5 亿元，给电力、交通运输设施带来极大破坏。

通货膨胀

自 2007 年下半年开始，在较长一段时期内十分“低调”的 CPI 开始一路狂奔，在 2008 年 2 月以 8.7%的同比涨幅站上了 1997 年以来 CPI 涨幅的“冠军领奖台”。整个 2008 年一季度，CPI 总水平上涨 8.0%，涨幅比上年同期高 5.3 个百分点（见图 5—1）。

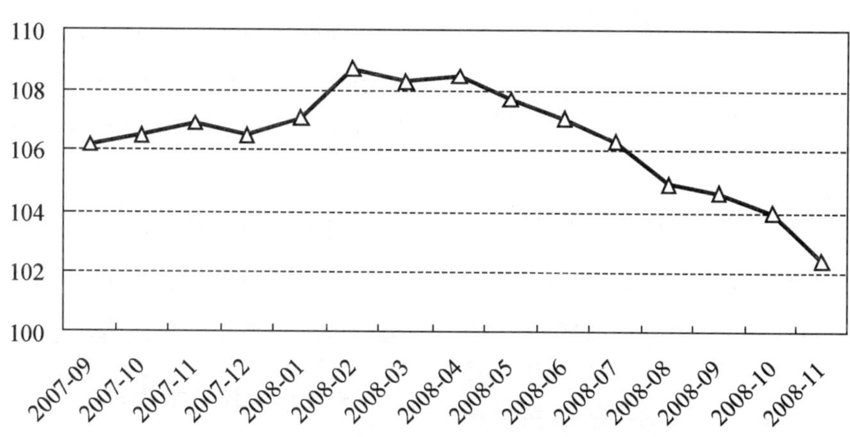

图 5—1 2007/2008 棉花年度我国 CPI 走势

2008 年“两会”召开

2008 年 3 月，备受世界瞩目的中国“两会”胜利召开，会议确定 2008 年经济工作的重点是：要把防止经济增长由偏快转为过热、防止价格由结构性上涨演变为明显通货膨胀作为宏观调控的首要任务。

人民币升值

2008 年 4 月 10 日，美元兑人民币中间价一举冲破 7 整数关，报 6.9920，人民币汇率时隔十多年后再次进入“6 时代”，之后美元兑人民币在 6.8—6.9 之间徘徊，2008 年年内美元兑人民币汇率最高达到 6.8009。

2008 年上半年，欧元对人民币震荡走高，欧元对人民币中间价在 3 月 17 日达到 11.1714 的全年最高位，不过“好景”不长，随着次贷危机的全面爆发，8 月份美元开始在国际市场上全面走强，欧元应声走软，欧元对人民币的汇率也自那时开始急剧下跌，9 月欧元对人民币汇率即跌破 10 整数关口，10 月欧元对人民币中间价进一步由 9 降到 8(见图 5—2)。

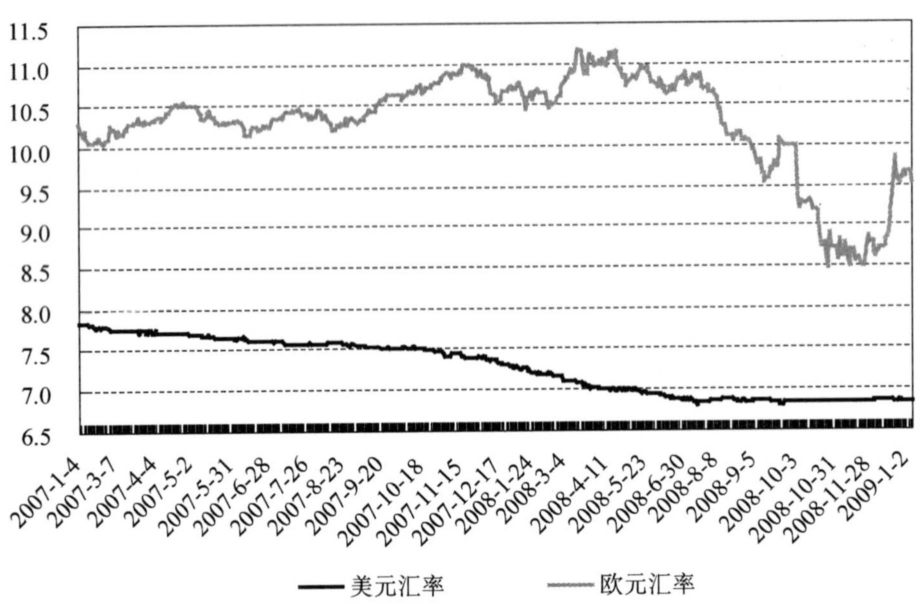

图 5－2　2007 年以来人民币兑美元、欧元汇率走势

汶川大地震

2008 年 5 月 12 日 14 时 28 分，四川汶川发生 8.0 级地震，据统计，死亡人数超过了 8 万人次，造成直接经济损失 8451 亿元，其中四川的损失占到总损失的 91.3%，甘肃占 5.8%，陕西占 2.9%。

国家发展改革委上调汽油、柴油价格和电价

国家发展和改革委员会 2008 年 6 月 19 日宣布，自 6 月 20 日起将汽油、柴油价格每吨提高 1000 元，航空煤油价格每吨提高 1500 元；自 2008 年 7 月 1 日起，将全国除西藏自治区之外的省级电网销售电价平均每千瓦时提高 0.025 元。

经济调控由“两防”转向“一保一控”

2008 年 7 月 25 日，中央政治局会议召开会议，明确了下半年经济工作的任务：把保持经济平稳较快发展、控制物价过快上涨作为宏观调控的首要任务，即“一保一控”。

北京奥运会召开

2008 年 8 月，全世界聚焦北京。奥林匹克享受着它与五千年文明的首次亲密接触，不同文化交相辉映，让北京成为团结、友谊、进步的象征。16 天激动人心的体育盛会，国人百年梦想终得实现。

经济调控由“一保一控”转向“保增长”

2008 年 10 月 17 日，温家宝在国务院常务会议上指出，采取灵活审慎的宏观经济政策，尽快出台有针对性的财税、信贷、外贸等政策措施，继续保持经济平稳较快增长。

奥巴马当选美国总统

2008 年 11 月 4 日，奥巴马当选美国总统，成为美国历史上的第一位黑人总统。

4 万亿投资计划出台

国务院总理温家宝 2008 年 11 月 5 日主持召开国务院常务会议，出台进一步扩大内需、促进经济增长的十项措施，初步匡算到 2010 年底约需投资 4 万亿元。

2008 年中国经济工作会议在京召开

2008 年 12 月 8 日至 10 日中央经济工作会议在北京举行，会议提出明年经济工作的重点任务是：加强和改善宏观调控，实施积极的财政政策和适度宽松的货币政策；巩固和发展农业农村经济好形势，保障农产品有效供给，促进农民持续增收；加快发展方式转变，推进经济结构战略性调整；深化改革开放，完善有利于科学发展的体制机制；着力解决涉及群众利益的难点热点问题，切实维护社会稳定。

美国次贷危机演化为金融海啸

2008 年 3 月 16 日：摩根大通证实将以总价约 2.36 亿美元（每股 2 美元）收购贝尔斯登。

2008 年 9 月 7 日：美国政府将政府支持的抵押贷款巨头房利美和房地美收归国有。

2008 年 9 月 14 日：美国银行宣布将以约 440 亿美元收购美国第三大投资银行美林证券。

2008 年 9 月 16 日：美国第四大证券公司雷曼兄弟称将售旗下资产。

2008 年 9 月 16 日：美联储宣布授权纽约联储向陷于 AIG 提供 850 亿美元紧急贷款。

2008 年 9 月 22 日：高盛将由美国联储局监管，并将成为第四大银行控股公司。

2008 年 9 月 25 日：华盛顿互惠银行被美国联邦存款保险公司接管，成为美国历史上倒闭的最大规模储蓄银行。

2008 年 10 月 9 日：花旗集团宣布终止与富国银行有关美联银行交易的谈判。

2008 年 10 月 13 日：摩根士丹利同意更改三菱日联金融集团总额 90 亿美元股份收购要约的条款。

2009 年 1 月 16 日：花旗集团宣布将拆分为花旗公司和花旗控股两家公司。

肇始于美国次贷危机在 2008 年转变为全球性的金融危机给世界经济带来了巨大冲击。

国际油价涨跌均疯狂

以 2008 年 7 月为分水岭，国际油价先涨后跌，涨时固然让参与者热血沸腾，跌时也让参与者血脉贲张，油价攀升至 2008 年 7 月的 147 美元/桶后便不断下挫，在 2008 年 12 月 19 日纽约商品交易所 1 月份交货的轻质原油期货价格收于每桶 33.87 美元，处于近 5 年来的最低点，不到半年时间，价格跌幅超过 75%（见图 5－3）。

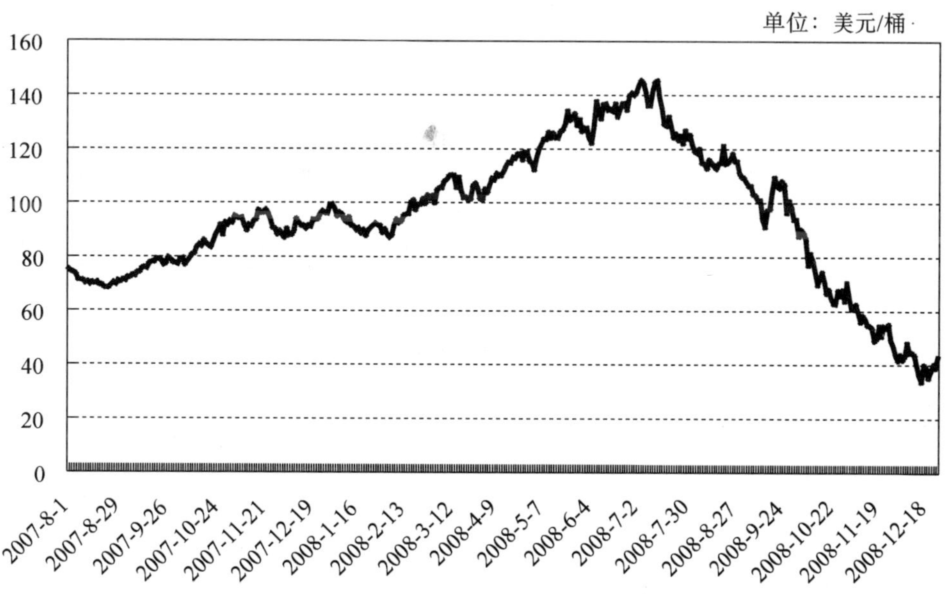

图 5－3　2007 年 8 月以来国际原油期货价格走势

国际主要商品价格玩“过山车”

在国际金融动荡的大背景下，大幅涨跌的不仅仅是石油价格，国际主要商品价格几乎全部呈现先涨后跌的“过山车”式波动（见图 5－4）。

中国股价大跌

2008 年中国股市出现大跌，从 6124 点一路跌

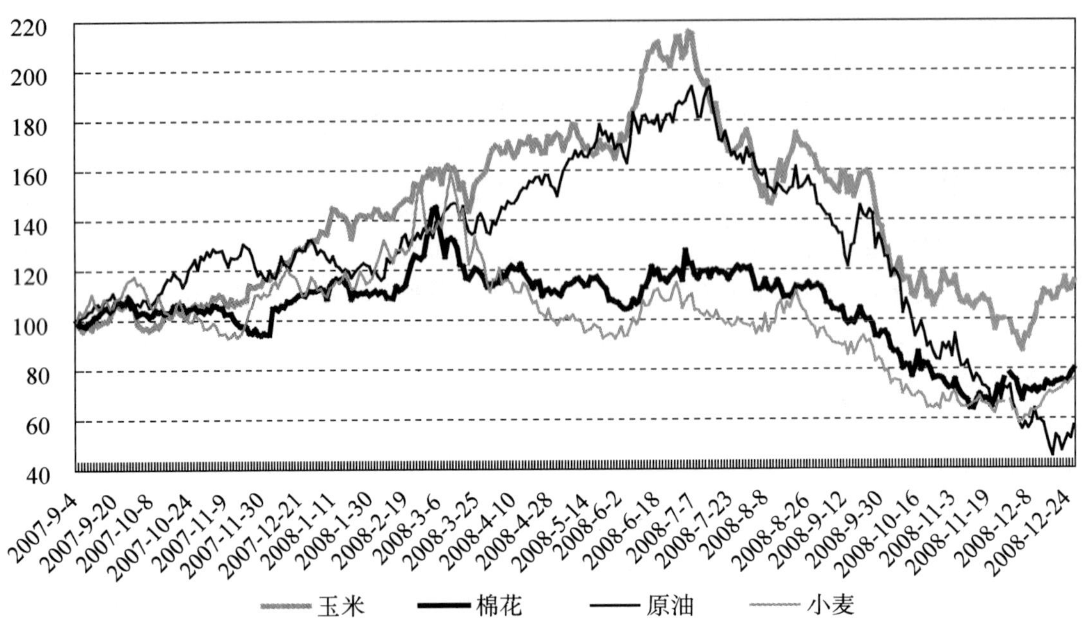

图 5—4　2007 年 9 月以来国际棉花、玉米、小麦和原油期货价格走势

到 1664 点，据中国证券登记结算公司统计，从 2007 年底至 2008 年 11 月 28 日，两市总市值共蒸发 20 万亿，两市流通市值蒸发逾 5 万亿。若以 0.6 亿人参与股市计算，人均损失至少在 8 万。

注：宏观经济部分时间涵盖范围为 2007 年 9 月 1 日至 2008 年 12 月 31 日。

表 5—1　2008 年中国五次下调利率

次　　数	调整时间	调整内容
1	2008 年 9 月 16 日	一年期贷款基准利率下调 0.27 个百分点
2	2008 年 10 月 9 日	一年期存贷款基准利率下调 0.27 个百分点
3	2008 年 10 月 29 日	一年期存贷款基准利率下调 0.27 个百分点
4	2008 年 11 月 26 日	一年期人民币存贷款利率下调 1.08 个百分点
5	2008 年 12 月 23 日	一年期人民币存贷款基准利率下调 0.27 个百分点

数据来源：中国人民银行。

表 5—2　2008 年中国九次下调银行准备金率

次　　数	调整时间	调整前	调整后	调整幅度
1	2008 年 1 月 25 日	14.50%	15.00%	0.50%
2	2008 年 3 月 25 日	15.00%	15.50%	0.50%
3	2008 年 4 月 25 日	15.50%	16.00%	0.50%
4	2008 年 5 月 20 日	16.00%	16.50%	0.50%
5	2008 年 6 月 7 日	16.50%	17.50%	1.00%
6	2008 年 9 月 25 日	17.50%	16.50%	−1.00%
7	2008 年 10 月 15 日	16.50%	16.00%	−0.50%
8	2008 年 11 月 26 日	16.00%	15.0%（大型金融机构） 14.0%（中小型金融机构）	−1.00%
9	2008 年 12 月 22 日			−0.50%

数据来源：中国人民银行。

第六部分 政策文件

张晓强在全国棉花工作电视电话会议上的讲话

加强调控稳定市场　切实做好2008年度棉花工作

国家发展改革委副主任　张晓强

（2008年9月25日）

同志们：

新的棉花年度已经开始。经国务院批准，今天国家发展改革委、财政部、农业部、工商总局、质检总局、供销总社、农业发展银行七个单位联合召开全国棉花工作电视电话会议。会议的主要任务是，总结2007年度棉花工作，分析2008年度棉花形势，并部署工作。下面我讲四个问题。

一、2007年度棉花工作简要回顾

在2007棉花年度，我国纺织生产和出口继续增长，但增速明显放缓，棉花需求有所增加；棉花丰收，产量增加，产需存在缺口。通过加强宏观调控，保持总量平衡，加强市场和质量监管，棉花市场运行基本平稳。一年来，国务院各有关单位和地方各级人民政府共同努力，重点做了以下四方面工作：

（一）保持总量平衡，满足纺织需要。受国内外市场环境和政策变化等多重因素影响，2007年度我国纺织生产、出口增速明显放缓。据国家统计局统计，2007年度全国纱产量2115万吨，同比增长11%，增速同比下降7个百分点。据海关统计，纺织品服装出口1812亿美元，同比增长12.1%，增速同比下降9.3个百分点。在纺织生产和出口增长的带动下，棉花需求比上年度有所增加，但增长势头减弱。据国家统计局统计，2007年全国棉花播种面积8880万亩，棉花产量762万吨，为历史最高产量。根据新疆棉铁路运输实际发运情况看，新疆棉花实际产量比原公布产量多出40万吨左右，据此测算全国棉花实际产量800万吨，比上年度增加27万吨。2007年度累计进口棉花244万吨，比上年度增加16万吨。基本满足了纺织用棉需要。

（二）稳定棉花市场，促进棉农增收。各地政府和有关单位高度重视棉花收购工作，引导棉花企业积极入市、理性经营。工商、质监等部门严格加强市场监管和质量监督，严格查处棉花经营中的违法行为，棉花流通秩序较好，棉花质量基本稳定。农发行积极发放棉花收购贷款，保障棉花收购资金需要。有关部门把握进口配额发放节奏，进口棉数量每月基本保持在20万吨左右。在2007年度国际市场棉价整体上涨、波动幅度加大的情况下，国内市场棉价保持了基本稳定。2007年度国内市场标准级棉花销售价格平均约为13700元/吨，同比上涨3%。而同期国际市场棉价上涨23%。2007年度棉花收购价格高于上年度，棉农收入明显增加。据全国物价系统成本调查统计，2007年度棉农皮棉出售均价655元/担，同比增长8%；棉花现金收益945元/亩，同比增长13.5%。

（三）加快新疆棉调运，缓解新疆棉运销难。受紧缩银根政策等影响，2007年度纺织企业流动资金紧张，普遍压缩原料库存，棉花大多是随用随买。棉花企业商业库存增加，销售压力加大，国产棉销售慢于去年，加上今年南方雨雪冰冻灾害和汶川地震对铁路运输的影响，新疆棉一度出现运销困难。为此，今年6月以来国家增加新疆棉花铁路运力，对新疆棉出疆移库给予400元/吨的补贴，促进新疆棉移库到内地。据铁路部门统计，2007年度共发运新疆棉293万吨，比上年度多运23.6万吨，除疆内纺织行

业自用以外，2007 年度新疆棉已基本上运了出来。为加快新疆棉销售，8 月下旬以来，国家在全国棉花交易市场公开竞价收储 2007 年度经仪器化公证检验的新疆棉(共成交 8 万吨)，促进了新疆棉的销售。新疆自治区政府有关部门和农业发展银行也加大力度，督促棉花企业加强市场营销，积极移库销售。

(四)深化棉花流通体制改革，积极推进质检改革。各地各有关部门继续贯彻国务院确定的“一放(放开收购)、二分(储备与经营分开、社企分开)、三加强(加强宏观调控、加强市场管理、加强质量监督)、走产业化经营路子”的改革方针，进一步深化棉花流通体制改革。棉花市场化程度不断提高，市场体系逐步完善，期货和现货交易市场发展良好。棉花企业加快改革步伐，在竞争中优化组合，棉花产业化经营在探索中发展，一批产业化龙头企业逐步壮大。棉花质检改革进展加快，按照国务院批准的《棉花质量检验体制改革方案》要求，目前已有 1094 家棉花加工企业完成了技术改造，比上年度增加 563 家，形成大包棉花加工能力 590 万吨左右。开展仪器化公证检验服务的公证检验承检机构 81 家，形成仪器化检验能力 430 万吨左右。2007 年度全国经仪器化公证检验的大包棉花 166 万吨，超过上年度检验量的 2 倍。

在充分肯定 2007 年度棉花工作取得的成绩的同时，我们也要看到工作中存在的不足。一是棉花加工企业数量过多，加工能力严重过剩，部分加工企业对棉花质检改革存在观望心理，更新改造不积极，改革地区间进展不平衡。二是棉花质量仍存在隐患，无证加工企业使用“两小一土”加工棉花现象仍未杜绝，混等混级收购加工棉花的现象仍然比较普遍，棉花中混入异性纤维问题尚未得到根本解决。三是纺织发展面临较大困难，2/3 的纺织企业处于亏损或亏损边缘。受此影响，国产棉花销售进度慢于上年，7 月份以来国内棉价呈现下跌趋势。四是部分产棉区棉花的统计数据与实际产量仍然存在较大差异，给总量平衡、安排进口配额和组织铁路运输带来一定困难。

二、2008 年度棉花工作面临的形势

正确分析市场形势是做好新年度棉花工作的关键。近期，我委会同有关单位对 2008 年度产销形势进行了多次分析和研究，并组织联合调查组到棉花主产省区进行了调研。总的来看，2008 年度，国内棉花产量与上年基本持平，纺织生产出口增速将进一步放缓，棉花产需之间仍有较大缺口；国际市场棉花资源趋紧，受国际经济形势不确定影响，预计国际棉价波动将进一步加剧。

(一)棉花产量与上年基本持平。据国家统计局调查统计，今年全国棉花种植面积 8658 万亩，同比减少 2.5%。各级农业部门重视棉花生产，推广棉花良种，促进科技兴棉，大部分主产棉区棉花长势良好。如近期气候正常，预计单产同比增加，全国棉花总产量与上年基本持平。受今年年中主产棉区气温偏低影响，棉花大量上市时间比常年推迟半个月左右。

(二)棉花需求量略有增长。受诸多不利因素的影响，去年以来我国纺织生产和出口由快速增长进入一个新的调整期，增速明显放缓，预计 2008 年度纺织业仍将面临人民币升值、资金紧张和成本上升压力等问题，纺织生产和出口增速可能会放缓，棉花需求也会相应减少。这样，棉花产需之间缺口不会再大幅度扩大，但考虑到纺织行业仍将不断发展，因此新年度棉花需求量仍会有所增长。

(三)国际市场棉花资源趋紧。据国际棉花咨询委员会(ICAC)最新预测，2008 年度全球棉花产量 2491 万吨，同比减少 137 万吨；消费量 2635 万吨，同比减少 32 万吨；期初库存 1210 万吨，同比减少 31 万吨；国际市场棉花供求趋紧，国际棉价总体上将在高位运行，但受国际经济形势不明朗和其它商品市场价格波动影响，国际棉价波动将进一步加剧，对国内纺织用棉企业利用国际资源带来较大困难。

在正确认识新年度棉花供求总体形势的基础上，我们还要清醒地看到 2008 年度棉花工作中将面临的突出矛盾和问题：一是棉花收购资金趋紧。受从紧货币政策及棉花市场低迷等因素影响，今年投

入到棉花收购的商业银行贷款、企业自筹资金及纺织企业预付款可能大幅减少。二是收购初期可能出现观望、僵持局面。受粮食等农产品价格上涨、棉花种植成本增加等因素的影响,棉农对今年棉花收购价格的期望值较高;近两年棉花企业经营效益不佳,收购会比较谨慎;纺织企业资金紧张、经营困难,消化高价棉难度较大。可能在棉花收购初期出现棉农惜售、企业观望的局面。三是稳定棉花生产的压力较大。受纺织行业困难影响,近期棉花价格持续走低国内市场棉价比 7 月下旬每吨已经下跌了近千元。由于棉花生产成本增加,而新棉收购价格难以达到农民的期望值,会挫伤棉农生产的积极性,不利于稳定棉花生产。

三、切实做好 2008 年度棉花工作

当前棉花工作所面临的形势严峻,国内市场棉价仍在下行,各地、各有关单位要把稳定棉花市场、保护棉农利益作为新年度棉花工作的首要任务来抓。2008 年度棉花工作的总体要求是:抓好新棉收购,确保资金供应;稳定棉花市场,保护棉农利益;加强宏观调控,满足市场需要;加快质检改革,确保棉花质量。具体要做好以下七项工作:

(一)引导企业积极入市收购新棉。要加强政策引导,客观宣传我国棉花产销形势,要看到我国棉花产需总体上存在较大缺口,国产棉花销售市场广阔。要引导棉花企业积极入市收购,棉农积极交售棉花,购销双方合理确定棉花收购价格,既要保护各方利益,又要规避市场风险。纺织企业要加速资金周转,积极采购新棉,保持合理的棉花库存。中国棉花协会、纺织工业协会要加强相关的信息服务和宣传引导工作。

(二)确保收购资金供应。各级农业发展银行要认真研究新年度棉花收购中面临的新形势、新问题,采取针对性强的措施,发挥棉花收购资金供应主渠道作用,全力做好棉花收购资金供应工作。在严格执行贷款上线和贷款风险控制线、切实防范贷款风险的前提下,提前制定棉花收购资金供应预案。统筹考虑各地棉花产量和贷款企业加工能力,合理布局收购资金供应点,防止出现区域性收购资金供应上的空白点。对于个别地区可能出现的收购主体缺失的情况,通过组织有实力的企业直接设点或委托收购解决当地棉农卖棉问题。要足额安排信贷规模,加强与人民银行沟通,确保现金供应,支持贷款企业及时足额兑付棉农售棉款。鼓励商业银行、农村信用社等金融机构开展棉花收购信贷业务,增加棉花收购资金供应渠道。在主要产棉区,各商业银行应保持一定的棉花收购贷款规模,贷款规模在年度之间要保持相对稳定。各级政府及有关部门要密切关注棉花收购资金供应问题,千方百计督促和帮助收购企业筹措资金,防止出现“打白条”。

(三)加强棉花宏观调控。要充分运用好储备、进出口等手段,加强宏观调控,维护棉花市场的基本稳定和供需基本平衡。一是充分发挥储备调控作用。要进一步完善棉花储备制度,适当增加储备规模,建立更加灵活的储备棉吞吐机制。有关部门已经商定,新棉大量上市后,如棉价出现过度下跌,要适时入市收储部分棉花,使新棉收购价格保持在相对合理的水平,保护农民种棉积极性。如年度后期棉价出现过度上涨,将安排一定数量的储备棉在市场抛售,保证市场运行基本平稳。二是调控好棉花进口。进口棉花既是解决我国棉花资源短缺的需要,也是调控棉花市场的有效手段,要在准确分析我国棉花产需形势和国际棉花市场变化的基础上,统筹考虑国内棉花销售进展情况、纺织企业用棉配比需要等因素,合理确定进口的时机和数量,把握好进口节奏,从而保证国产棉花销售,维护国内棉花市场价格稳定,保护棉农利益。三是组织协调好新疆棉运销。要引导新疆棉花企业强化市场和竞争意识,充分利用出疆棉移库补贴政策,加快新疆棉花销售和向内地移库的进度。铁路等部门要组织好新疆棉外运,增加棉花出疆运力,满足销售和移库需要。四是完善棉花产需统计。要改进和完善棉花生产统计,提高棉花消费统计的质量,建立信息会商机制,规范信息发布,为宏观调控和生产经营服务。

(四)加强棉花市场和质量监管。各地要严把市场主体准入关,进一步完善棉花加工准入和退出机制，取缔未经批准的棉花交易市场和地下市场，防止加工能力的盲目扩张。坚决取缔小轧花机、土打包机等非法加工设备，严厉打击无证无照加工行为。要认真实行棉花收购加工主体信用分类监管制度，规范棉花交易行为，对销售、购买非法加工棉花的企业，要按照有关规定严肃查处，促使无证加工企业真正退出市场。要依法加强棉花质量检查，加强收购加工环节质量监督管理，打击棉花掺杂使假等质量违法行为。引导棉农继续对棉花实行“四分”(分摘、分晒、分存、分售)等行之有效的做法，避免混等混级。广大棉农及收购加工企业要进一步提高棉花中混入异性纤维危害性的认识，在采摘和收购环节使用棉布袋，在棉花加工前做好排除异性纤维工作，保证棉花质量。

(五)稳定棉花生产。稳定棉花种植面积，防止生产出现大起大落，对我国棉花产业健康发展具有十分重要的意义。对此，产棉区各级政府及有关部门须有清醒认识，及早采取相应措施，确保我国棉花种植面积保持基本稳定。要在稳步扩大优势区域棉花种植面积的基础上，着力提高棉花单产和品质。继续改善棉花生产条件，加强优质棉生产基地建设，支持新疆发展棉花生产，提高我国棉花综合生产能力。要深入研究支持棉花生产稳定发展的政策措施，继续实行棉花良种补贴政策，加快棉花优良新品种选育、示范、推广工作，扩大优质棉花种植规模。

(六)鼓励棉花企业做大做强。从 2001 年开始，棉花流通体制改革已经走过了七年，棉花企业初步建立起与市场经济相适应的经营机制。随着棉花企业兼并重组步伐加快，涌现了一批经营规模较大、管理较规范、具有一定市场影响力的棉花企业。不过从总体上看，我国棉花企业“小而分散”的现状尚未得到根本性改变，我们的棉花企业无论在规模、数量上，还是在管理、效益上，与国际先进企业相比存在较大差距。随着外资进入中国农产品经营领域的步伐加快，国内棉花企业必须强化危机意识，变压力为动力，在充分发挥自身优势的基础上，学习和借鉴国际企业先进的经营模式和管理经验，探索多种形式的棉花产业化发展路子，快速提升自身的核心竞争力，努力把企业做强做大。

(七)缓解纺织行业困难。纺织行业是我国重要民生产业，其健康发展关系到棉花生产稳定、棉农收入增加及社会稳定的大局。国务院领导高度重视当前纺织行业发展遇到的困难和问题，已批准出台了若干政策措施。要认真贯彻落实好已出台的各项政策措施，着力解决纺织行业当前面临的突出困难；要通过各方面的共同努力，促进纺织行业实现结构优化、产业升级和可持续发展，实现棉花产业链的良性循环。

四、加快推进棉花质量检验体制改革

按照 2003 年 12 月国务院批准的《棉花质量检验体制改革方案》，从 2005 年度起用 5 年的时间，采用科学、统一、与国际接轨的棉花检验技术标准体系，在棉花加工环节实行仪器化、普遍性的权威检验，建立起符合我国国情、与国际通行做法接轨、科学权威的棉花质量检验体制。几年来，各地各有关部门认真贯彻改革方案精神，积极组织棉花企业改造加工设备，加紧建设仪器化检验实验室，促进新体制加工检验的棉花进入市场流通。改革已经取得了阶段性成果。

2008 年度是棉花质量检验体制改革工作全面推行的第四年，也是关系到能否顺利完成改革的关键一年，各地、各有关部门要统一思想、提高认识、统筹兼顾、加快推进改革。

(一)充分认识改革意义，促进棉花产业健康发展。本项改革是我国棉花流通体制改革的重要组成部分，是棉花加工、检验、流通领域的深刻变革，对棉花产业各环节的健康发展具有十分重要的意义。首先，改革是促进棉花加工业有序发展的需要，是棉花加工企业实现升级换代、做大做强的重要机遇。新体制全面实施后，全国棉花加工企业数量将大幅度减少，棉花装备技术水平和规模效益将得到明显提升。其次，改革是提高纺织品竞争力的需要。棉花质量指标实行仪器化包包检验，项目全面，指标数据客观准确，有利于纺织企业科学配棉，降低成本，提高质量和市场竞争力。第三，改革是保障市场平稳运行的需要。改革按照配套规划实施，合理布局，有利于促进棉花市场监管工作；参加改革企业普遍实力较强，有利于金融机构择优选贷，降低风险。第四，改革是国家加强宏观调控的需要。实行新体制后，在棉包统一编码的基础上建立全国棉花质量信息管理系统，并建立专业监管仓储体系，有利于国家及时准确地掌握棉花数量和质量数据，为调控服务。近期，国务院领导同志对此做出重要批示，要求加大改革力度，加快实行棉花编码管理，发展棉花专业仓储，提高统计数据的准确性。

（二）完善改革配套政策，实现新旧体制顺利过渡。根据《棉花质量检验体制改革方案》和《棉花加工资格认定和市场管理暂行办法》，2005－2009 年度为改革过渡期，允许新旧体制并存；从 2010 年 9 月份开始，棉花加工检验新体制将全面取代旧体制，小包型加工企业和小包型棉花要全部退出市场。目前，距过渡期结束还有两年时间，要进一步完善改革配套政策，促进改革顺利完成。

一是制定公布小包棉及其加工企业在过渡期后退出市场的机制和实施办法。过渡期内，国家只收储经仪器化公证检验的大包棉，铁路部门优先运输大包棉，农业发展银行给改革企业优先贷款，这些措施正在执行中；过渡期结束后，停止小包棉花进入期货和电子撮合交易，铁路部门停止小包棉花运输，农业发展银行停止对小包棉加工企业提供贷款，取消小包棉加工企业的棉花加工资格。

二是研究制定棉花进入专业仓储办法。棉花专业仓储是质检改革的必要条件，符合棉花现代物流的发展方向，有利于降低流通成本、减少交易纠纷，有利于银行加强监管、降低贷款风险。要研究制定切实可行的专业仓储实施办法，大力发展棉花专业仓储。

三是引导纺织企业采购使用经仪器化检验的大包棉花。尽快制定新体制棉花交易结算办法，研究仪器化检验数据与棉纺产品质量的相关性，研发自动配棉系统，降低原料成本，进一步研究棉花标准，使纺织企业感受到改革的好处，提高采购大包棉花的积极性。

四是严格棉花加工业规划布局。各地要对棉花加工业更新改造规划执行情况进行清理，剔除原纳入规划但没有改造或已破产转产的企业，支持改造意愿强又有资金实力的企业。规划布局要根据各地棉花种植区域的变化及时调整，既要方便农民售棉，又要避免棉花加工企业过于集中。

五是切实提高棉花送检率，改进配套服务。近两年，国内棉花资源偏紧，部分完成设备技术改造的企业没有把加工出的大包棉花及时、全部送检，影响了公证检验的普及率。各地要加强宣传，引导加工企业履行义务，积极参与公证检验。棉花设备制造企业要改进设备，做好优质服务，及时解决新设备运行中出现的问题。纤检机构要进一步规范仪器化检验工作程序，健全完善内部质量管理和仪器化检验考核管理制度，提高检验能力和水平。要积极改进棉花包装捆扎材料，优化装运方式，加强棉花回潮率检测，消除棉包在装运、储存中可能产生的安全隐患。

同志们，2008 年度棉花工作面临的形势复杂，任务繁重。各地区、各有关单位要认清形势，明确任务，各司其职，密切配合，共同做好工作。产棉区发展改革委要在当地人民政府的领导下，切实加强对棉花工作的组织协调，及时解决棉花工作中出现的新情况、新问题，圆满完成 2008 棉花年度各项工作任务。

李春生在全国棉花工作电视电话会议上的讲话

增强责任意识　全力做好今年棉花购销工作

中华全国供销合作总社理事会副主任　李春生

（2008年9月25日）

同志们：

新棉收购旺季即将到来。面对复杂多变的市场形势，如何做好新年度棉花购销工作，保护农民利益，确保产业健康发展，是摆在我们面前的艰巨任务。今天，按照国务院的要求，国家发改委等部门联合召开电视电话会议，部署2008年度棉花工作。刚才国家发展改革委和财政部、农业部、工商总局、质检总局的负责同志都作了发言，我完全同意。全国供销社系统棉花企业要认真学习贯彻这次会议的精神，以高度的社会责任感，做好今年的棉花购销工作。

一、2007年度供销社棉花工作概况

（一）在棉花购销工作中继续发挥了主渠道作用。2007年度，棉花企业经历了重重考验。受国际国内经济形势、宏观调控政策等多种因素影响，我国纺织行业运行困难，棉花市场成交清淡，国内棉花市场始终处在弱势整理状态。籽棉收购价格位于历史较高水平，而销售价格上不去，后期甚至下滑，棉花企业利润微薄，亏损面不断加大。全国供销社系统棉花企业以大局为重，克服困难，努力做好棉花购销工作，全年度收购棉花占全国棉花总产量的50.6%，其中新疆自治区供销社系统棉花收购量占全区的80%，在保护棉农利益、满足纺织企业需求、维护棉花市场稳定等方面发挥了重要作用。

（二）积极参与棉花质检体制改革。截至目前，全国参加质检体制改革的1343个棉花加工企业中有64.7%的是供销社的加工企业，其中新疆供销社系统参与质检体制改革的有486家，占新疆全区参与改革的622家棉花加工企业的78%；内地供销社系统参与质检体制改革的有383家，占内地参与改革的721家棉花加工企业的53%。供销社棉花企业成为推动棉花质检体制改革的生力军。

（三）大力发展棉花专业合作社。根据我们对山东、河北、新疆、湖北、江苏、安徽六省、区和新疆兵团的调查，目前这六个省、区共有棉花专业合作社391个，社员数量275855个，辐射面积367万亩。其中供销社领办的达到218个，占55%。棉花专业合作社的发展为推进棉花产业化经营奠定了良好基础。

二、做好2008年度棉花工作的意见

当前棉花收购面临的形势严峻，特别是棉花需求不旺导致价格下跌与棉农植棉成本上升要价较高的矛盾比较突出。据中国棉花协会调查，预计2008年全国棉花面积、总产和单产与去年基本持平，同时，目前国内商业库存还较大，供给较为充裕；另一方面，受多种因素影响，纺织发展面临较大困难，对棉花需求增长有所放缓，这都对新棉上市价格形成较大压力。从已有少量棉花上市的新疆、山西、陕西、湖北等省、区情况来看，籽棉价格内地4级在2.6－2.8元/斤左右，3级在2.85－3.1元/斤左右，新疆3级在2.8元/斤左右。价格普遍低于棉农的心理预期，棉农有惜售现象，部分涉棉企业还在等待观望。

为做好新年度棉花的购销工作，我在这里强调下几点：

（一）增强社会责任感，积极入市收购

面对今年的棉花收购的严峻形势，供销社棉花

企业要切实增强大局意识、责任意识，主动为政府分忧、帮农民解难。要认真贯彻落实国家相关棉花政策，最大限度让利于棉农，帮助棉农增加收入。要及早协调落实收购资金，积极入市收购。要在当地党委、政府的领导下，发挥传统优势，与有关部门加强沟通协调，全力做好新年度棉花购销工作。

（二）从源头抓起，切实把好质量关

当前，质量工作的重点是把好新棉收购质量关。要坚持按质论价、优质优价，现场指导棉农做好“四分”（分摘、分存、分晒、分售），坚持使用棉制品包装物，禁止异性纤维混入，并安排专人负责挑拣异性纤维，提高籽棉质量，增加棉农收入。禁止收购超水棉，对已收购的棉花，要按检验结果分别堆放，有明显标记，禁止混等混级存放。要注重品牌建设。特别是在当前棉花市场竞争十分激烈的环境中，要树立“品牌就是市场、品牌就是效益”的理念，增强品牌意识，强化质量管理，提升整体质量水平，创立自己的棉花品牌。同时，加大宣传力度，加深用户对品牌棉花的了解与认识，扩大品牌棉花企业的知名度与影响力，提升品牌棉花的市场占有率。要坚持诚信经营，诚信是企业经营之本、发展之道。要恪守职业道德，以诚信打天下，用“令人信赖的品牌质量、令人满意的合同履约”取得客户的广泛认可，在市场竞争中站稳脚跟、求得发展。

（三）发展协会网络，构建服务体系

目前，全国15个棉花主产省（区、市）中，有14个成立了棉花协会。其中，山东、河北、新疆、湖北、江苏、安徽六省（区）和新疆兵团拥有各级棉花协会228个，包括省级7个、地市级49个、县级138个、县以下35个。这些协会基本上涵盖了棉花主产省（区）和市、县，对指导棉花产业发展、收集棉花市场信息、服务棉花企业等方面发挥了重要作用。下一步，要针对各个协会相对独立运行的现状，重点加强各级棉花协会之间的合作，尽快形成协会网络系统，建立起畅通的工作联系机制和信息资源共享平台。中国棉花协会将重点加强与各省级协会的联系，各省级协会负责联系本省各市、县级协会，市县级协会要加强与本地棉花专业合作社、棉农专业协会等的联系。通过这个网络系统，集中力量，开展行业专题调查，互通各自工作动态，及时上报和反馈信息，沟通工作经验，反映相关问题，提出政策建议，达到共享资源信息、维护会员和行业利益、推动行业发展的目的。

（四）加快改革步伐，切实增强服务实力

随着棉花市场不断成熟、完善，各种涉棉经营、服务主体不断涌现，市场竞争更加激烈。供销社棉花企业要增强紧迫感和危机感，抓住当前有利机遇，按照市场经济原则和建立现代企业制度的要求，加快自身体制和机制的改革，使企业真正成为自主经营、自负盈亏、自我发展、自我约束的经济实体，增强市场竞争能力，在市场竞争中赢得主导地位。积极推进产业化经营，按照“公司＋棉花专业合作组织＋农户”等模式，走产业化发展的路子，带动农户实现共赢。积极参加棉花质量检验体制改革。2008年度是棉花质检体制改革全面推行的第四个年头，也是改革能否取得成功的关键之年。各地供销社要继续全力抓好这项工作，主动与有关部门联系，科学合理规划，积极推进。

各地供销社棉花企业要根据农发行的要求，积极配合当地农发行做好第三方监管的库存管理工作。全国棉花交易市场要努力提高服务水平，发挥国家宏观调控载体作用，通过良好的服务，积极吸引棉花流通企业和纺织企业入场规范交易，促进我国棉花市场的健康发展。

（五）高度重视，抓好安全生产运输工作

新棉大规模收购即将到来，各级供销社棉花企业要把安全生产和安全运输工作摆在更加重要的位置。进一步完善棉花加工、储存、运输安全管理制度，严格岗位安全操作规程，加大对相关人员的培训和教育力度，组织力量开展专项检查，及时消除各类事故隐患，严防各类事故发生。

同志们，供销合作社是农民的合作经济组织，具有50多年经营棉花的历史，多年来一直发挥着棉花购销主渠道的作用。全系统棉花企业要认真贯彻这次会议精神，在各级党委、政府领导下，全力做好新年度棉花购销工作，为推进棉花产业化发展、促进棉花生产和棉农增收做出更大贡献。

张玉香在全国棉花工作电视电话会议上的讲话

稳定面积　主攻单产　促进我国棉花生产持续发展

农业部总经济师　张玉香

（2008 年 9 月 25 日）

同志们：

刚才张晓强副主任全面总结了 2007 年度棉花工作，深入分析了当前棉花产销形势，对 2008 年度棉花工作做了全面部署，这对促进棉花产业稳定发展非常重要。下面，我就农业部门贯彻落实这次会议精神，讲几点意见。

一、再接再厉，力争 2008 年棉花丰产丰收

2008 年的棉花生产是在克服诸多困难的情况下展开的。各级农业部门采取积极有效措施，切实抓好良种补贴政策落实，千方百计稳定棉花种植面积，加快推广重大实用技术，加大抗灾减灾力度，棉花生产形势比前期预计的要好。据我部农情调度分析，如果后期棉区不出现连阴雨天气，2008 年棉花产量有望接近上年水平。现在主产区距棉花收获结束还有一个月左右的时间，正是秋桃发育和伏桃吐絮的关键时期。因此，必须加大工作力度，加强后期管理，力争实现今年棉花丰产丰收。在工作措施上，要着力强化以下几个方面。

一要着力强化田间管理。各地要指导棉农加强后期肥水管理，采取有效措施，改善棉田通风透光条件，促进棉桃正常吐絮。要继续加强病虫预测、预报和防治，长江流域棉区要重点做好第四代棉铃虫和烟粉虱的防控，西北内陆棉区要重点抓好秋蚜等主要虫害的防治。黄河流域麦棉两熟地区要防止过早拔棉柴，做到应收尽收，确保棉花产量和品质。

二要着力强化农民科学采收指导。各地要采取多种形式，加强对农民的宣传培训，提高质量意识。要引导棉农在棉花采收过程中，努力做到分摘、分晒、分存、分售，防止混等混级和异性纤维混入，切实提高棉花质量。同时，针对 2008 年新疆等集中棉区拾花工人数增加的情况，各级农业部门要积极会同有关部门，搞好劳务信息、生产生活等各项服务，引导拾花工有序流动，维护其合法权益，确保棉花采收顺利开展。

三要着力强化棉种收购与加工工作。棉种的收购加工关系到 2009 年棉花生产。各级农业部门要高度重视这项工作，引导棉种企业搞好收购加工，特别是良种补贴项目实施地区，要切实把种子繁殖田的棉种收上来，加工好、储存好。要提前做好品种布局、种子需求和调剂工作，加大棉种质量抽查和市场监管力度，确保 2009 年棉花生产用种安全。

四要着力强化产销信息服务。各级农业部门要密切关注新棉收购形势，及时提供信息服务，引导棉农入市交售棉花，配合有关部门搞好产销衔接。要积极反映棉花生产和收购中的问题，提出政策建议，确保棉农增产增收。

二、及早谋划，促进 2009 年棉花生产稳定发展

抓好 2009 年棉花生产，对保障国家棉花产业安全、促进棉农持续增收至关重要。各级农业部门要统筹协调，及早谋划 2009 年棉花生产。总的考虑是，坚持以科学发展观为指导，以增加棉花供给为目标，稳定面积、优化部局、主攻单产、改善品质、节本增效，促进棉花稳定发展。为此，要重点抓好以下几方面工作。

一要前方百计落实棉花面积。面积是产量的基

础。各级农业部门要深入分析当前棉花生产面临的新形势,结合本地实际情况,统筹安排粮棉生产,提出棉花生产指导意见。要及早深入调查了解农民种植意向,采取有效措施,努力落实棉花面积,力争全国稳定在8500万亩左右。分区域讲,长江流域棉区要努力发展高效棉田,面积稳定在2100万亩以上;黄河流域棉区要粮棉统筹兼顾,棉花面积稳定在3800万亩左右;西北内陆棉区要发挥资源优势,力争棉田面积达到2600万亩以上。

二要加快推进优势区域规划实施。2008年8月份,经国务院同意,我部发布了《全国优势农产品区域部局规划(2008－2015年)》。各地要按照《棉花优势区域布局规划》要求,结合本地实际,提出落实意见和措施,制定本地区的新一轮棉花优势区域发展规划,进一步优化棉花区域部局,提高优势区域集中度,稳定发展棉花生产。

三要狠抓良种补贴政策实施。良种补贴政策是促进棉花生产发展的重大措施。2008年国家良种补贴政策在8个主产省区实施,项目区提高了良种覆盖率,扭转了品种多乱杂的状况,提高了棉花单产和质量,增加了棉农收入。继续实施良种补贴政策,各地要细化实施方案,完善操作办法,确保政策落实不走样,给农民实惠不缩水,充分发挥政策效益。

四要开展棉花高产创建活动。高产创建是集成推广先进实用技术的重要载体。我部计划2009年在全国建设200个万亩棉花高产创建示范片,并已制定了工作方案。各级农业部门要按照我部的统一部署和要求,加强组织领导,强化政策支持,抓紧制定实施方案,及早把万亩示范片明确到县到乡、落实到村到田。要坚持行政包片和专家包点,明确行政负责人和技术责任人,确保各项措施落到实处。

五要加强技术支持服务。各地要结合当前实际,抓紧制定方案,加强培训宣传,加快先进实用技术的推广,特别是要加大节本增效技术的推广力度,努力提高棉花生产效益。重点推广测土配方施肥技术,力争明年覆盖70%以上的植棉县;坚持"预防为主、综合防治"的植保方针,推进棉花病虫害统防统治,力争达到50%以上;要因地制宜地推广轻简栽培技术,减轻劳动强度,缓解用工矛盾,降低生产成本。

三、着眼长远,研究影响棉花生产稳定发展的重大问题

棉花是关系国计民生的战略物质。各级农业部门要深入调查研究,提出促进棉花生产稳定发展的技术路线和保障措施。从目前情况看,要重点研究以下几个问题:

一是关于棉花机械作业的问题。棉花生产周期长、技术复杂、用工数量多、劳动强度大、机械化程度低。随着农村劳动力大量转移,棉花种植劳动力数量不足、素质程结构性下降的问题越来越突出,导致技术普及难度大、用工成本不断上升,这已成为棉花生产稳定发展的重要制约因素。各地要加快育苗移栽、田间管理、收获等机械的研制和开发,选育配套品种,研究配套农艺,努力提高棉花机械作业水平,促进棉花生产方式转变。

二是关于棉花病害防控问题。近几年,随着全球气候变暖和耕作制度的改变,棉花病虫害呈偏重发生趋势,枯黄萎病尤其严重,今年发生面积已超过60%,影响了棉花产量和品质,降低了植棉效益。各地要整合科研资源、开展联合攻关,加快抗病品种的选育。要重点加强对枯黄萎病田间防控技术的研究及应用,提高综合防治效果,减少病害损失。我部将通过棉花产业技术体系及行业科技项目,加大这方面的支持力度。

三是关于残留地膜污染问题。地膜覆盖栽培技术在棉花生产中发挥了重要作用,但随着推广面积不断扩大和连年覆盖,尤其是超薄地膜的使用,残留地膜污染问题日益突出,给土壤造成了严重污染,对棉花可持续发展构成威胁,解决残留地膜污染问题势在必行。各地要组织棉农开展废旧地膜回收和清理;引导棉农选择适当厚度的地膜,降低残膜回收难度;继续开展新材料的研发,寻找农膜替代品,有效改善棉花生产的土壤环境。

同志们,这次会议十分重要,各级农业部门要认真学习贯彻会议精神,扎实抓好棉花生产,为我国棉花产业稳定发展作出新的贡献。

尉士武在全国棉花工作电视电话会议上的讲话

切实履行政策性银行职能　积极做好2008年度棉花收购资金供应和管理工作

中国农业发展银行副行长　尉士武

（2008年9月25日）

同志们：

新的棉花年度已经开始，今天国家发改委等部门联合召开电视电话会议，全面安排部署2008年棉花年度棉花工作。这次会议非常重要，也非常及时。刚才，国家发改委、财政部、农业部、国家工商总局、国家质检总局和供销总社的领导都作了重要讲话，各级农发行要认真学习，结合实际抓好落实。下面，我讲几点意见。

一、认清形势，增强工作主动性

2008棉花年度，农发行棉花收购资金供应和管理工作面临的形势将十分复杂。一是预计新年度棉花产量及商品量将继续维持在历史高位，在其他渠道资金入市收购更加谨慎的情况下，我行收购资金供应的压力增大。二是受植棉成本大幅增加及粮食价格上涨影响，棉农对新棉收购价格预期较高，但纺织行业市场低迷，需求不旺，上年度棉花库存尚有部分剩余，棉花收购价格将难以把握。三是棉花流通企业总体竞争力偏弱，在当前市场行情下利润空间将进一步压缩，加之近期棉花市场价格一路下滑，流通企业经营风险较大。四是国家棉花质检体制改革处于关键过渡时期，尚有部分未纳入规划的企业占用我行大量存量贷款并承担棉花收购职责，我行贷款客户的结构调整任务还相当艰巨。

因此，各级行要认清形势，统一思想，充分认识2008年度棉花收购工作的复杂性和艰巨性，坚持从大局出发，认真落实国家宏观调控政策和棉花购销政策，增强紧迫感，把握主动性，积极支持新棉收购，切实履行农发行职能，确保今年的棉花收购平稳进行。

二、准确把握新棉购销政策和信贷政策，积极支持新棉收购

为做好今年的棉花收购资金供应和管理工作，总行已下发了《关于做好2008棉花年度收购信贷工作的意见》，并召开了专门的棉花收购信贷工作会议进行了具体部署。请各行结合这次会议精神，认真贯彻落实。

（一）按照“区别对待，择优扶持”的原则，积极组织优势企业入市收购。各行要因企制宜，积极组织有实力的企业入市收购棉花。一要鼓励并支持自身实力强、经营效益好、信誉度高、抗风险能力强且具备棉花加工资格的产业化龙头企业和棉纺企业直接入市收购，利用其产业链长、辐射作用强的优势，促进棉花产业化健康发展。二要大力支持收购辐射面宽、会经营、讲信用、效益好的大型重点棉花流通企业入市收购，要以这些大型重点棉花流通企业为载体，逐步增强他们对棉花收购市场的引导和带头作用，规范稳定收购市场。三要支持流通企业与深加工企业在收购前签订供需合同，根据深加工企业的用棉数量、品质等要求，由流通企业有针对性地组织棉花收购。

（二）合理布局收购资金供应点，保证收购资金供应。各行要统筹考虑辖内棉花产量、贷款企业收购及加工经营能力，合理布局收购资金供应点，一方面要防止出现区域性收购资金供应上的空白点，出现农民“卖棉难”。另一方面要严格控制风险，不得对不符合贷款条件的企业发放贷款。对于个别地区可能出现收购主体缺失的情况，有关行要提前向当

地政府和上级行报告，通过组织有实力的企业直接设点或委托收购解决当地棉农卖棉问题。要把握贷款投放节奏。对符合贷款条件的企业要及时、足额安排信贷规模，保证资金供应。国庆长假将至，各行要加强与人民银行、贷款企业的沟通，对优质企业要提前发放铺底贷款，确保现金供应。在贷款及时发放到位的同时，严格贷款支取环节的管理，根据市场变化情况掌握好企业使用收购贷款的节奏和数量，有效促进棉花收购市场的平稳运行。

（三）严格执行贷款上线和贷款风险控制线政策。为贯彻落实国家宏观调控政策、稳定棉花收购市场、有效防控市场风险，总行以中国棉花价格指数为基础，研究制定了今年的收购贷款上线和贷款风险控制线政策。各行要在总行确定的贷款上线幅度内和贷款风险控制线的规定内发放贷款。收购期间若棉花购销市场行情发生较大变化，总行将根据实际情况适时做出调整。

（四）严格规范异地收购行为。各行要严格规范企业异地棉花收购行为，维护收购所在地收购秩序，防范异地收购风险。凡开展异地收购的企业信用等级原则上在AA级（含）以上，用于异地收购的棉花收购贷款原则上不得发放信用贷款。对于为解决收购空白点问题而开展异地收购的企业，信用等级可放宽至A级（含）以上。对异地棉花收购，贷款行原则上应委托收购所在地农发行协同管理，贷款行有条件实行信贷直管的，可视自身实际情况进行监管。要严格做好资金和库存监管，看好入库、储存和出库环节。企业进行异地收购必须严格遵守收购所在地的棉花收购政策。

（五）促进棉花供需衔接，实现产业大封闭运行。各行要立足我行棉花产业上下游客户资源，进一步发挥信贷纽带作用，支持棉花流通企业和深加工企业开展供需衔接，推动棉花产业发展。为有效促进供需衔接，今年总行把棉花调销贷款列为准政策性贷款进行管理，调销贷款仅限于从农发行开户企业中购入棉花，不得挪做他用。各行要强化大局观念和长远意识，本着企业自愿合作和市场定价的原则，进一步推动企业间建立长期稳定的购销合作关系。

（六）落实国家质检体制改革要求，加强信贷支持，适时调整客户结构。各行要积极落实和支持国家棉花质检体制改革，对符合我行棉花企业技术设备改造贷款条件的企业，要积极提供技改贷款，支持其更新大型打包机的资金需求，促进企业在过渡期结束前完成改造。各级行要主动向政府及有关部门汇报情况，并结合辖内各地收购资金供应布局情况，充分考虑质检体制改革对我行存量贷款产生的影响，制订出今后两年质检体制改革过渡期内客户结构调整方案，加以组织实施。

（七）继续大力推行棉花库存第三方监管。各行要坚持“购贷销还，封闭管理”的原则，继续大力推行棉花库存第三方监管。凡信用等级在A级（含）以下的流通企业，或未列入国家质检体制改革规划的流通企业使用我行贷款收购的棉花库存，以及在异地保管的棉花，原则上都要实行库存第三方监管。对于积极配合我行实行第三方监管并无不良信用记录的企业，在落实有效资产全额抵押的基础上，可适当放大贷款投放额度，扩大企业的收购经营量。第三方监管的棉花库存要实行专仓专垛管理，不得与其他库存混放，并要坚持定期或不定期的查库制度。

三、几点要求

（一）及时传达贯彻会议精神。各行要将这次全国棉花工作电视电话会议精神迅速传达到各有关地市分行和县支行，及时贯彻落实，并将贯彻情况上报总行。

（二）高度重视，加强组织领导。各级行要高度重视今年的棉花收购资金供应和管理工作，各主产区行要把支持棉花收购作为当前工作的重中之重，加强组织领导，精心部署。各级行行长要亲自挂帅，靠前指挥，及时解决收购中出现的新情况、新问题，确保新棉收购工作的顺利开展。

（三）紧紧依靠当地政府，加强沟通协调。各级行要主动向当地政府及有关部门汇报协调，与各新闻媒体加强沟通联系，向社会广泛宣传我行新年度棉花收购信贷政策，发布我行贷款支持企业名单，定期汇报沟通贷款发放及贷款支持收购情况。通过汇报沟通协调，争取各方支持和理解，创造良好的购销环境。

（四）树立大局观念，强化行际间配合。各级行都要从大局出发，充分发挥农发行整体优势，加强行际间的沟通配合，特别新疆行与内地行，要加强信息沟通，共同做好棉花购销工作。总行及相关省分行要突出做好协调和组织领导工作，进一步促进产销衔接，促进棉花产业发展。

同志们，做好2008年度棉花收购资金供应和管理工作，任务艰巨，责任重大。各级行一定要以高度的政治责任感和使命感，扎实工作，认真履行职责，积极支持2008年度的棉花收购，为我国棉花产业的发展作出应有的贡献。

刘平均在全国棉花工作电视电话会议上的讲话

加大棉花质量监督管理力度　全力以赴推进棉花质量检验体制改革

国家质检总局副局长　刘平均

（2008年9月25日）

同志们：

今天，国家发展改革委等七部门在这里联合召开全国棉花工作电视电话会议，刚才张晓强副主任等领导同志都做了重要讲话，分析当前棉花产销形势，部署2008年度棉花工作，非常重要。各级质监部门和纤检机构要认真学习会议精神，抓好落实。下面，我代表国家质检总局就做好2008年度棉花质量工作，讲几点意见。

一、认清形势，明确任务，进一步加强棉花质量监督管理

2008年度棉花产销形势较为严峻，质量形势不容乐观，各级质监部门和纤检机构要高度重视棉花质量工作，密切关注新棉购销情况，科学、合理的分析判断棉花质量可能出现的新情况、新问题，进一步加强对棉花质量的监管，确保棉花质量不出问题，具体要做好以下几个方面的工作：

（一）加大检查力度，加强棉花加工环节质量监督检查。新棉上市后，各地要依法大力开展监督检查工作，针对收购环节全面放开、收购主体点多线长流动性大的现状，重点加大对棉花加工环节巡回检查的频次和力度，控制住加工环节产品质量，督促棉花加工企业落实各项质量义务，引导并扶持企业提高质量管理水平，从源头加强质量监管。对于当前给纺织企业造成影响最大的“异性纤维”、“混等混级”问题，要作为监督检查工作的重点，从严监督、从严要求，督促棉花企业采取有效措施做好分级分垛，在加工前排除异性纤维，对于不按棉花国家标准排除异性纤维的违法行为，要依法予以查处。

（二）严格棉花加工企业质量保证能力前置审查和复查。各省级棉花质量监督机构要按照《棉花加工企业资格认定和市场管理暂行办法》的要求，严格审查棉花加工企业的质量保证能力，严把市场准入关。对不具备质量保证能力的企业，要及时反馈省级发展和改革部门，积极协调撤销其棉花加工资格证书。

（三）牢固树立为企业服务的意识，积极推进质量诚信体系建设。要把监管和服务结合起来，从实际出发，积极做好棉花加工企业质量信用分类评定，从帮助企业提高质量水平出发，指导企业履行质量义务，做好分类评定工作。检查评定不搞评比，不搞评估。要充分掌握棉花加工企业质量保证能力、履行质量义务的情况，做到依据充分、程序规范、方法统一、评价科学，合理确定每一家合法棉花加工企业的质量信用等级，防止简单的按企业所有制形式、规模大小、效益好坏进行分类。要根据不同的质量信用类别采取不同的监管方式和检查措施，实现监督与服务、激

励与惩戒并举，逐步促进企业优胜劣汰、健康发展。

（四）加大执法力度，严防棉花质量滑坡。新棉上市后，各地要继续加大对重点地区和企业的整治力度，加强对“掺杂使假”、使用“两小一土”加工棉花等严重质量违法行为的打击。对重点地区要进一步加强与当地政府和有关部门的协调，综合治理，重点整治，确保2008年度不发生重大质量问题，整治效果比上年度有较大提高。对棉花打假形势要有充分估计，继续保持高压态势，严防恶性质量案件反弹。针对当前棉花掺杂使假的主要特点，重点加强对企业通过回风管道在皮棉中混入回收棉行为的查处。对“两小一土”问题仍较突出的地区，要继续加大打击力度，坚决取缔，同时注意政策方法，化解矛盾，积极协调地方政府综合治理。通过积极扶持当地规范企业，借助行政和市场并举的手段，解决“两小一土”问题。

（五）严格施检，依法施检，不断提高公证检验有效性。各地要严格按照国家棉花标准和有关棉花公证检验的各项规章制度，统一思想，提高认识，严格依法施检，严格执行公证检验工作程序和检验规程，确保公证检验结果客观、公正、准确、及时。要进一步完善工作质量保障体系建设，确保公证检验工作质量。要积极引导和帮助受检企业依据公证检验证书结算，进一步提高公证检验工作有效性，充分发挥公证检验在国家宏观调控、指导棉花产业健康有序发展等方面的作用。

二、加强服务，全力以赴推进棉花质量检验体制改革

2007年度棉花质检体制改革工作取得了较大进展，加工企业参与新体制更新改造的积极性和主动性大幅提高，仪器化公证检验覆盖范围继续扩大，公证检验数量增长较快，检验能力持续提高，公证检验数据的公正性和权威性得到市场的认可，经过仪器化公证检验的大包型棉花市场占有率达到新高，改革进展比较顺利。2008年度是棉花质检体制改革推行的第四个年度，距离改革过渡期完成还有两年时间，改革目标能否实现关键在于今年。当前，国家推行改革毫不动摇，过渡期结束后禁止小包型加工企业和小包型棉花进入市场的淘汰机制正在积极研究，各项政策措施正在发挥积极作用，各级质监部门和纤检机构一定要正确认识改革面临的形势，高度重视改革推行中可能出现的高峰增长，将各项准备工作做充分、做扎实，加强政策宣传，加强企业服务，加强自身建设，指导企业提高内部质量管理水平，认真做好新年度仪器化公证检验组织实施，全力以赴配合有关部门继续推进棉花质检体制改革。

（一）加大企业服务，加强政策协调，严把市场准入。要进一步加大服务力度，采取多种方式做好宣传动员，加强企业培训，积极引导企业提高质量意识，避免籽棉混等混级堆放，做好异性纤维的挑拣，引导纺织企业依据仪器化公证检验结果进行精细化配棉，并根据公证检验结果交易结算，充分发挥新体制企业加工规模效益。要积极配合有关部门落实各项优惠政策，及时掌握改革实施中存在的问题，加强沟通协调，积极研究有利于推进改革的新政策新措施，切实扶持新体制企业做大做强。要严格按照棉花加工业生产布局规划要求，及时掌握加工企业更新改造的进展情况，严格审核规划内加工企业质量保证能力条件，把好市场准入关。

（二）周密安排，认真做好2008年度仪器化公证检验的组织实施。要按照新调整的全国棉花仪器化公证检验实验室布局规划的要求，积极落实好新建改扩建实验室的建设，配备检验设备，引进检验人员，加强实验室管理。要针对检验量分布特点和棉花加工周期特点，针对2008年度改革中可能出现的检验任务量做好预测。要及时掌握企业检验需求，做好取样工作。要加强检验人员培训，提高检测水平，确保检验效率，保证检验能力能够满足需要，保证检验时效性。要大力使用科技手段，进一步加强实验室质量控制体系的有效运行，确保棉花检验水平稳定，提高仪器化公证检验的公正性和权威性。要继续加强检验保障工作，针对检验中可能出现的突发性情况，要制定相应的应急预案，确保检验工作正常开展。

（三）及早动手，积极谋划改革后期各项准备工作。2009年将是改革推行的最后一年，按照棉花质量检验体制改革方案的要求，改革结束后我国将初步建立起科学统一与国际接轨的棉花质量检验新体

制。为此，各级质监部门和纤检机构要在积极做好2008年度改革推行工作的基础上，按照改革方案的要求，根据全国棉花仪器化公证检验实验室布局规划，及早谋划，认真做好最后一个年度实验室建设、检测设备配备、人员培训等各项准备工作，认真研究棉花质检体制改革过渡期结束后需要衔接落实的各项工作，圆满完成仪器化公证检验新体制的建设任务。

同志们，2008年的棉花形势不容乐观，质量监督工作任务繁重，质检体制改革进入关键时期，各级质监部门和纤检机构要认真贯彻落实此次会议精神，全力以赴、扎实工作，确保2008年度棉花质量工作顺利完成。

刘凡在全国棉花工作电视电话会议上的讲话

充分发挥工商职能作用　切实维护棉花市场秩序

国家工商行政管理总局副局长　刘　凡

（2008年9月25日）

同志们：

刚才国家发改委张晓强副主任作了重要讲话，总结了2007年度棉花工作，分析了当前棉花市场形势，对2008年度棉花工作作了部署，我完全同意。下面，就充分发挥工商行政管理职能作用，加强棉花市场监管，维护棉花流通秩序，我谈几点意见。

一、进一步增强积极性和主动性，切实维护棉花市场秩序

我国是世界棉花生产第一大国，棉花是仅次于粮食的重要农作物。近年来，各级工商行政管理机关认真履行职责，在棉花工作中着重抓了两件实事，一是深入开展红盾护农行动，严厉查处制售假冒伪劣棉种和农资坑害棉农的违法行为，保护了棉农的合法权益，增加了棉农收入，保障了棉花生产的顺利进行，为夺取今年的棉花丰收打下了坚实的基础。二是切实加强棉花市场监管，加大执法力度，严厉查处棉花收购、加工中的违法行为，维护了棉花市场平稳有序，促进了我国棉花产业的健康发展。据统计，2007年度各级工商行政管理机关共查处假冒伪劣棉花种子案件6730件，查处用于棉花生产的假冒伪劣农资违法案件1.6万件，为农民挽回经济损失2.1亿元；查处棉花收购违法案件1.3万件、棉花加工违法案件3100件，切实保护了棉农的合法权益，促进了棉农增收，规范了棉花市场秩序。

加强棉花市场监管、稳定发展国内棉花生产，既是我国国民经济发展的现实需要，也是增加农民收入、加快推进新农村建设的重要途径。各级工商行政管理机关要以科学发展观为指导，一定要认清形势，提高认识，采取切实措施，进一步增强工作的紧迫感和责任感。切实加强棉花市场监管，保护棉农利益，维护棉花市场稳定有序。

二、充分发挥工商行政管理职能作用，进一步加大棉花市场监管执法力度

当前，正值棉花收购的关键时节，棉花市场秩序的好坏直接关系棉农增收和农村稳定。各级工商行政管理机关要充分发挥工商行政管理职能作用，按照监管与发展、监管与服务、监管与维权、监管与执法“四个统一”的要求，积极推进棉花市场监管制度化、规范化、程序化、法治化建设，进一步加强棉花市场监管，切实维护棉花市场秩序。

（一）严把市场准入关，加大监管力度，切实维护棉花市场秩序。各级工商行政管理机关要认真贯彻

落实《棉花加工资格认定和市场管理暂行办法》的有关规定，严把棉花市场主体准入关，对不符合条件的，坚决予以取缔。要进一步完善棉花收购、加工准入和退出机制，实现对棉花市场准入、交易、竞争和退出行为的监管。加大对大案、要案的查处力度，严厉查处无照经营、超范围经营、非法加工棉花等违法违规行为，切实维护棉花市场秩序。

（二）大力发展和规范棉花经纪人，推动棉花生产与市场需求相衔接。棉花经纪人架起了农民与市场之间的桥梁，实现了棉花生产和市场的有效衔接，从而促进了棉农增收，保护了农民植棉的积极性，稳定了棉花生产。各级工商行政管理机关要立足职能，制定和完善各项工作制度，加强棉花经济合同的规范管理，认真解决棉花经济行为中发生的合同纠纷。严厉查处棉花经纪人利用虚假信息诱导农民签订合同，从事坑农害农的不法行为。

（三）加强棉花订单合同的监管，切实维护合同双方的合法权益。发展棉花订单合同对于提高棉花市场化程度、增加农民收入、促进棉花产业化经营和结构调整等都具有重要意义。各级工商行政管理机关要充分发挥合同监管职能，积极开展合同帮扶工作，大力推行以龙头企业为依托的棉花订单合同，要加强对棉花订单合同的事前、事中、事后监管，严格监管合同履行，促进合同履行率。严厉查处合同欺诈违法行为，确保棉花订单依法履行。

（四）认真实施棉花经营者信用分类监管制度，不断提高监管效能。要认真实行棉花收购、加工主体信用分类监管制度，建立信用档案，对信用好的棉花市场主体给予扶持和鼓励；对失信和存在不良记录的棉花主体要予以警示或限期整改；对多次违法违规、信用差的要向社会公布并进行重点监控；对情节严重的，责令其退出棉花收购和加工领域。

（五）创建市场监管方式方法，建立长效监管机制。各级工商行政管理机关要以科学发展观为指导，深入研究棉花市场监管工作，不断推进棉花市场监管方式的创新。继续完善市场巡查制、市场预警制等行之有效的市场监管方式，认真落实责任制和责任追究制，不断创新市场监管方式方法，逐步建立棉花市场长效监管机制，进一步提高棉花市场监管水平。

三、加强协调配合，形成监管合力

各级工商行政管理机关要在当地党委政府的领导下，加强与国家发展改革委、财政、农业、质检、供销、农业发展银行等部门的协调配合，形成监管合力，提高监管效能。要充分发挥行业协会的作用，指导行业协会组织开展自我约束、自我规范的活动，引导棉花经营者加强自律，营造诚信经营的良好环境。

同志们，我们要坚持以邓小平理论和“三个代表”重要思想为指导，全面落实科学发展观，团结进取，奋发工作，努力维护良好的棉花市场秩序，为推进社会主义新农村建设，促进农民增收做出更大的贡献。

张少春在全国棉花工作电视电话会议上的讲话

充分发挥财政职能作用　支持棉花产业健康发展

财政部副部长　张少春

（2008 年 9 月 25 日）

同志们：

2008 棉花年度已经开始。今天我们在这里召开年度棉花工作会议，总结 2007 年度棉花工作，分析当前棉花产销形势，部署 2008 年度棉花工作是非常必要的。下面我就财政系统如何做好棉花工作，促进棉花产业健康发展谈几点意见。

一、2007年度财政棉花工作回顾

棉花是我国大宗农产品，是棉纺业的重要原料，关系国计民生。财政部门历来重视棉花工作，积极参与宏观调控，积极贯彻落实党中央、国务院支持棉花产业发展的各项方针政策。2007年度，财政系统在支持棉花生产、促进棉花流通等方面又做了大量工作。

（一）继续实施棉花良种补贴政策。

我国耕地面积有限，保障粮食安全是首要任务，增加棉花产量应主要依靠技术进步，提高单产水平。为增强我国棉花综合生产能力和国际竞争能力，增加农民收入，2007年中央财政启动实施了棉花良种补贴政策。2008年中央财政继续安排5亿元棉花良种补贴专项资金，按照区位优势相结合原则，对河北、河南、山东、江苏、安徽、湖北、湖南、新疆等8省区和新疆建设兵团的3333万亩棉花实施良种补贴。棉花良种补贴政策的连续实施，激发了农民的植棉积极性；加快了优质棉种的推广，遏制了棉花生产品种多、布局乱、种植杂问题；降低了农民购种成本；稳定了棉花种植面积。

（二）加大对棉花保险补贴政策支持。

棉花生产是一个自然再生产过程，容易受到自然灾害侵袭。因此，增强棉农保险意识、引导棉农参加农业保险、采取市场化手段规避风险是一条有效的解决途径。从2007年开始，我部启动了棉花等5类主要农作物的保费补贴试点工作。2007年在湖南、江苏、新疆实施了棉花保险，中央财政共计补贴保费约2.74亿元，提供风险保障近200亿元；2008年，在湖南、江苏、新疆、河北、河南等省实施棉花保险，中央财政共计补贴保费约6亿元，提供风险保障超过300亿元。在中央财政保险保费政策带动下，地方开展棉花保险的积极性明显增强。在自主自愿原则基础上，地方政府采取有力措施鼓励棉农投保，新疆、湖南等地的棉花保险覆盖率达到80%以上。据不完全统计，保险公司已向棉花保险试点省份赔款7.15亿元。这项政策对棉农减少自然灾害损失、稳定棉花生产发挥了积极作用。

（三）适时调整棉花滑准税政策。

2007年底，综合考虑稳定国内棉花生产、棉农收入增长，并适当降低纺织企业用棉成本等因素，经国务院批准，对2008年关税外进口棉滑准税税率进行了调整，降低了棉花进口税率。针对2008年2月以来国际棉价上升较快、国内外棉价差距扩大的情况，为缓解国内棉纺织行业生产成本上升压力，财政部经过深入调研并报国务院批准，从2008年6月5日到10月5日，对关税外进口的一定数量棉花实施了临时滑准税政策，将进口价格较高的高品质棉花适用的从量税从570元/吨降至357元/吨。滑准税政策的适时适度调整实现了进口棉花价格与相应等级国产棉花价格基本相当的政策目标，维护了国产棉花的正常营销，也有利于促进纺织行业的健康发展。

（四）大力支持棉花质量检验体制改革。

棉花质量检验体制改革是我国棉花流通体制改革的一项重要工作，有利于提高我国棉花产业竞争力，也有利于维护市场秩序。为保证棉花质量检验体制改革的顺利进行，中央财政从1998年起安排专项资金用于棉花公证检验，2007年度共安排棉花公证检验专项资金2.66亿元。此外，中央财政每年还安排棉花质量检验体制改革专项经费，2005－2008年共计安排专项经费约2亿元，支持纤检机构改善检验技术条件。

（五）实施出疆棉移库费用补贴政策。

新疆棉花产量超过全国产量的三分之一，具有一定的资源、规模和效益优势。新疆棉花产业的健康发展事关区内经济全局，也关系着稳定国内棉花供给问题。考虑到新疆远离棉花消费区，移库成本比较高，为增强新疆棉花市场竞争力，保护新疆发展棉花产业的积极性，促进新疆棉花销售，2008年财政部商有关部门后，出台了出疆棉移库费用补贴政策，每吨定向补贴400元，初步预计，2007年度新疆棉移库费用需补贴约10亿元。

（六）适时轮换收储新疆棉。

2007年度末期，受纺织生产经营困难等因素影响，6月份以后棉花市场销售价格不升反降，特别是新疆棉价格走低、销售困难。中央有关部门抓住市场时机，及时组织收储了部分新疆棉，下一步将密切跟踪棉花市场价格，择机轮出接近轮换期限的国家储备棉。通过国家储备棉的“吞吐”动作，达到调控棉花市场价格、保护农民和纺织企业各方利益的效果。

（七）研究完善棉花产需统计体系。

2007年度，我们对专家反映棉花统计信息不实、发布混乱、影响企业经营和政府宏观决策等问题，按国务院领导有关指示精神作了认真研究，与主要涉棉单位及相关专家进行了座谈讨论，形成共识并提出了相关政策建议。国务院专门开会研究完善棉花产需统计体系问题，并要求统计部门研究完善统计指标体系，根据棉花生产布局等变化情况，运用先进的调查手段和科学的统计标准，准确调查棉花种植面积和产量，准确确定纺纱用棉比例，提高棉花消费测算的准确性。根据部门工作进展情况，财政部将研究相应的经费支持。

我国棉花产不足需，进口依存度目前约四分之一，国内棉花生产的基础还不牢固，需要国家财政和有关部门的大力支持。2007年度，国家实施了积极的棉花财政政策，各级财政部门做了大量的工作，作出了应有的贡献。

二、2008年度棉花工作要求

2008年度，我国棉花产业面临着更为复杂的国内、国际经济形势，有关方面预计，国内棉花产量与上年基本持平，纺织生产和出口增速可能进一步放缓，棉花需求增速相应也放缓，但棉花产需之间仍有较大缺口。做好2008年度棉花工作，关键是要稳定国内棉花市场，采取切实措施，避免外棉冲击国内市场，切实防止出现棉农卖棉难问题。各级财政部门要高度重视，充分运用现行政策，及时采取有效措施，做到既合理保护农民利益，又支持纺织工业健康发展。

（一）积极贯彻落实好各项财政政策，稳定棉花生产。

我国棉花种植面积有限，应主要通过稳步提高棉花单产增加国产棉供应。为调动棉农生产积极性、维护棉农利益，国家财政要加大资金投入，改善棉花生产条件。2008年度国家将继续实施现行扶持棉花生产的各项政策。各级财政部门要积极落实好这些政策，支持和稳定棉花生产，提高我国棉花综合生产能力。

（二）密切跟踪棉花市场，进一步改进和完善棉花市场调控。

有关市场统计分析显示，2008年度，国际市场棉花供求总体趋紧，国际棉价波动可能进一步加剧。受国际市场以及国内纺织行业发展走势影响，国内棉花市场存在较大不稳定因素，在这种形势下，做好棉花市场调控工作尤为重要。要综合运用储备、进出口等调控政策手段，统筹棉农和纺织企业的利益，保持国内棉花供求基本平衡和国内棉花市场的相对稳定。

一要控制好棉花进口数量和价格，这是棉花供给的“总闸门”。2008年度国家将继续利用滑准税机制调控棉花进口，实现国务院提出的“有利于纺织工业和棉花生产发展，有利于兼顾棉农和纺织工人的利益，有利于我对外贸易谈判”的调控目标，防止进口棉冲击国内市场。

二要完善棉花储备管理制度，增强储备棉调节市场的及时和灵活性。要密切跟踪棉花市场行情，及时组织收购或抛售国家储备棉，通过储备吞吐熨平市场波动。特别是要做好新棉大量上市时的应对预案，在棉价过度下跌时，适时收储部分棉花，保持价格基本稳定。

三要加快完善棉花产需统计体系，各级财政部门要支持统计部门开展棉花统计工作，以准确摸清棉花产需数据，为国家宏观调控决策服务。

四要引导企业强化市场意识，利用好出疆棉移库费用补贴政策，加快新疆棉运销进度。

（三）研究完善促进棉花产业健康发展的长效机制。

棉花产业的健康发展是我国经济社会稳定发展的重要保证之一。支持棉花产业的发展，不仅有利于加快解决“三农”问题，促进城乡协调发展，也是加快公共财政建设的客观要求。各级财政部门要高度重视棉花产业发展，结合推进棉花流通体制改革，认真总结经验，注重完善政策，研究建立促进棉花产业稳定发展的长效机制。

同志们，棉花产业事关4000多万户棉农和2000万纺织工人的切身利益。希望各级财政部门要高度重视，扎实工作，贯彻落实好本次会议精神，与有关部门团结协作，共同做好2008年度棉花财政工作，为我国棉花产业的健康发展做出新的成绩！

进出口商品数量重量检验鉴定管理办法

【发布单位】 国家质量监督检验检疫总局
【发布文号】 国家质量监督检验检疫总局令第103号
【发布日期】 2007年8月27日
【实施日期】 2007年10月1日

《进出口商品数量重量检验鉴定管理办法》已经2007年7月24日国家质量监督检验检疫总局局务会议审议通过，现予公布，自2007年10月1日起施行。

第一章　总　则

第一条　为加强进出口商品数量、重量检验鉴定工作，规范出入境检验检疫机构(以下简称检验检疫机构)及社会各类检验机构进出口商品数量、重量检验鉴定行为，维护社会公共利益和进出口贸易有关各方的合法权益，促进对外经济贸易关系的顺利发展，根据《中华人民共和国进出口商品检验法》(以下简称《商检法》)及其实施条例，以及其它相关法律、行政法规的规定，制订本办法。

第二条　本办法适用于中华人民共和国境内的进出口商品数量、重量检验鉴定活动。

第三条　国家质量监督检验检疫总局(以下简称国家质检总局)主管全国进出口商品数量、重量检验鉴定管理工作。

国家质检总局设在各地的出入境检验检疫机构(以下简称检验检疫机构)负责所辖地区的进出口商品数量、重量检验鉴定及其监督管理工作。

第四条　检验检疫机构实施数量、重量检验的范围是：

(一)列入检验检疫机构实施检验检疫的进出境商品目录内的进出口商品；

(二)法律、行政法规规定必须经检验检疫机构检验的其它进出口商品；

(三)进出口危险品和废旧物品；

(四)实行验证管理、配额管理，并需由检验检疫机构检验的进出口商品；

(五)涉嫌有欺诈行为的进出口商品；

(六)双边、多边协议协定、国际条约规定，或者国际组织委托、指定的进出口商品；

(七)国际政府间协定规定，或者国内外司法机构、仲裁机构和国际组织委托、指定的进出口商品。

第五条　检验检疫机构根据国家规定对上述规定以外的进出口商品的数量、重量实施抽查检验。

第二章　报　检

第六条　需由检验检疫机构实施数量、重量检验的进出口商品，收发货人或者其代理人应当在检验检疫机构规定的地点和期限内办理报检手续。

第七条　进口商品数量、重量检验的报检手续，应当在卸货前向海关报关地的检验检疫机构办理。

第八条　散装出口商品数量、重量检验的报检手续，应当在规定的期限内向装货口岸检验检疫机构办理。

包(件)装出口商品数量、重量检验的报检手续，应当在规定的期限内向商品生产地检验检疫机构办理。需要在口岸换证出口的，由商品生产地的检验检疫机构按照规定签发包括数量、重量在内的出境货物换证凭单，发货人应当在规定的期限内持换证凭单和必要的凭证向出口口岸检验检疫机构申请查验，经查验合格的，由口岸检验检疫机构签发包括数量、重量在内的货物通关单或者证书。

对于批次或者标记不清、包装不良，或者在到达出口口岸前的运输中数量、重量发生变化的商品，收发货人应当在出口口岸重新申报数量、重量检验。

第九条　以数量交接计价的进出口商品，收发货人应当申报数量检验项目。对数量有明确要求或者需以件数推算全批重量的进出口商品，在申报重量检验项目的同时，收发货人应当申报数量检验项目。

第十条　以重量交接计价的进出口商品，收发货人应当申报重量检验项目。对按照公量或者干量计价交接或者含水率有明确规定的进出口商品，在申报数量、重量检验时，收发货人应当同时申报水分检测项目。

进出口商品数量、重量检验中需要使用密度(比重)进行计重的，收发货人应当同时申报密度(比重)检测项目。

船运进口散装液体商品在申报船舱计重时，收发货人应当同时申报干舱鉴定项目。

第十一条　收发货人在办理进出口商品数量、重量检验报检手续时，应当根据实际情况并结合国际通行做法向检验检疫机构申请下列检验项目：

(一)衡器鉴重；

(二)水尺计重；

(三)容器计重：分别有船舱计重、岸罐计重、槽罐计重三种方式；

(四)流量计重；

(五)其它相关的检验项目。

第十二条　进出口商品有下列情形之一的，报检人应当同时申报船舱计重、水尺计重、封识、监装监卸等项目：

(一)海运或陆运进口的散装商品需要运离口岸进行岸罐计重或衡器鉴重，并依据其结果出证的；

(二)海运或陆运出口的散装商品进行岸罐计重或衡器鉴重后需要运离检验地装运出口，并以岸罐计重或衡器鉴重结果出证的。

第十三条　收发货人或其代理报检企业在报检时所缺少的单证资料，应当在检验检疫机构规定的期限内补交。

第三章　检　验

第十四条　进口商品应当在收货人报检时申报的目的地检验。大宗散装商品、易腐烂变质商品、可用作原料的固体废物以及已发生残损、短缺的进口商品，应当在卸货口岸实施数量、重量检验。

出口商品应当在商品生产地实施数量、重量检验。散装出口商品应当在装货口岸实施数量、重量检验。

第十五条　检验检疫机构按照国家技术规范的强制性要求实施数量、重量检验。尚未制订技术规范、标准的，检验检疫机构可以参照国家质检总局指定的有关标准检验。

第十六条　检验检疫机构在实施数量、重量检验时，发现报检项目的实际状况与检验技术规范、标准的要求不符，影响检验正常进行或检验结果的准确性，应当及时通知报检人；报检人应当配合检验检疫机构工作，并在规定的期限内改报或增报检验项目。

第十七条　检验检疫机构实施数量、重量现场检验的条件应当符合检验技术规范、标准的要求。

收发货人、有关单位和个人应当采取有效措施，提供符合检验技术规范、标准要求的条件和必要的设备。

收发货人、有关单位和个人未及时提供必要的条件和设备，检验检疫机构应当责成其及时采取有效措施，确保检验顺利进行；对不具备检验条件，可能影响检验结果准确性的，不得实施检验。

第十八条　检验检疫机构实施衡器鉴重的方式包括全部衡重、抽样衡重、监督衡重和抽查复衡。

第十九条　固体散装物料或不定重包装且不逐件标明重量的进出口商品可以采用全部衡重的检验方式；对裸装件或不定重包装且逐件标明重量的包装

件应当逐件衡重并核对报检人提交的原发货重量明细单。

对定重包装件可以全部衡重或按照有关的检验鉴定技术规范、标准，抽取一定数量的包装件衡重后以每件平均净重结合数量检验结果推算全批净重。

第二十条 以公量、干量交接计价或对含水率有明确规定的进出口商品，检验检疫机构在检验数量、重量的同时应当抽取样品检测水分。

检验中发现有异常水的，检验检疫机构应当责成有关单位及时采取有效措施，确保检验的顺利进行。

第二十一条 报检人提供用于进出口商品数量、重量检验的各类衡器计重系统、流量计重系统、船舶及其计量货舱、计量油罐槽罐及相关设施、计算机处理系统、相关图表、数据资料必须符合有关的技术规范、标准要求；用于数量、重量检验的各类计量器具，应当依法经检定合格并在有效期内方可使用。

第二十二条 进出口商品的装卸货单位在装卸货过程中应当落实防漏撒措施和收集地脚；对有残损的，应当合理分卸分放。

第二十三条 检验检疫机构实施数量、重量检验时应当记录，可以拍照、录音或录像。有关单位和个人应当予以配合，并在记录上签字确认，如有意见分歧，应当备注或共同签署备忘录。

第二十四条 承担进口接用货或出口备发货的单位的计重器具、设施、管理措施以及接发货过程应当接受检验检疫机构的监督管理和检查，并在检验检疫机构规定的期限内对影响检验鉴定工作及其结果准确性的因素进行整改。

第四章 监督管理

第二十五条 国家质检总局及各地检验检疫机构依法对在境内设立的各类进出口商品检验机构和在境内从事涉及进出口商品数量、重量检验的机构、人员及活动实施监督管理。

第二十六条 检验机构从事进出口商品数量、重量鉴定活动，应当依法经国家质检总局许可。未经许可的，任何机构或个人不得在境内从事进出口商品数量、重量鉴定活动。

第二十七条 已经国家质检总局许可的境内外各类检验鉴定机构必须在许可的范围内接受对外经济贸易关系人的委托，办理进出口商品的数量、重量鉴定；其现场鉴定人员应当随身携带国家质检总局对其机构、人员资格许可的有关证件并接受检验检疫机构的检查。

对无证从事鉴定活动的人员，检验检疫机构可以责令其离开现场并做相应的处理。

第五章 法律责任

第二十八条 擅自破坏进出口商品数量、重量检验现场条件或者进出口商品，影响检验结果的，由检验检疫机构责令改正，并处3万元以下罚款。

第二十九条 违反本办法规定，未经国家质检总局许可，擅自从事进出口商品检验鉴定业务的，由检验检疫机构责令停止非法经营，没收违法所得，并处违法所得一倍以上三倍以下的罚款。

从事进出口商品检验鉴定业务的检验机构超出其业务范围的，或者违反国家有关规定，扰乱检验鉴定秩序的，由检验检疫机构责令改正，没收违法所得，可以并处10万元以下的罚款，国家质检总局或者检验检疫机构可以暂停其6个月以内检验鉴定业务；情节严重的，由国家质检总局吊销其检验鉴定资格证书。

第三十条 检验机构鉴定人员进行现场鉴定时未携带有关证件的，由检验检疫机构给予警告，并责令其离开现场。

检验机构指派无证人员从事鉴定工作的，由检验检疫机构处3万元以下罚款。

第三十一条 检验检疫机构的工作人员滥用职权，故意刁难当事人的，徇私舞弊，伪造检验结果的，或者玩忽职守，延误检验出证的，依法给予行政处分；构成犯罪的，依法追究刑事责任。

第六章 附 则

第三十二条 本办法下列用语的含义：

公量，是指商品在衡重和化验水分含量后，折算到规定回潮率（标准回潮率）或者规定含水率时的净重(以公量结算的商品主要有棉花、羊毛、生丝和化纤等,这些商品容易吸潮,价格高)。

干量,是指商品的干态重量,商品实际计得的湿态重量扣去按照实测含水率计得的水分后得到的即商品的干态重量(以干量结算的商品主要有贵重的矿产品等)。

岸罐计重,是指以经过国家合法的计量检定部门检定合格的罐式容器(船舱除外)为工具,对其盛装的散装液体商品或者液化气体商品进行的数、重量检验鉴定(包括测量、计算)。其中,罐式容器包括了立式罐、卧式罐、槽罐(可拆卸或者不可拆卸的槽罐)。

抽查复衡,是衡器鉴重合格评定程序中的一个环节。指针对合格评定对象(主要是经常进出口大宗定重包装的商品的收货人或者发货人),由检验检疫机构从中随机抽取部分有代表性的商品在同一衡器上进行复衡,检查两次衡重的差值是否在允许范围内,以评定其程序是否处于合格状态的检验方法

收集地脚,是指在装卸过程中由于撒、漏的或者是在装卸后残留的小部分商品称为地脚货物,地脚货物应当及时收集计重,扣除杂质,合并进整批重量出证,而不能简单作为损耗扣除。

第三十三条 报检人对检验检疫机构的数量、重量检验结果有异议的,可以在规定的期限内向作出检验结果的检验检疫机构或者其上级检验检疫机构以至国家质检总局申请复验,同时应当保留现场和货物现状。受理复验的检验检疫机构或者国家质检总局应当在规定的期限内作出复验结论。

当事人对检验检疫机构、国家质检总局作出的复验结论不服的,可以依法申请行政复议,也可以依法向人民法院提起诉讼。

第三十四条 对外经济贸易关系人对所委托的其他检验鉴定机构的数量、重量鉴定结果有异议的,可以向当地检验检疫机构以至国家质检总局投诉,同时应当保留现场和货物现状。

第三十五条 检验检疫机构依法实施数量、重量检验,按照国家有关规定收取费用。

第三十六条 本办法由国家质检总局负责解释。

第三十七条 本办法自2007年10月1日起施行,原国家进出口商品检验局1993年12月16日发布的《进出口商品重量鉴定管理办法》同时废止。

商务部关于下达2007年度输美纺织品第三次业绩分配可申请数量方案的通知

【发布单位】 商务部
【发布文号】 贸管函[2007]026号
【发布日期】 2007年9月3日

根据中美纺织品备忘录规定,2006年未使用完的协议数量已按照比例进行结转,并已计入2007年协议总量,同时2007年第二次业绩分配中,部分类别协议数量仍有剩余。考虑到2007年协议数量目前的使用情况和市场情况,为保证企业用足用好协议数量,商务部决定对上述数量实行第三次业绩分配。有关事项通知如下:

一、分配类别及数量

本次分配中,对输美200/301、222、229、332/432/632A(B)、359S/659S、363、443、447、619、620、622、666类实行业绩分配。各类别分配总量及最低

可申请数量见附件 1。

二、第三次业绩分配的企业范围

凡在 2007 年第二次业绩分配中对设限地区出口业绩未经调减计算的企业，均可参加本次分配。企业业绩可参见《2007 年输欧、输美纺织品第二次分配企业业绩表》。

三、计算各类别可申请数量

根据上述企业各类别 2006 年 1—12 月出口业绩及《纺织品出口管理办法》(暂行)中的计算公式计算得出各企业相关类别可申请数量，且各类别可申请数量须大于等于其最低可申请量，如计算得出的可申请数量低于最低可申请量，则该类别可申请数量为零。

四、请各地商务主管部门尽快通知本地区经营者按照可申请数量提交申请。当地商务主管部门应于 9 月 21 日前将本地区经营者的申请报告及电子数据汇总上报商务部(请通过纺织品出口临时管理签证系统接收并上报电子数据)。

五、商务部将根据各地商务主管部门汇总上报的书面申请及相关电子数据下达正式分配方案，正式分配方案另文通知。商务部下达的正式分配方案作为各地签证机关为相关经营者签发《纺织品出口临时许可证》的依据。

六、请各地商务主管部门将本通知转发本地区相关经营者，并告知相关出口业绩、可申请数量均可在商务部政府网站外贸司子站“纺织品出口信息”栏目中查阅。

七、相关经营者应配合各地商务主管部门的确认工作，在规定时间范围内提交申请。凡在规定日期之后上报的申请，均视为无效申请。

八、请中国国际电子商务中心做好相关技术准备工作。

附件 1

各类别分配总量和最低可申请量

	类　别	单　位	可分配量	最低可申请量
业绩分配类别	200/301	公斤	181309	1000
	222	公斤	622043	1000
	229	公斤	1237323	1000
	332/432/632A	打双	70556	500
	332/432/633B	打双	1393139	500
	359S/659S	公斤	2000	1000
	363	条	2463396	5000
	443	套	39219	1000
	447	打	4174	100
	619	平米	1233099	1000
	620	平米	1810201	1000
	622	平米	822780	1000
	666	公斤	42399	1000

附件 2

业绩分配类别 M_1、M_2

类　　别	M_1	M_2
200/301	13458346	640715272
222	47476775	1293749608
229	73984512	505007114
332/432/632A	5386344	13179590
332/432/632B	262609044	809840935
359S/659S	86635006	156315010
363	201692718	567345297
443	53361595	391829951
447	26779517	65047899
619	12558773	486493439
620	19147256	700164498
622	16521899	148806394
666	1082824	119889

中纤局关于实施棉花加工企业质量监管两个办法的通知

【发布单位】 中国纤维检验局
【发布文号】 中纤局棉发[2007]82 号
【发布日期】 2007 年 9 月 10 日

为进一步规范棉花加工企业质量保证能力审查和复查工作，做好棉花加工资格认定工作，加强对棉花收购、加工市场的监督管理，提高监督工作有效性，促进棉花加工企业自觉履行质量义务，鼓励企业诚信经营，提高棉花质量，中国纤维检验局制定了《棉花加工企业质量保证能力审查和复查工作实施办法》和《棉花加工企业质量信用分类监督管理办法(试行)》，现以中纤局棉发[2007]82 号文发布实施。

棉花加工企业质量保证能力审查和复查工作实施办法

第一章 总 则

第一条 为进一步规范棉花加工企业质量保证能力审查和复查工作，做好棉花加工资格认定工作，加强对棉花收购、加工市场的监督管理，促进棉花质量监督，依据《棉花质量监督管理条例》、《棉花加工资格认定和市场管理暂行办法》和相关技术规范，制定本办法。

第二条 本办法适用于专业纤维检验机构(以下简称纤检机构)对申请资格认定的棉花加工企业质量保证能力实施审查，以及对已获得棉花加工资格认定证书且依然有效的棉花加工企业质量保证能力实施复查。

第三条 棉花加工企业质量保证能力审查和复查工作遵守统一管理、统一证书格式、统一条件、统一工作程序的原则。

第四条 中国纤维检验局(以下简称“中纤局”)负责全国棉花加工企业质量保证能力审查和复查工作的监督管理。

各省级纤检机构负责本行政区域内棉花加工企业质量保证能力审查和复查工作的管理和组织实施。

各地市级纤检机构可在省级专业纤检机构的统一安排下，承担对棉花加工企业质量保证能力审查和复查工作的现场考核和初审。

第二章 质量保证能力审查和复查内容

第五条 核实棉花加工企业基本信息，包括企业名称、企业地址、法定代表人、企业负责人(非法人单位)等。

第六条 棉花加工企业的棉花加工场所应符合以下要求：

(一)具备满足进厂籽棉质量验收条件的场地。

(二)具备满足分类别、分等级置放且与加工能力相匹配的籽棉仓库或货场。

(三)具备与加工能力相匹配、符合加工工艺要求、能够保证棉花加工质量的厂房，主要加工设备周围应保留足够的空间安装辅助设备，便于取样和暂存样品。

(四)具备置放、周转成包皮棉的仓库或货场。

第七条 棉花加工企业的棉花质量检验环境条件应符合以下要求：

(一)具备满足进厂籽棉衣分检验的试轧室。

(二)具备用于进厂籽棉质量验收和指导加工的检验室，其中分级室应符合 GB/T13786 标准或具备北窗光线。

(三)具备用于保管棉花加工企业留样的棉样室。

第八条 棉花加工企业应具备满足生产需要且计量检定合格的棉花质量检验仪器设备，包括籽棉衣分试轧机、原棉回潮率测定仪、回潮率在线测试装置、原棉杂质分析机、磅秤、衣分秤、天平、钢尺等。

第九条 棉花加工企业应配备考核合格的且满足工作需要的专职棉花检验及加工技术人员，包括获得棉花质量检验师执业资格证书人员，棉花检验、加工技术职业资格证书人员，棉花扦样人员。

第十条 棉花加工企业应配备符合国家规定的压力吨位 400 吨及以上的打包机、自动取样装置、称重装置、条码信息系统等设备，配备 80 片(含)以上的轧花机，且棉花加工工艺能够保证棉花质量。

第十一条 棉花加工企业应配备有效的棉花文字标准，以及有效的且满足质量检验需要的棉花品级实物标准和棉花手扯长度实物标准等实物标准样品。

第十二条 棉花加工企业应建立必要的质量保证制度。

第十三条 棉花加工企业应履行法定质量义务。

第十四条 棉花加工企业应具备其它必要的质

量保证条件。

第十五条　对具备棉花加工资格但尚未参加棉花质量检验体制改革的棉花加工企业，复查内容按各省有关规定执行。

第三章　质量保证能力审查程序

第十六条　省级专业纤检机构应将质量保证能力审查的事项、依据、条件、程序、期限和申请书示范文本等进行公布。

第十七条　省级专业纤检机构负责受理棉花加工企业提出的质量保证能力审查申请，并在收到申请后5个工作日内作出是否受理的决定。

第十八条　对出现下列情形之一的，省级专业纤检机构不受理企业提出的质量保证能力审查申请：

（一）因质量违法或其他违法经营被责令改正或行政处罚，企业已改正且履行处罚义务之日起至提出申请之日尚未满半年的；

（二）违反国家法律、法规、规章有关棉花质量监督管理的规定，有掺杂掺假、以假充真、以次充好或其他严重质量违法行为的，自行政处罚之日起至提出申请之日尚未满一年半的；

（三）出现过隐瞒有关情况或提供虚假材料申请棉花加工资格认定行为，至提出申请之日尚未满三年的；

（四）因违法被撤销原棉花加工资格，至提出申请之日尚未满三年的；

（五）因棉花违法经营受到行政处罚但不按法定要求履行处罚义务的；

（六）国家规定的其他情形。

第十九条　对受理申请的，省级纤检机构应自行或组织地市级纤检机构对申请企业相关条件进行现场审核。现场检查人员应不少于2名，核查情况应记入《棉花加工企业质量保证能力现场审核表》，并由检查人员签名，审核表应当交申请企业确认无误后签字或者盖章。

第二十条　省级纤检机构应在受理申请后30个工作日内完成质量保证能力审查工作。

第二十一条　省级纤检机构对审查合格的企业，出具棉花加工企业质量保证能力审查合格证明。对审查不合格的企业，应将不合格原因书面告知企业。

第四章　质量保证能力复查程序

第二十二条　获得棉花加工资格认定证书的棉花加工企业，应对其质量保证能力每年定期复查。

第二十三条　质量保证能力复查由省级纤检机构制定实施方案，并在新棉上市前完成。

第二十四条　省级纤检机构对复查合格的企业，出具棉花加工企业质量保证能力复查合格证明。对复查不合格的企业，应将不合格原因书面告知企业，并要求企业限期整改，对整改不合格的，取消其棉花加工企业质量保证能力审查合格证明，书面通知发证机关撤销其棉花加工资格证书。

第五章　附　则

第二十五条　企业质量保证能力审查或复查工作结束后，纤检机构应及时将审核的相关信息录入《棉花加工企业质量信息档案》。

第二十六条　棉花加工企业质量保证能力审查/复查合格证明格式由中纤局统一规定，其它文书由各省级纤检机构自行制定。

第二十七条　各省级纤检机构应根据本办法相关规定结合本地的实际情况制定具体的实施细则。

第二十八条　本办法由中纤局负责解释。

第二十九条　本办法自发布之日起实施。

棉花加工企业质量信用分类监督管理办法(试行)

第一章　总　则

第一条　为加强对棉花加工企业的监督管理，提高监督工作有效性，促进棉花加工企业自觉履行质量义务，鼓励企业诚信经营，提高棉花质量，根据《棉花质量监督管理条例》、《棉花加工资格认定和市场管理暂行办法》、《棉花质量监督检查工作实施细则》等有关法规和相关规范性文件规定，制定本办法。

第二条　各级专业纤维检验机构(以下简称纤检机构)按照质量信用对棉花加工企业实施分类监督管理时，必须遵守本办法。

第三条　本办法所称棉花加工企业质量信用分类监督管理是指纤检机构在依法履行监督管理职能中，对棉花加工企业质量保证能力情况，收购、加工、销售过程中履行质量义务情况进行建档，运用科学、规范、统一的评价方法，对企业进行分类，并对不同类别的企业实施不同的管理措施。

第四条　棉花加工企业质量信用分类监督管理遵循统一标准、客观评价、科学分类、按类监管的原则。

第五条　对参加棉花质量检验体制改革的加工企业(以下简称新体制企业)、未参加棉花质量检验体制改革但通过棉花加工资格认定的加工企业(以下简称老体制企业)依据各自特点分别进行质量信用分类监督管理。

第六条　中国纤维检验局(以下简称中纤局)负责全国棉花加工企业质量信用分类监督管理工作的监督指导；各省级纤检机构负责省内棉花加工企业质量信用分类监督管理工作的组织实施和监督管理；各地市级纤检机构负责棉花加工企业质量信用分类监督管理工作的具体实施。

第七条　各级纤检机构不得利用棉花加工企业质量信用分类监督管理工作收取任何费用，不得颁发信用等级牌匾和证书，不得自行公布企业分类情况。

第二章　质量义务及质量信用分类标准

第八条　棉花加工企业质量义务包括企业质量保证能力情况，企业收购加工过程履行质量义务情况，企业销售棉花过程履行质量义务情况三方面。

第九条　企业质量保证能力情况主要内容：

(一)新体制企业按照《棉花加工企业质量保证能力审查和复查工作实施办法》中相关内容执行。

(二)老体制企业按照各省有关规定执行。

第十条　企业在收购加工过程中履行质量义务情况的内容：

(一)棉花收购、加工时采取有效措施排除异性纤维和危害性杂物；

(二)棉花加工时按国家标准定量检验异性纤维；

(三)按照国家标准分类别、分等级收购、置放、加工棉花；

(四)对水分超标棉花进行技术处理；

(五)按国家标准确定收购和加工棉花的重量；

(六)使用国家规定的加工设备加工棉花；

(七)加工后的棉花成包组批放置或顺序堆放，并有码单、证书；

(八)棉花包装和标识标注符合国家标准；

(九)棉花证书、标识与棉花质量相符；

(十)自觉配合监督检查工作，并接受监督检查结果；

(十一)新体制企业还应保证在线回潮检测装置、自动称重装置的检验结果及送检样品客观真实，条码数据准确，严格按照规定要求申报公检并全部送检。

第十一条　企业在销售棉花过程中履行质量义务的主要内容包括：

（一）销售棉花附有质量凭证，经公证检验的棉花附有公证检验证书，其中新体制企业棉花还应附有条码卡；

（二）棉花包装、标识标注符合国家标准；

（三）棉花类别、等级、重量与质量凭证、标识相符；

（四）经公证检验的棉花按照公证检验结果销售，在组批销售时不得混有未经公证检验的棉包。

第十二条　根据企业履行质量义务的情况，新体制企业和老体制企业质量信用分别分为A类、B类、C类三个类别。A类企业质量信用最高。

第十三条　评定为新体制企业质量信用A类的，必须同时具备下列条件：

（一）质量保证能力已通过前置审查或复查，并能够按照新体制规定要求正常运行实施；

（二）履行质量义务情况良好，无严重质量违法行为，对一般质量问题能及时改正，并有整改记录和改正措施；

（三）棉花重量、回潮率、异性纤维含量的检验结果真实准确；

（四）按照新体制规定要求全部送检，并基本按照公证检验结果结算；

（五）一年内无查实的质量投诉，销售棉花质量反馈没有问题；

（六）企业年度送检数量不低于中纤局规定的数量。

第十四条　评定为新体制企业质量信用B类的，必须同时具备下列条件：

（一）质量保证能力已通过前置审查或复查，并基本上能够按照新体制规定要求运行实施；

（二）基本履行各项质量义务，发现质量问题能及时改正；

（三）棉花重量、回潮率、异性纤维含量检验结果客观真实，能及时纠正存在问题；

（四）基本能够按照新体制规定要求送检。

第十五条　新体制企业达不到B类标准或干扰阻挠监督检查或公证检验工作，使用不正当手段影响公证检验公正性的，评定为C类。

第十六条　评定为老体制企业质量信用A类的，必须同时具备下列条件：

（一）质量保证能力已通过前置审查或复查，并能够正常运行实施；

（二）履行质量义务情况良好，无严重质量违法行为，对一般质量问题能及时改正，并有整改记录和改正措施；

（三）企业标注的棉花品质、重量真实准确；

（四）一年内无查实的质量投诉，销售棉花质量反馈没有问题；

（五）愿意参与棉花质量检验体制改革。

第十七条　评定为老体制企业质量信用B类的，必须同时具备下列条件：

（一）质量保证能力已通过前置审查或复查，并基本能够正常运行实施；

（二）基本履行各项质量义务，发现质量问题能及时改正；

（三）企业标注的棉花品质、重量检验结果客观真实，能及时纠正存在问题。

第十八条　老体制企业达不到B类标准或干扰阻挠监督检查工作的，评定为C类。

第三章　质量信用分类评定程序

第十九条　棉花加工企业质量信用分类每年评定一次，原则上评定工作集中在每年7、8月份进行。

第二十条　棉花加工企业质量信用分类评定工作由省级纤检机构统一组织开展。各级纤检机构本年度内记录在案的《棉花加工企业质量信息档案》，作为企业质量信用分类评定的数据来源。

第二十一条　棉花加工企业质量信用分类的评定，由各地市级纤检机构依据本办法规定的质量信用分类标准，初步评定企业质量信用分类等级，并提出分类建议，上报至省级纤检机构。省级纤检机构根据分类建议进行复审（必要时进行抽查），确定企业质量信用分类等级。对于不设置地市级纤检机构的，由省级纤检机构自行依据本办法规定的质量信用分类标准，评定企业质量信用分类等级。

第二十二条 对通过检查、举报、投诉等途径发现有严重质量违法行为的新体制和老体制A类或B类企业，省级纤检机构应依据相关规定对其违法行为进行处理，并将其质量信用分类等级调整为C类，依据C类企业监管措施对其进行监督管理。

第二十三条 各级纤检机构应将企业质量信用分类评定情况及时记录进《棉花加工企业质量信息档案》，并做好企业质量信息数据库的日常管理和维护，建立并完善企业质量信用分类评定档案制度，加强对相关资料的保管。

第二十四条 中纤局对省级纤检机构企业质量信用分类评定工作进行监督检查。对于发现评定有误的，责成省级纤检机构调整企业质量信用分类等级。

第二十五条 出现本办法不能涵盖的棉花加工企业质量信用分类评定情况时，由省级纤检机构及时上报中纤局。

第四章 质量信用分类监管和服务措施

第二十六条 各级纤检机构对新体制A类企业实行以服务为主的监管模式。

（一）全年对其进行不多于一次日常监督检查，在检查和举报投诉核查中存在问题的，应及时上报省级纤检机构处理，其它机构不得擅自进行行政处罚；

（二）积极帮促其享受国家各项优惠政策；

（三）积极扶持企业创建自身品牌；

（四）提供相关技术服务与技术指导。

第二十七条 各级纤检机构对新体制B类企业实行以监督与服务相结合的监管模式：

（一）全年对其进行不少于一次日常监督检查；

（二）对于监督检查中发现的存在质量问题的，依法对其进行处理；

（三）对于不积极送检的或通过举报、投诉发现的部分按照公证检验结果进行结算的，视情节轻重责令其进行整改并依据《棉花加工资格认定和市场管理暂行办法》对其进行处理；

（四）提供相关技术服务与技术咨询。

第二十八条 各级纤检机构对新体制C类企业实行以监督为主的监管模式。

（一）全年对其进行不少于两次日常监督检查；

（二）对于丧失或不履行质量保证能力且整改无效的，省级纤检机构书面通知发证机关撤销其棉花加工资格证书；

（三）对于出现严重质量问题或质量问题频发的企业，依法对其进行处理，并列入重点监控对象名单，对其棉花流通全过程进行监控，加大监督检查频次；

（四）对于伪造、变造、冒用棉花质量凭证、标识、公证检验证书的，依法对其进行处理；

（五）对于不送检或完全不按照公证检验结果进行结算的，依据《棉花加工资格认定和市场管理暂行办法》对其进行处理。

第二十九条 各级纤检机构对老体制A类企业实行以服务为主的监管模式：

（一）全年对其进行不多于一次日常监督检查，在检查和举报投诉核查中存在问题的，应及时上报省级纤检机构处理，其它机构不得擅自进行行政处罚；

（二）积极引导其进行新体制改造，帮促其享受国家各项优惠政策；

（三）积极扶持企业创建自身品牌；

（四）提供相关技术服务与技术指导。

第三十条 各级纤检机构对老体制B类企业实行以监督与服务相结合的监管模式：

（一）全年对其进行不少于一次日常监督检查；

（二）对于监督检查中发现的或通过公证检验反馈的存在质量问题的企业，依法对其进行处理。

（三）提供相关技术服务与技术咨询。

第三十一条 各级纤检机构对老体制C类企业实行以监督为主的监管模式：

（一）全年对其进行不少于两次日常监督检查；

（二）对于丧失或不履行质量保证能力且整改无效的，省级纤检机构书面通知发证机关撤销其棉花加工资格证书；

（三）对于监督检查中发现的或通过公证检验反馈的存在严重质量问题或质量问题频发的企业，依法对其进行处理，并列入重点监控对象名单，对其棉花流通全过程进行监控，加大监督检查频次；

（四）对于伪造、变造、冒用棉花质量凭证、标识、公证检验证书的，依据相关规定对其进行处理。

第三十二条　对棉花加工企业日常监督检查依据《棉花质量监督检查工作实施细则》进行。

第五章　附　则

第三十三条　各省级纤检机构应根据本办法相关规定结合本地的实际情况制定具体的实施细则。

第三十四条　本办法由中纤局负责解释。

第三十五条　本办法自发布之日起实施。

商务部关于2008年度输美纺织品第一次协议招标的公告

【发布单位】　商务部纺织品出口招标委员会
【发布文号】　商贸函[2007]256号
【发布日期】　2007年9月25日

根据《纺织品出口管理办法》（暂行）（商务部2006年第21号令，以下简称《办法》）规定，2008年度输美338/339类、340/640类、347/348类、349/649类、638/639类、647/648类、847类实行协议招标。现就2008年度第一次协议招标有关事项公告如下：

一、年度协议招标总量及第一次协议招标数量

上述各类别2008年度第一次协议招标数量见附件。

二、协议招标投标资格及企业可投标数量

（一）投标资格。凡符合《办法》规定，对美国有上述类别出口实绩并达到一定规模的企业，均可参加此次相应类别的协议招标。前述“出口实绩达到一定规模”指根据本条第（二）项计算得出的本次招标企业可投标数量（即最高投标量）须大于或等于第（三）项规定的最低投标量。

（二）本次招标企业可投标数量。按照各企业2007年1—7月的出口实绩（详见本公告第三条“出口实绩”）及《办法》第十一、十二条规定计算得出其相关类别2008年度第一次可投标数量（最高投标量）。

（三）最低投标量。考虑到商业上的可操作性，各类别分别设定最低投标量，具体见附件。

（四）未投标数量的处置。企业可在具备投标资格的类别上，在本企业该类别最高投标量和最低投标量之间自主决定投标数量。本次协议招标，如企业未投标或投标数量低于其最高投标量，则视为全部放弃和部分放弃其可投标数量。企业所放弃的数量不再保留在该企业名下，由招标委员会按照有关管理规定另行处置。

三、出口实绩

（一）出口实绩统计范围：1. 仅一般贸易、加工贸易方式项下的出口计入企业出口实绩；2. 金额等于或小于800美元商用样品出口到设限地区的不计入其对设限地区出口实绩。

（二）据统计显示及企业举报，部分企业今年以来对欧美出口业绩异常，出口价格虚高，影响了正常的出口秩序。根据业界建议，按下列原则核定企业

出口业绩：

1. 无许可证申领记录的，该项出口不计入出口实绩；

2. 无设限国清关反馈的，该项出口纳入业绩核查清单；

3. 在业绩增长异常地区，出口价格高于出口平均价格1.5—3倍的企业，该类别对设限地区出口业绩纳入业绩核查清单；

4. 在业绩增长异常地区，2007年新增企业（即2006年1—12月招标类别纺织品无对美出口业绩企业）相关类别对设限地区和非设限地区出口总金额大于或等于50万美元的企业，该类别出口业绩纳入业绩核查清单。

业绩已按上述方法纳入业绩核查的企业名单见附件三。

其他企业的出口业绩见附件二。已根据这些企业的海关统计数据及《办法》第十二条第（四）款，对西部地区、中部地区和东北老工业基地企业做了业绩换算。

四、投标资格审核

1. 信息不全的（缺少企业13位进出口代码或中文名称）企业如需投标，须于10月9日前，按本公告第三条规定，向当地商务主管部门提出补充企业信息申请，并同时出具企业营业执照复印件、进出口企业资格证书或对外贸易经营者备案登记表或外商投资企业批准证书的复印件、海关自理报关证书复印件及其他相关证明文件。

2. 符合以下三种情况，需申请业绩合并计算的，须于10月9日前，向当地商务主管部门提出业绩合并申请，并同时出具企业营业执照复印件、进出口企业资格证书或对外贸易经营者备案登记表或外商投资企业批准证书的复印件、海关自理报关证书复印件及其他相关证明文件：

情况一：一家企业有两个以上海关编码的（各海关编码下企业名称相同）；

情况二：相同海关编码下企业名称不同的；

情况三：企业名称不同且海关编码也不同但13位进出口企业代码相同的。

对于上述三种情况以外的业绩合并申请不予处理。

3. 请各地商务主管部门严格审核上述1、2、3项申请企业提交的书面材料。如需进一步核对的，可要求申请企业提供其他证明文件。审核通过后，请各地商务主管部门于10月9日之前将审核通过的企业名单以传真件形式报纺织品招标办公室复核（申请合并业绩的企业须列明合并前后有关企业的海关编码、企业代码、企业名称）。审核工作完成后，申请企业提交的所有书面材料由各地商务主管部门统一封存备查。

4. 如需投标但尚未办理电子投标密钥的企业，请按照《电子投标技术操作指南》规定的程序，向中国国际电子商务中心当地代表处申领并安装电子密钥。企业须在10月31日下午5点前通过“电子招标企业信息服务系统”录入企业电子信息并通过当地商务主管部门的审核，从该系统上获得中国国际电子商务中心发放的“电子投标软件V3.0”程序使用许可号，逾期不予办理。

五、出口业绩复核

企业如对审核结果有异议，须在10月9日前（以材料送达时间为准）将有关证明材料以快递方式寄送到招标办公室（收件人：中国纺织品进出口商会服装部（招标办公室），地址：北京朝阳区潘家园南里12号楼邮政编码：100021，联系电话：010—67739327、67739213）。

前述证明材料共包括：1. 所涉产品增值税发票；2. 所涉产品所得税发票；3. 每单出口业务相关的货物采购合同；4. 采购发票；5. 出口合同；6. 出口发票；7. 出口报关单；8. 银行结汇水单；9. 出口外汇核销单（1—9项要求提供正本）；10. 中文出口许可证、英文出口许可证复印件；11. 企业营业执照复印件；12. 进出口企业资格证书或对外贸易经营者备案登记表或外商投资企业批准证书的复印件；13. 海关自理报关证书复印件；14. 出口退税企业资格认定书复印件；15. 企业法定代表人身份证复印件，共计15份材料。

上述材料须分类别按上述顺序编号，由企业法定代表人签字并加盖公司印章、并在规定日期前寄到招标办公室。如企业逾期未提出异议、未按要求提交证明材料（每个类别证明材料少于15份或未提供正本材料）、经与相关部门核实证实企业伪造证明材料以及经复核未通过的，其相关类别出口业绩将按照第三条“出口实绩”中的审核原则进行核定。

所用证明材料正本在审核工作结束后将予以退回，企业在材料中需提供准确邮寄地址及联系方式。

六、企业可投标数量(最高投标量)公布

此次协议招标中，业绩未被列入核查清单企业的基本可投标数量（最高投标量）预定在10月10—12日期间公布，请各企业届时关注商务部政府网站（www.mofcom.gov.cn）、中国纺织品进出口商会网站（www.ccct.org.cn）、中国国际电子商务网（www.ec.com.cn），待企业业绩审核及调整工作完成后，企业的基本可投标量将进行相应调增，连同纳入业绩审核清单企业各类别最高可投标量一并公布。

七、协议标价格

具体见附件。

八、投标

本次协议招标采用电子投标方式进行。具备投标资格的企业应在11月6日上午9:00至11月9日晚上6:00之间通过“电子投标系统”将电子标书发送至招标办公室，并在11月9日前将本企业全额投标保证金（由企业根据本企业所投标类别、所投数量及本公告第六条规定的协议标价格计算加总得出投标保证金）以同城信汇、异地电汇方式一次性交纳到（到账）指定银行账户。

“电子投标系统”的安装和使用，请参见“电子投标技术操作指南”，相关技术问题可通过登陆中国国际电子商务网（www.ec.com.cn）或电话咨询中国国际电子商务中心（客服热线：010—67870108，拨通后按号码1再按号码3）。

投标保证金缴纳账户信息如下：收款人：中国纺织品进出口商会，开户银行：中信银行北京万达广场支行，账号：7112410182600024798。支付系统行号（电汇）：302100011243，同城交换号（信汇）：953。相关财务问题可登陆中国纺织品进出口商会网站“招标专栏”（www.ccct.org.cn）或电话咨询（中国纺织品进出口商会财务部电话：010—67739343）

九、评标规则

具备投标资格的企业，按照本公告规定的投标数量和价格等要求，在上述规定时间内完成电子投标、交纳投标保证金两项要件，并经招标办公室审核电子标书与所交投标保证金数额一致的，即为中标。

下列情况将被视为废标或自动放弃协议招标：

（一）无相关类别投标资格的企业所投的标书；

（二）高于最高投标数量或低于最低投标数量的标书；

（三）低于协议标价格的标书；

（四）纸面标书等未按本公告规定的形式发送的标书；

（五）未在规定时限内发送的电子标书或在规定时限内发送两次及两次以上的电子标书；

（六）未在规定时限内将投标保证金交纳到（到账）指定银行帐户的；

（七）投标保证金不是一次性交齐的；

（八）根据电子标书合计的投标保证金和实际交纳的投标保证金数额不一致的；

（九）由其他企业、组织或自然人代交投标保证金的；

（十）以同城信汇、异地电汇之外其他方式交纳投标保证金的。

（十一）不符合《办法》或招标公告规定的其他情况。

十、中标结果公布

招标办公室预定于11月19日通过中国纺织品进出口商会网站(www. ccct. org. cn)公布初步中标结果。各投标企业也可登陆“电子招标企业信息服务系统”查询本企业中标情况。投标企业如对初步中标结果有疑问的,可于公布初步中标结果日起两个工作日内向招标办公室提出,逾期不予受理。正式中标结果由招标委员会在商务部网站上公布(www. mofcom. gov. cn)。

十一、中标金

正式中标结果公布后,中标企业交纳的投标保证金自动转为中标金,企业无需再交纳。未中标企业交纳的投标保证金予以退还。无论中标数量使用情况如何,中标金不予退还。

十二、领证和转让

正式中标结果公布后,各中标企业即可按照《办法》规定申领出口许可证。企业中标后获得的许可数量允许转让。转受让通过“纺织品临时出口许可数量转受让平台”进行。为避免纺织品出口许可数量流动性过渡泛滥,影响协议数量的有效使用,从11月1日起,转受让平台将设定转让参数,具体如下:

已获许可数量的企业,转入次数和数量不限,转出次数不限,转出量不得超过已获许可数量;未获许可数量企业转入次数和数量不限,不得转出。新规则拟于11月1日开始实行,对2007年和2008年度许可数量同时适用。

十三、其他

(一)请各地商务主管部门协助做好协议招标工作。

(二)协议招标的相关政策和信息通过商务部政府网站(www. mofcom. gov. cn)、中国纺织品进出口商会网站(www. ccct. org. cn)、中国国际电子商务网(www. ec. com. cn)发布。

(三)招标办公室联系电话:010－67739327、67739213、67739208,传真:010－67719297。中国国际电子商务中心客户服务热线:010－67870108(拨通后按号码1再按号码3),传真:010－67800343。

(四)本公告由招标委员会负责解释,招标委员会联系电话:010－65197731、65197736。

附件

2008年输美纺织品第一次协议招标总量、最低投标量、投标价格

金额单位:人民币

	类　别	单　位	协议招标总量	最低投标量	投标价格
协议招标类别	338/9	打	13469303	200	7.00
	340/640	打	4362295	200	6.00
	347/8	打	12721476	200	13.00
	349/649	打	14739633	200	2.30
	638/9	打	5213854	200	9.00
	647/8	打	5149355	200	11.00
	847	打	11514834	200	4.50

商务部关于2008年输美纺织品第一次业绩分配企业业绩表的公告

【发布单位】 商务部外贸司

【发布日期】 2007年9月25日

现将2008年输美纺织品第一次业绩分配企业业绩有关内容公布如下：

一、出口业绩

(一)出口实绩统计范围：1.2007年1－7月出口实绩；2. 仅一般贸易、加工贸易方式项下的出口计入企业出口实绩；3. 金额等于或小于800美元商用样品出口到设限地区的不计入其对设限地区出口实绩。

(二)据统计显示及企业举报，部分企业今年以来对欧美出口业绩异常，出口价格虚高，影响了正常的出口秩序。根据业界建议，根据下列原则核定企业出口业绩：

1. 无许可证申领记录的，该项出口不计入出口实绩；

2. 无设限国清关反馈的，该项出口纳入业绩核查清单；

3. 在业绩增长异常地区，相关类别对设限地区出口价格高于全国出口平均价格1.5－3倍的企业，该类别对设限地区出口业绩纳入业绩核查清单；

4. 在业绩增长异常地区，2007年新增企业(即2006年1－12月分配类别纺织品无对美出口业绩企业)相关类别对设限地区和非设限地区出口总金额大于或等于50万美元的企业，该类别出口业绩纳入业绩核查清单。

已根据这些企业的海关统计数据及《办法》第十二条第(四)款，对西部地区、中部地区和东北老工业基地企业做了业绩换算。

二、出口业绩复核

企业如对审核结果有异议，须在10月9日前(以材料送达时间为准)将有关证明材料以快递方式寄送到商务部对外贸易司(收件人：中华人民共和国商务部对外贸易司纺织品出口处，地址：北京市东长安街2号，邮政编码：100731，联系电话：010－65197731，65197736)。

前述证明材料共包括：1. 所涉产品增值税发票；2. 企业近期所得税发票；3. 每单出口业务相关的货物采购合同；4. 采购发票；5. 出口合同；6. 出口发票；7. 出口报关单；8. 银行结汇水单；9. 出口外汇核销单(1－9项要求提供正本)；10. 中文出口许可证、英文出口许可证复印件；11. 企业营业执照复印件；12. 进出口企业资格证书或对外贸易经营者备案登记表或外商投资企业批准证书的复印件；13. 海关自理报关证书复印件；14. 出口退税企业资格认定书复印件；15. 企业法定代表人身份证复印件，共计15份材料。

上述材料须分类别按上述顺序编号，由企业法定代表人签字并加盖公司印章、并在规定日期前寄到对外贸易司。如企业逾期未提出异议、未按要求提交证明材料、经与相关部门核实证实企业伪造证明材料以及经复核未通过的，其相关类别出口业绩将按照第三条“出口实绩”中的审核原则进行核定。

所用证明材料正本在审核工作结束后将予以退回，企业在材料中需提供准确邮寄地址及联系方式。

三、可申请数量公布

此次业绩分配中，业绩未被列入核查清单企业的基本可申请数量预定在10月10－12日期间公布，请各企业届时关注商务部政府网站（www.mofcom.gov.cn），待企业业绩审核及调整工作完成后，企业的基本可申请量将进行相应调增，连同纳入业绩审核清单企业各类别可申请数量一并公布。

四、更名更码与业绩和合并问题

企业中出现以下情况的，须于10月9日前，向当地商务主管部门提出相关申请，并同时出具企业营业执照复印件、进出口企业资格证书或对外贸易经营者备案登记表或外商投资企业批准证书的复印件、海关自理保管证书复印件及其他相关证明文件：

1. 企业信息不全的（缺少企业13位进出口代码或中文名称）的；

2. 符合以下三种情况需申请业绩合并计算的：

（1）一家企业有两个以上海关编码的（各海关编码下企业名称相同）；

（2）相同海关编码下企业名称不同的；

（3）企业名称不同，企业海关编码也不同但13位进出口企业代码相同的。

请各地商务主管部门严格审核企业提交的书面材料。如需进一步核对的，可要求申请企业提供其他证明文件。审核通过后，请各地商务主管部门于10月9日前将审核通过的企业名单以传真件形式报商务部外贸司纺织品出口处复核（申请合并业绩的企业须列明合并前后有关企业的海关编码、企业代码、企业名称）。审核工作完成后，申请企业提交的所有书面材料由各地商务主管部门统一封存备查。

五、领证和转让

企业获得的许可数量允许转让。转受让通过“纺织品临时出口许可数量转受让平台”进行。为避免纺织品出口许可数量流动性过渡泛滥，影响协议数量的有效使用，从11月1日起，转受让平台将设定转让参数，具体如下：

已获许可数量的企业，转入次数和数量不限，转出次数不限，转出量不得超过已获许可数量；未获许可数量企业转入次数和数量不限，不得转出。新规则拟于11月1日开始实行，对2007年和2008年度许可数量同时适用。

六、其他

外贸司纺织品出口处联系电话：010－65197731、65197736，传真：010－65197734

国家发展改革委关于2008年粮食、棉花进口关税配额数量、申请条件和分配原则的公告

【发布单位】 国家发展和改革委员会

【发布文号】 公告2007年第62号

【发布日期】 2007年9月29日

根据《农产品进口关税配额管理暂行办法》（商务部、国家发展和改革委员会令2003年第4号），现

将2008年粮食、棉花进口关税配额数量、申领条件和分配原则公布如下：

一、2008年粮食、棉花进口关税配额量为：小麦963.6万吨，国营贸易比例90%；玉米720万吨，国营贸易比例60%；大米532万吨（其中：长粒米266万吨，中短粒米266万吨），国营贸易比例50%；棉花89.4万吨，国营贸易比例33%。

二、企业通过一般贸易、加工贸易、易货贸易、边境小额贸易、援助、捐赠等贸易方式进口上述农产品均需申请农产品进口关税配额，并凭农产品进口关税配额证办理通关手续。由境外进入保税仓库、保税区、出口加工区的产品，免予申领农产品进口关税配额证。

三、农产品进口关税配额申请者的基本条件为：2007年10月1日前在国家工商管理部门登记注册（需提供企业法人营业执照副本）；具有良好的财务状况和纳税记录（需提供2006年及2007年有关资料）；2005至2007年在海关、工商、税务、检验检疫方面无违规记录；2006年企业年检合格；没有违反《农产品进口关税配额管理暂行办法》的行为。

在具备上述条件的前提下，进口关税配额申请者还必须符合下列条件之一：

（一）小麦 1. 国营贸易企业；2. 具有国家储备职能的中央企业；3. 2007年有进口实绩的企业；4. 日加工小麦400吨以上的生产企业；5. 2007年无进口实绩，但具有进出口经营权并由所在地外经贸主管部门出具加工贸易生产能力证明、以小麦为原料从事加工贸易的企业。

（二）玉米 1. 国营贸易企业；2. 具有国家储备职能的中央企业；3. 2007年有进口实绩的企业；4. 以玉米为原料，年需要玉米5万吨以上的配合饲料生产企业；5. 以玉米为原料，年需要玉米10万吨以上的其他生产企业；6. 2007年无进口实绩，但具有进出口经营权并由所在地外经贸主管部门出具加工贸易生产能力证明、以玉米为原料从事加工贸易的企业。

（三）稻谷和大米（长粒米和中短粒米需分别申请） 1. 国营贸易企业；2. 具有国家储备职能的中央企业；3. 2007年有进口实绩的企业；4. 具有粮食批发零售资格，年销售额1亿元人民币以上的粮食企业；5. 粮食年进出口额2500万美元以上的贸易企业；6. 2007年无进口实绩，但具有进出口经营权并由所在地外经贸主管部门出具加工贸易生产能力证明、以稻谷和大米为原料从事加工贸易的企业。

（四）棉花 1. 国营贸易企业；2. 2007年有进口实绩的企业；3. 纺纱设备5万锭以上的棉纺企业。

四、上述农产品进口关税配额将根据申请者的申请数量、历史进口实绩、生产能力和其他相关商业标准进行分配。

（一）如进口关税配额量能够满足符合条件申请者的申请总量，则按申请者申请数量分配关税配额量。

（二）如进口关税配额量不能满足符合条件申请者的申请总量，则有进口实绩的申请者可优先获得配额；无进口实绩的申请者将以其加工能力或经营数量等为主要依据，按比例分配进口关税配额量。其中申请数量低于按比例分配数量的则按申请数量分配。

五、2008年粮食、棉花进口关税配额申请时间为2007年10月15日至30日。申请者可到国家发展改革委授权机构领取，或从国家发展改革委网站（http://www.ndrc.gov.cn）下载《农产品进口关税配额申请表》（见附件），并如实填写。

六、国家发展改革委授权机构负责受理属地范围内的企业申请，并于2007年11月30日前将符合公布条件的申请送达国家发展改革委，同时抄报商务部。

七、国家发展改革委于2008年1月1日前通过授权机构将农产品进口关税配额分配给最终用户。

附件

农产品进口关税配额申请表

申请企业盖章：　　　　　　　　　　　　　　　　企业法人代表签字：

企业名称：

申请农产品配额名称：	□ 2007 年有该农产品一般贸易进口实绩者	□ 2007 年有该农产品加工贸易进口实绩者	□ 2007 年无该农产品进口实绩者

一般贸易	申请数量：	加工贸易	申请数量：
	报关口岸：①　　　②		报关口岸：①　　　②

企业注册地址：		
注册资本：	工商注册号：	联系电话：
企业性质：　□国有　□股份制　□民营　□外商投资		
企业类型：　□生产企业　□贸易企业		
以下由生产企业填写：		

2007 年企业产品及生产能力（注：棉花填纺锭数）	产品名称：	所需进口农产品名称：
	日产量（吨）：	日需要量（吨）：
	年产量（吨）：	年需要量（吨）：
	该产品年销售额（万元）：	

以下由有加工贸易进口实绩的企业填写：

2006 年加工贸易配额	申领到配额量（吨）：	2007 年加工贸易配额	已申领到配额量（吨）：
	实际进口量（吨）：		已完成进口量（吨）：

以下由有一般贸易进口实绩的企业填写（不包括代理进口）：

2006 年一般贸易配额	分配量（吨）：	2007 年一般贸易配额	分配量（吨）：
	实际进口量（吨）：		预计进口量（吨）：
	调整期退回量（吨）：		调整期退回量（吨）：

以下由具有粮食批发零售资格的企业填写

2006 年粮食贸易年销售额（万元）：	2006 年粮食进出口额（万美元）：
2007 年粮食贸易完成销售额（万元）：	2007 年粮食完成进出口额（万美元）：

是否同意对国外和国内应询提供本企业配额申领数量　□是　□否

授权机构审核意见：

填表说明：1. “2007 年企业产品及生产能力”：指以申请进口农产品为主要原料生产的产品及生产能力。

2. “日、年产量”及“日、年需原料量”：指企业 2007 年日、年产量及对进口农产品的日、年需要量。

3. 棉花申请企业在“日需要量”一栏填纺纱设备的锭数。

商协会审核小组关于2008年输欧双边监控纺织品出口企业资质标准的公告

【发布单位】　中国纺织品进出口商会、中国纺织工业协会、中国外商投资企业协会
【发布日期】　2007年10月17日

根据中欧双方就合作建立纺织品双边监控体系达成的共识，为规范我国纺织品服装出口经营秩序，促进中欧纺织品贸易健康有序发展，中国纺织品进出口商会、中国纺织工业协会、中国外商投资企业协会建议对2008年中国输欧盟的T恤衫等八类纺织品实行企业经营资质审核，并成立了审核小组。凡符合资质标准的企业可以从事双边监控输欧纺织品的出口经营活动。商协会审核小组近期将分两批公布符合企业资质标准的会员企业名单，不在名单内的企业，应按照申报资质标准的程序进行申报。

商协会审核小组联系电话：010－67739327、67739208、67739209、85229380、85226279

传真：010－67719297、85229633、85226262

附件1

关于2008年对欧双边监控纺织品出口企业资质标准

为规范我国纺织品服装出口经营秩序，促进中欧纺织品贸易健康有序发展，2008年对T恤衫等八类中国输欧盟纺织品（以下简称输欧纺织品）实行企业经营资质审核。经中国纺织品进出口商会、中国纺织工业协会、中国外商投资企业协会（以下简称商、协会）同意，凡符合资质标准的企业可以从事相关输欧纺织品的出口经营活动。

一、资质标准

（一）在中国（港、澳、台地区除外）境内经工商管理部门登记注册，注册资本50万元人民币（含）以上；

（二）从事纺织品出口贸易二年（含）以上；

（三）依法纳税的一般纳税人；

（四）上年度输欧纺织品对欧盟出口1万美元（含）以上；

（五）遵守中华人民共和国相关法律和规章制度的规定，尤其是在知识产权、环境保护方面连续三年没有违规行为；

（六）符合有关商会、协会的有关行业自律要求。

二、资质审核

（一）审核小组构成

为充分发挥行业组织的协调指导和维护市场正常秩序的职能，加强行业自律，由商、协会成立企业资质审核小组（以下简称审核小组），负责对从事输欧纺织品出口企业资质审核。

审核小组由七人组成，设主任一人、副主任二人、成员四人。主任由中国纺织品进出口商会负责人担任，副主任由中国纺织工业协会、中国外商投资企业协会的有关负责人担任，成员由商协会相关人员组成。

审核小组实施资质审核，采取一人一票、少数服从多数的办事原则。审核小组办事机构设在中国纺

织品进出口商会，审核小组的日常工作由中国纺织品进出口商会负责。审核小组接受商务部的监督和指导，并聘请业内有关专家作为技术指导。

（二）审核小组的职责：

1. 对各省市商务主管部门送交的企业资质初审名单进行复审，并将复审结果报商务部备案，通过商协会的网站对外公布获得企业资质标准的名单，接受业界和社会的监督；

2. 受理业界和社会对已获得企业资质标准企业违规行为的举报和核查；

3. 检查、监督企业的出口数量和许可证使用等情况，跟踪相关输欧纺织品出口和欧盟市场变化情况，并按季报商务部主管部门；

4. 召集主营企业研究商定相关输欧纺织品对欧盟出口行业自律、互律办法，维护相关输欧纺织品的平稳发展。

三、审核程序

申请企业根据企业资质标准的要求，向当地商务主管部门提交资质标准核查申报表，并提交本年度或上年度工商、税务年检合格、生产及供货企业环保达标情况、职工相关社会保险办理情况、企业纳税和职工人数证明材料的复印件，申请企业对所提交材料的真实性负责，如有虚报、瞒报情况，一经核实，将给予警告、严重警告直至取消对欧盟出口的经营资格。

（一）企业按照有关资质标准和申报程序向当地（指各省、自治区、直辖市、计划单列市、新疆生产建设兵团及哈尔滨、长春、沈阳、南京、武汉、成都、广州、西安）商务主管部门提出申请。

（二）各地商务主管部门根据资质标准负责对申请企业资质初审。在收到企业申请之日起7个工作日内完成初审工作，并在完成初审之日起3个工作日内将初审结果送交审核小组，各地商务主管部门对申请企业上报的材料进行存档，并对初审结果负责。

（三）在监控实施期间，如企业法人信息发生变更，应及时通知审核小组。

（四）审核小组在收到各地商务主管部门的初审结果之日起3个工作日完成复审，并将复审结果上报商务部主管部门备案，同时通过商协会的网站（www.ccct.org.cn、www.ctei.gov.cn、caefi.mofcom.gov.cn）对外公布获得资质标准的企业名单，接受行业和社会的监督。审核小组对复审的结果负责。

（五）审核小组向商务部提出符合资质标准的企业建议名单，商务部将据此通知发证机关向申请企业签发出口许可证。

四、举报和调查

（一）为加强自律，维护出口经营秩序和企业的利益，欢迎行业和社会各界对符合经营资质的企业进行监督。

（二）审核小组受商务部委托对被举报企业的违规进行调查。公众举报采取实名制，并提供相应的证明材料，审核小组对举报单位或个人给予保密，并会同有关部门对被举报企业进行核查。

（三）审核小组以书面形式通知被举报企业，明确调查的内容、时间安排以及调查费用标准等要求，被举报企业需书面答复接受调查的意见。凡对接到调查通知之日起十五日未予回复的企业，按自动放弃核查、默认不符合资质标准处理。

（四）被举报单位必须配合审核小组的核查，如实提交相关的证明材料，并承担核查人员的相关费用（包括差旅费、住宿费等）。

（五）举报人举报内容与实际情况严重不符的，将提交有关部门处理。

（六）被调查企业的违规行为一经核实，审核小组将处罚建议报商务部。

审核小组负责对该办法进行解释，并根据对欧盟类别纺织品出口形势变化需要对企业资质标准进行修订。

附件 2

申请对欧盟出口监控纺织品企业资质登记表

<table>
<tr><td colspan="2">企业名称</td><td colspan="7"></td></tr>
<tr><td colspan="2">公司地址</td><td colspan="7"></td></tr>
<tr><td colspan="2">邮政编码</td><td colspan="2"></td><td colspan="2">公司网址</td><td colspan="3"></td></tr>
<tr><td colspan="2">联系人</td><td></td><td>电话</td><td></td><td>传真</td><td></td><td>手机</td><td></td></tr>
<tr><td colspan="2">法定代表人</td><td colspan="2"></td><td colspan="2">公司成立时间</td><td colspan="3"></td></tr>
<tr><td colspan="2">企业注册资本</td><td colspan="2">万元(人民币)</td><td colspan="3">职工人数</td><td colspan="2"></td></tr>
<tr><td colspan="2">工商登记注册号</td><td colspan="2"></td><td colspan="3">税务登记证号</td><td colspan="2"></td></tr>
<tr><td colspan="3">企业法人营业执照注册号</td><td colspan="6"></td></tr>
<tr><td colspan="2">企业海关编码</td><td colspan="2"></td><td colspan="2">进出口企业代码</td><td colspan="3"></td></tr>
<tr><td>企业性质</td><td colspan="8">国有□　民营□　集体□　三资□　股份制(国有控股□其他控股□)</td></tr>
<tr><td>企业类型</td><td colspan="8">外贸□　工贸□　生产□</td></tr>
<tr><td colspan="4">上年度对欧盟监测纺织品出口额</td><td colspan="5">万美元</td></tr>
<tr><td>对欧盟出口商品</td><td colspan="8">115 类(亚麻纱)□　4 类(T 恤衫)□　5 类(毛衫)□　6 类(裤子)□
7 类(女式衬衫)□　20 类(床单)□　26 类(连衣裙)□　31 类(胸衣)□</td></tr>
<tr><td colspan="9">公司简介：</td></tr>
<tr><td colspan="4">省市商务部门审核意见(盖章)</td><td colspan="5">企业签字、盖章</td></tr>
</table>

《中国禁止进口限制进口技术目录》(修订后)(纺织业)

【发布单位】　商务部
【发布文号】　商务部令 2007 年第 7 号
【发布日期】　2007 年 10 月 23 日
【实施日期】　2007 年 11 月 30 日

根据《中华人民共和国对外贸易法》和《中华人民共和国技术进出口管理条例》，现公布修订后的《中国禁止进口限制进口技术目录》，自公布之日起 30 日后施行。《中国禁止进口限制进口技术目录(第一批)》(原对外贸易经济合作部、原国家经济贸易委员会令 2001 年第 15 号)同时废止。以下是有关纺织业的限制进口技术目录：

编号：051701X

技术名称：有梭织造技术

控制要点：有梭织造技术

编号:051702X

技术名称:印染技术

控制要点:1. 大浴比(丝、毛面料专用染机除外)、电加热、热源及冷却水无回收利用的染整技术。

2. 氯、亚漂和高含量甲醛后整理,包括有害重金属粒子的染色等染整工艺技术。

《外商投资产业指导目录(2007年修订)》(纺织业)

【发布单位】 中华人民共和国国家发展和改革委员会、中华人民共和国商务部

【发布文号】 2007年第57号令

【发布日期】 2007年10月31日

《外商投资产业指导目录(2007年修订)》已经国务院批准,现予以发布,自2007年12月1日起施行。2004年11月30日国家发展和改革委员会、商务部发布的《外商投资产业指导目录(2004年修订)》同时停止执行。

外商投资产业指导目录

(2007年修订)

鼓励外商投资产业目录

一、农、林、牧、渔业

1. 中低产农田改造

2. 木本食用油料、调料和工业原料的种植及开发、生产

3. 蔬菜(含食用菌、西甜瓜)、干鲜果品、茶叶无公害栽培技术及产品系列化开发、生产

4. 糖料、果树、牧草等农作物新技术开发、生产

5. 花卉生产与苗圃基地的建设、经营

6. 橡胶、剑麻、咖啡种植

7. 中药材种植、养殖(限于合资、合作)

8. 农作物秸秆还田及综合利用、有机肥料资源的开发生产

9. 林木(竹)营造及良种培育、多倍体树木新品种和转基因树木新品种培育

10. 水产苗种繁育(不含我国特有的珍贵优良品种)

11. 防治荒漠化及水土流失的植树种草等生态环境保护工程建设、经营

12. 水产品养殖、深水网箱养殖、工厂化水产养殖、生态型海洋种养殖

二、采矿业

1. 煤层气勘探、开发和矿井瓦斯利用(限于合资、合作)

2. 石油、天然气的风险勘探、开发(限于合资、

合作）

3. 低渗透油气藏（田）的开发（限于合资、合作）

4. 提高原油采收率及相关新技术的开发应用（限于合资、合作）

5. 物探、钻井、测井、录井、井下作业等石油勘探开发新技术的开发与应用（限于合作）

6. 油页岩、油砂、重油、超重油等非常规石油资源勘探、开发（限于合作）

7. 铁矿、锰矿勘探、开采及选矿

8. 提高矿山尾矿利用率的新技术开发和应用及矿山生态恢复技术的综合应用

9. 海底可燃冰勘探、开发（限于合作）

三、制造业

（一）农副食品加工业

1. 生物饲料、秸秆饲料、水产饲料的开发、生产

2. 水产品加工、贝类净化及加工、海藻功能食品开发

3. 蔬菜、干鲜果品、禽畜产品的储藏及加工

（二）食品制造业

1. 婴儿、老年食品及功能食品的开发、生产

2. 森林食品的开发、生产和加工

3. 天然食品添加剂、食品配料生产（限于合资、合作）

（三）饮料制造业

1. 果蔬饮料、蛋白饮料、茶饮料、咖啡饮料、植物饮料的开发、生产

（四）烟草制品业

1. 二醋酸纤维素及丝束加工（限于合资、合作）

2. 造纸法烟草薄片生产（限于合资、合作）

3. 过滤嘴棒加工生产（限于合资、合作）

（五）纺织业

1. 采用高新技术的产业用特种纺织品生产

2. 高档织物面料的织染及后整理加工

3. 符合生态、资源综合利用与环保要求的特种天然纤维（包括除羊毛以外的其他动物纤维、麻纤维、竹纤维、桑蚕丝、彩色棉花等）产品加工

4. 采用计算机集成制造系统的服装生产

5. 高档地毯、刺绣、抽纱产品生产

（六）皮革、皮毛、羽毛（绒）及其制品业

1. 皮革和毛皮清洁化技术加工

2. 皮革后整饰新技术加工

3. 高档皮革（沙发革、汽车坐垫革）的加工

（七）木材加工及木、竹、藤、棕、草制品业

1. 林业三剩物，“次、小、薪”材和竹材的综合利用新技术、新产品开发与生产

（八）造纸及纸制品业

1. 按林纸一体化建设的单条生产线年产 30 万吨及以上规模化学木浆和单条生产线年产 10 万吨及以上规模化学机械木浆以及同步建设的高档纸及纸板生产（限于合资、合作）

（九）石油加工及炼焦业

1. 针状焦、煤焦油深加工

（十）化学原料及化学制品制造业

1. 年产 80 万吨及以上规模乙烯生产（中方相对控股）

2. 乙烯下游产品衍生物的加工制造和乙烯副产品 C4－C9 产品（丁二烯生成合成橡胶除外）的综合利用

3. 年产 20 万吨及以上聚氯乙烯树脂生产（乙烯法）

4. 钠法漂粉精、聚氯乙烯和有机硅深加工产品生产

5. 苯、甲苯、二甲苯、乙二醇等基本有机化工原料及其衍生物生产

6. 合成材料的配套原料：双酚 A 生产、过氧化氢氧化丙烯法生产环氧丙烷

7. 合成纤维原料：精对苯二甲酸、己内酰胺、尼龙 66 盐、熔纺氨纶树脂生产

8. 合成橡胶：溶液丁苯橡胶（不包括热塑性丁苯橡胶）、丁基橡胶、异戊橡胶、聚氨酯橡胶、丙烯酸橡胶、氯醇橡胶、乙丙橡胶、丁腈橡胶，以及氟橡胶、硅橡胶等特种橡胶生产

9. 工程塑料及塑料合金：聚苯醚（PPO）、工程塑料尼龙 11 和尼龙 12. 聚酰亚胺、聚砜、聚芳酯（PAR）、液晶聚合物等产品生产

10. 精细化工：催化剂、助剂、添加剂新产品、新技术，染（颜）料商品化加工技术，电子、造纸用高科技化学品，食品添加剂、饲料添加剂，皮革化学品（N－N二甲基甲酰胺除外）、油田助剂，表面活性剂，水处理剂，胶粘剂，无机纤维、无机纳米材料生产，颜料包膜处理深加工

11. 低滞后高耐磨炭黑生产

12. 环保型印刷油墨、环保型芳烃油生产

13. 天然香料、合成香料、单离香料生产

14. 高性能涂料、水性汽车涂料及配套水性树脂生产

15. 氟氯烃替代物生产

16. 有机氟系列化工产品生产（氟氯烃或氢氟氯烃、四氟乙烯除外）

17. 从磷化工、铝冶炼中回收氟资源生产

18. 大型煤化工产品生产（中方控股）

19. 林业化学产品新技术、新产品开发与生产

20. 烧碱用离子膜、无机分离膜、功能隔膜生产

21. 环保用无机、有机和生物膜开发与生产

22. 新型肥料开发与生产：生物肥料、高浓度钾肥、复合肥料、缓释可控肥料、复合型微生物接种剂、复合微生物肥料、秸杆及垃圾腐熟剂、特殊功能微生物制剂

23. 高效、安全农药新品种和高性能农药新剂型的开发与生产

24. 生物农药及生物防治产品开发与生产：微生物杀虫剂、微生物杀菌剂、农用抗生素、昆虫信息素、天敌昆虫、微生物除草剂

25. 废气、废液、废渣综合利用和处理、处置

26. 有机高分子材料生产：有机硅改性舰船外壳涂料、飞机蒙皮涂料、稀土硫化铈红色染料、无铅化电子封装材料、彩色等离子体显示屏专用系列光刻浆料、小直径大比表面积超细纤维、高精度燃油滤纸、锂离子电池隔膜、塑料加工用多功能复合助剂、柠檬酸甘油二酸酯、氟咯菌腈、氰霜唑

（十一）医药制造业

1. 新型化合物药物或活性成份药物的生产（包括原料药和制剂）

2. 氨基酸类：丝氨酸、色氨酸、组氨酸、饲料用蛋氨酸等生产

3. 新型抗癌药物、新型心脑血管药及新型神经系统用药生产

4. 新型、高效、经济的避孕药具生产

5. 采用生物工程技术的新型药物生产

6. 杂环氟化物等含氟高生理活性药品及中间体的生产

7. 基因工程疫苗生产（艾滋病疫苗、丙肝疫苗、避孕疫苗等）

8. 生物疫苗生产

9. 卡介苗和脊髓灰质炎疫苗生产

10. 海洋药物开发与生产

11. 药品制剂：采用缓释、控释、靶向、透皮吸收等新技术的新剂型、新产品生产

12. 新型药用辅料的开发及生产

13. 生物医学材料及制品（人体尸体及其标本、人体器官组织及其标本加工除外）生产

14. 兽用抗菌原料药生产（包括抗生素、化学合成类）

15. 兽用抗菌药、驱虫药、杀虫药、抗球虫药新产品及新剂型开发与生产

16. 新型诊断试剂的生产

（十二）化学纤维制造业

1. 差别化化学纤维及芳纶、碳纤维、高强高模聚乙烯、聚苯硫醚（PPS）等高新技术化纤生产

2. 新溶剂法纤维素纤维等环保型化纤的生产

3. 纤维及非纤维用新型聚酯生产：聚对苯二甲酸丙二醇酯（PTT）、聚萘二酸乙二醇酯（PEN）、聚对苯二甲酸丁二醇酯（PBT）

4. 利用可再生资源、生物质工程技术生产的新型纤维材料生产：聚乳酸纤维 PLA、生物法多元醇 PDO 纤维等

5. 单线生产能力日产 100 吨及以上聚酰胺生产

6. 子午胎用芳纶纤维及帘线生产

（十三）塑料制品业

1. 农膜新技术及新产品（光解膜、多功能膜及原料等）开发与生产

2. 废旧塑料的消解和再利用

3. 塑料软包装新技术、新产品(高阻隔、多功能膜及原料)开发与生产

(十四)非金属矿物制品业

1. 新型节能、环保建筑材料开发生产:轻质高强多功能墙体材料、高档环保型装饰装修材料、优质防水密封材料、高效保温材料

2. 以塑代钢、以塑代木、节能高效的化学建材品生产

3. 年产1000万平方米及以上弹性体、塑性体改性沥青好防水卷材,宽幅(2米以上)优质三元乙丙橡胶防水卷材及配套材料,耐久性聚氯乙稀卷材,TPO防水卷材生产

4. 屏蔽电磁波玻璃、微电子用玻璃基板、透红外线无铅玻璃、电子级大规格石英玻璃扩散管、超二代和三代微通道板、光学纤维面板和倒像器及玻璃光锥生产

5. 年产5万吨及以上玻璃纤维(池窑拉丝工艺生产线)及玻璃钢制品生产

6. 连续玻璃纤维原丝毡、玻璃纤维表面毡、微电子用玻璃纤维布及薄毡生产

7. 传像束及激光医疗光纤生产

8. 年产100万件及以上卫生瓷生产

9. 陶瓷原料的标准化精制、陶瓷用高档装饰材料生产

10. 水泥窑、高档(电子)玻璃、陶瓷、玻璃纤维、微孔炭砖等窑炉用高档耐火材料生产

11. 汽车催化装置用陶瓷载体、氮化铝(AIN)陶瓷基片、多孔陶瓷生产

12. 无机非金属材料及制品生产:人工晶体、碳/碳复合材料、特种陶瓷、特种密封材料、高速油封材料、特种胶凝材料、特种乳胶材料、水声橡胶制品、常温导热系数0.025W/mK及以下绝热材料等

13. 高技术复合材料生产:连续纤维增强热塑性复合材料和预浸料、耐温>300℃树脂基复合材料成型用工艺辅助材料、树脂基复合材料桨叶、树脂基复合材料高档体育用品、特殊性能玻璃钢管(压力>1.2MPa)、特种功能复合材料及制品、深水及潜水复合材料制品、医用及康复用复合材料制品、碳/碳复合材料及刹车片、高性能陶瓷基复合材料及制品、金属基复合材料及制品、金属层状复合材料及制品、压力≥320MPa超高压复合胶管、大型客机航空轮胎

14. 精密高性能陶瓷及功能陶瓷原料生产:碳化硅(SiC)超细粉体(纯度>99%,平均粒径<1μm)、氮化硅(Si3N4)超细粉体(纯度>99%,平均粒径<1μm)、高纯超细氧化铝微粉(纯度>99.9%,平均粒径<0.5μm)、低温烧结氧化锆(ZrO2)粉体(烧结温度<1350℃)、高纯氮化铝(AlN)粉体(纯度>99%,平均粒径<1μm)、金红石型TiO2粉体(纯度>98.5%)、白炭黑(粒径<100nm)、钛酸钡(纯度>99%,粒径<1μm)

15. 金刚石膜工具、厚度0.3mm及以下超薄人造金刚石锯片生产

16. 非金属矿精细加工(超细粉碎、高纯、精制、改性)

17. 超高功率石墨电极生产

18. 珠光云母生产(粒径3-150μm)

19. 多维多向整体编制织物及仿形织物生产

20. 利用新型干法水泥窑无害化处置可燃工业废弃物和生活垃圾

(十五)有色金属冶炼及压延加工业

1. 直径200mm以上硅单晶及抛光片、多晶硅生产

2. 高新技术有色金属材料生产:新型高性能储氢材料,锂离子电池电极材料,化合物半导体材料(砷化镓、磷化镓、磷化铟、氮化镓),高温超导材料,记忆合金材料(钛镍、铜基及铁基记忆合金材料),超细(纳米)碳化钙及超细(纳米)晶硬质合金,超硬复合材料,贵金属复合材料,散热器用铝箔,中高压阴极电容

铝箔,特种大型铝合金型材,铝合金精密模锻件,电气化铁路架空导线,超薄铜带,耐蚀热交换器铜合金材,高性能铜镍、铜铁合金带,铍铜带、线、管及棒加工材,耐高温抗衰钨丝,镁合金铸件,无铅焊料,镁合金及其应用产品,泡沫铝,钛合金带材及钛焊接管,原子能级海绵锆,钨及钼深加工产品

(十六)金属制品业

1. 汽车、摩托车轻量化及环保型新材料制造(车身铝板、铝镁合金材料、摩托车铝合金车架等)

2. 建筑五金件、水暖器材及五金件开发、生产

3. 用于包装各类粮油食品、果蔬、饮料、日化产品等内容物的金属包装制品(厚度0.3毫米以下)的制造及加工(包括制品的内外壁印涂加工)

(十七)通用机械制造业

1. 高档数控机床及关键零部件制造:五轴联动数控机床、数控座标镗铣加工中心、数控座标磨床、五轴联动数控系统及伺服装置、精密数控加工用高速超硬刀具

2. 1000吨及以上多工位墩锻成型机制造

3. 报废汽车拆解、破碎处理设备制造

4. FTL柔性生产线制造

5. 垂直多关节工业机器人、焊接机器人及其焊接装置设备制造

6. 特种加工机械制造:激光切割和拼焊成套设备、激光精密加工设备、数控低速走丝电火花线切割机、亚微米级超细粉碎机

7. 300吨及以上轮式、履带式起重机械制造(限于合资、合作)

8. 压力(35－42MPa)通轴高压柱塞泵及马达、压力(35－42MPa)低速大扭矩马达的设计与制造

9. 电液比例伺服元件制造

10. 压力(21－31.5MPa)整体多路阀、功率0.35W以下气动电磁阀、200Hz以上高频电控气阀设计与制造

11. 静液压驱动装置设计与制造

12. 压力10MPa以上非接触式气膜密封、压力10MPa以上干气密封(包括实验装置)的开发与制造

13. 汽车用高分子材料(摩擦片、改型酚醛活塞、非金属液压总分泵等)设备开发与制造

14. 第三、四代轿车轮毂轴承(轴承内、外圈带法兰盘和传感器的轮毂轴承功能部件),高中档数控机床和加工中心轴承(加工中心具有三轴以上联动功能、定位重复精度为3－4μm),高速线材、板材轧机轴承(单途线材轧机轧速120m/s及以上、薄板轧机加工板厚度2mm及以上的支承和工作辊轴承),高速铁路轴承(行驶速度大于200km/h),振动值Z4以下低噪音轴承(Z4、Z4P、V4、V4P噪音级),各类轴承的P4、P2级轴承制造

15. 耐高温绝缘材料(绝缘等级为F、H级)及绝缘成型件制造

16. 液压气动用橡塑密封件开发与制造

17. 12.9级及以上高强度紧固件制造

18. 汽车、摩托车用精铸、精锻毛坯件制造

19. 机床、汽车零部件(五大总成除外)、工程机械再制造

(十八)专用设备制造业

1. 矿山无轨采、装、运设备制造:100吨及以上机械传动矿用自卸车,移动式破碎机,3000立方米/小时及以上斗轮挖掘机,5立方米及以上矿用装载机,2000千瓦以上电牵引采煤机设备等

2. 物探、测井设备制造:MEME地震检波器,数字遥测地震仪,数字成像、数控测井系统,水平井、定向井、钻机装置及器具,MWD随钻测井仪

3. 石油勘探、钻井、集输设备制造:工作水深大于500米的浮式钻井系统和浮式生产系统,工作水深大于600米的海底采油、集输设备,绞车功率大于3000千瓦、顶部驱动力大于850千瓦、钻井泵功率大于1800千瓦的深海用石油钻机,钻井深度9000米以上的陆地石油钻机和沙漠石油钻机,1000万吨/年炼油装置用80吨及以上活塞力往复压缩机,数控石油深井测井仪,石油钻井泥浆固孔设备

4. 直径6米以上盾构机系统集成设计与制造、直径5米以上全断面硬岩掘进机(TBM)系统集成设计与制造、口径1米以上深度30米以上大口径旋挖钻机制造、直径1.2米以上顶管机设计与制造、回拖力200吨以上大型非开挖铺设地下管线成套设备制造、地下连续墙施工钻机制造、自动垂直钻井系统制造

5. 100吨及以上大型吊管机、320马力及以上大型挖沟机设计与制造

6. 接地压力0.03MPa及以下、功率220马力及以上履带推土机,520马力及以上大型推土机设计与制造

7. 100立方米/时及以上规格的清淤机、1000

吨及以上挖泥船的挖泥装置设计与制造

8. 防汛堤坝用混凝土防渗墙施工装备设计与制造

9. 水下土石方施工机械制造：水深 9 米以下推土机、装载机、挖掘机等

10. 公路桥梁养护、自动检测设备制造

11. 公路隧道营运监控、通风、防灾和救助系统设备制造

12. 铁路大型施工、大型养路机械和运营安全设备的设计与制造

13.（沥青）油毡瓦设备、镀锌钢板等金属屋顶生产设备制造

14. 环保节能型现场喷涂聚氨酯防水保温系统设备、聚氨酯密封膏配制技术与设备、改性硅酮密封膏配制技术和生产设备制造

15. 薄板坯连铸机、高精度带材轧机（厚度精度 10 微米）设计与制造

16. 直接还原铁和熔融还原铁设备制造

17. 50 吨以上大功率直流电弧炉制造

18. 彩色涂、镀板材设备制造

19. 多元素、细颗粒、难选冶金属矿产的选矿装置制造

20. 80 万吨/年及以上乙烯成套设备中的关键设备制造：裂解气、乙烯丙稀离心压缩机，年处理能力 10 万吨以上混合造粒机，直径 800 毫米及以上离心机，工作温度 250℃以上、工作压力 15Mpa 以上的高温高压耐腐蚀泵和阀门，－55℃以下的低温及超低温泵等（限于合资、合作）

21. 大型煤化工成套设备制造（限于合资、合作）

22. 金属制品模具（如铜、铝、钛、锆的管、棒、型材挤压模具）设计、制造、修理

23. 汽车车身外覆盖件冲压模具设计与制造，汽车及摩托车夹具、检具设计与制造

24. 精度高于 0.02 毫米（含 0.02 毫米）精密冲压模具、精度高于 0.05 毫米（含 0.05 毫米）精密型腔模具、模具标准件设计与制造

25. 非金属制品模具设计与制造

26. 6 万瓶/时及以上啤酒灌装设备、5 万瓶/时及以上饮料中温及热灌装设备、3.6 万瓶/时及以上无菌灌装设备制造

27. 氨基酸、酶制剂、食品添加剂等生产技术及关键设备制造

28. 10 吨/小时及以上的饲料加工成套设备及关键部件制造

29. 楞高 0.75 毫米及以下的轻型瓦楞纸板及纸箱设备制造

30. 对开单张纸多色平版印刷机印刷速度大于 16000 对开张/时（720×1020 毫米）、对开双面印单张纸多色平版印刷机印刷速度 13000 对开张/时（720×1020 毫米）、全张幅单张纸多色平版印刷机印刷速度 13000 对开张/时（1000×1400 毫米）制造

31. 单幅单纸路卷筒纸平版印刷机印刷速度大于 75000 对开张/时（787×880 毫米）、双幅单纸路卷筒纸平版印刷机印刷速度大于 170000 对开张/时（787×880 毫米）、商业卷筒纸平版印刷机印刷速度大于 50000 对开张/时（787×880 毫米）制造

32. 速度 300 米/分钟以上、幅宽 1000 毫米以上多色柔版印刷机制造

33. 计算机墨色预调、墨色遥控、水墨速度跟踪、印品质量自动检测和跟踪系统、无轴传动技术、速度在 75000 张/时的高速自动接纸机、给纸机和可以自动遥控调节的高速折页机、自动套印系统、冷却装置、加硅系统、调偏装置等制造

34. 平板玻璃深加工技术及设备制造

35. 高技术含量的特种工业缝纫机制造

36. 新型造纸机械（含纸浆）等成套设备制造

37. 皮革后整饰新技术设备制造

38. 农产品加工及储藏新设备开发与制造：粮食、油料、蔬菜、干鲜果品、肉食品、水产品等产品的加工储藏、保鲜、分级、包装、干燥等新设备，农产品品质检测仪器设备，农产品品质无损伤检测仪器设备，流变仪，粉质仪，超微粉碎设备，高效脱水设备，五效以上高效果汁浓缩设备，粉体食品物料杀菌设备，固态及半固态食品无菌包装设备，无菌包装用包装材料、乳制品生产用直投式发酵剂、碟片式分离离心机

39. 农业机械制造:农业设施设备(温室自动灌溉设备、营养液自动配置与施肥设备、高效蔬菜育苗设备、土壤养分分析仪器),配套发动机功率120千瓦以上拖拉机及配套农具,低油耗低噪音低排放柴油机,大型拖拉机配套的带有残余雾粒回收装置的喷雾机,高性能水稻插秧机,棉花采摘机及棉花采摘台,适应多种行距的自走式玉米联合收割机(液压驱动或机械驱动)

40. 林业机具新技术设备制造

41. 农作物秸秆还田及综合利用设备制造、稻壳综合利用设备制造

42. 农用废物的综合利用及规模化畜禽养殖废物的综合利用设备制造

43. 节肥、节(农)药、节水型农业技术设备制造

44. 机电井清洗设备及清洗药物生产设备制造

45. 电子内窥镜制造

46. 眼底摄影机制造

47. 医用成像设备(高场强超导型磁共振MRI、CT、X线计算机断层、B超等)关键部件的制造

48. 医用超声换能器(3D)制造

49. 硼中子俘获治疗设备制造

50. X射线立体定向放射治疗系统制造

51. 血液透析机、血液过滤机制造

52. 全自动酶免系统(含加样、酶标、洗板、孵育、数据后处理等部分功能)设备制造

53. 药品质量控制新技术、新设备制造

54. 中药有效物质分析的新技术、提取的新工艺、新设备开发与制造

55. 新型药品包装材料、容器及先进的制药设备制造

56. 新型纺织机械、关键零部件及纺织检测、实验仪器开发与制造

57. 电脑提花人造毛皮机制造

58. 太阳能电池生产专用设备制造

59. 污染防治设备开发与制造

60. 城市垃圾处理设备及农村有机垃圾综合利用设备制造

61. 废旧塑料、电器、橡胶、电池回收处理再生利用设备制造

62. 水生生态系统的环境保护技术、设备制造

63. 日产10万立方米及以上海水淡化及循环冷却技术和成套设备开发与制造

64. 特种气象观测及分析设备制造65. 地震台站、台网和流动地震观测技术系统开发及仪器设备制造

66. 三鼓及以上子午线轮胎成型机制造

67. 滚动阻力试验机、轮胎噪音试验室制造

68. 供热计量、温控装置新技术设备制造

69. 氢能制备与储运设备及检查系统制造

70. 新型重渣油气化雾化喷嘴、漏汽率0.5%及以下高效蒸汽疏水阀、1000℃及以上高温陶瓷换热器制造

71. 废旧轮胎综合利用装置制造

(十九)交通运输设备制造业

1. 汽车整车制造(外资比例不高于50%)及汽车研发机构建设

2. 汽车发动机制造、发动机再生制造及发动机研发机构建设:升功率不低于50千瓦的汽油发动机、升功率不低于40千瓦的排量3升以下柴油发动机、升功率不低于30千瓦的排量3升以上柴油发动机、燃料电池和混合燃料等新能源发动机制造

3. 汽车关键零部件制造及关键技术研发:盘式制动器总成、驱动桥总成、自动变速箱、柴油机燃油泵、发动机进气增压器、粘性连轴器(四轮驱动用)、液压挺杆、电子组合仪表、车用曲轴及连杆(8升以上柴油发动机)、防抱死制动系统(ABS、ECU、阀体、传感器)、电子稳定系统(ESP)、电路制动系统(BBW)、电子制动力分配系统(EBD)、牵引力控制系统、汽车安全气囊用气体发生器、柴油电子喷射系统、燃油共轨喷射技术(最大喷射压力大于1600帕)、可变截面涡轮增压技术(VGT)、可变喷嘴涡轮增压技术(VNT)、达到中国Ⅳ阶段污染物排放标准的发动机排放控制装置、智能扭矩管理系统(ITM)及耦合器总成、线控转向系统、柴油机颗粒捕捉器、智能气缸、汽车用特种橡胶配件

4. 汽车电子装置制造与研发:发动机和底盘电

子控制系统及关键零部件，车载电子技术（汽车信息系统和导航系统），汽车电子总线网络技术（限于合资），电子控制系统的输入（传感器和采样系统）输出（执行器）部件，电动助力转向系统电子控制器（限于合资），嵌入式电子集成系统（限于合资、合作）、电控式空气弹簧，电子控制式悬挂系统，电子气门系统装置，电子油门，动力电池（镍氢和锂离子）及控制系统（限于合资），一体化电机及控制系统（限于合资），轮毂电机、多功能控制器（限于合资），燃料电池堆及其零部件、车用储氢系统，汽车、摩托车型试验及维修用检测系统

5. 摩托车关键零部件制造：摩托车电控燃油喷射技术（限于合资、合作）、达到中国摩托车Ⅲ阶段污染物排放标准的发动机排放控制装置

6. 轨道交通运输设备（限于合资、合作）：高速铁路、铁路客运专线、城际铁路、干线铁路及城市轨道交通运输设备的整车和关键零部件（牵引传动系统、控制系统、制动系统）的研发、设计与制造；高速铁路、铁路客运专线、城际铁路及城市轨道交通旅客服务设施和设备的研发、设计与制造，信息化建设中有关信息系统的设计与研发；高速铁路、铁路客运专线、城际铁路的轨道和桥梁设备研发、设计与制造，轨道交通运输通信信号系统的研发、设计与制造，电气化铁

路设备和器材制造、铁路噪声和振动控制技术与研发、铁路客车排污设备制造、铁路运输安全监测设备制造

7. 民用飞机设计、制造与维修：干线、支线飞机（中方控股），通用飞机（限于合资、合作）

8. 民用飞机零部件制造与维修

9. 民用直升机设计与制造：3 吨级及以上（中方控股），3 吨级以下（限于合资、合作）

10. 民用直升机零部件制造

11. 地面、水面效应飞机制造（中方控股）

12. 无人机、浮空器设计与制造（中方控股）

13. 航空发动机及零部件、航空辅助动力系统设计、制造与维修（限于合资、合作）

14. 民用航空机载设备设计与制造（限于合资、合作）

15. 民用运载火箭设计与制造（中方控股）

16. 航空地面设备制造：民用机场设施、民用机场运行保障设备、飞行试验地面设备、飞行模拟与训练设备、航空测试与计量设备、航空地面试验设备、机载设备综合测试设备、航空制造专用设备、航空材料试制专用设备、民用航空器地面接收及应用设备、运载火箭地面测试设备、运载火箭力学及环境实验设备

17. 航天器光机电产品、航天器温控产品、星上产品检测设备、航天器结构与机构产品制造

18. 轻型燃气轮机制造

19. 高新技术船舶及海洋工程装备的设计（限于合资、合作）

20. 船舶（含分段）及海洋工程装备的修理、设计与制造（中方控股）

21. 船舶低、中、高速柴油机的设计（限于合资、合作）

22. 船舶柴油机零部件的设计与制造（限于合资、合作）

23. 船舶低、中速柴油机及曲轴的设计与制造（中方控股）

24. 船舶舱室机械、甲板机械的设计与制造（中方相对控股）

25. 船舶通讯导航设备的设计与制造：船舶通信系统设备、船舶电子导航设备、船用雷达、电罗经自动舵、船舶内部公共广播系统等

26. 远洋捕捞渔船、游艇的设计与制造（限于合资、合作）

（二十）电气机械及器材制造业

1. 60 万千瓦超临界、100 万千瓦超超临界火电站用关键设备制造（限于合资、合作）：锅炉给水泵，循环水泵，工作温度 400℃以上、工作压力 20Mpa 以上的主蒸汽回路高温高压阀门

2. 百万千瓦级核电站用关键设备制造（限于合资、合作）：核Ⅰ级、核Ⅱ级泵和阀门

3. 火电站脱硫、脱硝、布袋除尘器技术及设备制造

4. 核电、火电设备的密封件设计、制造

5. 核电设备用大型铸锻件制造

6. 输变电设备(限于合资、合作):非晶态合金变压器、500千伏及以上高压电器用大套管、高压开关用操作机构及自主型整体弧触头、直流输电用干式电抗器、6英寸直流换流阀用大功率晶阀管的设计与制造,符合欧盟RoHS指令的电器触头材料及无Pb、Cd的焊料制造

7. 新能源发电成套设备或关键设备制造(限于合资、合作):光伏发电、地热发电、潮汐发电、波浪发电、垃圾发电、沼气发电、1.5兆瓦及以上风力发电设备

8. 斯特林发电机组制造

9. 直线和平面电机及其驱动系统开发与制造

10. 太阳能空调、采暖系统、太阳能干燥装置制造

11. 生物质干燥热解系统、生物质气化装置制造

12. 交流调频调压牵引装置制造

13. 智能化塑壳断路器(电压380V、电流1000A)、大型工程智能化柜式或抽屉式断路器、带总线式智能化电控配电成套装置制造

(二十一)通信设备、计算机及其他电子设备制造业

1. 数字摄录机、数字放声设备和数字影院制作、编辑、播放设备制造

2. TFT-LCD、PDP、OLED、FED(含SED等)平板显示屏、显示屏材料制造

3. 大屏幕彩色投影显示器用光学引擎、光源、投影屏、高清晰度投影管和微显投影设备模块等关键件制造

4. 数字音、视频编解码设备,数字广播电视演播室设备,数字有线电视系统设备,数字音频广播发射设备,数字电视上下变换器,数字电视地面广播单频网(SFN)设备,卫星数字电视上行站设备,卫星公共接收电视(SMATV)前端设备制造

5. 600万像素以上高性能数字单镜头反光照相机制造

6. 集成电路设计,线宽0.18微米及以下大规模数字集成电路制造,0.8微米及以下模拟、数模集成电路制造及BGA、PGA、CSP、MCM等先进封装与测试

7. 大中型电子计算机、百万亿次高性能计算机、便携式微型计算机、、每秒一万亿次及以上高档服务器、大型模拟仿真系统、大型工业控制机及控制器制造

8. 计算机数字信号处理系统及板卡制造

9. 图形图像识别和处理系统制造

10. 大容量光、磁盘驱动器及其部件开发与制造

11. 高速、容量100TB及以上存储系统及智能化存储设备制造

12. 大幅面(幅宽900mm以上)高分辨率彩色打印设备、精度2400dbi及以上高分辨率彩色打印机机头、大幅面(幅宽900mm以上)高清晰彩色复印设备制造

13. 计算机辅助设计(三维CAD)、辅助测试(CAT)、辅助制造(CAM)、辅助工程(CAE)系统及其他计算机应用系统制造

14. 软件产品开发、生产

15. 电子专用材料开发与制造(光纤预制棒开发与制造除外)

16. 电子专用设备、测试仪器、工模具制造

17. 新型电子元器件制造:片式元器件、敏感元器件及传感器、频率控制与选择元件、混合集成电路、电力电子器件、光电子器件、新型机电元件、高密度互连积层板、多层挠性板、刚挠印刷电路板及封装载板

18. 高技术绿色电池制造:动力镍氢电池、锌镍蓄电池、锌银蓄电池、锂离子电池、高容量全密封免维护铅酸蓄电池、太阳能电池、燃料电池、圆柱型锌空气电池等

19. 发光效率501m/W以上高亮度发光二极管、发光效率501m/W以上发光二极管外延片(蓝光)、发光效率501m/W以上且功率200mW以上白色发光管制造

20. RFID芯片开发与制造

21. 高密度数字光盘机用关键件开发与生产

22. 只读类光盘复制和可录类光盘生产

23. 民用卫星设计与制造(中方控股)

24. 民用卫星有效载荷制造(中方控股)

25. 民用卫星零部件制造

26. 卫星通信系统设备制造

27. 卫星导航定位接收设备及关键部件制造

28. 光通信测量仪表、速率 10Gb/s 及以上光收发器制造

29. 超宽带(UWB)通信设备制造

30. 无线局域网(广域网)设备制造

31. 光交叉连接设备(OXC)、自动光交换网络设备(ASON)、40G/sSDH 以上光纤通信传输设备、光纤传输粗波分复用(CWDM)设备制造

32. 异步转移模式(ATM)及 IP 数据通信系统制造

33. 第三代及后续移动通信系统手机、基站、核心网设备以及网络检测设备开发制造

34. 高端路由器、千兆比以上网络交换机开发、制造

35. 空中交通管制系统设备制造(限于合资、合作)

(二十二)仪器仪表及文化、办公用机械制造业

1. 现场总线控制系统及关键零部件制造

2. 大型精密仪器开发与制造:包括电子显微镜、激光扫描显微镜、扫描隧道显微镜、功率 2kw 以上激光器、电子探针、光电直读光谱仪、拉曼光谱仪、质谱仪、液相色谱仪、工业色谱仪、色一质联用仪、核磁共振波谱仪、能谱仪、X 射线荧光光谱仪、衍射仪、工业 CT、大型动平衡试验机、在线机械量自动检测系统、转速 100000r/min 以上超高速离心机、大型金相显微镜、三座标测量机、激光比长仪、电法勘探仪、500m 以上航空电法及伽玛能谱测量仪器、井中重力及三分量磁力仪、高精度微伽重力及航空重力梯度测量仪器、地球化学元素野外现场快速分析仪、便携式地质雷达

3. 高精度数字电压表、电流表制造(显示量程七位半以上)

4. 无功功率自动补偿装置制造

5. 两相流量计、固体流量计制造

6. 电子枪自动镀膜机制造

7. 管电压 800 千伏及以上工业 X 射线探伤机制造

8. 安全生产及环保检测仪器新技术设备制造

9. VXI 总线式自动测试系统(符合 IEEE1155 国际规范)制造

10. 煤矿井下监测及灾害预报系统、煤炭安全检测综合管理系统开发与制造

11. 工程测量和地球物理观测设备制造:数字三角测量系统、三维地形模型数控成型系统(面积>1000×1000mm、水平误差<1mm、高程误差<0.5mm)、超宽频带地震计(φ<5cm、频带 0.01－50Hz、等效地动速度噪声<10－9m/s)、地震数据集合处理系统、综合井下地震和前兆观测系统、精密可控震源系统、工程加速度测量系统、高精度 GPS 接收机(精度 1mm＋1ppm)、INSAR 图像接收及处理系统、INSAR 图像接收及处理系统、精度<1 微伽的绝对重力仪、卫星重力仪、采用相干或双偏振技术的多普勒天气雷达、能见度测量仪、气象传感器(温、压、湿、风、降水、云、能见度、辐射、冻土、雪深)、防雷击系统、多级飘尘采样计、3－D 超声风速仪、高精度智能全站仪、三维激光扫描仪、钻探用高性能金刚石钻头、无合作目标激光测距仪、风廓线仪(附带 RASS)、GPS 电子探控仪系统、CO2/H2O 通量观测系统、边界层多普勒激光雷达、颗粒物颗粒经谱仪器(3nm－20μm)、高性能数据采集器、水下滑翔器

12. 环保检测仪器的新技术设备制造:空气质量检测、水质检测、烟气在线检测仪器的新技术设备,应急处理所需仪器和成套系统发展新型微分光学多组分析系统,自校准、组合式、低漂移、联网遥测、遥控仪器及系统等

13. 大气污染防治设备制造:耐高温及耐腐蚀滤料、燃煤电厂湿式脱硫成套设备、低 NOX 燃烧装置、烟气脱氮催化剂及脱氮成套装置、工业有机废气净化设备、柴油车排气净化装置

14. 水污染防治设备制造:卧式螺旋离心脱水机、膜及膜材料、10kg/h 以上的臭氧发生器、10kg/h 以上的二氧化氯发生器、紫外消毒装置、农村小型生活污水处理设备

15. 固体废物处理处置设备制造:垃圾填埋厂防渗土工膜、危险废物处理装置、垃圾填埋场沼气发电装置、规模化畜禽养殖废物的综合利用设备

16. 环境监测仪器制造：SO2 自动采样器及测定仪、NOX 及 NO2 自动采样器及测定仪、O3 自动监测仪、CO 自动监测仪、烟气及粉尘自动采样器及测定仪、烟气自动采样器及测定仪、便携式有毒有害气体测定仪、空气中有机污染物自动分析仪、COD 自动在线监测仪、BOD 自动在线监测仪、浊度在线监测仪、DO 在线监测仪、TOC 在线监测仪、氨氮在线监测仪、辐射剂量检测仪、射线分析测试仪

17. 水文数据采集、处理与传输和防洪预警仪器及设备制造

18. 海洋勘探监测仪器和设备制造：中深海水下摄像机和水下照相机、多波束探测仪、中浅地层剖面探测仪、走航式温盐深探测仪、磁通门罗盘、液压绞车、

水下密封电子连接器、效率>90%的反渗透海水淡化用能量回收装置、效率>85%的反渗透海水淡化用高压泵、反渗透海水淡化膜（脱盐率>99.7%）、日产2万吨以上低温多效蒸馏海水淡化装置、海洋生态系统监测浮标、剖面探测浮标、一次性使用的电导率温度和深度测量仪器(XCTD)、现场水质测量仪器、智能型海洋水质监测用化学传感器（连续工作3～6个月）、电磁海流计、声学多普勒海流剖面仪（自容式、直读式和船用式）、电导率温度深度剖面仪、声学应答释放器、远洋深海潮汐测量系统（布设海底）

（二十三）其他制造业

1. 洁净煤技术产品的开发利用及设备制造（煤炭气化、液化、水煤浆、工业型煤）

2. 煤炭洗选及粉煤灰（包括脱硫石膏）、煤矸石等综合利用

3. 全生物降解材料的生产

四、电力、煤气及水的生产及供应业

1. 采用整体煤气化联合循环（IGCC）、30万千瓦及以上循环流化床、10万千瓦及以上增压循环流化床（PFBC）洁净燃烧技术电站的建设、经营

2. 背压型热电联产电站的建设、经营

3. 发电为主水电站的建设、经营

4. 核电站的建设、经营（中方控股）

5. 新能源电站（包括太阳能、风能、磁能、地热能、潮汐能、波浪能、生物质能等）建设经营

6. 海水利用（海水直接利用、海水淡化）、工业废水处理回收利用产业化

7. 城市供水厂建设、经营

五、交通运输、仓储和邮政业

1. 铁路干线路网的建设、经营（中方控股）

2. 支线铁路、地方铁路及其桥梁、隧道、轮渡和站场设施的建设、经营（限于合资、合作）

3. 高速铁路、铁路客运专线、城际铁路基础设施综合维修（中方控股）

4. 公路、独立桥梁和隧道的建设、经营

5. 公路货物运输公司

6. 港口公用码头设施的建设、经营

7. 民用机场的建设、经营（中方相对控股）

8. 航空运输公司（中方控股）

9. 农、林、渔业通用航空公司（限于合资、合作）

10. 定期、不定期国际海上运输业务（中方控股）

11. 国际集装箱多式联运业务

12. 输油（气）管道、油（气）库的建设、经营

13. 煤炭管道运输设施的建设、经营

14. 运输业务相关的仓储设施建设、经营

六、批发和零售业

1. 一般商品的配送

2. 现代物流

七、租赁和商务服务业

1. 会计、审计（限于合作、合伙）

2. 国际经济、科技、环保信息咨询服务

3. 以承接服务外包方式从事系统应用管理和维护、信息技术支持管理、银行后台服务、财务结算、人力资源服务、软件开发、呼叫中心、数据处理等信息技术和业务流程外包服务

八、科学研究、技术服务和地质勘查业

1. 生物工程与生物医学工程技术、生物质能源开发技术

2. 同位素、辐射及激光技术

3. 海洋开发及海洋能开发技术、海洋化学资源综合利用技术、相关产品开发和精深加工技术、海洋医药与生化制品开发技术

4. 海洋监测技术(海洋浪潮、气象、环境监测)、海底探测与大洋资源勘查评价技术

5. 综合利用海水淡化后的浓海水制盐、提取钾、溴、镁、锂及其深加工等海水化学资源高附加值利用技术

6. 节约能源开发技术

7. 资源再生及综合利用技术、企业生产排放物的再利用技术开发及其应用

8. 环境污染治理及监测技术

9. 化纤生产的节能降耗、三废治理新技术

10. 防沙漠化及沙漠治理技术

11. 草畜平衡综合管理技术

12. 民用卫星应用技术

13. 研究开发中心

14. 高新技术、新产品开发与企业孵化中心

九、水利、环境和公共设施管理业

1. 综合水利枢纽的建设、经营(中方控股)

2. 城市封闭型道路建设、经营

3. 城市地铁、轻轨等轨道交通的建设、经营(中方控股)

4. 污水、垃圾处理厂,危险废物处理处置厂(焚烧厂、填埋场)及环境污染治理设施的建设、经营

十、教育

1. 高等教育机构(限于合资、合作)

十一、卫生、社会保障和社会福利业

1. 老年人、残疾人和儿童服务机构

十二、文化、体育和娱乐业

1. 演出场所经营(中方控股)

2. 体育场馆经营、健身、竞赛表演及体育培训和中介服务

限制外商投资产业目录

一、农、林、牧、渔业

1. 农作物新品种选育和种子开发生产(中方控股)

2. 珍贵树种原木加工(限于合资、合作)

3. 棉花(籽棉)加工

二、采矿业

1. 特殊和稀缺煤种勘查、开采(中方控股)

2. 重晶石勘查、开采(限于合资、合作)

3. 贵金属(金、银、铂族)勘查、开采

4. 金刚石等贵重非金属矿的勘查、开采

5. 磷矿开采、选矿

6. 硼镁石及硼镁铁矿石开采

7. 天青石开采

8. 大洋锰结核、海砂的开采(中方控股)

三、制造业

(一)农副食品加工业

1. 大豆、油菜籽食用油脂加工(中方控股),玉米深加工

2. 生物液体燃料(燃料乙醇、生物柴油)生产(中方控股)

(二)饮料制造业

1. 黄酒、名优白酒生产(中方控股)

2. 碳酸饮料生产

(三)烟草制品业

1. 打叶复烤烟叶加工生产

(四)印刷业和记录媒介的复制

1. 出版物印刷(中方控股,包装装潢印刷除外)

(五)石油加工及炼焦业

1. 年产800万吨及以下炼油厂建设、经营

(六)化学原料及化学制品制造业

1. 烧碱(氢氧化钠)、钾碱(氢氧化钾)生产

2. 感光材料生产

3. 联苯胺生产

4. 易制毒化学品生产(麻黄素、3,4－亚基二氧苯基－2－丙酮、苯乙酸、1－苯基－2－丙酮、胡椒醛、黄樟脑、异黄樟脑、醋酸酐)

5. 氟氯烃或氢氟氯烃、四氟乙烯、氟化铝、氢氟酸生产

6. 顺丁橡胶、乳液聚合丁苯橡胶、热塑性丁苯橡胶生产

7. 甲烷氯化物(一氯甲烷除外)、电石法聚氯乙烯生产

8. 硫酸法钛白粉、平炉法高锰酸钾生产

9. 硼镁铁矿石加工

10. 钡盐、锶盐生产

(七)医药制造业

1. 氯霉素、青霉素G、洁霉素、庆大霉素、双氢链霉素、丁胺卡那霉素、盐酸四环素、土霉素、麦迪霉素、柱晶白霉素、环丙氟哌酸、氟哌酸、氟嗪酸生产

2. 安乃近、扑热息痛、维生素B1. 维生素B2. 维生素C、维生素E、多种维生素制剂和口服钙剂生产

3. 国家计划免疫的疫苗(卡介苗和脊髓灰质炎疫苗除外)、菌苗类及抗毒素、类毒素类(白百破、麻疹、乙脑、流脑疫苗等)生产

4. 麻醉药品及一类精神药品原料药生产(中方控股)

5. 血液制品的生产

6. 非自毁式一次性注射器、输液器、输血器及血袋生产

(八)化学纤维制造业

1. 常规切片纺的化纤抽丝生产

2. 粘胶短纤维生产

(九)橡胶制品业

1. 旧轮胎翻新(子午线轮胎除外)及低性能工业橡胶配件生产

(十)有色金属冶炼及压延加工业

1. 钨、钼、锡(锡化合物除外)、锑(含氧化锑和硫化锑)等稀有金属冶炼

2. 电解铝、铜、铅、锌等有色金属冶炼

3. 稀土冶炼、分离(限于合资、合作)

(十一)金属制品业

1. 集装箱生产

(十二)通用设备制造业 22

1. 各类普通级(P0)轴承及零件(钢球、保持架)、毛坯制造

2. 300吨以下轮式、履带式起重机械制造(限于合资、合作)

(十三)专用设备制造业

1. 中低档B型超声显像仪制造

2. 一般涤纶长丝、短纤维设备制造

3. 320马力及以下推土机、30吨级及以下液压挖掘机、6吨级及以下轮式装载机、220马力及以下平地机、压路机、叉车、135吨级及以下非公路自卸翻斗车、路面铣平返修机械设备、园林机械和机具、商品混凝土机械(托泵、搅拌车、搅拌站、泵车)制造

(十四)交通运输设备制造业

1. 普通船舶(含分段)修理、设计与制造(中方控股)

(十五)通信设备、计算机及其他电子设备制造业

1. 卫星电视广播地面接收设施及关键件生产

2. 税控收款机产品制造

四、电力、煤气及水的生产和供应业

1. 西藏、新疆、海南等小电网范围内,单机容量30万千瓦及以下燃煤凝汽火电站、单机容量10万千瓦及以下燃煤凝汽抽汽两用机组热电联产电站的建设、经营

2. 电网的建设、经营(中方控股)

五、交通运输、仓储和邮政业

1. 铁路货物运输公司

2. 铁路旅客运输公司(中方控股)

3. 公路旅客运输公司

4. 出入境汽车运输公司

5. 水上运输公司(中方控股)

6. 摄影、探矿、工业等通用航空公司(中方控股)

7. 电信公司:增值电信业务(外资比例不超过50%),基础电信中的移动话音和数据服务(外资比例不超过49%),基础电信中的国内业务和国际业

务(外资比例不超过35%,不迟于2007年12月11日允许外资比例达49%)

六、批发和零售业

1. 直销、邮购、网上销售、特许经营、委托经营、商业管理等商业公司

2. 粮食、棉花、植物油、食糖、药品、烟草、汽车、原油、农药、农膜、化肥的批发、零售、配送(设立超过30家分店、销售来自多个供应商的不同种类和品牌商品的连锁店由中方控股)

3. 音像制品(除电影外)的分销(限于合作、中方控股)

4. 商品拍卖

5. 船舶代理(中方控股)、外轮理货(限于合资、合作)

6. 成品油批发及加油站(同一外国投资者设立超过30家分店、销售来自多个供应商的不同种类和品牌成品油的连锁加油站,由中方控股)建设、经营。

七、金融业

1. 银行、金融租赁公司、财务公司、信托投资公司、货币经纪公司

2. 保险公司(寿险公司外资比例不超过50%)

3. 证券公司(限于从事A股承销、B股和H股以及政府和公司债券的承销和交易,外资比例不超过1/3)、证券投资基金管理公司(外资比例不超过49%)

4. 保险经纪公司

5. 期货公司(中方控股)

八、房地产业

1. 土地成片开发(限于合资、合作)

2. 高档宾馆、别墅、高档写字楼和国际会展中心的建设、经营

3. 房地产二级市场交易及房地产中介或经纪公司

九、租赁和商务服务业

1. 法律咨询

2. 市场调查(限于合资、合作)

3. 资信调查与评级服务公司

十、科学研究、技术服务和地质勘查业

1. 测绘公司(中方控股)

2. 进出口商品检验、鉴定、认证公司

3. 摄影服务(含空中摄影等特技摄影服务,但不包括测绘航空摄影,限于合资)

十一、水利、环境和公共设施管理业

1. 大城市燃气、热力和供排水管网的建设、经营(中方控股)

十二、教育

1. 普通高中教育机构(限于合资、合作)

十三、卫生、社会保障和社会福利业

1. 医疗机构(限于合资、合作)

十四、文化、体育和娱乐业

1. 广播电视节目制作项目和电影制作项目(限于合作)

2. 电影院的建设、经营(中方控股)

3. 大型主题公园的建设、经营

4. 演出经纪机构(中方控股)

5. 娱乐场所经营(限于合资、合作)

十五、国家和我国缔结或者参加的国际条约规定限制的其他产业

禁止外商投资产业目录

一、农、林、牧、渔业

1. 我国稀有和特有的珍贵优良品种的养殖、种植(包括种植业、畜牧业、水产业的优良基因)

2. 转基因植物种子、种畜禽、水产苗种的开发、

生产

3. 我国管辖海域及内陆水域水产品捕捞

二、采矿业

1. 钨、钼、锡、锑、萤石勘查、开采

2. 稀土勘查、开采、选矿

3. 放射性矿产的勘查、开采、选矿

三、制造业

(一)饮料制造业

1. 我国传统工艺的绿茶及特种茶加工(名茶、黑茶等)

(二)医药制造业

1. 列入《野生药材资源保护条例》和《中国珍稀、濒危保护植物名录》的中药材加工

2. 中药饮片的蒸、炒、灸、煅等炮炙技术的应用及中成药保密处方产品的生产

(三)有色金属冶炼及压延加工业

1. 放射性矿产的冶炼、加工

(四)专用设备制造业

1. 武器弹药制造

(五)电气机械及器材制造业

1. 开口式(即酸雾直接外排式)铅酸电池、含汞扣式氧化银电池、糊式锌锰电池、镉镍电池制造

(六)工业品及其他制造业

1. 象牙雕刻

2. 虎骨加工

3. 脱胎漆器生产

4. 珐琅制品生产

5. 宣纸、墨锭生产

6. 致癌、致畸、致突变产品和持久性有机污染物产品生产

四、电力、煤气及水的生产和供应业

1. 西藏、新疆、海南等小电网外,单机容量 30 万千瓦及以下燃煤凝汽火电站、单机容量 10 万千瓦及以下燃煤凝汽抽汽两用热电联产电站的建设、经营

五、交通运输、仓储和邮政业

1. 空中交通管制公司

2. 邮政公司

六、租赁和商务服务业

1. 社会调查

七、科学研究、技术服务和地质勘查业

1. 人体干细胞、基因诊断与治疗技术开发和应用

2. 大地测量、海洋测绘、测绘航空摄影、行政区域界线测绘、地图编制中的地形图编制、普通地图编制的导航电子地图编制

八、水利、环境和公共设施管理业

1. 自然保护区和国际重要湿地的建设、经营

2. 国家保护的原产于我国的野生动、植物资源开发

九、教育

1. 义务教育机构,军事、警察、政治和党校等特殊领域教育机构

十、文化、体育和娱乐业

1. 新闻机构

2. 图书、报纸、期刊的出版、总发行和进口业务

3. 音像制品和电子出版物的出版、制作和进口业务

4. 各级广播电台(站)、电视台(站)、广播电视频道(率)、广播电视传输覆盖网(发射台、转播台、广播电视卫星、卫星上行站、卫星收转站、微波站、监测台、有线广播电视传输覆盖网)

5. 广播电视节目制作经营公司

6. 电影制作公司、发行公司、院线公司

7. 新闻网站、网络视听节目服务、互联网上网服务营业场所、互联网文化经营

8. 录像放映公司

9. 高尔夫球场的建设、经营

10. 博彩业(含赌博类跑马场)

11. 色情业

十一、其他行业

1. 危害军事设施安全和使用效能的项目

十二、国家和我国缔结或者参加的国际条约规定禁止的其他产业

商务部关于2008年输美纺织品第一次业绩分配有关问题的通知

【发布单位】 商务部对外贸易司

【发布日期】 2007年11月13日

在9月25日公布的《2008年输美纺织品第一次业绩分配企业业绩表》(以下简称《业绩表》)中,共有906家企业被列入业绩核查名单。目前,2008年输美纺织品第一次业绩分配中业绩审核工作已基本完成。现将有关问题通知如下:

一、前阶段业绩核查结果。根据《纺织品出口管理办法》,凡设限地区业绩为零,则企业不具备该类别分配资格,其非设限地区业绩不参与计算可申请数量。因此,凡设限地区业绩已归零企业,其非设限地区业绩也自动归零。

从本通知发布之日起至11月21日,如企业对业绩核查结果持有异议,可通过书面形式陈述具体意见和理由,由企业法人代表签字后提交地方商务主管部门。地方商务主管部门应商税务和外汇等管理部门对企业依法纳税情况、企业收汇核销情况、企业小规模纳税人身份真实性、企业代理费发票和被代理企业真实性进行认证。各地商务主管部门可视具体情况要求企业补交相关证明材料。

二、根据企业举报,对全国各地区2007年1月一7月相关类别对设限地区和非设限地区出口总金额大于等于50万美元的新增企业(除《业绩表》中已被列入核查名单企业)进行业绩核查。

企业须在11月30日前向商务部对外贸易司提供相关证明材料(材料内容及邮寄地址详见《业绩表》第二项规定)。企业须保证材料完全真实,如发现材料虚假,将取消其所有类别分配资格。核定后的业绩将于审核工作结束后予以公布。

三、被核查企业均暂不参加分配,相关类别可申请量将予以保留。如核查确认企业业绩真实性,将根据审核后业绩为企业下达分配数量;如企业未通过核查,则取消其相应类别可分配量。

四、未被核查企业各类别可申请数量将另文下达。

五、从本通知公布之日起至11月21日,个人和企业可对虚报业绩企业进行举报。举报应以实名形式提出,以个人名义举报须提供举报人姓名、具体联系方式(固定电话和手机)、身份证复印件,举报材料须由举报人签字;以公司名义举报须提供公司名称、联系方式(固定电话、手机、公司地址)、法人代表身份证复印件、法人代表签字并加盖公章,对不符合上述要求的举报材料,商务部外贸司将不予受理。举报材料可以传真形式发送至商务部外贸司纺织品处(010－65197734),举报材料及举报人信息将予以保密。

举报期内,商务部外贸司将暂时冻结被举报企业的许可数量,待业绩审核通过后,将为企业下达相应数量。

商务部关于2008年部分输欧盟纺织品监控办法的公告

【发布单位】 商务部外贸司

【发布文号】 公告2007年第91号

【发布日期】 2007年11月13日

【实施日期】 2008年1月1日

为保持中欧纺织品贸易健康、稳定发展，根据《中华人民共和国对外贸易法》第十六条有关规定，商务部决定自2008年1月1日起对部分输欧纺织品施行出口许可。有关事项公告如下：

一、根据《中欧纺织品贸易谅解备忘录》的规定，自2008年1月1日起，取消备忘录项下输欧盟十类纺织品的出口数量管理。

二、自2008年1月1日起，对企业出口至欧盟成员国(名单见附件1)的八个类别纺织品(目录见附件2)实施出口许可证管理。实施期为一年，至2008年12月31日结束。

三、对附件2所列纺织品实行企业经营资质审核。企业资质标准的制定和审核工作由中国纺织品进出口商会、中国纺织工业协会和中国外商投资企业协会承担。经审核，符合资质标准的企业可申领《输欧盟纺织品出口许可证》(以下简称许可证)。

四、符合资质标准的企业在出运附件2所列纺织品前，凭出口合同、运输委托书(含订舱单或其它运输委托凭证)，向商务部授权的地方商务主管部门(名单见附件3)申领许可证。

以书面形式或通过网上申请的，企业应将合同和运输委托书寄送至所在地发证机构备案。

五、地方商务主管部门在收到内容正确且形式完备的申请后，应在三个工作日之内签发许可证。许可证电子数据由商务部汇总并传输至中国海关。

六、中国海关凭许可证为企业办理报关验放手续，并将报关验放所使用的许可证号及相关信息反馈至商务部。商务部将中国海关反馈的已清关许可证电子数据发送至欧方。

七、涉及空运货物的，各地商务主管部门应根据企业申请，凭企业提供的出口合同和空运委托书将相关许可证数据标注为“涉及空运”，并发送至商务部。相关电子数据将由商务部直接发送至欧方。

八、许可证实行“一批一证”、“一关一证”。许可证中文证有效期为45天，英文证有效期为75天，中英文许可证电子数据的有效截止日与其对应中英文证的有效截止日一致，有效期不得延长，逾期作废。

九、许可证不得转让，可撤换。许可证撤换时，除证面产品类别不可变更外，证面其它内容可在企业出示相关业务凭证的情况下变更。同批货物撤换许可证不得超过两次。

十、企业可在发证管理系统终端查询申领许可证的状态。如企业在中国海关报关出口10天后，许可证状态仍显示为“发送至中国海关、尚未验放”的，企业提交货物出运提单(或其它可证明货物确已出运的书面凭证)后，地方商务主管部门可将有关许可证数据标注为“已在中国海关清关”。

十一、样品出口，或赴国(境)外参展、办展的展品、展卖品的出口，属于欧盟成员国海关要求凭许可证放行的，应按照本公告申领许可证。

十二、商务部将对企业许可证的使用情况进行定期抽查。对于出现如下情况之一的企业,将暂停发放相关纺织品许可证。

(一)企业已申领但在有效期内未使用的许可证份数占同期其所申领总份数比例超过5%的;

(二)许可证证面未使用数量(以中国海关及欧方进口许可证换发统计为准)占其已报关使用许可证证面总数量比例超过20%的;

(三)涉及空运出口或中国海关反馈数据传输延迟,由地方商务部主管部门专门标注为“涉及空运”或“已在中国海关清关”,但在有效期内未使用的;

(四)同批货物多次申领许可证(两次及以上),或者经发证机构查实企业在申请许可证撤换时提供虚假凭证的;

(五)企业申领许可证涉及证面总量明显超过企业实际经营能力的。

十三、下列情况经商务部核定后,可不纳入许可证使用情况的核查范围。

(一)因样品出口,或者赴国(境)外参展、办展的展品、展卖品出口而申领许可证,且申领数量少于50件(条、公斤)的许可证。

(二)核查期内许可证申领份数低于20份且相关许可证各类别证面申领总量均低于2000件(条、公斤)的企业。

十四、如企业确系由于进口商临时撤单、自然灾害或运输交通意外等不可抗力,造成企业因本公告有关规定被停发许可证的,企业可向所在地商务主管部门提交书面申请和相关业务凭证,相关材料经商务部核定后,可恢复其申领许可证。

十五、企业停发许可证期间,应积极配合商务部、所在地商务主管部门或行业商协会的调查。调查涉及该企业所有附件2所列纺织品的经营状况,包括资质条件、许可证的申领和使用等。企业违规行为一经商务部查实,将停发其所涉及输欧纺织品的许可证。

十六、许可证不得伪造和变造。凡伪造、变造许可批准文件或许可证的,依照《中华人民共和国外贸法》、《中华人民共和国海关法》、《中华人民共和国货物进出口管理条例》及《货物出口许可证管理办法》的相关规定处罚,并停发其许可证。

十七、企业应按照国家有关劳动保障、安全和环保等法律法规以及行业商协会关于产品质量、社会责任等行业标准的规定从事经营活动。对于经有关部门认定,或者经行业商协会调查并经商务部认定,未能遵守相关法律、法规或行业标准的企业,可停发其许可证。

十八、许可证及有关申领规范由商务部许可证事务局负责制定并另行公布。

十九、各有关发证机构工作人员应严格按照本公告及相关规范为企业签发许可证。如发证机构工作人员违规操作,一经查实,将按照《货物出口许可证管理办法》的有关规定处罚。

二十、本公告所指出口系指最终目的国,适用于一般贸易、易货贸易、来料加工装配贸易、补偿贸易、进料加工、保税工厂和其他贸易方式项下对欧盟成员国的出口。

二十一、通过外发加工方式在内地加工且原产地非中国内地的纺织品不适用本公告的规定。

二十二、各有关出口企业应严格执行本公告有关规定,规范出口经营秩序,提高出口商品质量,优化出口商品结构,共同维护过渡期内对欧纺织品出口的平稳发展。

二十三、本公告由商务部负责解释。

附件1

欧盟27个成员国名单

奥地利、比利时、荷兰、卢森堡、塞浦路斯、捷克、德国、丹麦、爱沙尼亚、希腊、西班牙、芬兰、法国、英

国、匈牙利、爱尔兰、意大利、立陶宛、拉脱维亚、马耳他、波兰、葡萄牙、瑞典、斯洛文尼亚、斯洛伐克、罗马尼亚、保加利亚

附件 2

输欧盟纺织品出口许可目录

输欧 4 类；输欧 5 类；输欧 6 类；输欧 7 类；输欧 20 类；输欧 26 类；输欧 31 类；输欧 115 类。

各类别项下商品《协调制度》（世界海关组织 2007 年版）海关商品编码参见《输欧盟纺织品出口临时管理商品目录》（商务部 2006 年第 106 号公告）。

附件 3

商务部授权的地方商务主管部门名单

1. 北京市商务局
2. 天津市商务委员会
3. 河北省商务厅
4. 山西省商务厅
5. 内蒙古自治区商务厅
6. 辽宁省对外贸易经济合作厅
7. 吉林省商务厅
8. 长春市商务局
9. 黑龙江省商务厅
10. 上海市对外经济贸易委员会
11. 江苏省对外贸易经济合作厅
12. 南京市对外贸易经济合作局
13. 浙江省对外贸易经济合作厅
14. 安徽省商务厅
15. 福建省对外贸易经济合作厅
16. 江西省对外贸易经济合作厅
17. 山东省对外贸易经济合作厅
18. 河南省商务厅
19. 湖北省商务厅
20. 湖南省商务厅
21. 广东省对外贸易经济合作厅
22. 广西壮族自治区商务厅
23. 四川省商务厅
24. 贵州省商务厅
25. 云南省商务厅
26. 西藏自治区商务厅
27. 陕西省商务厅
28. 甘肃省商务厅
29. 青海省商务厅
30. 宁夏回族自治区商务厅
31. 新疆维吾尔自治区对外贸易经济合作厅
32. 重庆市对外贸易经济委员会
33. 武汉市对外贸易经济合作局
34. 大连市对外贸易经济合作局
35. 沈阳市对外贸易经济合作局
36. 哈尔滨市对外贸易经济合作局
37. 广州市对外贸易经济合作局
38. 西安市对外贸易经济合作局
39. 青岛市对外经济贸易局
40. 宁波市对外贸易经济合作局
41. 海南省商务厅
42. 成都市对外贸易经济合作局
43. 厦门市贸易发展局
44. 深圳市贸易工业局
45. 新疆生产建设兵团商务局

商务部关于对2007年协议招标类别纺织品剩余数量实行有偿申领的通知

【发布单位】 商务部纺织品出口许可数量招标委员会
【发布日期】 2007年11月26日

目前，2007年输美、欧协议招标类别纺织品仍有部分剩余，为尽可能提高使用率，招标委员会决定对剩余许可数量实行有偿申领。现将有关事项通知如下：

一、凡具有2007年度输美、欧纺织品投标资格的企业（不含2007年度出口业绩经调减计算企业）均可按照附件1规定的申领价格和最高可申请数量在11月29日前向招标办公室提出有偿申领的书面申请（传真件）。

二、招标委员会将根据申请企业2007年1月至本通知公布之日各类别签证数量进行排序，确定获得许可数量的企业名单和类别数量。

三、企业获得的自主申领数量只能自用，不得转让。招标办公室预定于11月30日公布申领结果。12月4日前，申领企业需将使用费交纳到招标专用账户（以款到帐为准），账户信息如下：收款人：中国纺织品进出口商会，开户银行：中信银行北京万达广场支行，账号：7112410182600024798。

四、招标办公室联系电话：010－67739327、67739213、67739208，传真：010－67719297。

附件1

输美、欧协议招标类别纺织品有偿申领总量

序　号	输美协议类别	单位	有偿申领量	申领价格	最高申请量
1	338/9	打	25894	7.00	5000
2	340/640	打	16439	6.00	5000
3	347/8	打	14242	13.00	5000
4	349/649	打	565067	2.30	无
5	638/9	打	7645	9.00	5000
6	647/8	打	14542	11.00	5000
7	847	打	545859	4.50	无
序　号	输欧协议类别	单位	有偿申领量	申领价格	最高申请量
1	4	件	32910262	0.20	无
2	5	件	678915	1.00	60000
3	6	件	3348213	0.55	无
4	7	件	360106	0.50	60000
5	26	件	207925	0.75	60000
6	31	件	7737831	0.33	无

附件 2

关于有偿申领 2007 年度输美、欧纺织品出口许可数量的申请

申领企业信息：

企业代码：__________________　　海关编码：__________________

企业名称：____________________________________

联系人：__________　　电话：__________　　传真：__________

企业可根据自身需要，在下表中选择填写有偿申领的类别和数量：

类　别	数量单位	申领数量	类　别	数量单位	申领数量
US338/9	打		EC4	件	
US340/640	打		EC5	件	
US347/8	打		EC6	件	
US349/649	打		EC7	件	
US638/9	打		EC26	件	
US647/8	打		EC31	件	
US847	打				

注：招标办公室每天会将收到书面申请的企业名单在纺织商会网站上公布，请企业上网查询。

加盖公章

商务部关于下达 2008 年度输美纺织品第一次业绩分配方案的通知

【发布单位】 商务部

【发布文号】 商贸函[2007]102 号

【发布日期】 2007 年 12 月 3 日

根据商务部下达的 2008 年度输美纺织品第一次可申请数量(商贸函[2007]102 号)，结合各地商务主管部门汇总上报的经营者申请，现下达全国经营者 2008 年度第一次业绩分配方案。有关事项通知如下：

一、请各地商务主管部门将本通知转发本地区获得出口许可数量的经营者，并按照出口许可数量及《纺织品临时出口许可证件申领签发工作规范(暂行)》为有关经营者签发相关出口证书。

二、相关经营者应按照出口许可数量安排 2008 年度内相关纺织品的成交、出运。

三、请商务部电子商务中心做好出口许可数量管理数据的技术处理工作。

国务院关税税则委员会关于2008年关税实施方案的通知

【发布单位】 国务院关税税则委员会
【发布文号】 税委会[2007]25号
【发布日期】 2007年12月14日
【实施日期】 2008年1月1日

海关总署：

《2008年关税实施方案》已经国务院关税税则委员会第十次全体会议审议通过，并报国务院批准，自2008年1月1日起实施。

2008年关税实施方案

一、进口关税调整

（一）根据我国加入世界贸易组织承诺的关税减让义务，对进口关税作如下调整：

1. 降低“进口税则”中聚乙烯等45个税目的最惠国税率，其余税目的最惠国税率维持不变。

2. 对9个非全税目信息技术产品继续实行海关核查管理，税目税率不变；

3. 对小麦等8类45个税目的商品实行关税配额管理。对尿素、复合肥、磷酸氢二铵三种化肥的配额税率执行1%的税率。对配额外进口的一定数量棉花实行5－40%滑准税，对滑准税率低于5%的进口棉花按0.57元/公斤从量税计征。其他商品的税率维持不变；

4. 对感光材料等55种商品实行从量税、复合税。

（二）对乳品加工机器等部分进口商品实行暂定税率。

（三）根据我国与有关国家或地区签署的贸易或关税优惠协定，对有关国家或地区实施协定税率：

1. 对原产于韩国、印度、斯里兰卡、孟加拉和老挝的部分商品继续实施“亚太贸易协定”协定税率，其中有部分税目的税率进一步下调；

2. 对原产于文莱、印度尼西亚、马来西亚、新加坡、泰国、菲律宾、越南、缅甸、老挝和柬埔寨的部分商品，继续实施中国一东盟自由贸易区协定税率；

3. 对原产于智利的部分商品继续实施中国一智利自由贸易协定税率，其中有部分税目的税率进一步下调；

4. 对原产于巴基斯坦的部分商品继续实施中巴自贸区“早期收获”和“全面降税”协定税率，其中有部分税目的税率进一步下调；

5. 对原产于中国香港的已完成原产地标准核准的产品继续实施零关税，其中新近完成原产地标准核准的产品有17项；

6. 继续对原产于中国澳门的已完成原产地标准核准的产品实施零关税；

（四）根据我国与有关国家或地区签署的贸易或关税优惠协定以及国务院有关决定，实施特惠税率：

1. 在“中国一东盟自由贸易区”框架下，继续执行对原产于老挝、柬埔寨和缅甸的部分产品实施特惠税率；

2. 在“亚太贸易协定”框架下，继续执行对原产于老挝和孟加拉的部分产品实施特惠税率；

3. 继续对原产于贝宁共和国等30个非洲最不

发达国家的部分商品实施特惠税率；

4. 继续对原产于也门共和国等 5 个最不发达国家的部分商品实施特惠税率。

(五)普通税率维持不变。

二、出口关税调整

(一)“出口税则”的出口税率维持不变；

(二)对钢坯等部分出口商品实行暂定税率，其中，对一般贸易和边境小额贸易出口尿素、磷酸铵征收季节性暂定税率。

三、税则税目调整

对部分税则税目进行调整，调整后，2008 年版税则税目共计 7758 个。

商务部关于对 2008 年度《输美纺织品出口临时管理商品目录》中部分税号进行调整的通知

【发布单位】 商务部对外贸易司

【发布日期】 2007 年 12 月 29 日

根据《国务院关税税则委关于 2008 年关税实施方案的通知》(税委会[2007]25 号)，海关总署对部分享受暂定税率的税目进行调整，现将涉及纺织品海关编码变化通知如下：

一、输美 229 类项下编码为 3921909090 商品(商品名称：未列名塑料板，片，膜，箔，扁条)增加备注内容：“离子交换膜、敏感物项管制结构复合材料的层压板除外”；

二、输美 229 类项下增加中国海关商品编码：3921909001，商品名称：离子交换膜。

2008 年 1 月 1 日起，中国海关将按照调整后的税目对出口商品进行监管，请各出口企业按照规定申领纺织品临时出口许可证，以保证顺利出口。

商务部办公厅关于核查部分输欧盟纺织品出口许可证情况的通知

【发布单位】 商务部办公厅

【发布文号】 商办贸函[2008]14 号

【发布日期】 2008 年 2 月 20 日

根据商务部、海关总署公告 2007 年第 91 号的规定，为规范 8 个输欧盟监控纺织品类别的出口经营秩序，现拟对部分输欧盟纺织品出口许可证(以下简称许可证)的使用情况进行核查，有关事项通知如下：

一、请有关地方商务主管部门尽快通知附件所列许可证涉及的经营者，要求其于2月25日之前如实提交附件所列许可证(英文证)对应的中国海关出口货物报关单(以下简称报关单)。

二、请有关地方商务主管部门对所在地区经营者提交报关单进行初审，初审结果反馈表格的格式同附件，填报要求如下：

(一)在“签证数量”栏填报相关英文证签证数量。

(二)在“实际清关数量”栏填报相关英文证对应中文证所用报关单中的实际出口数量。如企业未能提交报关单，“实际清关数量”为零。如一份英文证对应多份中文证，“实际清关数量”所填报数字为对应多份中文证所用报关单的实际清关数量之和。

(三)如果经营者提交的报关单显示货物并未直接出运到欧盟成员国的，在“转口地区”栏填报货物的转口地。

(四)如经营者通过邮寄方式出运，“实际清关数”栏按照邮寄合同标注数量填报，并在“备注”栏标注为“邮寄”。

三、经营者提交的相关材料需备案留存。

四、请有关地方商务主管部门严格按照上述要求做好此次许可证使用情况的核查工作，初审反馈表格于2月28日前报我部(外贸司)。

联系电话：010－65197404、65197732

电邮地址：mgsfp7@mofcom. gov. cn

商务部关于2008年度输美纺织品第二次协议招标的公告

【发布单位】 商务部纺织品出口招标委员会

【发布日期】 2008年4月7日

根据《纺织品出口管理办法》(暂行)(商务部2006年第21号令，以下简称《办法》)规定，2008年度输美338/339类、340/640类、347/348类、349/649类、638/639类、647/648类、847类实行协议招标。现就2008年度第二次协议招标有关事项公告如下：

一、第二次协议招标数量

上述各类别2008年度第二次协议招标数量见附件1。

二、协议招标投标资格及企业可投标数量

(一)投标资格。凡符合《办法》规定，对美国有上述类别出口实绩并达到一定规模的企业，均可参加此次相应类别的协议招标，下列情况企业除外：

1. 企业未通过业绩核查且相关类别2007年1－7月对美出口业绩已作归零处理的，该企业相应类别不参加本次招标；

2. 2007年1－7月出口业绩仍在复核中的企业暂不参加本次招标，招标委员会将为其保留数量，根据核查结果决定企业是否可参加投标。

前述“出口实绩达到一定规模”指根据本条第(二)项计算得出的本次招标企业可投标数量(即最高投标量)须大于或等于第(三)项规定的最低投标量。

(二)本次招标企业可投标数量。按照各企业2007年8月1日－12月31日的出口实绩(详见本公告第三条“出口实绩”)及《办法》第十一、十二条规定计算得出其相关类别2008年度第二次可投标数量(最高投标量)。

(三)最低投标量。考虑到商业上的可操作性，各类别分别设定最低投标量，具体见附件1。

(四)未投标数量的处置。企业可在具备投标资格的类别上，在本企业该类别最高投标量和最低投

标量之间自主决定投标数量。本次协议招标，如企业未投标或投标数量低于其最高投标量，则视为全部放弃和部分放弃其可投标数量。企业所放弃的数量不再保留在该企业名下，由招标委员会按照有关管理规定另行处置。

三、出口实绩

出口实绩统计范围：1. 仅一般贸易、加工贸易方式项下的出口计入企业出口实绩；2. 金额等于或小于800美元商用样品出口到设限地区的不计入其对设限地区出口实绩。已根据这些企业的海关统计数据及《办法》第十二条第（四）款，对西部地区、中部地区和东北老工业基地企业做了业绩换算。

四、投标资格审核

1. 信息不全的（缺少企业13位进出口代码或中文名称）企业如需投标，须于4月10日前，按本公告第三条规定，向当地商务主管部门提出补充企业信息申请，并同时出具企业营业执照复印件、进出口企业资格证书或对外贸易经营者备案登记表或外商投资企业批准证书的复印件、海关自理报关证书复印件及其他相关证明文件。

2. 企业符合以下三种情况，需申请数量合并计算的，须于4月10日前，向当地商务主管部门提出数量合并申请，并同时出具企业营业执照复印件、进出口企业资格证书或对外贸易经营者备案登记表或外商投资企业批准证书的复印件、海关自理报关证书复印件及其他相关证明文件：

情况一：一家企业有两个以上海关编码的（各海关编码下企业名称相同）；

情况二：相同海关编码下企业名称不同的；

情况三：企业名称不同且海关编码也不同但13位进出口企业代码相同的。

对于上述三种情况以外的数量合并申请不予处理。

3. 请各地商务主管部门严格审核上述1、2、3项申请企业提交的书面材料。如需进一步核对的，可要求申请企业提供其他证明文件。审核通过后，请各地商务主管部门于4月17日之前将审核通过的企业名单以传真件形式报纺织品招标办公室复核（申请合并数量的企业须列明合并前后有关企业的海关编码、企业代码、企业名称）。审核工作完成后，申请企业提交的所有书面材料由各地商务主管部门统一封存备查。

4. 在2007年6月1日前办理电子投标密钥的企业，因电子密钥中CA证书有效期为一年，如需参加此次投标，须更新电子密钥中的CA证书。请更新企业于2008年4月25日前将原有的电子密钥、新填写并加盖企业公章的纺织品招投标电子密钥申请表、责任书及必要资料（企业营业执照复印件、进出口企业资格证书复印件或进出口企业备案登记表复印件或外商投资企业批准证书的复印件、法人身份证复印件和申请人身份证原件和复印件）报送至中国国际电子商务中心当地代表处，由中国国际电子商务中心当地代表处核实企业身份，并保留企业提交资料的复印件，在3个工作日内为企业更新电子密钥的CA证书。

如需投标但尚未办理电子投标密钥的企业，请按照本公告附件2《电子投标技术操作指南》规定的程序，向中国国际电子商务中心当地代表处申领并安装电子密钥。企业须在4月25日下午5点前通过“电子招标企业信息服务系统”录入企业电子信息并通过当地商务主管部门的审核，从该系统上获得中国国际电子商务中心发放的“电子投标软件V3.0”程序使用许可号，逾期不予办理。

五、协议标价格

具体见附件1。

六、投标

本次协议招标采用电子投标方式进行。具备投标资格的企业应在5月6日上午9:00至5月8日晚上6:00之间通过“电子投标系统”将电子标书发送至招标办公室，并在5月8日前将本企业全额投标保证金（由企业根据本企业所投标类别、所投数量及本公告第六条规定的协议标价格计算加总得出投标保证金)以同城信汇、异地电汇方式一次性交纳到(到账)指定银行账户。

"电子投标系统"的安装和使用，请参见本公告附件2"电子投标技术操作指南"，相关技术问题可通过登陆中国国际电子商务网(www.ec.com.cn)或电话咨询中国国际电子商务中心(客服热线:010－67870108，拨通后按号码1再按号码3)。

投标保证金缴纳账户信息如下:收款人:中国纺织品进出口商会，开户银行:中信银行北京万达广场支行，账号:7112410182600024798。支付系统行号(电汇):302100011243，同城交换号(信汇):953。相关财务问题可登陆中国纺织品进出口商会网站"招标专栏"(www.ccct.org.cn)或电话咨询(中国纺织品进出口商会财务部电话:010－67739343)。

七、评标规则

具备投标资格的企业，按照本公告规定的投标数量和价格等要求，在上述规定时间内完成电子投标、交纳投标保证金两项要件，并经招标办公室审核电子标书与所交投标保证金数额一致的，即为中标。

下列情况将被视为废标或自动放弃协议招标:

(一)无相关类别投标资格的企业所投的标书；

(二)高于最高投标数量或低于最低投标数量的标书；

(三)低于协议标价格的标书；

(四)纸面标书等未按本公告规定的形式发送的标书；

(五)未在规定时限内发送的电子标书或在规定时限内发送两次及两次以上的电子标书；

(六)未在规定时限内将投标保证金交纳到(到账)指定银行账户的；

(七)投标保证金不是一次性交齐的；

(八)根据电子标书合计的投标保证金和实际交纳的投标保证金数额不一致的；

(九)由其他企业、组织或自然人代交投标保证金的；

(十)以同城信汇、异地电汇之外其他方式交纳投标保证金的。

(十一)不符合《办法》或招标公告规定的其他情况。

八、中标结果公布

招标办公室预定于5月21－22日通过中国纺织品进出口商会网站(www.ccct.org.cn)公布初步中标结果。各投标企业也可登陆"电子招标企业信息服务系统"查询本企业中标情况。投标企业如对初步中标结果有疑问的，可于公布初步中标结果日起两个工作日内向招标办公室提出，逾期不予受理。正式中标结果由招标委员会在商务部网站上公布(www.mofcom.gov.cn)。

九、中标金

正式中标结果公布后，中标企业交纳的投标保证金自动转为中标金，企业无需再交纳。未中标企业交纳的投标保证金予以退还。无论中标数量使用情况如何，中标金不予退还。

十、领证和转让

正式中标结果公布后，各中标企业即可按照《办法》规定申领出口许可证。企业中标后获得的许可数量允许转让，转让通过"纺织品临时出口许可数量转受让平台"进行。

十一、其他

(一)请各地商务主管部门协助做好协议招标工作。

(二)协议招标的相关政策和信息通过商务部政府网站(www.mofcom.gov.cn)、中国纺织品进出口商会网站(www.ccct.org.cn)、中国国际电子商务网(www.ec.com.cn)发布。

(三)招标办公室联系电话:010－67739327、67739213、67739208，传真:010－67719297。中国国际电子商务中心客户服务热线:010－67870108(拨通后按号码1再按号码3)，传真:010－67800343。

(四)本公告由招标委员会负责解释。

附件 1

2008 年输美纺织品第二次协议招标总量、最低投标量、投标价格

金额单位:人民币

	类别	单位	协议招标总量	最低投标量	投标价格
协议招标类别	338/9	打	10775442.4	200	7.00
	340/640	打	3489836.0	200	6.00
	347/8	打	10177180.4	200	13.00
	349/649	打	11791706.4	200	2.30
	638/9	打	4171082.8	200	9.00
	647/8	打	4119483.6	200	11.00
	847	打	9211867.2	200	4.50

附件 2

电子投标技术操作指南

一、电子投标软件安装

(一)已参加过电子投标的企业

对于已参加过电子投标且符合投标条件的企业直接使用已有的电子密钥,电子密钥中 CA 证书的有效期为一年,如果发现电子密钥中的 CA 证书过期,请及时与中国国际电子商务中心当地代表处联系更新。需要更新证书的企业,请将原有的电子密钥、新填写并加盖企业公章的纺织品招投标电子密钥申请表、责任书及其他必要资料(企业营业执照复印件、进出口企业资格证书复印件或进出口企业备案登记表复印件或外商投资企业批准证书的复印件、法人身份证复印件和申请人身份证原件和复印件)报送至中国国际电子商务中心当地代表处,由中国国际电子商务中心当地代表处核实企业身份,并保留企业提交资料的复印件,在 3 个工作日之内为企业更新电子密钥中的 CA 证书。

(二)未参加过电子投标的企业

对于未参加过电子投标且符合投标条件的企业按以下流程向各地商务主管部门提出投标申请并安装"电子投标软件 V3.0":

1. 向中国国际电子商务中心当地代表处(驻各地代表处联系电话公布在中国国际电子商务网上)提交加盖企业公章的纺织品招投标电子密钥申请表、责任书及其他必要资料(企业营业执照复印件、进出口企业资格证书复印件或进出口企业备案登记表复印件或外商投资企业批准证书的复印件、法人身份证复印件和申请人身份证原件和复印件),由中国国际电子商务中心当地代表处核实企业身份,并保留企业提交资料的复印件,在 3 个工作日之内为企业制作完成纺织品投标专用电子密钥。企业在中国国际电子商务网(www.ec.com.cn)下载并安装电子密钥驱动程序。

2. 登入中国国际电子商务网(www.ec.com.cn)上的"电子招标企业信息服务系统",录入企业各项信息,上报至当地商务主管部门,并打印输出"投标企业信息登记表"。

3. 将打印出的"投标企业信息登记表"、营业执照复印件、进出口企业资格证书复印件或进出口企业备案登记表复印件或外商投资企业批准证书的复

印件、海关自理报关证书复印件、企业法人委托书、材料申报人身份证复印件等六份材料提交各地商务主管部门进行审核。上述六份材料均须加盖申请企业公章。

4. 申请企业在"电子招标企业信息服务系统"内录入的企业电子信息和上述六份书面材料经当地商务主管部审核通过后，即可从"电子招标企业信息服务系统"上获得中国国际电子商务中心发放的"电子投标软件 V3.0"程序使用许可号。

5. 企业从中国国际电子商务网上下载"电子投标软件 V3.0"，完成安装后，输入获得的程序使用许可号，激活程序的各项功能。同一台计算机只能安装一套电子投标软件且只能用于一家企业投标。

二、电子投标操作

(一)中国国际电子商务网会员企业

中国国际电子商务网会员企业可通过专网拨号方式进行电子投标。

(二)非中国国际电子商务网会员企业

非中国国际电子商务网会员企业可以先上公网(Internet)，再通过中国国际电子商务中心公布的免费临时 VPN 通道登录到专网进行投标(限于采用 Win2000/XP 操作系统用户)。连接 VPN 所用服务器地址为：vpnfree. ec. com. cn，免费 VPN 用户名、密码如下：

用户名	密码
zhaobiao	zhaobiao
zhaobiao1	zhaobiao1
zhaobiao2	zhaobiao2
zhaobiao3	zhaobiao3

三、注意事项

(一)企业在规定的截标时点前只能投一份电子标书，当同一企业送达的电子标书出现两份以上(含两份)时，该企业的投标视为无效。

(二)企业完成投标操作 10 分钟后，可登录到中国国际电子商务网上的"电子招标企业信息服务系统"查询标书是否已被主机成功接收。对截标前 30 分钟内投标企业提交的查询，系统不能保证反馈所投标书是否被主机成功接收的信息。

(三)详细的用户手册和帮助，请登陆中国国际电子商务网(www. ec. com. cn)下载查看。

(四)2008 年的许可数量转受让使用中国国际电子商务网(www. ec. com. cn)的"纺织品临时出口许可数量转受让平台"进行操作。

四、联系方式

中国国际电子商务中心客户服务热线：010－67870108(拨通后按号码 1 再按号码 3)，传真：010－59222931、010－67800343。服务邮箱：call-center@ec. com. cn。

附件 3

业绩分配各类别 M1、M2

类　别	M1	M2
338/9	442560425	3073842459
340/640	213882443	591502596
347/8	518481923	5114226494
349/649	175067363	301907682
638/9	242280548	1524229282
647/8	279024885	1314887141
847	225293772	37072534

商务部关于下达2008年输美纺织品第二次业绩分配方案的通知

【发布单位】 商务部
【发布文号】 商贸函[2008]39号
【发布日期】 2008年5月21日

根据商务部下达的2008年度输美纺织品第二次可申请数量(商贸函[2008]34号),结合各地商务主管部门汇总上报的经营者申请,现下达全国经营者2008年度第二次业绩分配方案。有关事项通知如下:

一、请各地商务主管部门将本通知转发本地区获得出口许可数量的经营者,并按照出口许可数量及《纺织品临时出口许可证件申领签发工作规范(暂行)》为有关经营者签发相关出口证书。

二、相关经营者应按照出口许可数量安排2008年度内相关纺织品的成交、出运。

三、请商务部电子商务中心做好出口许可数量管理数据的技术处理工作。

国务院关税税则委员会关于调整部分商品进口暂定税率的通知

【发布单位】 国务院关税税则委员会
【发布文号】 税委会[2008]21号
【发布日期】 2008年5月28日

海关总署:

经国务院关税税则委员会第一次全体会议审议通过,并报国务院批准,对6类共26个税目商品进口税率进行调整。现将有关事项通知如下。

一、食品

对冻猪肉执行6%的进口暂定税率;对冻鳕鱼、开心果、婴幼儿食品以及乳清和酵母等9个税目商品执行2—10%的进口暂定税率。

二、植物油

从2008年6月1日至9月30日,对橄榄油和椰子油执行5%的进口暂定税率。

三、饲料

对豆粕和花生粕执行2%的进口暂定税率。

四、血液白蛋白和人用疫苗

对血液白蛋白和人用疫苗共4个税目商品执行0%的进口暂定税率。

五、棉花

从2008年6月5日至10月5日,对配额外进口的一定数量棉花实施临时滑准税,将进口价格较高的高品质棉花适用的从量税从570元/吨降低至357元/吨，并从10月6日起恢复目前的滑准税。

六、其他3个税目商品进口暂定税率调整

对“用锯或其他方法切割成矩形的大理石及石灰华”执行0%的进口暂定税率；对税目38249099项下适用进口暂定税率的电极浆料的产品范围作适当调整；对广播级磁带录像机进口暂定税率作适当调整。

上述调整（除棉花、植物油外）执行期为2008年6月1日至12月31日。

附件

棉花临时暂定税率具体形式

对2008年6月5日至2008年10月5日在配额外报关进口的一定数量棉花，适用临时棉花滑准税。具体方式如下：

（1）当进口完税价格高于或等于11.914元/公斤（原为11.397元/公斤）时，按0.357元/公斤（原为0.570元/公斤）计征从量税；

（2）当进口完税价格低于11.914元/公斤（原为11.397元/公斤）时，暂定关税税率按下式计算：

$$Ri = 8.686/Pi + 2.526\% \times Pi - 1$$（公式不变）

上式计算结果四舍五入保留3位小数。其中Ri为暂定关税税率，当按上式计算值高于40%时，Ri取值40%；Pi为关税完税价格，单位为元/公斤。

财政部关于印发《出疆棉移库费用补贴管理暂行办法》的通知

【发布单位】　财政部
【发布文号】　财建[2008]396号
【发布日期】　2008年6月13日

各省、自治区、直辖市财政厅（局）、新疆生产建设兵团财务局，财政部驻新疆维吾尔自治区财政监察专员办事处：

为帮助解决新疆棉花远离内地销区移库成本较高问题，促进新疆棉花销售，保护新疆发展棉花产业的积极性，我部研究制定了《出疆棉移库费用补贴管理暂行办法》，现印发给你们，请认真遵照执行。执行中有何问题，请及时反馈我部。

出疆棉移库费用补贴管理暂行办法

第一章　总　则

第一条　为帮助解决新疆棉花远离内地销区移库成本较高问题，中央财政决定对运往内地销区的新疆棉花（以下简称出疆棉）的移库费用给予适当补贴。为加强对出疆棉移库费用财政补贴资金的管理，提高资金使用效益，特制定本办法。

第二条　本办法所称出疆棉是指在新疆生产并通过铁路运输移库到内地销区的棉花。

第二章　补贴范围、标准和期限

第三条　拥有出疆棉所有权的棉花收购加工企业、棉花经营企业和纺织企业（以下简称出疆棉所有权人）均可享受财政补贴。

第四条　符合国家标准的出疆棉，不分品级和长度，中央财政每吨定额补贴400元。

第五条 出疆棉移库费用补贴根据棉花生产年度（当年9月1日至次年8月31日）进行核算。补贴期限暂定为2007年度至2010年度。

第三章 补贴资金申报、审核和拨付

第六条 出疆棉所有权人完成棉花移库出疆后，要据实填写和《年度出疆棉移库费用补贴企业情况登记表》（详见附件1）和《年度出疆棉移库费用补贴申报表》（详见附件2）并制作EXCEL电子表格，连同有关单据和凭证，包括企业工商登记、企业税务登记、棉花购销合同、增值税发票、棉花收购加工码单、铁路货票和检验证书等，报送财政部驻新疆维吾尔自治区财政监察专员办事处（以下简称新疆专员办）审核。新疆专员办可根据实际需要，制定审核细则，并报财政部备案。

第七条 隶属一个集团公司的出疆棉所有权人，出疆棉移库出疆费用补贴由总公司汇总后统一申报。

第八条 当年出疆棉移库费用补贴以截至次年8月31日办理完出疆铁路运输货运手续的为限。根据出疆棉所有权人报送的有关资料，新疆专员办对出疆棉移库费用补贴申请进行审核，必要时与有关部门和单位进行核对，经审核无误后在有关汇总表上签字盖章，于每年9月底前以正式文件汇总报送财政部，同时新疆专员办原则上不再受理上一年度出疆棉移库费用补贴申请。

为了避免重复申报和虚报补贴，新疆专员办要对出疆棉的铁路货票等有关单据、凭证的信息进行汇总、复核，建立出疆棉铁路移库数据库。

第九条 财政部收到新疆专员办报送的出疆棉移库费用补贴审核文件后，核拨补贴款。中央企业出疆棉移库费用补贴由中央财政直接拨付；其他企业由中央财政通过地方财政转拨，地方财政收到中央财政拨付的补贴资金后，在15个工作日内如数转拨到出疆棉所有权企业，并接受财政部驻当地财政监察专员办事处的监督。

第四章 违规及处罚

第十条 地方财政要及时如数拨付补贴资金，出疆棉所有权人应据实填写有关表格，并按要求提供有关证明材料。对填报虚假表格或伪造凭据的，一经查实，取消补贴资格，收回补贴资金，并按照《财政违法行为处罚处分条例》（国务院令第427号）进行处理。

第五章 附则

第十一条 本办法自印发之日起执行。

附件1

年度出疆棉移库费用补贴企业情况表

企业全称					
企业类型	□ 棉麻企业　□ 纺织企业　□ 其它				
注册资金（万元）			主营业务收入（万元）		
法定代表人		联系电话		手机	
业务联系人		联系电话		手机	
邮政编码		传真		电子邮件	
通讯地址及收件人					
基本户	开户银行				
	账号				

企业法人签字：　　　　　　　　　　　　　　　　　　单位（公章）

附件 2

年度出疆棉移库费用补贴申报表

申报企业：　　　　　　　　　　　　（盖章）

新疆铁路发站	“出疆棉”所有权申报		财政监察专员办事处审核意见	
	铁路移库“出疆棉”数量(吨)	申报补贴金额(万元)	铁路移库“出疆棉”数量(吨)	同意申报补贴(万元)
合　　计				

财政监察专员办事处(签章)

国家发展改革委关于提高电力价格有关问题的通知

【发布单位】 国家发展和改革委员会
【发布文号】 发改电[2008]207 号
【发布日期】 2008 年 6 月 19 日

各省、自治区、直辖市发展改革委、物价局、电力公司，国家电网公司、南方电网公司：

为缓解电力企业经营困难，保障电力供应，经研究，决定适当提高全国各地电网销售电价标准。现将有关问题通知如下：

一、自 2008 年 7 月 1 日(抄见电量)起，将全国除西藏自治区之外的省级电网销售电价平均每千瓦时提高 0.025 元。

二、为减少电价调整影响，居民生活用电价格、农业生产和化肥生产用电价格暂不调整；四川、陕西、甘肃三省受地震灾害影响严重的县(市)电价也不作调整。

三、各省、自治区、直辖市电网销售电价水平及有关发电企业上网电价提高标准，另行公布。

四、电网企业和发电企业要严格执行国家电价政策，不得随意提高或者降低国家规定的电价水平。同时，要加强生产调度，保证正常生产经营，确保电力供应。

五、各级价格主管部门应加强对电价执行情况的监督检查，打击各种扰乱市场秩序的行为，确保国家电价政策贯彻落实，对违反国家电价政策的行为，将依法予以查处。

国家发展改革委、铁道部关于调整铁路货物运输价格的通知

【发布单位】 国家发展和改革委员会、铁道部

【发布文号】 发改价格[2008]1558 号

【发布日期】 2008 年 6 月 23 日

各省、自治区、直辖市发展改革委、物价局，各铁路局、各铁路专业运输公司：

为缓解铁路货物运输价格偏低矛盾，疏导成品油价格调整对铁路运输成本的影响，经研究，决定自 2008 年 7 月 1 日起，调整国家铁路货物统一运价。调整后的《铁路货物运价率表》见附件。

各级价格主管部门要加强对市场价格的监控，严格控制铁路运价调整的连锁反应。加强对铁路运输价格执行情况的监督检查，依法查处各种价格违法行为。

铁路运输企业要按规定做好明码标价工作，及时修改有关运价明码标价公告内容。

执行中出现的问题，请及时报告国家发展改革委和铁道部。

附件

铁路货物运价率表

办理类别	运价号	基价 1	基价 2		
		单　位	标　准	单　位	标　准
整　　车	1	元/吨	5.7	元/吨公里	0.0336
	2	元/吨	6.4	元/吨公里	0.0378
	3	元/吨	7.6	元/吨公里	0.0435
	4	元/吨	9.6	元/吨公里	0.0484
	5	元/吨	10.4	元/吨公里	0.0549
	6	元/吨	14.8	元/吨公里	0.0765
	7			元/轴公里	0.2445
	机械冷藏车	元/吨	11.5	元/吨公里	0.079
零　　担	21	元/10 千克	0.117	元/10 千克公里	0.00055
	22	元/10 千克	0.167	元/10 千克公里	0.00075

续表

办理类别	运价号	基价 1		基价 2	
		单　位	标　准	单　位	标　准
集装箱	1 吨箱	元/箱	10.1	元/箱公里	0.0369
	20 英尺箱	元/箱	219	元/箱公里	1.0374
	40 英尺箱	元/箱	429.8	元/箱公里	1.6374

运费计算办法：

整车货物每吨运价＝基价 1＋基价 2×运价公里

零担货物每 10 千克运价＝基价 1＋基价 2×运价公里

集装箱货物每箱运价＝基价 1＋基价 2×运价公里

＊整车农用化肥基价 1 为 4.40 元/吨、基价 2 为 0.0305 元/吨公里。

财政部、国家税务总局关于调整纺织品服装等部分商品出口退税率的通知

【发布单位】 财政部、国家税务总局

【发布文号】 财税[2008]111 号

【发布日期】 2008 年 7 月 30 日

各省、自治区、直辖市、计划单列市财政厅（局）、国家税务局，新疆生产建设兵团财务局：

经国务院批准，调整部分商品的出口退税率。现就有关事项通知如下：

一、将部分纺织品、服装的出口退税率由 11％提高到 13％；将部分竹制品的出口退税率提高到 11％。具体商品名称及税号见附件 1。

二、取消红松子仁、部分农药产品、部分有机胂产品、紫杉醇及其制品、松香、白银、零号锌、部分涂料产品、部分电池产品、碳素阳极的出口退税。具体商品名称及税号见附件 2。

三、执行时间

1. 以上商品出口退税率调整自 2008 年 8 月 1 日起执行。具体执行时间，以“出口货物报关单（出口退税专用）”海关注明的出口日期为准。

2. 对涉及取消出口退税的商品，凡企业在 2008 年 8 月 1 日之前已经签定出口合同且价格不能更改的，出口企业可在 2008 年 8 月 15 日之前持合同文本到当地主管出口退税的税务机关登记备案。经备案的出口合同，凡在 2009 年 1 月 1 日之前报关出口的，准予按调整前的退税率执行。逾期未能备案的以及 2008 年 12 月 31 日以后报关出口的，一律按调整后的出口退税率执行。

上述出口合同是指：合同签订日期、商品名称、单价、数量、金额等内容明确，经出口企业和外商双方代表签字确认或盖章，符合《合同法》等相关法律法规规定，真实有效的书面出口合同，对不符合规定的合同一律不予备案。出口合同一经备案一律不得修改。

附件 1

提高出品退税率的商品清单

章	商品代码	商品名称	提高到%
50 章	5004000000—5007909099	蚕丝	13
51 章	5004000000—5007909099	蚕丝	13
	5106100000—5108101100	毛纱线及其机织物	13
	5108101990	非供零售用粗梳其他动物细毛纱线(技重量计其他动物细毛含量≥85%)	13
	5108109090	非供零售用粗梳其他动物细毛纱线(按重量计其他粗梳动物细毛含量<85%)	13
	5108201100	非供零售用精梳山羊绒纱线(按重量计山羊绒含量≥85%)	13
	5108201990	非供零售用精梳其他动物细毛纱线(按重量计其他动物细毛含量≥85%)	13
	5108209090	非供零售用精梳其他动物细毛纱线(按重量计其他精梳动物细毛含量<85%)	13
	5109101100—5109909000	羊毛纱线等	13
	5110000090—5113000000	毛纱线及其机织物	13
52 章	5205110000—5212250090	棉纱、棉机织物	13
53 章	5306100000—5311009099	其他植物纺织品	13
54 章	5401101000—5402699000	化纤长丝	13
	5402331010—5403390090	化纤长丝	13
	5402420000—5407940099	化纤长丝	13
	5408212000	未漂白或漂白醋酸长丝机织物(按重量计醋酸纤维长丝、扁条或类似品含量≥85%)	13
	5408219000	未漂白或漂白其他纯人纤长丝机织物(包括扁条布,按重量计其他人造纤维长灶含量≥85%)	13
	540S222000	染色的醋酸长丝机织物(按重量计醋酸纤维长丝、扁条或类似品含量≥85%)	13
	5408229000	染色的其他人纤长丝机织物(按重量计其他人造纤维长丝,扁条含量≥85%)	13
	5408232000	色织的醋酸长丝机织物(按重量计醋酸纤维长丝、扁条或类似品含量≥85%)	13
	5408239000	色织的其他人纤长丝机织物(按重量计其他人造纤维长丝,扁条含量≥85%)	13
	5408242000—5408340099	化纤长丝	13
55 章	5501100000—5503900000	化纤短纤	13
	5504900000—5514490090	化纤短纤	13
	5515120011—5516940090	化纤短纤	13

国家质检总局关于实施进口棉花境外供货企业登记管理的公告

【发布单位】 国家质量监督检验检疫总局
【发布文号】 2008年第87号
【发布日期】 2008年8月5日

为加强进口棉花检验检疫监督管理，防止进口棉花以次充好、掺杂掺假等贸易欺诈行为，保障进口棉花质量，根据《中华人民共和国进出口商品检验法》及其实施条例的规定，国家质量监督检验检疫总局（以下简称国家质检总局）决定对输入中国大陆的境外棉花供货企业（以下简称境外供货企业）实施登记管理。现将有关要求公告如下：

一、自2008年9月15日起国家质检总局开始受理境外供货企业登记申请。

（一）供货企业申请登记应当符合以下条件：

1. 该企业系所在国家（地区）合法的经营企业。

2. 有稳定的经营场所，且具有一定的经营规模。

3. 具有相对稳定的供货来源，并对所供货物有相关质量控制措施。

4. 熟悉中国进口棉花检验检疫法规和相关要求。

5. 在上一年度棉花贸易活动中，不存在严重质量问题，未发现有害物质，无造成严重后果的不良记录。

（二）境外供货企业向国家质检总局提出登记申请时（委托代理的应提供境外供货企业的委托书），应按有关规定提交中文或中英文对照的书面材料：

1. 进口棉花境外供货企业登记申请。

2. 有效的合法商业登记文件或复印件。

3. 供货企业的生产/经营和质量控制的基本材料。

4. 国家质检总局要求的其他相关材料。

（三）经审核提交材料符合要求的，国家质检总局受理登记申请并通知境外供货企业。

需申请人补充有关材料的，应在5个工作日内一次通知申请人补正，20个工作日内未补正的，视为撤销申请。

（四）国家质检总局在2个月内组织评审组对受理的境外供货企业的申请材料进行评审，必要时，组织评审人员对申请登记的供货企业进行现场评审。现场评审内容包括加工能力、质量控制与管理、检测能力、包装及仓储管理等。

（五）经国家质检总局审核符合规定条件的予以登记，颁发登记证书，并定期对外公告。经审核不合格的不予登记，两个月后方可重新申请。

（六）登记证书有效期为3年。期满申请换证复查的，申请人应在有效期满前3个月提交换证复查申请；有效期内供货企业登记资料发生变化的，提交登记变更申请。

（七）经查实申请人未如实提供申请材料的不予登记，已登记的撤销其登记资格。

二、自2009年3月15日起，已登记的境外供货企业进口棉花，收货人应向入境口岸检验检疫机构提供境外供货企业的登记证书（复印件），到货时可在目的地实施检验。

进口未登记的境外供货企业的棉花时，收货人应当在贸易合同中约定装运前检验条款，由检验检疫机构或国家质检总局指定符合要求条件的检验机构实施装运前检验，入境报检时应提供境外供货企业的基本情况及其出具的货物合格声明。到货时，检验检疫机构应在第一到货口岸实施现场开包检验。

三、国家质检总局对境外供货企业实施质量信用评估管理。根据实际到货质量和履约情况，对进口棉花境外供货企业质量信用等级实行层级名单管理，按照有关规定进行信用评估和监督管理。

四、中国香港、澳门特别行政区和中国台湾地区的棉花供货企业的登记管理按照本公告执行。

国家发展改革委、商务部关于2008年农产品进口关税配额再分配的公告

【发布单位】 国家发展改革委、商务部
【发布文号】 2008年第57号
【发布日期】 2008年8月11日

根据《农产品进口关税配额管理暂行办法》(商务部、国家发展和改革委员会令2003年第4号，以下简称《暂行办法》)、《2008年粮食、棉花进口关税配额数量、申请条件和分配原则》(国家发展和改革委员会公告2007年第62号，以下简称《分配原则》)、《2008年食糖进口关税配额申请和分配细则》(商务部公告2007年第78号，以下简称《分配细则》)中的有关规定，现将2008年农产品进口关税配额再分配的有关事项公告如下：

一、持有2008年小麦、玉米、稻谷及大米、食糖、棉花进口关税配额的最终用户，当年未就全部配额数量签订进口合同，或已签订进口合同但预计年底前无法从始发港出运的，均应将其持有的关税配额中未完成或不能完成的部分于9月15日前交还所在地的省(自治区、直辖市、计划单列市)发展改革委、商务厅(外经贸厅)。国家发展改革委、商务部将对交还的配额进行再分配。对最终用户9月15日前没有交还且年底前未充分使用的配额，国家发展改革委、商务部在分配2008年农产品进口关税配额时按比例相应扣减。

二、获得本公告第一条所列商品2008年进口关税配额并全部使用完毕(需提供进口报关单复印件)的最终用户，以及符合《分配原则》、《分配细则》中所列申请条件但在年初前分配时未申请2008年进口关税配额的新用户，可以向所在地省(自治区、直辖市、计划单列市)发展改革委、商务厅(外经贸厅)提出农产品进口关税配额再分配申请。

三、申请者需在9月1日至15日以书面形式向所在地省(自治区、直辖市、计划单列市)发展改革委、商务厅(外经贸厅)递交关税配额再分配申请。申请格式依照附件《2008年农产品进口关税配额再分配申请表》的有关规定填写。

四、各省(自治区、直辖市、计划单列市)发展改革委、商务厅(外经贸厅)对申请者的申请进行初步审核后，于9月1日开始将符合条件的申请通过农产品进口关税配额计算机管理系统分别进行申报，并于9月20日前将申请按时间顺序汇总后，以书面形式分别上报国家发展改革委、商务部。

五、国家发展改革委、商务部按照网上申报的顺序对用户交回的配额进行再分配。10月1日前将关税配额再分配的结果通知到最终用户。

当符合条件的申请数量总和小于关税配额再分配量时，每个申请者的申请均可获得满足；当符合条件的申请数量总和大于关税配额再分配量时，根据《分配原则》、《分配细则》中的有关规定，按照先来先领的原则进行再分配。

六、再分配关税配额的有效期等其他事项按照《暂行办法》、《分配原则》、《分配细则》执行。

七、小麦、玉米、稻谷及大米、棉花进口关税配额的再分配，由国家发展改革委会同商务部以及各省（自治区、直辖市、计划单列市）发展改革委组织实施；食糖进口关税配额再分配，由商务部以及各省（自治区、直辖市、计划单列市）商务厅（外经贸厅）组织实施。

附件

2008年农产品进口关税配额再分配申请表

申请企业盖章： 企业法人代表签字：

企业名称：			
申请农产品配额名称：	□ 2007年有该农产品一般贸易进口实绩者	□ 2007年有该农产品加工贸易进口实绩者	□ 2007年无该农产品进口实绩者
一般贸易	申请数量：	加工贸易	申请数量：
	报关口岸：① ②		报关口岸：① ②
企业注册地址：			
注册资本：	工商注册号：	联系电话：	
企业性质： □国有 □股份制 □民营 □外商投资			
企业类型： □生产企业 □贸易企业			
以下由生产企业填写：			
2007年企业产品及生产能力（注：棉花填纺锭数）	产品名称：	所需进口农产品名称：	
	日产量（吨）：	日需要量（吨）：	
	年产量（吨）：	年需要量（吨）：	
	该产品年销售额（万元）：		
以下由有加工贸易进口实绩的企业填写：			
2007年加工贸易配额	分配量（吨）：	2008年加工贸易配额	分配量（吨）：
	实际进口量（吨）：		已完成进口量（吨）：
以下由有一般贸易进口实绩的企业填写（不包括代理进口）：			
2007年一般贸易配额分配量（吨）：	分配量（吨）：	2008年一般贸易配额	分配量（吨）：
	实际进口量（吨）：		已完成进口量（吨）：
以下由具有粮食批发零售资格的企业填写			
2007年粮食贸易年销售额（万元）：		2007年粮食进出口额（万美元）：	
2008年粮食贸易完成销售额（万元）：		2008年粮食完成进出口额（万美元）：	
是否同意对国外和国内应询提供本企业配额申领数量 □是 □否			
授权机构审核意见：			

填表说明：1. “2007年企业产品及生产能力”：指以申请进口农产品为主要原料生产的产品及生产能力。

2. “日、年产量”及“日、年需原料量”：指企业2007年日、年产量及对进口农产品的日、年需要量。

3. 棉花申请企业在“日需要量”一栏填纺纱设备的锭数。

中国储备棉管理总公司关于收储2007年度新疆棉的公告

【发布单位】 中国储备棉管理总公司、全国棉花交易市场
【发布日期】 2008年8月19日

各新疆棉花企业：

为解决新疆棉花卖难问题，国家决定收储部分新疆棉。本次收储以轮换的方式轮入新疆2007年度生产的棉花，第一批轮入数量暂定15万吨。由中国储备棉管理总公司(以下简称“中储棉公司”)通过全国棉花交易市场(以下简称“交易市场”)竞买交易平台进行收储。现将有关事项公告如下：

一、新疆棉收储交易按有关部门批准的《2007年度新疆棉收储交易办法》和《2007年度新疆棉竞价收储办法》执行(相关办法另行发布)。

二、此次收储的新疆棉必须是2007年度新疆生产并经仪器化公证检验的锯齿细绒棉，品级要求为1至4级，长度要求为28毫米以上(含28毫米)，马克隆值要求为A级、B级和C级C2档。加工时在线回潮率应不超过8.0%，异性纤维含量低于L档(含L档)。

三、棉花包装要符合棉花包装国家标准(GB6975－2007)，其中棉包外形尺寸、重量及允许偏差符合I型棉包要求；棉包标志须符合逐包检验的棉包标志要求，每个棉包必须附有棉包条码；棉包必须使用新包布，且无污染和炸包。

四、标准级(328级)每吨按13400元(指新疆库点)和13600元(指内地库点)作为收储的最高到库价格，其它等级棉花的收储价格按照3%的品级差率、1%的长度差率计算。实际成交价格为送至中储棉公司指定仓库货场的交货价。为支持棉花质量检验体制改革，经过仪器化公证检验的新疆棉按净重结算，净重结算价格在相应等级棉花公定结算价基础上每吨加400元。

五、此次收储库点另行公告，每个指定仓库每日收储数量以交易市场公布的详细资料为准。

六、参加此次收储交易的供货方(卖方)须是交易市场交易商，且限定为在新疆登记注册的棉花企业，如果供货方不是交易市场交易商，可以申请成为交易市场交易商，也可委托现有交易市场交易商为其代理。

七、为方便新疆区内棉花企业交易，新疆棉收储交易时间暂定为2008年8月21日至2008年8月26日(包括双休日)，每日13:00开始交易，13:30开始两分钟倒计时，14:00开始1分钟倒计时，直至闭市。

八、成交后，供货方(卖方)与中储棉公司通过交易市场签订《购销合同》，交易市场见证。

九、此次收储经过仪器化公证检验的棉花不再进行质量检验，由中国纤维检验局(以下简称中纤局)确认是否符合收储质量标准，对符合要求的棉包重新称重并按净重结算。

十、供货方将棉花运到指定仓库并经过初验后，符合报验条件的由中储棉公司预付80%的货款。完成公证检验称重后，按公证检验结果据实结算。当供货方根据结算单据提供增值税发票后，中储棉公司将余款付清。

已入指定仓库但经过公证检验后不符合收储条件的棉花由供货方自行处理。

十一、为确保履约，交易市场交易商参与交易前，须在交易市场预存不少于20万元的保证金，以保证交易的进行。交易市场对交易商的保证金实行实时监控，根据成交数量按每吨500元进行实时扣划，交易商预存保证金出现赤字，交易系统自动关闭

该交易商交易终端，直到补足保证金后方可开通其交易终端。请交易商根据资金余额和预计交易数量预存足额保证金，确保交易正常进行。交易市场预存新疆棉收储竞买交易保证金账户：

名称：北京全国棉花交易市场有限责任公司

开户行：中国农业发展银行总行营业部

账号：20399990010100000038471 或

开户行：中国建设银行北京西单支行

账号：2610020422 或

开户行：民生银行金融街支行

账号：0114014170005047

汇款时请注明“新疆棉收储保证金”。

如交易商拟将存放于交易市场其它账户上的保证金划转到新疆棉收储交易保证金账户，须本单位出具同意划转的书面传真，并加盖单位公章和财务专用章。

十二、交易市场按 10 元/吨向卖方和中储棉公司分别收取成交手续费。

十三、为了让更多企业及时了解新疆棉收储交易信息，交易市场通过中国棉花信息网政策棉交易专栏发布新疆棉收储交易实时行情。

十四、为使交易商熟悉新疆棉收储竞买交易平台，交易市场将于 2008 年 8 月 20 日 13:00 开始进行模拟交易。

十五、为方便新疆交易商及时办理有关手续，新疆区内交易商可直接与交易市场新疆办事处联系办理合同确认和合同打印等事宜。

中国储备棉管理总公司

联系人：侯振武

电话：010－58519385

传真：010－58519363

全国棉花交易市场

联系人：王冰楠

业务咨询电话：010－88087079、88086619

技术咨询电话：010－88086609

保证金咨询电话：010－88087282

传真：010－88087296

新疆办事处

电话：0991－5836291

传真：0991－5827425、5822807

财政部关于印发《出疆棉移库费用补贴审核细则》的通知

【发布单位】 财政部驻新疆财政监察专员办事处

【发布文号】 财驻新监[2008]64 号

【发布日期】 2008 年 8 月 20 日

各出疆棉所有权人：

根据《财政部关于印发＜出疆棉移库费用补贴管理暂行办法＞的通知》（财建[2008]396 号）精神，财政部驻新疆维吾尔自治区财政监察专员办事处（以下简称新疆专员办）制定了《出疆棉移库费用补贴审核细则》（以下简称《细则》），经请示财政部同意，现予发布，请认真贯彻执行。

为方便各出疆棉所有权人补贴申报，保证《细则》的实施，经商有关部门同意，现就有关申报的具体事项通知如下：

一、新疆专员办授权全国棉花交易市场协助做好补贴申报电子材料的接受、汇总和出疆棉铁路移库数据库的建立等工作，全国棉花交易市场要认真负责地做好企业电子申报材料的接受、汇总、数据处理等工作，确保整个补贴审核工作的公正、规范、严密。

为提高出疆棉费用补贴审核工作效率，经财政部批准，新疆专员办授权全国棉花交易市场协助做好补贴申报电子材料的接受、汇总和出疆棉铁路移库数据库的建立等工作。为此，出疆棉所有权人完成棉花移库出疆后，要按照《细则》第五条要求，据实填写《 年度出疆棉移库费用补贴企业情况表》《 年度出疆棉移库费用补贴申报表》以及《 年度出疆棉移库费用补贴申报明细表》并制成Excel电子表格文件，在规定申报期限内将电子申报材料通过电子邮件同时发送到新疆专员办和全国棉花交易市场专设的电子信箱。为保证电子表格的及时送达，请各出疆棉所有权人在发送电子邮件时在邮件主题栏目注明“移库补贴”字样，并在发送邮件的工具栏标注“请求阅读回执”。新疆专员办和全国棉花交易市场在收到各出疆棉所有权人的电子邮件后通过确认“请求阅读回执”给予确认。

为使企业提供的电子表格能够顺利导入出疆棉铁路移库数据库，避免差错，请各出疆棉所有权人按照《细则》附表3的表格固定格式及有关说明填写项目，请勿擅自更改。

电子邮件主题请注明“移库补贴和单位名称”字样。

新疆专员办联系地址：乌鲁木齐市民主路42号世纪大厦11楼1106房间；邮政编码：830002。联系人：郭云；联系电话：2335160；电子信箱地址：xjzyb@cnce.com。

全国棉花交易市场联系地址：北京西城区金融大街33号通泰大厦B座12层；邮政编码：100140；联系人：郭建丰、胡耀群；联系电话：010－88087283、88087285；电子信箱地址：2007@cnce.com。

二、新疆专员办授权中国棉花信息网和中国棉花协会网站作为出疆棉移库费用补贴政策的发布平台

为了企业能够了解补贴审核工作有关情况，并及时向新疆专员办反映补贴申报过程中的问题，新疆专员办授权中国棉花信息网（http://www.cottonchina.org）和中国棉花协会网站（http://www.china－cotton.org）作为出疆棉移库费用补贴相关信息的发布平台。中国棉花信息网和中国棉花协会网站要在网站醒目位置设立专栏，专门发布经新疆专员办授权同意的有关通知及相关信息，满足企业了解政策的需要。

出疆棉移库费用补贴审核细则

第一章 总 则

第一条 为规范出疆棉移库费用财政补贴资金申报审核工作，财政部驻新疆维吾尔自治区财政监察专员办事处（以下简称新疆专员办）根据《财政部关于〈出疆棉移库费用补贴管理暂行办法〉的通知》（财建[2008]396号），制定本细则。

第二章 申报补贴范围和标准

第二条 本细则规定的申报补贴具体范围和对象为：

一、2007－2010年度新疆区内生产且通过铁路运输移库出疆的棉花；

二、实际承担铁路运费的，拥有出疆棉所有权的棉花收购加工企业、棉花经营企业和纺织企业（以下简称出疆棉所有权人）。

在新疆重新加工并打包移库的进口棉以及非新疆区内生产的国产棉花不享受移库费用补贴政策。

第三条 符合国家规定标准的出疆棉，不分品级和长度，中央财政每吨定额补贴400元。

第三章 申报时间和内容

第四条 出疆棉所有权人提交出疆棉移库费用补贴材料的申报期为每年的6月1日至9月10日。当年出疆棉移库费用补贴申请以截至次年8月31日办理完成出疆铁路运输货运手续为限。超过规定期限，新疆专员办原则上不再受理上一棉花年度出疆棉移库费用补贴申请，出疆棉所有权人可于下一年度申报期限内提出补贴申请。

第五条　出疆棉所有权人完成棉花移库出疆后，要据实填写《年度出疆棉移库费用补贴企业情况登记表》(详见附件1)和《年度出疆棉移库费用补贴申报表》(详见附件2)、《年度出疆棉移库费用补贴申报明细表》(详见附件3)并制作EXCEL电子表格，在规定申报期限内通过电子邮件发送至新疆专员办对外公布的专用电子信箱。新疆专员办收到电子表格后予以确认。

第六条　申报出疆棉移库费用补贴的企业需向新疆专员办提供以下证件、单据和凭证的复印件：

一、通过购销行为取得出疆棉所有权的企业：企业工商登记、企业税务登记、棉花购销合同、增值税发票、棉花加工码单、铁路货票、检验证书。

二、没有发生购销行为而将棉花移库到内地的出疆棉所有权企业：企业工商登记、企业税务登记、棉花加工码单、铁路货票、检验证书、异地存放的仓储合同、入库凭证(通过全国棉花交易市场的，提供商品棉仓单)。没有增值税发票的，应提交对应卖方提供的普通营业发票和所在地税务部门提供的不能开具增值税发票的证明。

出疆棉所有权人应在向新疆专员办提供的每一份证件、单据和凭证的复印件上加盖企业公章，以证明提供的复印件与原件一致，且真实、合法、有效，同时，应按出疆棉移库费用补贴申报明细表的顺序将单据、凭证的复印件装订成册，便于核查。

第七条　隶属一个集团公司的出疆棉所有权人，出疆棉移库出疆费用补贴由总公司汇总后统一申报。

第四章　审核方式和程序

第八条　新疆专员办在审核过程中，如果发现某批次棉花的所有权关系不清，或有两户以上企业对同批次棉花提出补贴申请，则需要相关企业之间自行协商，通过协议约定其中一户企业作为补贴申报主体，连同双方约定的协议提交给新疆专员办。

第九条　新疆专员办实行主办处室经办人员初审、稽核人员复审、处领导确认、分管办领导签字的四级审核程序。根据出疆棉所有权人报送的必要资料，新疆专员办对出疆棉移库费用补贴进行审核，审核无误后在有关审核表上签字盖章，并汇总形成审核报告，于每年9月底前报送财政部。

第十条　新疆专员办认为有必要，可要求有关部门、单位和企业提供必要的资料原件接受现场核查，并延伸检查相关单位。

第五章　监督及处罚

第十一条　申报出疆棉移库费用补贴的出疆棉所有权企业应据实填写有关表格，并按要求提供有关证明材料。对违规申报和填报虚假表格或伪造凭据的，一经查实，新疆专员办建议财政部取消补贴资格，收回补贴资金，并按照《财政违法行为处罚处分条例》(国务院令第427号)进行处理。

第六章　附　则

第十二条　为了提高出疆棉移库费用补贴审核工作效率，避免重复申报和虚假申报，全国棉花交易市场和乌鲁木齐铁路局等有关单位要积极配合新疆专员办建立出疆棉铁路移库数据库，并协助做好有关单据、凭证的信息汇总和数据处理工作。

第十三条　为规范移库行为，避免出疆棉所有权身份确认方面的纠纷，鼓励出疆棉所有权人将其拥有的新疆棉通过全国棉花交易市场规范监管和移库。

第十四条　为了帮助出疆棉所有权人能够了解补贴审核工作有关情况，新疆专员办授权有关单位在指定的网站上建立出疆棉移库费用补贴专栏。

第十五条　本细则由新疆专员办负责解释。

第十六条　本细则自印发之日起执行。

附件 1

年度出疆棉移库费用补贴企业情况表

<table>
<tr><td>企业全称</td><td colspan="5"></td></tr>
<tr><td>企业类型</td><td colspan="5">□ 棉麻企业　□ 纺织企业　□ 其它</td></tr>
<tr><td>注册资金(万元)</td><td colspan="2"></td><td>主营业务收入(万元)</td><td colspan="2"></td></tr>
<tr><td>法定代表人</td><td></td><td>联系电话</td><td></td><td>手机</td><td></td></tr>
<tr><td>业务联系人</td><td></td><td>联系电话</td><td></td><td>手机</td><td></td></tr>
<tr><td>邮政编码</td><td></td><td>传真</td><td></td><td>电子邮件</td><td></td></tr>
<tr><td>通讯地址及收件人</td><td colspan="5"></td></tr>
<tr><td rowspan="2">基本户</td><td>开户银行</td><td colspan="4"></td></tr>
<tr><td>账号</td><td colspan="4"></td></tr>
</table>

企业法人签字：　　　　　　　　　　单位(公章)

附件 2

年度出疆棉移库费用补贴申报表

申报企业：　　　　　　(盖章)

<table>
<tr><td rowspan="2">新疆铁路发站</td><td colspan="2">“出疆棉”所有权申报</td><td colspan="2">财政监察专员办事处审核意见</td></tr>
<tr><td>铁路移库“出疆棉”数量(吨)</td><td>申报补贴金额(万元)</td><td>铁路移库“出疆棉”数量(吨)</td><td>同意申报补贴(万元)</td></tr>
<tr><td>合计</td><td></td><td></td><td></td><td></td></tr>
</table>

财政监察专员办事处(签章)

附件 3

年度出疆棉移库费用补贴申报明细表

申报企业： 企业组织机构代码：

识别码(帮助)： 盖 章 企业登记所在省(区、直辖市)：

序号	收购加工码单						棉花质量检验证书						增值税发票					乌鲁木齐铁路局货票									移库仓储						账务
	棉花产地	加工单位	批号	件数	公定重量	加工日期	质检证编号	出证单位	签证日期	批号	件数	公定重量	票号	批号	票联名称	开票日期	数量（吨）	货票号	批号	票联名称	托运人名称	收货人名称	发站	到站	承运日期	件数	仓储合同号	入库单号	批号	实收件数	数量（吨）	入库日期	会计凭证号

备注：1. 一个棉花批号请填写一行，棉花产地指新疆某县或兵团某团场，加工单位填写规范全称。

2. 铁路货票栏、增值税发票栏和移库仓储栏内的棉花批号由申报企业根据运输、销售和移库实际情况据实填写。

3. 没有仓储合同号和入库单号的，可填写是否有仓储合同和入库单，有用“有”表示，没有用“无”表示。

4. 表中每栏数据原则上必须一一对应，不一致的必须用加盖公章的文字材料予以说明。

中国储备棉管理总公司关于发布2007年度新疆棉收储有关办法的公告

【发布单位】 中国储备棉管理总公司、全国棉花交易市场

【发布日期】 2008年8月20日

各新疆棉花企业：

为解决新疆棉花卖难问题，国家决定收储部分新疆棉。本次新疆棉收储交易按有关部门批准的《2007年度新疆棉收储交易办法》（附件1）和《2007年度新疆棉竞价收储办法》（附件2）执行。中国储备棉管理总公司根据收储情况确定收储库点，现公布第一批收储库点。有需要申请成为交易商的企业请参照《全国棉花交易市场交易商申请程序》（附件3）办理。

附件1

2007年度新疆棉收储交易办法

第一章 总 则

第一条 为保证新疆棉按照公开、公正、公平的原则通过市场方式收储，根据《中华人民共和国合同法》及国家有关部门规定，制订本办法。

第二条 新疆棉收储是指由中国储备棉管理总公司（以下简称“中储棉公司”）按照国家有关部门公布的收储价格，通过全国棉花交易市场（以下简称“交易市场”）的新疆棉收储交易系统发布购棉邀约，由有交货能力的卖方自主减价，最终以最低卖价成交并签订《国家储备棉购销合同》，交易市场作为第三方见证，在中储棉公司指定仓库货场交货的交易方式。

收储的新疆棉必须是2007年在新疆生产的并经仪器化公证检验的锯齿细绒棉。

中储棉公司指定仓库于交易前由交易市场对外发布。

第三条 参与新疆棉收储交易的企业必须是交易市场交易商，且工商注册地在新疆自治区内。如果不是交易市场交易商，可以申请成为交易市场交易商，也可委托交易市场交易商代理交易。

第四条 申请成为交易市场交易商必须符合以下条件：

一、经国家工商行政管理部门登记注册的企业法人；

二、棉花收购、加工、经营企业；

三、具备一般纳税人资格。

第五条 新疆棉收储交易时间为2008年8月21日至2008年8月26日（包括双休日），每日13:00开始交易，13:30开始两分钟倒计时，14:00开始1分钟倒计时，直至闭市。如有变化，以交易市场发布的公告为准。

第二章 品种、质量、计量和计价单位

第六条 新疆棉收储的交易品种为328级锯齿细绒棉，卖方报价为送至中储棉公司指定仓库货场

的公定重交货价格。实际成交价格和货款根据公证检验结果据实结算。

第七条 所有收储的新疆棉均须符合棉花质量检验体制改革要求并已经过仪器化公证检验，不再进行品级检验，收储时由中国纤维检验局（以下简称中纤局）确认是否符合收储质量标准，对符合要求的棉包重新称重并按净重结算。

第八条 合同交易的计量单位为“吨”，合同交易的计价单位为“元/吨”（含税），交易商每次减价的最小变动单位为10元/吨。

第三章 新疆棉收储交易的程序

第九条 新疆棉收储交易的程序：

（一）交易市场通过新疆棉竞买交易系统发布中储棉在各指定仓库接货的最高买价和数量，并根据中储棉公司预存保证金数额核定其最大购买数量权限。

（二）卖方参与交易前向交易市场交纳一定数额的保证金，经交易市场确认后获得卖出数量权限，然后通过新疆棉竞买交易系统对中储棉公司在各指定仓库的买价予以自主减价。

（三）上述交易指令输入交易系统并经确认后即为有效指令，自动计时存档。

（四）新疆棉竞买交易实行“倒计时”制度，并按倒计时结束时最低卖价成交。

（五）交易市场根据买卖双方成交结果生成经国家工商行政管理部门登记备案的《国家储备棉购销合同》，中储棉公司和卖方在3个工作日内签订，交易市场见证，并具有法律效力。

（六）卖方在竞价成交后3个工作日内未签订合同的视为违约，交易市场将按违约进行处理。

第十条 卖方和中储棉公司各自对其通过交易市场新疆棉收储交易系统发出的“邀约”指令承担全部经济和法律责任。

第十一条 卖方之间不得串通交易，不得串通操纵成交价格，误导价格走势。对违反此规定的交易商，交易市场有权视情节轻重分别给予口头警告、书面警告、暂停交易、终止交易商资格等处罚。

第四章 保证金和手续费

第十二条 交易市场于交易前向买卖双方收取保证金。中储棉公司的保证金根据其收储数量核定，卖方于交易前需在交易市场指定账户存放不少于人民币20万元的保证金。

保证金是指卖方和中储棉公司按照交易市场规定标准交纳的资金，专门用于新疆棉收储交易的履约保证。

第十三条 交易过程中，如交易商保证金不足，将不能发出“邀约”指令。

第十四条 成交后，交易市场分别向成交双方一次性暂扣500元/吨保证金作为履约保证。

第十五条 交易市场可根据价格行情的变化，对买卖双方一次性暂扣的履约保证金标准进行调整，并至少提前三天公布。

第十六条 交易市场凭中储棉公司出具的《新疆棉入库通知单》释放卖方交易保证金。

第十七条 交易市场凭中储棉公司出具的《资金收支审批单》释放其保证金。

第十八条 交易市场按10元/吨（含税）分别向成交双方收取交易手续费。

第十九条 除非法律或有管辖权的法院、法庭、仲裁庭或行政主管机关明确要求，交易市场负有为交易商交易资料保密的责任。

第五章 交货流程及货款结算

第二十条 中储棉公司确定若干指定仓库作为交易双方的交货库。成交棉花由卖方负责运输，在运达指定仓库货场前的一切费用由卖方自行承担。

第二十一条 卖方送至中储棉公司指定仓库棉花要提供完整、清晰的码单和证书，做到货证同行。经仪器化公证检验的棉花还需提供每包棉花的小样及条码。卖方需按照中纤局要求填制《申报入储公证检验表》并将电子版一并交承储库。

第二十二条 仪器化公证检验的棉花需组批交货，在新疆交储的每批数量为93包或者186包

(允差幅度为±5%),在内地交储的每批数量不少于80包。平均包重227公斤(允差幅度为±10公斤)。

第二十三条 棉包包装、包型要符合棉花包装国家标准(GB 6975－2007)规定,且必须使用新包布。棉包刷唛要按照"GB1103－2007 棉花 细绒棉"国家标准,做到内容齐全、字迹清晰。仪器化公证检验棉花每批包身刷唛的批号要一致。

第二十四条 卖方棉花入库前或入库过程中炸包、散包件数小于总件数3%,可以正常入库,但卖方应负责按原件数给予复包,相应费用由卖方自行承担。如难以按原件数复包的,相应剔除,由卖方自行处理。

第二十五条 卖方须接到中储棉公司通知后方可在规定时间内办理入库手续。如卖方未按规定期限送货而造成指定仓库接货延迟的,相应损失由卖方自行承担。

第二十六条 卖方在中储棉公司规定的最后期限仍未将棉花运至指定仓库的,交易市场从卖方保证金中每超过1天扣减每吨50元作为违约金,直至扣完为止,合同不再执行。

第二十七条 经仪器化公证检验的新疆棉在指定仓库交货时的实际货款计算公式为:{[成交价×(1±等级差率)]+400元}×每包净重。

卖方运至中储棉公司指定仓库的实际数量与其卖出邀约数量相比,相差幅度在10%以内时据实结算。短重超过10%部分,按500元/吨扣减卖方货款作为违约金;溢重部分中储棉公司可与卖方协商处理。

第二十八条 入库棉花露白数不超过该批总件数10%的可以入库,由承储库负责整理,卖方需承担相应整理费用。

第二十九条 出现下列情况之一的棉花不符合收储条件,如已运到指定仓库货场,由卖方自行处理:

1. 品级低于4级;
2. 长度级低于28毫米;
3. 马克隆值级为C级C1档;
4. 含杂率超过2.5%;
5. 加工时在线回潮率超过8.0%;
6. 异性纤维含量超过L档;
7. 炸包、散包件数占总件数超过3%;
8. 露白棉包包数占总包数超过10%;
9. 货证不符的,棉包没有条码或条码不符的;
10. 严重污染、霉变、水残、雨淋的;
11. 混有地脚棉、回收棉等。

第三十条 卖方棉花出现掺杂使假,按国家有关规定处理。

第三十一条 卖方已经过仪器化公证检验的棉花运至中储棉公司指定仓库,由中储棉公司初验合格后向中国纤维检验局报验。

中国纤维检验局应在接到申报后在3个工作日内安排相应纤维检验机构入库公检,并在现场检验完成后2个工作日内将检验结果反馈给中储棉公司和卖方。

第三十二条 由中国纤维检验局负责(以下简称中纤局)确认是否符合收储质量标准和包装要求,对符合要求的棉包重新称重并按净重结算。

第三十三条 公证检验结果作为卖方提供的棉花是否符合交货条件的标准,卖方和中储棉公司按中纤局出具的检验结果结算货款。

第三十四条 到库棉花经过中储棉公司初验后,合格部分按初验数量和合同单价预付80%货款,公证检验完成后,中储棉公司根据《国家储备棉购销合同》和《储备棉公证检验证书》出具《储备棉货款结算表》,卖方按结算表所示金额提供增值税发票,中储棉公司于收到增值税发票3个工作日内向卖方付清余款。

第三十五条 新疆棉收储交易和交货过程中所有票据的合法性和有效性由提供方负责。

第三十六条 卖方应在收到中储棉公司《储备棉货款结算表》后即向中储棉公司开具增值税专用发票。

第六章 质量保障和纠纷处理

第三十七条 收储的新疆棉由中国纤维检验局按照有关规定实施公证检验,并出具相应的公证检验证书。公证检验结果作为卖方提供的棉花是否符合交货条件的标准。卖方和中储棉公司按公证检验证书出具的检验结果结算货款。

第三十八条 实际交货过程中，如卖方提供的棉花质量、数量不符合入储原则，无论棉花是否已运至中储棉公司指定仓库，均由卖方自行处理。

第三十九条 买卖双方如对公证检验结果有异议的，按照《棉花质量监督管理条例》的规定向中国纤维检验局提出复检申请，中国纤维检验局按照规定程序进行复检，双方按照复检结果结算；对复检结论仍有异议的，可以申请仲裁或依法向人民法院提起诉讼。

第四十条 公证检验不符合收储条件的棉花，由卖方在收到《储备棉货款结算表》10 个工作日内将中储棉公司预付的货款退回，棉花自行移库，并承担到库后发生的各项费用。超过 10 个工作日仍未退款的，中储棉公司有权将该批棉花通过交易市场公开拍卖，所得货款用于冲抵中储棉公司预付货款、入库费用、超期保管费、保险费等相关费用，如有余款，退还卖方。

第四十一条 卖方在中储棉公司《国家储备棉预入库通知》规定的最后期限仍未将棉花运至指定仓库的，每超过 1 天，扣减卖方 50 元/吨作为违约金，直至扣完为止。如卖方预扣保证金全部扣完而仍没有将成交棉花运至指定仓库货场，按卖方违约处理，合同不再执行。

第四十二条 中储棉公司应在规定时间内及时给卖方付款。超过期限仍未付款的，每超过 1 个工作日，中储棉公司按应付金额的同期贷款利息的双倍给予卖方补偿；超过规定期限 7 个工作日，中储棉公司仍未能付款，则按三倍利息给予补偿，直至货款付清为止。

第四十三条 合同违约，交易市场按 500 元吨将违约方的违约金支付给另一方。

第七章 附 则

第四十四条 交易市场有权根据国家有关部门指示对本办法有关规定作出调整。所有调整以交易市场公告形式对外发布。

第四十五条 本办法由交易市场负责解释和修订。

第四十六条 本办法自国家有关部门批准之日起执行。

附件 2

2007 年度新疆棉竞价收储办法

第一章 总 则

第一条 中国储备棉管理总公司(以下简称“中储棉公司”)为实现国家宏观调控目标，按照公开、公平、公正的原则进行储备棉竞价采购，根据国家有关部门规定，特制订本办法。

第二条 新疆棉竞价收储是指通过全国棉花交易市场(以下简称“交易市场”)交易平台竞价成交，经交易市场见证。

第三条 中储棉公司作为储备棉竞买业务的买方，棉花交售企业作为卖方，卖方必须符合以下条件：

(1)经国家工商行政管理部门登记注册的企业法人，且注册地在新疆自治区内；

(2)棉花收购、加工、经营企业；

(3)具备一般纳税人资格。

第四条 采购的储备棉需经中国纤维检验局(以下简称“中纤局”)进行公证检验。

第五条 此次收储的新疆棉必须是 2007 年新疆生产，并经仪器化公证检验的锯齿细绒棉。

第二章 采购程序

第六条 中储棉公司根据国家有关部门规定的收储要求，通过中国棉花信息网、中国棉花网等媒体对外发布公告。

第七条 中储棉公司通过交易市场每日发布采购指定仓库、最高到库价和数量。买卖双方根据交易规则向交易市场预存一定数量的保证金。

保证金是指买、卖双方按照交易市场规定标准交纳的资金，专门用于储备棉收储交易的履约保证。

第八条 储备棉竞价采购是按照国家有关部门公布的收储价格通过交易市场"竞价交易系统"竞价采购，卖方自主减价，最终以最低卖价成交，并签订《国家储备棉购销合同》，交易市场做第三方见证。

第九条 中储棉公司确定若干指定仓库作为交货仓库。成交棉花由卖方负责运输，在运达指定仓库货场前的一切费用由卖方自行承担。

第十条 成交价为标准级(328级)锯齿细绒棉送至中储棉公司指定仓库货场的交货含税价格。

第十一条 竞买结束后，中储棉公司根据实际成交数量，按照国家相关规定和标准向交易市场支付交易手续费。

第十二条 除非法律或有管辖权的法院、法庭、仲裁庭明确要求，交易市场负有为交易双方资料保密的责任。

第三章 合同的签订

第十三条 储备棉采购交易使用经国家工商行政管理部门登记备案的《国家储备棉购销合同》，并具有法律效力。竞价采购成交后，卖方与中储棉公司签订《国家储备棉购销合同》，交易市场加盖见证章。

第十四条 卖方在竞价成交后3个工作日未签订合同的视为违约，交易市场将按违约进行处理。

第四章 交货流程及入库初验

第十五条 签订《国家储备棉购销合同》后，中储棉公司根据成交先后顺序和承储库每日接收能力制定入库计划，根据入库计划为卖方开具《预入库通知书》，卖方在规定期限内将交售棉花均衡发运至指定仓库。

第十六条 卖方接到中储棉公司《预入库通知书》后，方可在规定时间内办理入库手续。如卖方未按规定期限送货而造成指定仓库接货延迟的，相应损失由卖方自行承担。

第十七条 卖方在《预入库通知书》规定的最后期限仍未将棉花运至指定仓库的，交易市场从卖方保证金中每超过1天扣减每吨50元作为违约金，直至扣完为止，合同不再执行。

第十八条 卖方运至中储棉公司指定仓库的棉花要提供完整、清晰的公证检验证书，做到货证同行。经仪器化公证检验的棉花还需提供每包棉花的小样及条码。卖方需按照中纤局要求填制《申报入储公证检验表》并将电子版一并交承储库。

第十九条 仪器化公证检验的棉花需组批交货，在新疆交储的每批数量为93包或者186包(允差幅度为±5%)，在内地交储的每批数量不少于80包。平均包重227公斤(允差幅度为±10公斤)。

第二十条 棉包包装、包型要符合棉花包装国家标准(GB 6975－2007)规定，且必须使用新包布。棉包刷唛要按照"GB1103－2007棉花细绒棉"国家标准，做到内容齐全、字迹清晰。仪器化公证检验棉花每批包身刷唛的批号要一致。

第二十一条 出现下列情况之一的棉花不符合收储条件，如已运到指定仓库货场，由卖方自行处理：

(1)品级低于4级；
(2)长度级低于28毫米；
(3)马克隆值级为C级C1档；
(4)含杂率超过2.5%；
(5)加工时在线回潮率超过8.0%；
(6)异性纤维含量超过L档；
(7)炸包、散包件数占总件数超过3%；
(8)露白棉包包数占总包数超过10%；
(9)货证不符的，棉包没有条码或条码不符的；
(10)严重污染、霉变、水残、雨淋的；
(11)混有地脚棉、回收棉等。

第二十二条 卖方棉花入库前或入库过程中发现炸包、散包件数小于该批总件数的3%，可以正常入库，但卖方应负责按原件数给予复包，相应费用由卖方自行承担。如难以按原件数复包的，相应剔除，由卖方自行处理。

第二十三条　入库棉花露白件数不超过该批总件数10%的可以入库，由承储库负责整理，卖方需承担相应整理费用。

第二十四条　入库棉花发现污染、霉变、水残、水渍等异常情况棉花件数小于该批总件数5%的，剔除异常棉包后可以正常入库和初验；大于5%的，该批棉花不得入库和初验。

第二十五条　到库棉花经过中储棉公司初验后，合格部分按初验数量和合同单价预付80%货款。不符合收储条件的棉花，由卖方在10个工作日内将棉花自行移库，并承担到库后发生的各项费用。卖方未能在规定期限内移库，由承储库负责为其投保，相关费用由卖方承担。

第二十六条　交易市场凭中储棉公司的书面通知释放或退还卖方履约保证金。

第五章　公证检验和纠纷处理

第二十七条　由中国纤维检验局负责(以下简称“中纤局”)确认是否符合收储质量标准和包装要求，对符合要求的棉包重新称重并按净重结算。

第二十八条　中储棉公司初验合格后将报验单和公证检验证书等材料向中纤局报验和承检机构报验。

第二十九条　中纤局接到申报后3个工作日内安排相应纤维检验机构入库公检，并在现场检验完成后2个工作日内将检验结果反馈给中储棉公司和供货方。

第三十条　公证检验结果作为卖方提供的棉花是否符合交货条件的标准，卖方和中储棉公司按中纤局出具的检验结果结算货款。

第三十一条　买卖双方如对公证检验结果有异议的，按照《棉花质量监督管理条例》的规定向中国纤维检验局提出复检申请，中国纤维检验局按照规定程序进行复检，双方按照复检结果结算；对复检结论仍有异议的可以申请仲裁或依法向人民法院提起诉讼。

第三十二条　卖方棉花出现掺杂使假由中纤局按照按国家有关规定进行处理。

第六章　货款结算

第三十三条　仪器化公证检验的棉花在指定仓库交货时的实际货款计算公式为：[成交价×(1±等级差率)+净重结算补贴]×每包净重。

第三十四条　品级和长度差率按有关规定执行。

第三十五条　中储棉公司根据《国家储备棉购销合同》和《储备棉公证检验证书》出具《储备棉货款结算表》并传真卖方。卖方按《储备棉货款结算表》所示金额开具增值税发票，中储棉公司于收到增值税发票3个工作日内向卖方付清余款。

第三十六条　公证检验不符合收储条件的棉花，由卖方在收到《储备棉货款结算表》10个工作日内将中储棉公司预付的货款退回后，棉花自行移库处理，并承担到库后发生的各项费用。超过10个工作日仍未退款的，中储棉公司有权将该批棉花通过交易市场公开拍卖，所得货款用于冲抵中储棉公司预付货款、入库费用、超期保管费、保险费等相关费用，如有余款，退还卖方。

第三十七条　中储棉公司应在规定时间内及时给卖方付款。超过期限仍未付款的，每超过1个工作日，中储棉公司按应付金额的同期贷款利息的双倍给予卖方补偿；超过规定期限7个工作日，中储棉公司仍未能付款，则按三倍利息给予补偿，直至货款付清为止。

第三十八条　卖方运至中储棉公司指定仓库的实际数量(公检合格的)与其卖出邀约数量相比，相差幅度在10%以内时据实结算。短重超过10%部分，按500元/吨扣减卖方货款作为违约金；溢重部分中储棉公司可与卖方协商处理。

第三十九条　交易市场在竞价采购工作结束15个工作日内将履约保证金和卖方违约金一并退回中储棉公司。

第七章 附 则

第四十条 中储棉公司有权根据国家有关部门规定对本办法相关规定作出调整，所有调整将以公告形式对外发布。

第四十一条 本办法由中储棉公司负责解释和修订，自发布之日起执行。

附件 3

全国棉花交易市场交易商申请程序

要在全国棉花交易市场进行交易，须取得交易商资格。

1. 全国棉花交易市场交易商资格的必备条件：

(1)经工商行政管理部门登记注册的企业法人；

(2)棉花收购、加工、经营企业，纺织用棉企业；

(3)具备一般纳税人资格。

2. 交易商资格办理流程

流　　程	负责部门	联系电话	传　真
• 递交《交易商资格登记表》、《交易员授权书》、《资金调拨人授权书》和签订好的一式两份《入市协议》。 • 提供交易员 1 寸免冠照片 2 张、交易员和法人的身份证复印件、企业营业执照副本复印件、一般纳税人资格证明复印件。	交易部	010－88087013 010－88087042	010－88087129

注：1. 申请企业须交纳交易商资格费 5 万元(长期)或 1 万元(一年一交)。

2. 入市后凭远程交易加密卡和交易软件进行交易。

3. 向交易市场指定账户汇入资金，资金到账即可交易。

4. 全国棉花交易市场交易部和新疆办事处(联系电话：0991－5836291、5824722)可代办以上手续。

中国储备棉管理总公司关于发布《2007 年度收储新疆棉公证检验实施方案》的公告

【发布单位】 中国储备棉管理总公司、全国棉花交易市场

【发布日期】 2008 年 8 月 29 日

经国务院批准，国家发改委等有关部门研究决定，由中国储备棉管理总公司通过全国棉花交易市场收储 2007 年度生产并经过仪器化公证检验的新疆棉补充国家储备。收储工作中，公证检验实施将按照《2007 年度收储新疆棉公证检验实施方案》有关规定执行。

附件 1

2007 年度收储新疆棉公证检验实施方案

经国务院批准，国家发改委等有关部门研究决定，由中国储备棉管理总公司（以下简称“中储棉公司”）通过全国棉花交易市场收储 2007 年度生产并经过仪器化公证检验的新疆棉补充国家储备，为做好国储棉收储公证检验工作，特制定本实施方案。

一、收储工作相关要求

（一）收储时间和检验方式

1. 中储棉公司通过全国棉花交易市场公开竞价的方式采购国储棉，拟交储棉花必须是 2007 年度生产的国产锯齿细绒棉，交储方须为新疆注册棉花企业。收储时间：自公告发布之日起至 8 月 31 日。

2. 中国纤维检验局（以下简称“中纤局”）负责组织承检机构在中储棉公司指定仓库对拟交储棉花仪器化品质检验结果进行核查，并对其重量进行检验。

3. 中储棉公司根据国家发改委等有关部门确定的收储标准和收储价格，对承检机构核查的符合收储质量标准和包装组批要求的棉花按承检机构重新称重的净重结果结算，核查及检验工作在中储棉公司指定仓库进行。

（二）收储的质量要求

1. 产地及生产年度：新疆 2007 年度生产的并经过仪器化公证检验的锯齿细绒棉。

2. 品级：公证检验后的棉花品级达到一至四级予以收储。

3. 长度级：28mm 及以上。

4. 马克隆值级：A 级、B 级或 C 级 C2 档。

5. 回潮率：加工时在线回潮率不超过 8.0%。

6. 异性纤维：异性纤维含量低于 L 档（含 L 档）。

（三）其他要求

1. 中储棉公司将从网上竞卖成交的国储棉通过全国棉花交易市场与卖方签定购销合同，中储棉公司负责对拟收储的棉花进行核对和外观检查，不符合收储规定要求的，不申报公证检验并不予收储。

2. 中储棉公司验收合格并申报公证检验的棉花应有完整、清晰的批次仪器化公证检验证书，货证同行。

3. 棉花包装要符合国家标准（GB/T 6975－2007），其中棉包外形尺寸、重量及允许偏差应符合Ⅰ型棉包要求；棉包标志须符合逐包检验的棉包标志要求，每个棉包必须附有条码卡。

4. 拟交储棉花按每批不低于 80 包组批申报公证检验，在新疆交储的每批数量为 93 包或者 186 包（允差幅度为±5%，88－98 包或 177－195 包），在内地交储的每批数量不少于 80 包。

5. 棉包必须使用新包布，且无污染、炸包，炸包、散包件数不超过该批总件数 3%的，可以申报公证检验，卖方应按原件数给予复包，并承担相应费用；露白件数不超过该批总件数 10%的，可以申报公证检验，由仓库负责整理，卖方承担相应费用。超过的中储棉公司不再申报公证检验和收储。

6. 棉包悬挂的条码卡要完整，内容要清晰可辨。

二、相关单位职责

（一）中储棉公司职责

1. 中储棉公司负责组织人员对竞卖成交的棉花进行验收，验收合格向承检机构申报公证检验并提供仪器化公证检验证书。

验收工作包括：(1)对拟交储的棉花进行外包装检查，核对货证是否一致；(2)为便于中储棉公司抽查棉花质量，拟交储的棉花须包包附带条码卡、加工企业留样（含条码卡小标签）；(3)中储棉公司在对外观、包装等检查的同时，也可依据留样判断棉花品级是否符合收储要求，如不符合要求可直接剔除。

2. 为提高工作效率，验收合格后中储棉公司或仓库直接向各库承检机构申报公证检验，并以产权单位、合同号为单位申报。承检机构负责将报验单报中纤局。

报验内容包括：报验日期、合同编号、批号、产地、加工企业名称、加工企业代码、件数、重量、产权单位、交付仓库、联系人及联系方式。产权单位须同时向中储棉公司提供拟交储棉包条码明细表。

3. 中储棉公司各仓库工作人员（以下简称“中储公司工作人员”）负责向承检机构提供完整、清晰仪器化公证检验证书。

4. 为便于公证检验工作安排，中储棉公司负责向中纤局提供此次收储的仓库名称、地址、联系人及联系方式，同时提供参与此次收储工作的中储棉公司工作人员的名单、联系方式及该人员负责工作，中纤局据此汇总生成《2007 年度收储新疆棉通讯录》下发相关单位。

5. 中储棉公司有权对入库棉花通过留样或开包方式进行抽查，如对质量有异议可向中纤局申请复检，复检结果作为结算依据。

（二）中纤局职责

1. 中纤局接到中储棉公司提供的已签订合同的准确入库数量后，负责组织有关承检机构，按规定要求完成入库公证检验工作，做到棉花随报验随检验，确保结算效率。

2. 中纤局负责给相关承检机构提供《2007 年度国储棉收储新疆棉公证检验工作要求》、《2007 年度收储新疆棉通讯录》、报验单、2007 年度新疆棉仪器化公证检验数据、专用软件、进度要求及相关电子版文书等。

3. 中纤局负责跟踪承检机构检验进度及检验情况，并定期提供有关部门。

4. 中纤局负责将检验中发生的新情况、新问题及时与有关部门沟通协调解决。

（三）承检机构职责

1. 承检机构接到中纤局下达任务后，要及时与中储公司工作人员、仓库联系，确定公证检验时间并及时到库检验。承检机构负责对拟收储的棉花进行品质核查及重量检验。

2. 承检机构应提前与仓库协调好开展现场检验所需的称重设备、人员搬倒及仓库所开的作业面等条件，同时做好各项准备工作。

3. 现场工作开展前承检机构应根据本次工作量成立与本次任务相适应的现场检验工作小组，指定现场负责人一名，该负责人应熟悉现场检验各环节工作内容且经验丰富，应对本次检验任务的工作质量负责。

4. 现场负责人应对小组人员合理分工，明确工作责任，确保工作质量。

（四）仓库职责

1. 仓库负责提供现场检验运作场地，配备承检机构现场检验工作的衡重设备（电子台秤、校验砝码等），衡重器材须经计量检定合格。

2. 提供能够满足现场公证检验工作进度要求的搬倒人员。

3. 仓库负责做好公证检验申报工作。

4. 仓库负责协助承检机构做好现场检验其它需要配合的工作。

三、公证检验工作流程和要求

（一）现场检验工作内容

1. 现场检验工作包括货证核对、清点件数、棉包称重，对核查符合收储要求的棉包加盖国储棉印章。

2. 承检机构须携带笔记本电脑、便携式条码扫描仪、打印机等设备开展现场检验工作。

3. 承检机构对中储棉公司验收合格的棉花按包先行扫描条码，由专用软件判断该棉包有无仪器化公检结果，其加工时在线回潮率、品级、长度、马克隆值等是否满足收储要求，经判断合格后再过磅称重，在软件中输入逐包重量结果（包括毛重、皮重），并在棉包上加盖验讫印章。不符合收储要求的不再进行重量检验。

4. 经中储棉公司认可后，承检机构可使用产权单位提供的棉包包装物称重，包装物必须完整且与交储棉包包装物一致，称重用五千克台秤由指定仓库提供且检定合格。产权单位不提供包装物的，需由中储棉公司确定皮重的获取方式和数量。

5. 仓库负责提供电子磅秤及校验砝码，承检机构每日称重前必须校准电子磅秤，确保电子磅秤处于正常状态，如有异常应及时向中储公司工作人员或仓库反馈更换。

6. 如仓库具备整车过磅条件，可以整车过磅称重，严禁混批称重，具体流程是：

将待检棉批装车称重，计算总毛重，承检机构初步判断该批单包毛重是否符合227±10公斤要求，如不符合要求整批剔除，如符合要求承检机构开始扫描条码，核查其品质检验结果，待批次所有棉包核查完后，须将不符合要求棉包重新装车称重，承检机构将合格棉包总毛重录入软件。

7. 称重时，对中储棉公司在验收时未发现污染、水渍、异味、火烧、霉变以及混入的不同批次棉包，或包装不符合标准规定的，应及时反馈中储公司工作人员剔除。

8. 称重过磅时，对符合收储要求的棉包承检机构要逐包加盖验讫印章，棉包唛头及包身各盖一个，要求字迹清晰可辨认。塑料包装棉包不加盖验讫印章。

印章内容包括：验讫标志、承检机构代码和中储棉公司英文简称（CNCRC）。印章形状为圆形，直径6cm。印章第一行内容是中国储备棉管理总公司英文名称缩写，即CNCRC，第二行内容是承检机构代码，第三行内容是验讫标志。

9. 如塑料包装的棉包扫描条码无法读取，需划开塑料包装物取出条码扫描，扫描后应将条码卡放回棉包不易丢失位置。

10. 现场核查工作结束后，承检机构即与中储公司工作人员、仓库就现场检验已结束的棉批办理交接手续。

（二）公证检验数据提供及交接

1. 现场检验结束后2个工作日内，承检机构以合同编号（批号）为单位向中储棉公司提供结果，一式两份，“入储合格棉包明细表”内容包含：条码、原仪器化公证检验结果、重量结果；“入储不合格棉包明细表”内容包含：条码、加工单位、不合格原因等，并与产权单位、中储棉公司、指定仓库现场办理数据交接手续，填写《2007年度收储新疆棉明细表交接清单》，各方签字确认，同时将检验数据报中纤局。

2. 中纤局收到数据后2个工作日内，汇总传输中储棉公司。

3. 承检机构应对录入专用软件的数据反复核对，确保无异常数据后方可提供电子数据明细表。

（三）复检

1. 中储棉公司如对棉花质量有异议，可在收到承检机构检验结果后3个工作日内向中纤局申请复检，并提交复检申请，复检样品重新抽取，中纤局指定复检机构重新抽样进行感官和仪器检验，并于抽样后5个工作日内出具复检结果。复检项目包括：品级、长度、马克隆值，复检结果作为结算依据，因复检所发生的相关费用由复检方承担。

2. 一次复检为终局复检，复检的棉花按复检结果结算，如对复检结果仍有异议可依法向人民法院提起诉讼。

3. 在线回潮率、异性纤维含量不复检。对超出规定时限提出的复检不予受理。

4. 复检结果与原检验结果一致的，由复检申请方交纳检验费，具体收费标准按国家有关规定执行；复检结果与原检验结果不一致的，免交检验费。

（四）工作质量保证措施

1. 承检机构由中纤局统一调配，实行跨地域检验，相互监督。

2. 承检机构要确保工作质量，凡遇到本方案未尽事宜必须及时向中纤局沟通汇报，以便中纤局制定统一处理措施。

3. 中纤局下达的任务数量均是中储棉公司与产权单位已签订合同数量，承检机构要严格按照中纤局下达任务数量开展检验工作，如有新增须经中纤局确认后方可对其开展检验工作。

4. 收储期间，必要时中纤局将组派技术检查组进行不定期检查，重点检查各环节公证检验工作是否符合技术规范要求，检验结果的准确可靠等。

附件

2007 年度收储经仪器化公证检验新疆棉报验单

生产年度：2007　　　　　　　　　　　　　　　　　　　　报验日期：2008 年　　月　　日

序号	合同编号	批号	产地	加工企业名称	加工企业代码	件数（包）	重量（吨）	产权单位	联系人	联系电话	指定仓库	联系人	联系电话
1													
2													
3													
4													
5													
合计													

中国储备棉管理总公司关于收储有关问题的公告

【发布单位】 中国储备棉管理总公司

【发布日期】 2008 年 9 月 5 日

各涉棉企业：

为解决新疆棉花卖难问题，国家决定收储部分新疆棉。根据国务院有关部门《关于下达 2007 年度国家储备棉收储计划的通知》（发改经贸［2008］2200号）文件精神，自 8 月 21 日至 31 日，中国储备棉管理总公司（以下简称“中储棉公司”）通过全国棉花交易市场竞买交易平台收储了部分新疆 2007 年度生产的棉花。现将有关事项公告如下：

一、关于收储 2007 年度新疆棉有关问题

1. 入库期限。交储企业接到中储棉公司《预入库通知》后要积极组织运输，在通知规定期限内办理入库手续，同时提供相关单据。如有特殊情况，应及时与中储棉公司驻库人员联系。

2. 退货时限。由于部分新疆企业对仪器化公证检验相关规定理解有误，将普通大包棉花当作仪器化公证检验的棉花交储，经请示国家有关部门同意，这些棉花将按照退货处理，以书面形式通知卖方。请供货方接到通知后按规定时间办理退货，超过规定时间后即按违约处理。

二、中储棉公司今后收储及轮换的质量标准和组批要求

为便于棉花企业以后能够严格按国家规定交售棉花，现对收储的质量标准提出如下要求：

1. 质量标准。收储的棉花必须是当年度生产并经仪器化公证检验的锯齿细绒棉，品级要求为 1 至 4 级，长度要求为 28 毫米以上（含 28 毫米），马克隆值要求为 A 级、B 级和 C 级 C2 档。加工时在线回潮率应不超过 8.0%，异性纤维含量低于 L 档（含

L档)。

2. 包装标准。棉花包装要符合棉花包装国家标准(GB6975－2007),其中棉包外形尺寸、重量及允许偏差符合Ⅰ型棉包要求;棉包标志须符合逐包检验的棉包标志要求,每个棉包必须附有棉包条码;棉包必须使用新包布,且无污染和炸包。

3. 组批要求:棉花组批应按公证检验后的品级组批,且每批为93或者186包。

中国储备棉管理总公司联系人:李晓健
电话:010－58519385
传真:010－58519363

附 录

第七部分

附录 1 主要涉棉机构通讯录

涉棉机构	通信地址	电 话
国家发展和改革委员会经济贸易司	北京市西城区月坛南街 38 号	010－68502000
财政部经济建设司	北京市西城区三里河南三巷 3 号	010－68551114
商务部对外贸易司	北京东长安街 2 号	010－65197420
农业部种植业司	北京朝阳区农展馆南里 11 号	010－64193366
农业部农村经济研究中心	北京西城区西四砖塔胡同 56 号	010－66115901
海关总署信息中心	北京建国门内大街 6 号	010－65195623
国家统计局农村司	北京市西城区月坛南街 57 号	010－68783311
国家统计局工交司	北京市西城区月坛南街 57 号	010－68782569
中国农业发展银行	北京市西城区月坛北街甲 2 号	010－68081453
中国纤维检验局	北京市东城区和平里东街 20 号	010－64235331
中国棉花协会	北京复兴门内大街 45 号主楼 7 层	010－66053900
中国棉花协会棉花加工分会	北京西直门南大街 2 号成铭大厦	010－66118607
中国棉纺织行业协会	北京东长安街 12 号	010－85229479
中国纺织品进出口商会	北京朝阳区潘家园南里 12 号楼	010－67739316
中国储备棉管理总公司	北京市西城区华远街 17 号	010－58519365
中华棉花集团有限公司	中国北京西城区(金融大街 33 号)通泰大厦 C 段 11 层	010－88086549
中棉工业有限责任公司	北京市西城区西直门内南大街 2 号成铭大厦 B1 座 10b	010－66118619
中纺棉花进出口公司	中国北京建国门内大街 19 号中纺大厦 7 层	010－85112255
中储棉花信息中心	北京市海淀区紫竹院路 116 号嘉豪国际中心 B 座 15 层	010－58931122
全国棉花交易市场	北京市西城区金融街 33 号通泰大厦 B1218	010－88086622
郑州商品交易所	河南省郑州市未来路 69 号	0371－65610069
国家棉花交易中心	安徽省合肥市新站区胜利路光大国际广场 B 座 15 层	0551－2117788

附录2　2009年中国涉棉及纺织服装行业上市公司名录

序号	上市公司名称	股票简称	股票代码	所属地区	行业类别
1	合肥丰乐种业股份有限公司	丰乐种业	000713	安徽省合肥市	农业
2	山东登海种业股份有限公司	登海种业	002041	山东省莱州市	农业
3	甘肃亚盛实业(集团)股份有限公司	亚盛集团	600108	甘肃省兰州市	农业
4	新疆冠农果茸股份有限公司	冠农股份	600251	新疆维吾尔族自治区库尔勒市	农业
5	甘肃省敦煌种业股份有限公司	敦煌种业	600354	甘肃省酒泉市	农业
6	新疆塔里木农业综合开发股份有限公司	新农开发	600359		农业
7	新疆赛里木现代农业股份有限公司	新赛股份	600540	新疆维吾尔族自治区博乐市	农业
8	新疆库尔勒香梨股份有限公司	香梨股份	600506	新疆维吾尔族自治区库尔勒市	农业
9	华联控股股份有限公司	华联控股	000036	广东省深圳市	纺织业
10	深圳市纺织(集团)股份有限公司	深纺织 A	000045	广东省深圳市	纺织业
11	石家庄常山纺织股份有限公司	常山股份	000158	河北省石家庄市	纺织业
12	江苏吴江中国东方丝绸市场股份有限公司	东方市场	000301	江苏省吴江市	纺织业
13	广东锦龙发展股份有限公司	锦龙股份	000712	广东省清远市	纺织业
14	鲁泰纺织股份有限公司	鲁泰 A	000726	山东省淄博市	纺织业
15	兰州三毛实业股份有限公司	ST 派神	000779	甘肃省兰州市	纺织业
16	华润锦华股份有限公司	华润锦华	000810	四川省遂宁市	纺织业
17	福建众和股份有限公司	众和股份	002070	福建省莆田市	纺织业
18	山东德棉股份有限公司	德棉股份	002072	山东省德州市	纺织业
19	孚日集团股份有限公司	孚日股份	002083	山东省潍坊市	纺织业
20	河南新野纺织股份有限公司	新野纺织	002087	河南省南阳市	纺织业
21	江苏新民纺织科技股份有限公司	新民科技	002127	江苏省吴江市	纺织业
22	浙江宏达经编股份有限公司	宏达经编	002144	浙江省海宁市	纺织业
23	深圳市纺织(集团)股份有限公司	深纺织 B	200045	广东省深圳市	纺织业
24	鲁泰纺织股份有限公司	鲁泰 B	200726	山东省淄博市	纺织业
25	中纺投资发展股份有限公司	中纺投资	600061	上海市上海市	纺织业
26	浙江富润股份有限公司	浙江富润	600070	浙江省诸暨市	纺织业
27	宁波维科精华集团股份有限公司	维科精华	600152	浙江省宁波市	纺织业
28	湖南华升股份有限公司	华升股份	600156	湖南省长沙市	纺织业
29	浙江金鹰股份有限公司	金鹰股份	600232	浙江省舟山市	纺织业
30	华芳纺织股份有限公司	华芳纺织	600273	江苏省张家港市	纺织业
31	江苏三房巷实业股份有限公司	三房巷	600370	江苏省江阴市	纺织业
32	华纺股份有限公司	华纺股份	600448	山东省滨州市	纺织业
33	福建南纺股份有限公司	福建南纺	600483	福建省南平市	纺织业
34	福建凤竹纺织科技股份有限公司	凤竹纺织	600493	福建省晋江市	纺织业
35	上海申达股份有限公司	申达股份	600626	上海市上海市	纺织业
36	上海龙头(集团)股份有限公司	龙头股份	600630	上海市上海市	纺织业

续表

序 号	上市公司名称	股票简称	股票代码	所属地区	行业类别
37	浙江航民股份有限公司	航民股份	600987	浙江省杭州市	纺织业
38	安徽华茂纺织股份有限公司	华茂股份	000850	安徽省安庆市	棉纺织业
39	江苏霞客环保色纺股份有限公司	霞客环保	002015	江苏省江阴市	棉纺织业
40	浙江美欣达印染集团股份有限公司	美欣达	002034	浙江省湖州市	棉纺织业
41	安徽华孚色纺股份有限公司	华孚色纺	002042	安徽省淮北市	棉纺织业
42	山东新华锦国际股份有限公司	新华锦	600735	山东省临沂市	棉纺织业
43	江苏金飞达服装股份有限公司	金飞达	002239	江苏省通州市	服装制造业
44	远东实业股份有限公司	* ST 远东	000681	江苏省常州市	服装制造业
45	中国服装股份有限公司	中国服装	000902	北京市北京市	服装制造业
46	福建七匹狼实业股份有限公司	七匹狼	002029	福建省晋江市	服装制造业
47	宁波宜科科技实业股份有限公司	宜科科技	002036	浙江省宁波市	服装制造业
48	江苏三友集团股份有限公司	江苏三友	002044	江苏省南通市	服装制造业
49	浙江报喜鸟服饰股份有限公司	报喜鸟	002154	浙江省温州市	服装制造业
50	上海美特斯邦威服饰股份有限公司	美邦服饰	002269	上海市上海市	服装制造业
51	广东雷伊(集团)股份有限公司	雷伊 B	200168	广东省普宁市	服装制造业
52	湖北美尔雅股份有限公司	美尔雅	600107	湖北省黄石市	服装制造业
53	雅戈尔集团股份有限公司	雅戈尔	600177	浙江省宁波市	服装制造业
54	大连大杨创世股份有限公司	大杨创世	600233	辽宁省大连市	服装制造业
55	上海开开实业股份有限公司	开开实业	600272	上海市上海市	服装制造业
56	内蒙古鄂尔多斯羊绒制品股份有限公司	鄂尔多斯	600295	内蒙古自治区鄂尔多斯市	服装制造业
57	凯诺科技股份有限公司	凯诺科技	600398	江苏省江阴市	服装制造业
58	江苏红豆实业股份有限公司	红豆股份	600400	江苏省无锡市	服装制造业
59	黑牡丹(集团)股份有限公司	黑牡丹	600510	江苏省常州市	服装制造业
60	上海华源企业发展股份有限公司	ST 源发	600757	上海市上海市	服装制造业
61	宁波杉杉股份有限公司	杉杉股份	600884	浙江省宁波市	服装制造业
62	内蒙古鄂尔多斯羊绒制品股份有限公司	鄂绒 B 股	900936	内蒙古自治区鄂尔多斯市	服装制造业
63	上海开开实业股份有限公司	开开 B 股	900943	上海市上海市	服装制造业
64	广东美雅集团股份有限公司	* ST 美雅	000529	广东省鹤山市	毛纺织业
65	新疆天山毛纺织股份有限公司	天山纺织	000813	新疆维吾尔族自治区乌鲁木齐市	毛纺织业
66	湖北迈亚股份有限公司	* ST 迈亚	000971	湖北省仙桃市	毛纺织业
67	宁夏中银绒业股份有限公司	中银绒业	000982	宁夏回族自治区灵武市	毛纺织业
68	山东济宁如意毛纺织股份有限公司	山东如意	002193	山东省济宁市	毛纺织业
69	江苏阳光股份有限公司	江苏阳光	600220	江苏省江阴市	毛纺织业
70	河南瑞贝卡发制品股份有限公司	瑞贝卡	600439	河南省许昌市	毛皮鞣制及制品业
71	上海海欣集团股份有限公司	海欣股份	600851	上海市上海市	皮革制品制造业
72	上海海欣集团股份有限公司	海欣 B 股	900917	上海市上海市	皮革制品制造业
73	深圳中冠纺织印染股份有限公司	ST 中冠 A	000018	广东省深圳市	其他纺织品业
74	欣龙控股(集团)股份有限公司	欣龙控股	000955	海南省海口市	其他纺织品业
75	深圳中冠纺织印染股份有限公司	ST 中冠 B	200018	广东省深圳市	其他纺织品业
76	梅花伞业股份有限公司	梅花伞	002174	福建省晋江市	其他纤维制品制造业
77	广东开平春晖股份有限公司	春晖股份	000976	广东省开平市	纤维原料初步加工业
78	承德帝贤针纺股份有限公司	* ST 帝贤 B	200160	河北省承德市	针织品业
79	四川浪莎控股股份有限公司	浪莎股份	600137	四川省宜宾市	针织品业

附录3 全国质检体制改革棉花加工企业名录

（全国统计1167家，时间截止到2009年2月）

序号	棉花加工企业名称
新疆429家	
1	阿克苏建光棉业有限责任公司
2	莎车县叶尔羌棉业有限责任公司
3	库尔勒新丰普惠棉业有限责任公司
4	阿克苏地区金泰棉业有限责任公司
5	新疆阿克苏地区友邦棉业有限责任公司
6	库尔勒利华棉业有限责任公司
7	博州亚东有限责任公司
8	克州欣汇联实业有限公司
9	阿克陶县奔达棉业有限公司
10	阿克陶县金泰棉业有限公司
11	巴楚县光大棉业有限责任公司
12	尉犁县棉麻公司琼库勒收购站
13	沙雅富力棉花有限责任公司
14	阿克苏地区天泉棉业有限责任公司
15	阿克苏地区顺通棉花加工有限责任公司
16	博州恒昌棉业有限责任公司
17	库尔勒利华棉业有限责任公司第二棉花加工厂
18	阿克苏地区宏丰棉业有限责任公司
19	阿克陶县盛丰棉业有限责任公司
20	新疆乌苏市星光棉麻有限责任公司
21	尉犁县棉麻公司县城收购站
22	巴楚县嘉德棉业有限责任公司
23	阿克苏金土地棉业有限责任公司
24	博乐市银博棉业有限责任公司
25	温宿银丰棉业有限责任公司
26	疏勒县利云棉业有限责任公司
27	莎车县新龙棉业有限责任公司
28	尉犁县棉麻公司塔里木收购站
29	阿克苏立友棉业有限责任公司
30	莎车县利成海棉纺有限责任公司
31	阿克苏天山棉业有限责任公司
32	尉犁县诸旺农牧业有限公司
33	新疆银星棉花加工有限责任公司
34	泽普县富强商贸有限责任公司
35	玛纳斯银天棉业有限公司乐土驿轧花厂
36	麦盖提县中联棉纺有限责任公司
37	哈密协力棉业有限责任公司
38	库尔勒兴宇棉花加工有限公司统其克轧花厂
39	阿克苏西部棉业有限责任公司
40	巴州承天棉业有限责任公司
41	克拉玛依市独山子华银棉花产业有限责任公司
42	温宿博嘉棉业有限责任公司
43	阿克陶县鲁丰棉业有限责任公司
44	轮台县远江农工贸有限责任公司棉花加工厂
45	哈密信合棉业有限公司
46	柯坪县金泰棉业有限公司
47	克州百川棉业有限责任公司
48	轮台县家家旺棉业有限责任公司
49	康达棉业纺织有限公司轧花厂
50	奎屯瑞丰轧花有限公司
51	沙湾县秦岭棉业有限责任公司
52	新疆喀什天利纺织原料有限公司
53	巴楚县鑫鹏棉业有限责任公司
54	库尔勒利华棉业有限责任公司第三棉花加工厂
55	阿克苏地区金诚棉业有限责任公司
56	库尔勒旭鑫棉花加工有限责任公司
57	和硕县棉麻公司县城轧花厂
58	沙湾县天鹰棉花产业有限公司
59	阿克苏兴昌棉业有限责任公司轧花厂
60	尉犁县九九棉业有限公司
61	巴州泰昌农业开发有限公司轧花厂
62	且末县昆仑棉业有限责任公司棉花加工二厂
63	新疆千棉棉业有限责任公司墩阔坦轧花厂
64	精河县康瑞棉花加工有限公司
65	阿克苏久如棉业有限责任公司
66	阿克苏市同旺纺织有限责任公司
67	阿图什市海纳棉业有限公司
68	博乐市康瑞棉花加工有限公司
69	沙雅益康油脂有限公司红旗轧花厂

续表 1

序　号	棉花加工企业名称	序　号	棉花加工企业名称
70	克拉玛依市银祥棉麻有限责任公司第三棉花加工厂	111	新疆博尔塔拉蒙古自治州中亚有限责任公司
71	和硕县清水河宏岳棉花加工有限责任公司	112	新疆乌苏市利达棉花加工有限责任公司
72	托克逊县天马棉业有限责任公司	113	呼图壁县万源棉业有限公司
73	轮台县塔河棉业有限责任公司	114	库尔勒市良种棉轧花厂
74	奎屯世丰棉业有限公司	115	呼图壁县银丰棉业有限公司
75	精河县托里棉花加工厂	116	疏附县良种轧花厂
76	新疆得力棉业有限公司	117	莎车县牌楼农场轧花厂
77	新疆新和县益康有限责任公司棉花轧花厂	118	玛纳斯新众棉业有限责任公司
78	呼图壁县新浙农业开发有限责任公司	119	精河县天福棉花加工有限责任公司
79	乌苏市杨帅棉花加工有限责任公司	120	呼图壁县金穗农业发展有限公司
80	新和县永红有限责任公司棉花加工厂	121	新疆沙湾棉花产业有限责任公司沙棉分公司
81	库尔勒宝丰棉业有限责任公司	122	阿克苏天成棉业有限责任公司
82	巴州丰润棉业有限责任公司	123	精河县精棉棉业有限责任公司大河沿子轧花厂
83	沙雅新垦棉花有限责任公司	124	麦盖提九九棉业有限公司
84	阿克苏地区腾达棉业有限责任公司	125	巴楚县金谷棉业有限公司
85	库车天润棉业有限公司	126	且末县昆仑棉业有限责任公司棉花加工一厂
86	沙湾县元一棉业有限责任公司	127	库车县棉麻公司草湖轧花十二厂
87	伊犁州奎屯银和棉业有限公司	128	精河县精棉棉业有限责任公司棉种轧花厂
88	沙雅银花棉业有限责任公司	129	喀什宏岳润丰棉业有限公司
89	沙雅塔里木兴农棉花有限责任公司	130	巴州国棉配送棉业有限公司
90	中棉集团新和棉业有限公司	131	伊犁州伊欣棉业有限责任公司棉花油脂蛋白厂
91	精河县贝正棉花加工有限公司	132	尉犁县棉麻公司统其克第二收购站
92	麦盖提基地军联棉业有限责任公司	133	新疆奎屯云森纺织有限公司
93	温宿银花棉业有限责任公司	134	库尔勒市包头湖农场轧花厂
94	尉犁县中良棉业有限责任公司	135	吐鲁番同润棉业有限责任公司
95	乌苏市光辉棉花加工有限责任公司	136	库车中棉棉业科技有限公司
96	阿克苏地区友谊棉花加工有限责任公司	137	沙湾县华瑞棉业有限责任公司
97	巴州鸿泰棉业有限公司轧花一厂	138	沙雅银鑫棉业公司县城一厂
98	巴州鸿泰棉业有限公司轧花二厂	139	新疆沙湾棉花产业有限责任公司中棉分公司
99	博乐银丰棉花加工有限责任公司	140	新疆银通棉业有限公司哈拉玉宫轧花厂
100	柯坪县汇隆棉业有限责任公司	141	喀什市实信棉业有限责任公司
101	博湖宝丰棉业有限责任公司博斯腾湖棉花收购加工厂	142	克拉玛依市银祥棉麻有限责任公司九公里棉花加工厂
102	库车县白泉棉业有限责任公司	143	轮台鸿泰种业有限公司原种棉轧花厂
103	新疆库车县兴合棉花有限责任公司	144	沙雅九九棉业有限公司
104	乌鲁木齐市米东区供销棉麻有限责任公司	145	新疆银硕棉业有限责任公司
105	沙湾县棉花产业有限责任公司优质棉分公司	146	尉犁县瑞华棉业有限责任公司
106	阿克陶县昌隆棉业有限公司	147	新疆沙湾棉花产业有限责任公司云棉分公司
107	库尔勒鑫福棉业有限责任公司	148	精河县天顺祥棉花加工有限公司
108	阿克陶县棉麻公司第一轧花厂	149	新疆沙湾德盛棉业有限责任公司
109	巴楚县震华棉纺有限责任公司	150	莎车县华东纺织有限责任公司
110	精河县精棉棉业有限责任公司八家户轧花厂	151	新疆银通棉业有限公司库尔勒轧花厂

续表 2

序 号	棉花加工企业名称	序 号	棉花加工企业名称
152	库尔勒市银翔棉业有限公司	190	库车县龟兹种业公司比西巴格轧花厂
153	阿克陶县良种棉业有限责任公司	191	新疆鑫棉科技发展有限责任公司六户地镇轧花厂
154	呼图壁县隆华棉业有限公司	192	呼图壁县宏昌棉业有限公司
155	新疆阿图什金泉商贸有限责任公司阿克陶县轧花厂	193	阿克苏市棉麻公司棉花加工七厂
156	新和县种业总公司良种棉轧花厂	194	沙湾县康华工贸有限责任公司康华棉业分公司
157	巴州德润商贸有限公司普惠棉花加工厂	195	乌什县供销棉麻公司二厂
158	新疆沙湾棉花产业有限责任公司丰棉分公司	196	昌吉鑫京园棉业有限公司
159	沙湾县棉花产业有限责任公司兴棉分公司	197	博乐市协力棉花加工有限责任公司
160	昌吉州多斯巴亿农业开发有限责任公司	198	尉犁泰富棉业有限公司
161	沙湾县棉花产业有限责任公司秦棉分公司	199	新疆叶城县良种场轧花厂
162	托克逊县工尚棉花加工有限责任公司	200	沙雅富红棉业有限公司
163	尉犁县棉麻公司孔雀收购站	201	库车县龟兹种业公司良种棉轧花厂
164	哈密双银棉业有限责任公司大泉湾棉花加工厂	202	精河县贝正棉花加工有限公司南方分公司
165	新疆金丰源种业有限公司良种棉加工二厂	203	乌苏市明新棉业有限责任公司
166	库尔勒兴宇棉花加工有限公司	204	中棉集团克州棉业有限公司
167	沙湾县棉花产业有限责任公司荣棉分公司	205	新疆棉花产业集团莎车棉业有限责任公司艾力西湖轧花厂
168	新和县银花棉业有限责任公司	206	察布查尔县金泉棉业有限责任公司
169	巴州德福农贸有限责任公司	207	巴州金运棉业有限公司
170	新和健鹰纺织有限公司玉奇哈特乡轧花厂	208	呼图壁县嘉丰棉业有限公司
171	克州富民棉业有限公司	209	托里县兵锦棉业有限公司
172	库尔勒玖润棉业有限公司	210	巴州正圣棉业有限公司
173	玛纳斯银天棉业有限公司县城轧花厂	211	和田天王实业有限公司
174	新疆阿克苏昌盛棉业有限责任公司	212	沙湾县思远棉业有限责任公司
175	昌吉市银洋棉麻有限责任公司老龙河轧花厂	213	新疆棉花产业集团叶城棉业有限责任公司库其轧花厂
176	乌苏市江华棉业有限责任公司	214	中棉集团玛纳斯棉业有限公司
177	新疆棉花产业(集团)喀什棉业有限责任公司浩罕轧花厂	215	库车银花棉业有限责任公司
178	玛纳斯银天棉业有限公司北五岔轧花厂	216	新疆棉花产业(集团)麦盖提棉业有限责任公司吐曼塔勒轧花厂
179	阿图什市供销合作社联合社棉麻公司	217	喀什海源棉业有限公司
180	精河县精棉棉业有限责任公司阿合其轧花厂	218	托克逊县西域棉业有限责任公司
181	精河县精棉棉业有限责任公司茫丁轧花厂	219	新疆棉花产业集团莎车棉业有限责任公司阿斯兰巴格轧花厂
182	新疆棉花产业集团麦盖提棉业有限责任公司库尔玛轧花厂	220	巴州亚中棉业有限公司迎宾路棉花收购加工厂
183	新疆沙湾棉花产业有限责任公司恒棉分公司	221	新疆鲁泰丰收棉业有限责任公司第一加工厂
184	新疆莎车县良种棉轧花厂	222	新疆鸿昌棉业有限公司
185	新疆维吾尔自治区国家农作物原种场库尔勒哈拉苏轧花厂	223	且末县昆仑棉业有限责任公司棉花加工三厂
186	库尔勒顺盛棉业有限责任公司	224	克拉玛依市天地农牧实业有限公司
187	乌苏市新棉光辉棉业有限公司	225	呼图壁县鑫欧棉业有限公司
188	新疆中纺锦华棉业有限公司北戈壁棉花加工厂	226	温宿德丰棉花产业有限责任公司佳木轧花厂
189	精河县托里棉花加工厂二牧场轧花厂		

续表 3

序　号	棉花加工企业名称	序　号	棉花加工企业名称
227	呼图壁县天丰棉业有限公司	264	呼图壁县天鼎棉业有限公司
228	哈密三达棉业有限责任公司	265	和田县白金棉业有限公司
229	和田银丰棉业有限责任公司	266	新疆棉花产业集团岳普湖棉业有限公司县城轧花厂
230	新疆汇联实业有限公司	267	库车县恒丰棉业有限责任公司
231	温宿德丰棉花产业有限责任公司青年加工厂	268	新疆棉花产业集团莎车棉业有限责任公司吾达力克轧花厂
232	阿克陶县新陆棉业有限公司	269	新疆乌苏市振兴棉花加工厂有限责任公司
233	新疆沙龙棉业有限责任公司柳毛湾分公司	270	昌吉市新禾良种棉加工有限责任公司
234	新疆棉花产业集团伽师棉业有限公司卧里托呼拉克乡轧花厂	271	阿克苏英达雅军垦农场棉业有限公司
235	阿瓦提京棉配送棉花产业化棉业有限公司	272	新疆棉花产业(集团)麦盖提棉业有限责任公司尕孜库勒轧花厂
236	巴楚县良种轧花厂	273	新疆棉花产业集团叶城棉业有限责任公司江格勒斯轧花厂
237	乌苏市银河棉业有限责任公司	274	洛浦县玉河棉业有限责任公司恰尔巴格棉花收购加工厂
238	新和县棉花公司加工二厂	275	博乐捷福棉业有限公司贝乡轧花厂
239	新疆沙雅白云商贸有限责任公司努尔巴格轧花厂	276	新疆华纺纺织有限公司
240	托里县顺志棉业加工有限公司	277	阿瓦提县天韵棉业有限责任公司
241	新疆和布克赛尔县夏孜盖棉花加工厂	278	库车县棉麻公司东城轧花九厂
242	新疆棉花产业集团伽师棉业有限公司玉代克力克乡轧花厂	279	巴楚县克拉克勤振兴轧花厂
243	库车棉麻公司哈拉哈唐轧花三厂	280	疏勒县种子公司巴合齐乡良种轧花厂
244	新疆丰汇棉业有限公司	281	新疆呼图壁县西域良种棉有限责任公司
245	新疆沙龙棉业有限责任公司沙龙分公司	282	玛纳斯县金海利棉业有限公司
246	玛纳斯县丰元棉花育种基地良种棉轧花厂	283	乌苏市百泉棉业有限责任公司
247	新疆棉花产业(集团)巴楚棉业有限责任公司阿克萨克马热勒轧花厂	284	新疆棉花产业(集团)莎车棉业有限责任公司伯什坎轧花厂
248	呼图壁县红柳塘棉业有限公司	285	新疆棉花产业集团叶城棉业有限责任公司零公里轧花厂
249	库车县棉麻公司英叶轧花十一厂	286	新疆云龙油脂有限公司轧花厂
250	巴州鸿泰棉业有限公司轧花四厂	287	乌苏市新棉车排子棉业有限责任公司
251	轮台县银恒棉业有限公司	288	且末县新垦棉业有限责任公司
252	库车县棉麻公司齐满轧花二厂	289	新疆棉花产业集团莎车棉业有限责任公司荒地轧花厂
253	新疆中纺锦华棉业有限公司大桥棉花加工厂	290	吐鲁番市大林电气有限责任公司轧花厂
254	新疆棉花产业集团莎车棉业有限责任公司阿瓦提轧花厂	291	陕西龙首油脂有限公司乌苏市棉业分公司
255	轮台县永盛棉花工贸有限责任公司	292	克州宏健棉业有限责任公司
256	库车县棉麻公司阿拉哈格轧花七厂	293	昌吉市银洋棉麻有限责任公司第二轧花厂
257	乌苏市创锦棉业有限公司	294	呼图壁县新米棉业有限责任公司
258	巴州浩鑫棉业有限公司轧花厂	295	呼图壁县银弘棉业有限公司
259	哈密双银棉业有限责任公司二堡棉花加工厂	296	沙雅银鑫棉业公司托依堡轧花厂
260	阿克苏巨鹰棉业有限责任公司		
261	库尔勒包头湖棉花加工有限责任公司		
262	乌苏市古尔图锦纺棉业有限责任公司		
263	新疆棉花产业集团岳普湖棉业有限公司铁力木乡轧花厂		

续表 4

序　号	棉花加工企业名称	序　号	棉花加工企业名称
297	新疆棉花产业集团叶城棉业有限责任公司加依提勒克轧花厂	326	喀什新宏棉花有限责任公司
298	鄯善县新昱棉麻有限责任公司达浪坎棉花加工厂	327	乌苏市大生纺织有限公司阿克其棉花加工厂
299	玛纳斯银天棉业有限公司包家店轧花厂	328	新疆棉花产业集团莎车棉业有限责任公司再热甫夏提轧花厂
300	新疆阿克苏市广联实业有限公司	329	库车县白钻石棉花油脂加工有限责任公司
301	新疆棉花产业集团麦盖提棉业有限责任公司克孜勒阿瓦提轧花厂	330	博乐捷福棉业有限公司套特轧花厂
302	新疆曼福农业科技开发有限公司	331	沙湾县康瑞棉花加工有限责任公司
303	新疆棉花产业(集团)巴楚棉业有限责任公司色力布亚轧花厂	332	吐鲁番市华泰棉业有限责任公司
304	乌苏市锦泰棉花加工有限责任公司	333	新疆西星实业投资有限公司阿图什市分公司
305	新疆棉花产业集团英夏尔棉业有限公司牙甫泉镇轧花厂	334	新疆中纺锦华棉业有限公司二十里店棉花加工厂
306	新疆棉花产业(集团)巴楚棉业有限责任公司群库恰克轧花厂	335	博尔塔拉蒙古自治州华棉棉业有限责任公司
307	新疆棉花产业(集团)巴楚棉业有限责任公司下马力轧花厂	336	乌苏市大生纺织有限公司城镇棉花加工厂
308	库车县纵横棉业有限责任公司	337	新和县棉花公司恰先比收购加工厂
309	库车县棉麻公司阿克斯塘轧花十厂	338	沙湾县鑫达有限公司
310	新疆天洁棉业有限公司玛纳斯冬麦地轧花厂	339	温宿县棉麻公司佳木收购站
311	新疆棉花产业集团麦盖提棉业有限责任公司央塔克轧花厂	340	新疆棉花产业(集团)巴楚棉业有限责任公司阿拉根轧花厂
312	温宿县棉麻公司恰合拉克收购站	341	阿克苏溢达农业发展有限公司
313	新疆恒诚棉业有限公司	342	新疆中纺锦华棉业有限公司祁家户棉花加工厂
314	昌吉市下巴湖棉花加工厂	343	新疆英吉沙县棉麻公司苏盖提加工厂
315	库车县棉麻公司玉奇吾斯塘轧花五厂	344	新疆英吉沙县棉麻公司克孜勒轧花厂
316	沙雅纵横棉花有限责任公司	345	精河县精棉棉业有限责任公司黑树窝子轧花厂
317	昌吉市银洋棉麻有限责任公司第一轧花厂	346	新疆棉花产业(集团)巴楚棉业有限责任公司唐巴扎轧花厂
318	新疆棉花产业(集团)巴楚棉业有限责任公司英吾斯坦轧花厂	347	昌吉一通工贸有限公司
319	和布克塞尔蒙古自治县华丰有限责任公司察和特棉花加工厂	348	巴州同庆丰棉业有限公司
320	新疆棉花产业集团莎车棉业有限责任公司依干其轧花厂	349	精河县精棉棉业有限责任公司托托轧花厂
321	和布克赛尔县察和特开发区禹杰棉花加工厂	350	喀什金盛棉业有限责任公司
322	昌吉金西域棉业有限责任公司	351	察布查尔县正元棉业有限责任公司
323	新疆棉花产业集团麦盖提棉业有限责任公司县城轧花厂	352	新疆棉花产业(集团)巴楚棉业有限责任公司阿瓦提轧花厂
324	新疆乌苏市汇通棉花加工厂	353	麦盖提县种子公司良种轧花厂
325	和静银星棉业有限责任公司县城棉花收购加工轧花厂	354	新疆国家棉花原原种繁殖基地库尔勒市阿瓦提乡轧花厂
		355	新疆棉花产业(集团)巴楚棉业有限责任公司恰瓦克轧花厂
		356	新疆棉花产业集团莎车棉业有限责任公司依什库力轧花厂
		357	沙雅银鑫棉业公司新垦农场轧花厂
		358	乌苏市康隆棉业有限责任公司
		359	新疆棉花产业集团泽普棉业有限公司县城轧花厂

续表 5

序 号	棉花加工企业名称	序 号	棉花加工企业名称
360	新疆棉花产业集团泽普棉业有限公司依玛乡轧花厂	391	阿克苏鸿泰棉业有限公司棉花加工厂
361	新疆棉花产业(集团)巴楚棉业有限责任公司城镇轧花厂	392	塔城市正大实业有限公司沙雅海楼棉业分公司
362	新疆棉花产业(集团)麦盖提棉业有限责任公司希依提墩轧花厂	393	新疆库元棉业有限公司包头湖棉花加工厂
363	新疆棉花产业集团英夏尔棉业有限公司阿拉甫轧花厂	394	阿克苏市金田农场有限责任公司
364	库车县白金棉花油脂加工有限责任公司	395	新疆沙雅白云商贸有限责任公司央塔克巴什轧花厂
365	英吉沙县棉麻公司城镇加工厂	396	阿瓦提县农科院丰元科技有限责任公司
366	洛浦县玉河棉业有限责任公司县城棉花收购加工厂	397	新疆棉花产业集团疏附县棉业有限责任公司英吾斯坦轧花厂
367	新疆棉花产业集团伽师棉业有限公司县城轧花厂	398	巴州美华棉业有限责任公司普惠棉花加工厂
368	阿克苏地区兴盛棉业有限责任公司	399	奎屯康瑞棉花加工有限公司
369	博乐捷福棉业有限公司乌镇轧花厂	400	沙雅银鑫棉业公司英买力轧花厂
370	呼图壁县康瑞棉花加工有限公司	401	新疆棉花产业集团伽师棉业有限公司和夏瓦提乡轧花厂
371	新疆农佳乐新丰棉花加工有限责任公司	402	呼图壁县天源棉业有限公司
372	乌苏市新鑫棉业有限责任公司	403	呼图壁县银瑞棉业有限责任公司
373	沙雅银鑫棉业公司喀尔坤轧花厂	404	新疆昌吉州棉麻有限责任公司二分公司
374	新疆棉花产业集团泽普棉业有限公司阿克塔木乡轧花厂	405	博湖县棉麻公司轧花厂
375	乌苏市甘家湖石杨棉花加工厂	406	伊宁市日泰棉麻有限责任公司
376	新疆棉花产业(集团)喀什棉业有限公司多来提巴格轧花厂	407	阿克苏永兴棉业有限责任公司
377	新疆棉花产业集团泽普棉业有限公司古鲁巴格乡轧花厂	408	莎车县良种场轧花厂
378	新疆棉花产业集团英夏尔棉业有限公司英尔力克乡轧花厂	409	新疆阿瓦提富力棉业有限公司
379	乌苏市汇康棉业有限责任公司	410	吉木萨尔县庭州棉麻有限责任公司
380	新疆棉花产业集团疏附县棉业有限责任公司托克扎克轧花厂	411	乌苏市石桥银翔棉业有限责任公司
381	阿瓦提县卡尔墩农场新力棉花加工厂	412	新疆华孚纺织有限公司
382	沙雅恒洋棉业有限责任公司	413	阿瓦提县棉麻公司阿依巴格棉花收购加工厂
383	新疆棉花产业集团伽师棉业有限公司夏普吐勒乡轧花厂	414	策勒县雪峰棉业有限责任公司
384	若羌县棉麻公司吾塔木乡轧花厂	415	霍城县华盛棉麻有限责任公司
385	新疆阿瓦提县恒丰种业有限责任公司	416	新疆棉花产业集团英夏尔棉业有限公司羊大曼轧花厂
386	新疆棉花产业集团岳普湖棉业有限公司下巴扎乡轧花厂	417	巴州美华棉业有限责任公司托布力其棉花加工厂
387	沙雅银鑫棉业公司库勒代西轧花厂	418	新疆维吾尔自治区于田农场轧花厂
388	哈密地区永兴高科技种棉加工厂	419	阿克苏溢达棉业有限公司
389	玛纳斯凤祥棉业有限公司	420	拜城县赛里木棉业有限公司
390	乌苏市海洋棉业有限责任公司	421	呼图壁县农佳乐棉业有限责任公司
		422	和静绒发棉业有限责任公司
		423	阿瓦提银花棉业有限责任公司
		424	阿瓦提县棉麻公司拜什艾日克棉花收购加工厂
		425	和田巴格其棉业有限责任公司
		426	和田县英阿瓦提棉业有限责任公司
		427	和田县种子经营中心
		428	墨玉县白金供销有限责任公司
		429	新疆乌苏市哈图布呼农牧发展有限责任公司

续表 6

序号	棉花加工企业名称	序号	棉花加工企业名称
建设兵团 163 家		39	新疆塔里木农业综合开发股份有限公司南口加工厂
1	兵团农八师一二一团联合加工厂	40	新疆兵团农二师三十团棉花加工二分厂
2	石河子总场泉水地加工厂	41	图木舒克市五十一团综合加工厂
3	新疆赛里木现代农业股份有限公司塔斯尔海分公司	42	新疆生产建设兵团农五师八十三团轧花厂
4	新疆生产建设兵团农一师三团粮油加工厂	43	农二师三十三团乌鲁克机采棉花加工厂
5	新疆赛里木现代农业股份有限公司霍热分公司	44	农一师十四团加工厂
6	新疆昆仑神农股份有限公司第一综合加工厂	45	新疆锦棉棉业股份有限公司车排子加工厂
7	石河子一四三团联合加工厂	46	石河子农八师一二二团加工厂
8	新疆生产建设兵团农五师九十团轧花厂	47	新疆生产建设兵团农业建设第六师芳草湖农场四场轧花厂
9	新疆西域彩棉股份有限公司一加工厂	48	新疆生产建设兵团农四师六十四团加工厂
10	新疆石河子一四七团联合加工厂	49	农八师一五〇团加工二厂
11	新疆锦棉棉业股份有限公司柳沟加工厂	50	新疆生产建设兵团农业建设第二师三十四团轧花厂
12	兵团农八师一四九团联合加工厂	51	新疆兵团农二师三十五团加工连
13	农八师一五〇团加工厂一厂	52	新疆克拉玛依市五五农工商联合企业总公司加工厂
14	石河子农八师一四一团加工厂	53	农一师十一团粮油加工厂
15	农八师一三三团加工厂	54	新疆农二师二十九团棉花加工厂
16	新疆生产建设兵团农一师一团棉花加工厂	55	农八师一五〇团加工三厂
17	新疆生产建设兵团农业建设第二师二十九团棉种加工厂	56	农一师七团加工厂
18	农三师四十五团轧花二厂	57	新疆生产建设兵团农二师三十一团加工厂
19	新疆生产建设兵团农六师新湖农场三场轧花厂	58	新疆塔里木农业综合开发股份有限公司幸福城加工厂
20	图木舒克市五十三团综合加工厂	59	新疆生产建设兵团农业建设第六师芳草湖农场三厂轧花厂
21	新疆石河子农八师一三二团综合加工厂	60	新疆生产建设兵团农五师八十五团轧花厂
22	新疆兵团农七师前山总场综合加工厂	61	农三师四十八团综合加工厂
23	石河子一四四团加工厂	62	五家渠天丰轧花厂
24	新疆昆仑神农股份有限公司第三综合加工厂	63	农三师四十二团加工厂
25	农八师一四九团棉花加工二厂	64	新疆兵团农七师高泉总场加工厂
26	农三师五十团综合加工厂	65	石河子一四二团粮棉油加工总厂第四加工厂
27	石河子沙门子农场	66	新疆生产建设兵团农业建设第六师芳草湖农场一场轧花厂
28	农二师三十三团加工厂	67	新疆生产建设兵团农业建设第六师芳草湖农场二场轧花厂
29	霍城县六十三团综合加工厂	68	农五师八十六团综合加工厂
30	石河子北泉联合加工厂北泉分厂	69	新疆呼图壁县锦源棉业有限责任公司
31	石河子一四二团粮棉油加工总厂第二加工厂	70	新疆塔里木河种业股份有限公司塔里木种子加工厂
32	图木舒克市四十四团中心团场齐干却勒加工厂	71	新疆生产建设兵团农五师种棉加工厂
33	农一师十三团综合加工厂	72	新疆五家渠一〇二团轧花厂
34	农三师四十九团综合加工厂	73	伊犁农四师六十八团棉业有限公司
35	石河子一三四团加工厂	74	农一师十六团新开岭加工厂
36	新疆生产建设兵团农五师八十三团轧花厂一分厂		
37	新疆生产建设兵团农六师新湖农场一场轧花厂		
38	新疆生产建设兵团农业建设第二师三十团棉花加工一分厂		

续表 7

序 号	棉花加工企业名称	序 号	棉花加工企业名称
75	新疆生产建设兵团农五师八十二团联合加工厂	113	新疆巴州冠农棉业有限责任公司普惠轧花厂
76	农四师六十七团棉花加工厂	114	新疆生产建设兵团农业建设第十三师黄田农场加工厂
77	新疆兵团农二师三十六团加工厂	115	新疆生产建设兵团农业建设第六师一〇一团轧花厂
78	克拉玛依市共青镇农工商联合企业总公司	116	新疆生产建设兵团农业建设第一师沙井子灌区水利管理处棉花加工厂
79	新疆生产建设兵团农业建设第十三师火箭农场粮棉油加工厂	117	乌鲁木齐天翼通棉业有限责任公司
80	新疆生产建设兵团农七师棉麻公司轧花厂	118	石河子开发区银祥棉业有限责任公司
81	农一师塔里木灌区水利管理处轧花厂	119	农一师六团加工厂
82	新疆生产建设兵团农业建设第十师一八四团场	120	新疆兵团农三师前海棉业有限公司叶莎轧花厂
83	新疆兵团农七师科克兰木总场加工厂	121	巴州天棉棉业有限责任公司
84	农一师十团加工厂	122	奎屯天裕棉业有限公司
85	新疆生产建设兵团农一师八团棉花加工厂	123	新疆丰达农业有限公司
86	巴州冠农棉业有限责任公司	124	奎屯创锦棉业有限公司
87	新疆生产建设兵团农一师一团沙井子民族农场	125	和田德华棉业有限责任公司
88	农四师六十二团综合加工厂	126	农五师师直棉花加工厂
89	新疆华天种业有限公司	127	奎屯惠民棉业有限公司
90	新疆生产建设兵团农一师十二团棉花加工厂	128	新疆生产建设兵团农一师五团加工厂
91	新疆兵团农七师水利二处加工厂	129	新疆阿拉尔水利水电工程总公司工副业开发公司
92	新疆生产建设兵团农业建设第六师芳草湖农场六场轧花厂	130	新疆石河子八棉纺织有限公司
93	新疆西域彩棉股份有限公司二加工厂	131	新疆生产建设兵团农业建设第十三师天元供销有限公司
94	沙雅宏信棉花有限责任公司	132	石河子石大教学实验农场
95	新疆生产建设兵团农十三师红星四场粮棉加工厂	133	新疆兵团农十四师天骄棉麻有限公司
96	奎屯天凯棉业加工有限责任公司	134	新疆生产建设兵团农十四师皮山县农场加工厂
97	克拉玛依市锦田棉业有限公司	135	吐鲁番市雪绒棉业有限责任公司
98	新疆生产建设兵团农业建设第六师芳草湖农场五场轧花厂	136	新疆塔里木河种业股份有限公司金银川种子加工厂
		137	农三师四十九团综合加工二厂
99	新疆生产建设兵团农业建设第六师一〇五团轧花厂	138	阜康市阜北农工商联合企业公司
100	新疆生产建设兵团农五师九十一团轧花厂	139	新疆生产建设兵团农业建设第六师芳草湖农场监狱轧花厂
101	新疆生产建设兵团农六师新湖六场轧花厂		
102	新疆兵团农业建设第十三师红星二场粮棉加工厂	140	农二师群克棉业有限公司
103	新疆塔里木农业综合开发股份有限公司阿拉尔加工厂	141	阿克苏地区天绒棉业有限责任公司
104	尉犁银丰棉业有限公司	142	新疆西域彩棉股份有限公司三加工厂
105	新疆昆仑神农股份有限公司第二综合加工厂	143	呼图壁县宏盛棉业有限公司
106	新疆昌吉枣园加工厂	144	新疆兵团农三师前海棉业有限公司东风轧花厂
107	新疆生产建设兵团农十三师红星一场粮棉油加工厂	145	新疆生产建设兵团农业建设第十三师红星三场棉花收购加工厂
108	新疆生产建设兵团农六师一零六团加工厂		
109	奎屯顺裕棉业有限公司	146	新疆兵团农三师前海棉业有限公司草湖轧花厂
110	农六师共青团农场综合加工厂	147	阜康市科隆棉业有限责任公司
111	新疆生产建设兵团农六师新湖农场二场轧花厂	148	新疆生产建设兵团农业建设第十四师棉麻公司皮墨垦区综合加工厂
112	克拉玛依一三六团联合加工厂		

续表 8

序　号	棉花加工企业名称	序　号	棉花加工企业名称
149	新疆生产建设兵团农一师二团加工厂	23	武城县杨庄供销社棉花加工厂
150	新疆兵团农四师棉麻公司六十五团轧花二厂	24	东营市润丰棉业有限公司
151	伊犁州奎屯河水利工程灌溉管理处加工厂	25	金乡县恒昌商贸有限公司
152	石河子桃花农场加工总厂二分厂	26	成武县振兴棉业有限公司
153	农一师十六团绿园镇棉花加工厂	27	东营市富源棉业有限公司
154	新疆兵团农三师前海棉业有限公司红旗轧花厂	28	武城县梁庄棉厂
155	新疆生产建设兵团农二师永兴供销有限责任公司棉麻二分公司	29	夏津丰润实业有限公司
		30	济阳良友棉业有限公司
156	克拉玛依市巍隆棉花加工有限责任公司	31	嘉祥县华强棉花经营有限责任公司
157	石河子市石城棉业有限公司棉花加工厂	32	山东金秋种业有限公司
158	石河子一五二团加工一厂	33	夏津县新平棉业有限公司
159	新疆生产建设兵团农业建设第十三师红星二牧场棉花加工厂	34	山东惠民明达油棉有限公司
		35	东营市科腾棉业有限责任公司
160	新疆生产建设兵团农业建设第十三师柳树泉绿柳加工厂	36	德州市银源棉业有限公司
		37	武城县鑫源棉业有限公司
161	新疆明瑞工贸有限公司	38	武城县银达棉业有限公司
162	石河子新安棉花加工厂	39	东营市瑞丰油棉加工有限责任公司
163	新疆锦棉种业有限责任公司良种加工一厂	40	武城县泰和棉花加工厂
山东 125 家		41	山东巨野鲁棉天元棉业有限公司
1	山东省武城县第一油棉厂	42	山东五洋棉业有限公司
2	武城县南洋棉花加工厂	43	滨州市玉海棉业有限公司
3	武城县华兴棉花加工厂	44	山东惠民通泰棉业有限责任公司
4	金乡县银利农贸有限公司	45	山东省乐陵市鸿通棉油有限公司
5	武城县银山棉花加工厂	46	山东武城天元棉业有限公司
6	陵县银海物资贸易有限公司	47	东营市海辰伟业工贸有限公司
7	夏津县德鑫棉业有限公司	48	巨野县恒和棉业有限公司
8	武城县天宏棉业有限公司	49	东营市华茂棉花收购有限公司
9	武城县银海棉花加工厂	50	山东垦利天元棉业有限公司
10	武城县银兴棉花加工厂	51	利津县鲁翔油棉加工有限责任公司
11	山东省博兴县万达油棉有限公司	52	武城县兴宏棉花加工厂
12	武城华兴集团康桥棉业有限公司	53	利津县津盛源棉业有限公司
13	山东圣源棉业有限公司	54	高唐县福利棉业有限公司
14	武城县聚鑫棉花加工厂	55	山东锦和棉麻有限公司
15	金乡县众鑫商贸有限公司	56	东营银海纺织有限责任公司
16	武城县树国棉业有限公司	57	武城县银江油棉有限公司
17	武城华一棉业有限责任公司	58	山东滨州鲁北棉业有限公司
18	山东鑫诚棉业有限公司	59	德州市银汇纺织原料有限公司
19	广饶县胜源工贸有限责任公司	60	利津县信益棉花加工有限责任公司
20	武城县银恒棉业有限公司	61	邹平福海科技发展有限公司
21	山东滨州亚光毛巾有限公司	62	巨野益海棉业有限公司
22	东营市庚泰棉业有限公司	63	山东曹县天元棉业有限公司

续表 9

序 号	棉花加工企业名称	序 号	棉花加工企业名称
64	武城县金鑫棉花加工厂	105	山东大海集团有限公司
65	淄博银旭棉业有限公司	106	利津县棉花良种加工服务站
66	东明县棉油加工一厂	107	山东利津雅美纺织有限公司
67	定陶县创华棉花有限公司	108	鱼台县鑫盛棉花加工有限公司
68	高唐县锦泰棉业有限公司	109	德州恒瑞棉业(集团)有限公司棉油加工厂
69	广饶县华杰油棉加工有限公司	110	临清市忠义棉业有限公司
70	高青鑫利源油棉有限公司	111	淄博万宝春油棉有限公司
71	山东惠民银花棉业有限责任公司	112	沂水盛旺棉花加工有限公司
72	山东滨州地王种业科技有限公司	113	高青金汇棉业有限公司
73	邹平县黄河油棉有限公司	114	青州市东方棉业纺织有限公司
74	山东高棉棉业有限公司	115	山东鸿润油脂有限公司
75	武城县华源棉业有限公司	116	临邑县锦源纺织贸易有限公司
76	山东智德纺织有限公司	117	山东滨州环宇棉业有限公司
77	广饶县宏硕棉业有限公司	118	郓城县恒世纺织有限公司
78	德州新新棉业有限公司	119	利津齐赛纺织有限责任公司
79	山东国信实业有限公司	120	巨野县祥达棉业加工有限公司
80	武城县恒兴棉业有限公司	121	宁津县庆丰棉业有限责任公司
81	邹平县盛龙棉织原料有限公司	122	东明县华鑫棉业有限公司
82	临清市鲁丰棉业有限公司	123	陵县德鑫物资贸易有限公司
83	东营市永信纺织有限公司	124	山东省惠民县聚鑫棉业有限责任公司
84	昌邑市明远棉花加工有限责任公司	125	广饶县华能油棉加工有限公司
85	东营华孚纤维有限责任公司	**湖北 90 家**	
86	菏泽市丰源棉业有限公司	1	荆州新立基棉制品有限公司
87	山东农兴种业有限责任公司	2	武汉恒丰达棉业有限公司
88	蒙阴县油棉加工厂	3	枝江市白银纺贸有限责任公司江北棉花收购加工厂
89	武城县开元棉花加工厂	4	天门市恒鑫棉业有限责任公司
90	陵县宋家油棉加工厂	5	应城市银海棉花有限公司
91	滨州市大地棉油有限公司	6	荆州市华盛棉业有限公司
92	德州银龙集团有限公司	7	钟祥市迎丰棉花有限公司
93	宁津县第九棉油加工厂	8	广水市棉花有限责任公司双桥棉花加工厂
94	巨野县锦源棉花加工有限公司	9	昌丰棉麻有限公司天门小板分公司
95	菏泽市科迪棉制品有限公司	10	汉川市祥杰农贸有限责任公司
96	山东光大日月油脂股份有限公司	11	枝江市白银纺贸有限责任公司江南棉花收购加工厂
97	临沭县供销棉麻有限公司	12	湖北百盛棉花贸易有限公司
98	山东省寿光市巨兴油棉有限公司	13	天门市蒋湖龙升棉麻有限公司
99	山东菏泽天鹅棉花有限公司	14	沙洋县广银棉花有限公司
100	山东天鹅棉业有限公司	15	公安县白银昌达棉业有限公司
101	章丘市农益油棉有限公司	16	黄石市方辰棉业有限公司
102	郯城宏祥棉业有限公司	17	沙洋县李市兴隆棉花有限公司
103	无棣基德油棉有限公司	18	枝江八亩良种棉业有限公司
104	高唐金大地棉业有限公司	19	天门市新建棉贸有限责任公司

续表 10

序　号	棉花加工企业名称	序　号	棉花加工企业名称
20	潜江市金城棉业有限公司	61	武汉市湘口棉花有限公司
21	宜昌神燕棉花有限责任公司	62	松滋市金八宝棉业有限公司
22	黄梅小池银丰棉花有限公司	63	潜江市鑫成实业有限公司
23	湖北三湖天星棉花有限公司	64	荆门市恒祥棉业有限公司
24	天门市银田棉麻布业有限公司	65	松滋市银鑫棉花有限公司
25	钟祥市聚银棉业有限责任公司	66	天门市兴龙棉花有限公司
26	湖北顺昌粮棉发展有限责任公司	67	潜江市源鑫纺织实业有限公司广华分公司
27	昌丰棉麻有限公司天门汪场分公司	68	江陵县中天棉业有限责任公司
28	公安县楚都棉贸有限公司	69	武汉银汉棉花有限公司
29	武穴市江隆棉业有限公司	70	黄冈市龙感湖银瑞棉业有限公司
30	钟祥市红星棉花有限责任公司	71	天门恒鑫棉业第二加工厂有限责任公司
31	公安县银丰土产有限责任公司	72	宜城市兴华工贸有限公司
32	洪湖市三友棉花有限公司	73	宜昌佳润棉花有限公司
33	洪湖市盛玉源棉业有限公司	74	监利县荒湖银丰棉业有限公司
34	湖北银凌棉业有限责任公司	75	浠水县兴鑫棉花有限责任公司
35	湖北银海棉业有限责任公司北门分公司	76	荆州市凌辉棉花加工有限公司
36	潜江市恒发棉业有限公司	77	荆州市西湖纺织有限公司
37	沙洋县彭岭棉花有限公司	78	湖北省枣阳市丰宝棉业有限公司
38	昌丰棉麻有限公司天门多宝分公司	79	武穴市鸿达棉花有限公司
39	武汉市东西湖利东棉花有限公司	80	武穴市新矶棉业有限公司
40	松滋市天兴农贸有限公司	81	枣阳银信棉业有限公司
41	武汉市盛发棉业有限公司	82	宜城市万洋棉业有限公司
42	江陵县顺通棉业有限公司	83	黄梅县银源棉花有限责任公司
43	湖北省仙桃银丰棉花有限公司	84	沙洋县华纬棉花有限责任公司
44	潜江市巨发棉业有限公司	85	老河口市银亿达棉业有限公司
45	湖北昌丰棉麻有限公司	86	枝江银丰棉业有限公司
46	天门市鸿源棉花有限公司	87	武穴市长江棉业有限公司
47	沙洋县银鹏棉花有限公司	88	宜城市襄大棉业有限公司
48	钟祥市永鑫工贸有限责任公司	89	石首绣云安棉花有限责任公司
49	仙桃市华泰纺织有限公司	90	石首市裕丰纺织制衣原料有限公司
50	湖北新裕农业发展有限公司	**河北 84 家**	
51	荆州市瑞丰棉业有限责任公司	1	故城县华泰棉业有限公司
52	仙桃市江汉裕波棉花有限公司	2	东光县龙鑫棉花加工厂
53	天门市天一棉花有限责任公司	3	河间市国欣棉花专业合作社
54	湖北仙华棉业有限公司	4	河北桦雪棉业有限公司
55	监利县银翔棉花有限公司	5	鸡泽县华正棉业有限公司
56	湖北银海棉业有限责任公司熊口分公司	6	沧州东鹏棉油有限责任公司
57	天门景天棉业有限公司	7	河北其岭棉业有限公司
58	随州神农棉业有限责任公司	8	冀州市鑫盛棉业有限责任公司
59	武汉银帆顺达棉花有限公司	9	吴桥县西林棉业有限公司
60	湖北双马粮棉有限公司	10	枣强县中泰棉业有限公司

续表 11

序 号	棉花加工企业名称
11	中棉集团辛集棉业有限公司
12	东光县银瑞棉业有限公司
13	东光县恒利棉业有限责任公司
14	高阳县硕丰农产有限公司
15	冀州市三益棉花收购加工厂
16	石家庄市润泰棉花加工厂
17	南宫市永益棉业有限公司
18	廊坊市中棉棉业有限公司
19	冀州市欧尚棉业有限公司
20	河间市八达棉业有限公司
21	吴桥银海棉业有限责任公司
22	深州市利达棉业有限公司
23	辛集市天苑良棉有限责任公司
24	河北魏县兴达实业有限公司
25	中棉集团南宫棉业有限公司
26	东光县宏利棉业有限责任公司
27	河北强达棉业有限公司
28	河间市同心棉业有限公司
29	吴桥县保泰棉业有限公司
30	东光县鸿昌棉业有限公司
31	故城县联盟棉业有限公司
32	河北华脉种业有限公司
33	河北唐龙纺织集团有限公司
34	冀州市云山棉花加工厂
35	邯郸市昌盛棉业有限公司
36	冀州市宏远良棉有限责任公司
37	冀州市中仁油棉加工厂
38	河北新宇棉业有限公司
39	邯郸市腾龙棉业纺织股份有限公司
40	河北宏润新型面料有限公司
41	广宗县塘町第一油棉加工厂
42	肥乡县常氏棉花购销有限公司
43	东光县帛源棉业有限责任公司
44	曲周县华盛棉业有限公司
45	深州市振兴棉业有限公司
46	枣强县枣花棉业有限公司
47	邱县银雪棉业有限责任公司
48	沧州市棉麻有限公司盐山分公司
49	河北德宏棉业有限公司
50	河北银田种业有限公司第一分公司
51	东光县力科纺织有限责任公司
52	衡水市棉麻总公司轧花厂
53	文安县银丰棉业有限公司
54	威县裕华棉业有限责任公司
55	河北高环棉业集团有限公司
56	东光县于兴棉业有限公司
57	衡水银华集团景县龙华油棉有限公司
58	河北聚鑫棉业有限公司
59	景县冀龙油棉有限公司
60	河北伟胜种业有限公司
61	河北省景县中原油棉有限公司
62	河北荣坤棉业有限公司
63	河北华银棉业纺织有限公司
64	河北雪峰棉业有限公司
65	枣强县冀中棉业有限公司
66	河北省广宗县棉花加工厂
67	衡水市棉麻总公司第二轧花厂
68	南宫市双利棉花加工厂
69	冀州市洪杰农场棉花加工厂
70	平乡县银海棉业有限公司
71	威县全财棉业有限公司
72	献县天龙棉业有限公司
73	沧州本斋棉花有限公司
74	辛集市棉麻公司马庄棉油厂
75	河北三昌纺织有限公司
76	河北滏澧纺织有限公司
77	河北新都棉业有限公司
78	冀州市日升棉花加工厂
79	河北南虹棉业有限责任公司
80	河北双庆棉业有限公司
81	深州市魏桥镇深发油棉厂有限公司
82	蠡县九龙棉业有限公司
83	吴桥县良棉种业有限责任公司
84	河间市跃进棉花购销有限公司
江苏 64 家	
1	东台市唐洋棉业有限公司
2	海安县浦港棉业有限公司
3	南通大盛棉业有限公司
4	兴化市众心棉业有限公司
5	如东县新光棉花实业有限责任公司
6	江苏金棉棉业有限公司
7	东台市华丿棉业有限公司

续表 12

序　号	棉花加工企业名称	序　号	棉花加工企业名称
8	海安江海棉业有限公司	49	邳州市棉麻公司
9	盐城市鑫鑫棉业有限公司	50	徐州棉麻棉花加工有限责任公司
10	启东市向阳棉业有限公司	51	大丰市华翔棉业有限公司
11	江苏日升纺织有限公司	52	姜堰市胜利轧花剥绒有限公司
12	通州市银丰棉业有限公司	53	兴化市振安棉业有限公司
13	启东市通兴棉业有限公司	54	大丰市气流纺厂
14	阜宁县鑫源轧花有限公司	55	盐城市步凤轧花剥绒有限公司
15	江苏双山集团股份有限公司	56	徐州第二纺织厂
16	大丰市丰澄轧花剥绒有限责任公司	57	丰县良种轧花厂
17	大丰市恒兴棉业有限责任公司	58	启东市澳兴棉业有限公司
18	南通永安纺织有限公司	59	兴化市临源经贸有限责任公司
19	东台市溱东棉业有限公司	60	睢宁县比思特棉业有限公司
20	江苏拓翔粮油加工有限公司	61	江苏银花棉业有限公司
21	南通万盛棉业有限公司	62	江苏荣华纺织有限公司
22	海门市四甲轧花厂	63	江苏五友棉业有限公司
23	阜宁县聚鑫轧花油脂有限公司	64	射阳县银港棉业有限公司
24	射阳县临青棉业有限公司	**河南 52 家**	
25	启东市新港棉业有限公司	1	新野县华星棉纺织有限责任公司金鹏分公司
26	如东县江海棉业有限责任公司	2	邓州市银和棉业有限公司
27	南通新三维棉业有限公司	3	社旗县华兴棉业有限公司
28	大丰市银利棉业有限公司	4	河南省华鹏棉业有限公司
29	射阳德翔棉纺有限公司	5	唐河县皓月棉业有限公司
30	丰县金丰棉业有限公司	6	新野县立兴棉业有限责任公司
31	兴化市恒发棉业有限公司	7	南阳裕麒棉业有限公司
32	上海市上海农场粮棉加工厂	8	南阳金豪棉业有限责任公司
33	如东县佳丰棉种棉业有限公司	9	南阳裕升棉业有限公司
34	江苏银都集团银桥轧花纺织有限公司	10	唐河县银都棉业有限公司
35	江苏华诚棉业有限公司	11	南阳市天骄汉冢棉业有限公司
36	江苏省方强农场加工厂	12	尉氏县天诚棉业有限公司
37	盐城市新利良种加工厂	13	南阳市天骄红泥湾棉业有限公司
38	江苏？港丹悦实业公司	14	南阳市宛城区银海棉花有限公司
39	江苏银都集团银河轻纺有限公司	15	新野县诚德贸发有限公司
40	兴化市伯祥棉业有限公司	16	新野县三易棉业有限公司
41	连云港大成棉业有限公司	17	南阳市兴合棉花有限公司丰棉分公司
42	大丰市恒质棉业有限公司	18	扶沟县银佼棉花加工有限公司
43	阜宁县众想棉业有限公司	19	南阳天骄鑫大丰棉业有限公司
44	大丰万达纺织有限公司	20	虞城县汇鑫棉业有限公司
45	江苏盛源棉业油脂有限公司	21	河南省南阳卧龙岗轧花总厂
46	如东县东棉棉业有限公司	22	国营河南省扶沟县农牧场棉花加工厂
47	徐州思宏纺织有限公司	23	南阳市开运棉业有限公司青华轧花厂
48	江苏东华纺织有限公司	24	南阳市宛城区大丰棉业有限公司

续表 13

序 号	棉花加工企业名称
25	河南华棉棉业有限公司
26	开封裕通棉业有限责任公司
27	商丘市金地棉业有限公司
28	社旗县银基棉业有限公司
29	商丘市汇丰棉业有限公司
30	中棉集团南阳华棉实业有限公司
31	漯河市科丰棉业公司
32	开封县银海棉业有限公司
33	永城市中州棉业有限公司
34	河南中方棉业有限公司
35	河南省共赢棉业有限责任公司
36	商丘市大顺棉业有限公司
37	邓州华信棉业有限责任公司
38	杞县金明棉业有限公司
39	邓州市金丰棉业有限公司
40	南阳市天野棉业有限公司
41	社旗县桥头棉花加工厂
42	南乐县鑫地棉纺有限公司
43	南阳大地棉业有限公司
44	焦作市锦红棉业有限公司
45	安阳市棉麻公司棉花加工厂
46	河南省中亨棉业有限公司
47	河南省扶沟中棉棉花产业化有限公司
48	邓州市天祥棉业有限公司
49	商丘市恒盛源棉业有限公司
50	河南省万方棉业有限公司
51	新野县丰达棉业有限公司
52	虞城县万杰隆棉花加工有限公司
安徽 50 家	
1	安徽白云棉业股份有限公司
2	无为县华龙棉业有限公司
3	安徽省含山振华棉业有限公司
4	东至县江南棉业有限公司
5	无为县万友棉业有限公司
6	安徽英特工贸有限责任公司
7	池州市贵池华泽工贸有限责任公司
8	安徽省阜阳市瑞华纺织品有限责任公司
9	安徽天源棉花有限责任公司第三轧花厂
10	和县大江粮油棉有限责任公司
11	安徽省无为县福临棉业有限公司
12	东至县金湖工贸有限责任公司
13	东至良种棉业有限责任公司
14	宿松县皖农棉业有限责任公司
15	安徽省无为县星源棉业有限公司
16	安庆市江花棉业有限责任公司
17	安徽省无为中兴棉业有限责任公司
18	安徽省无为县鑫洁棉业有限公司
19	宣城市雄杰棉制品有限公司
20	亳州市兴禾棉业有限责任公司
21	池州市秋江棉业有限公司
22	安徽省巢湖瑞丰棉业有限责任公司
23	安徽华阳河银山棉业股份有限公司
24	庐江县同大棉业有限公司
25	安徽省金松棉业有限责任公司
26	无为县新兴农贸有限责任公司
27	泗县南虹棉业有限公司
28	望江县新丝路棉业有限责任公司
29	安庆市永丰棉业有限责任公司太湖分公司
30	安徽省银宇棉业发展有限公司
31	安徽天源棉花有限责任公司第二轧花厂
32	诚成棉业发展(安徽)有限公司
33	安徽省鸿发棉业有限责任公司
34	宣城市丁氏棉制品有限公司
35	六安市金安棉麻有限责任公司
36	安徽天源棉花有限责任公司第一轧花厂
37	繁昌县渡江棉麻有限责任公司
38	蒙城县板桥轧花厂
39	蒙城县白云棉业有限责任公司
40	宿松县松厦棉花有限公司
41	安徽省含山县运丰棉业有限公司
42	安徽陵江棉业有限公司
43	无为县文昌棉业有限公司
44	安徽桐城振兴棉业有限公司
45	宿州市宿禾棉业有限公司
46	安徽宿州润达纺织(集团)有限公司
47	安徽大宏纺织有限公司第一轧花厂
48	全椒县新宇棉制品有限公司
49	铜陵县华丰农业有限责任公司
50	宿州市鑫盛抗虫棉轧花有限公司
甘肃 38 家	
1	敦煌种业安西县优质棉种繁育加工厂
2	甘肃省敦煌种业股份有限公司金塔优质棉加工厂

续表 14

序　号	棉花加工企业名称
3	金塔县银鑫棉业有限公司
4	敦煌双银棉业有限公司
5	敦煌联友棉业有限公司
6	瓜州县长兴棉业有限责任公司
7	金塔县巨龙棉花有限公司
8	瓜州县常鸿棉业有限责任公司
9	敦煌市莫高棉业有限责任公司
10	甘肃省高台县棉花公司
11	瓜州银地棉业有限公司
12	敦煌(农场)大慧棉业有限公司
13	敦煌市鑫棉实业有限责任公司棉花加工厂
14	敦煌市飞天棉业有限责任公司
15	金塔县永禄棉业有限公司
16	甘肃金塔县金士顿棉花种业有限公司
17	玉门市豫丰棉业纺织有限公司
18	甘肃省金塔县鼎元棉业有限责任公司
19	瓜州县金禾实业有限责任公司
20	金塔县益盛棉业有限公司
21	瓜州县宏祥棉业有限责任公司
22	金塔县金举棉业有限公司
23	玉门市花海银棉有限公司
24	敦煌市宏石棉花加工厂
25	瓜州县鼎盛棉业有限责任公司
26	瓜州县巨龙棉业有限公司
27	金塔县建兴棉花有限公司
28	玉门市华安棉花有限责任公司
29	甘肃省国营小宛农场棉花公司
30	玉门天玉棉业科技有限责任公司
31	敦煌市棉制品有限责任公司一分公司
32	金塔县龙腾棉业有限责任公司
33	临泽县棉花公司
34	敦煌市鸣沙棉业有限公司
35	金塔县航天棉业有限公司
36	玉门市花海三友棉业有限公司
37	民勤县华盛工贸有限公司棉花加工厂
38	中棉集团民勤棉业有限公司
湖南 36 家	
1	岳阳瑞华景港纺织原料有限公司
2	湖南广益粮油棉有限公司
3	湖南银华湘鄂棉业有限公司
4	安乡县长盛棉业有限责任公司
5	华容县惠农棉业有限责任公司
6	常德恒生棉业有限责任公司
7	岳阳市华昌棉麻有限公司
8	澧县恒盛棉业有限责任公司
9	澧县中兴棉业有限公司
10	湖南兆生棉业有限公司
11	华容县龙腾纺织品有限公司
12	岳阳市岳阳楼区棉麻有限公司
13	桃源县新源棉花加工厂
14	常德锦华棉业有限公司蒿子港分公司
15	湖南天恩棉业有限公司
16	湖南华钦棉业有限责任公司
17	华容力宇纺织原料有限公司
18	常德市鼎城区万利达棉麻加工有限公司
19	津市市兴发棉业有限公司
20	澧县益林棉业有限责任公司
21	沅江市虹光麻棉有限公司
22	湖南华湘棉花产业有限公司
23	沅江市银沅棉麻有限公司
24	华容县鑫海棉业油脂有限公司
25	桃源县维吾尔回族国钦棉业有限公司
26	岳阳市江南棉麻土产有限公司三分店轧花厂
27	安乡县金城棉花有限公司
28	安乡县亿棉棉业有限公司
29	华容县华棉纺织原料有限公司
30	南县汇华纺织有限公司
31	岳阳华隆棉业有限责任公司
32	岳阳市华福棉业有限公司
33	益阳普华纺织有限公司
34	衡阳安邦农业发展有限公司
35	益阳市千山红棉麻有限公司
36	华容东华棉业有限责任公司
江西 13 家	
1	江西宗伟棉花有限公司
2	九江县新洲长发棉花工贸有限公司
3	彭泽县雷鸣棉业有限责任公司
4	九江市皖江棉业有限公司
5	彭泽县黄岭棉业有限公司
6	九江县新洲垦殖场棉业有限公司
7	九江银丰棉业有限公司
8	彭泽县杨梓兴发棉业有限公司

续表 15

序　号	棉花加工企业名称
9	永修县三和棉花收购加工有限责任公司
10	九江宝丰棉业有限公司
11	江西省赣锦棉业有限公司
12	彭泽县和盛实业有限公司
13	新余市渝水区隆华棉麻有限公司
山西 8 家	
1	临猗县鑫源棉业有限公司
2	运城市舜帝棉业有限公司
3	运城市国磊棉麻有限公司
4	运城市盐湖区天久棉业有限公司
5	运城市伟业棉花有限公司
6	临汾市棉麻实业中心北辛村棉加厂
7	临猗县顺发棉业有限公司
8	山西恒晟纺织有限公司
陕西 8 家	
1	大荔裕达棉业有限公司
2	陕西华棉实业有限公司
3	陕西英考棉业有限公司
4	陕西大荔金地棉业有限公司韦林棉绒加工厂
5	陕西大荔金地棉业有限公司赵渡棉绒加工厂
6	陕西大荔金地棉业有限公司安仁棉绒加工厂
7	陕西金地棉业有限公司两宜棉绒加工厂
8	大荔县大地棉业有限公司
天津 6 家	
1	天津市宁河县正通棉业有限公司
2	天津胜利棉业有限公司
3	天津市嘉华棉业有限公司
4	天津市静宏棉花购销有限公司
5	天津市宁河县余鑫棉业有限公司
6	天津瑞纺棉业有限公司
辽宁 1 家	
1	朝阳红山棉业有限责任公司